Inhaltsverzeichnis

	Vorwort	7
1	**Rechtliche und gesellschaftspolitische Rahmenbedingungen von Bildungs- und Erziehungspartnerschaft** (Anne Wihstutz)	11
1.1	Perspektiven zur Begründung einer Erziehungs- und Bildungspartnerschaft	12
1.2	Rechtliche Grundlagen	13
1.3	Skizze zur historischen Entwicklung von Elternarbeit	16
1.4	Gesellschaftliche Rahmenbedingungen	17
1.4.1	Familie im Zentrum gesellschaftlicher Veränderungen	17
1.4.2	Das Kind als Subjekt	19
1.4.3	Soziale Ungleichheit in der Kindheit	19
1.4.4	Familienzentren und soziale Netzwerke	22
1.5	Erziehungspartnerschaft: ein Spannungsfeld	23
1.6	Zusammenarbeit mit Eltern im pädagogischen Alltag	25
1.6.1	Voraussetzungen	26
1.6.2	Eltern in der Zusammenarbeit	28
1.6.3	Grundsätze für eine gelingende Erziehungspartnerschaft	30
1.6.4	Formen der Bildungs- und Erziehungspartnerschaft	32
1.6.4.1	Direkte Kommunikation	33
1.6.4.2	Schriftliche Formen	33
1.7	Probleme in der Zusammenarbeit	34
1.8	Zusammenfassung	34
	Weiterführende Literatur	35
2	**Zusammenarbeit mit Familien mit Migrationshintergrund** (Sabine Jungk)	36
2.1	Einführende Zugänge: Migrationshintergrund und soziale Lage	39
2.1.1	Soziale Benachteiligung	40
2.2	Migrationsbedingte Benachteiligungen: Mangel an ökonomischem, sozialem und kulturellem Kapital	41
2.3	Eltern mit Migrationshintergrund: Entwertungs- und Diskriminierungserfahrungen	43
2.3.1	Entwertungserfahrungen am Beispiel von Erziehungskonzepten	43
2.3.2	Rassismus und Diskriminierung	47
2.4	Der institutionelle Faktor: Kitas sind kein Heimspiel für Familien mit Migrationshintergrund	48
2.5	Entwicklung einer Partizipationskultur	50
2.6	Zusammenarbeit mit Eltern gestalten	51
2.6.1	Repräsentation	52
2.6.2	Kommunikation	54
2.6.2.1	Anmeldegespräch	54
2.6.2.2	Tür-und-Angel-Gespräche, Telefonkontakte	55
2.6.3	Hospitationen	56

2.6.4	Entwicklungsgespräche, Beratung und Erziehungspartnerschaft	56
2.6.5	Hausbesuche	57
2.6.6	Elterntreffen	58
2.6.7	Kontakte unter Eltern	61
2.6.8	Feiern	61
2.6.9	Elterngremien und aktivierende Elternarbeit	62
2.6.10	Elternkurse	63
2.7	Zusammenfassung	63
	Weiterführende Literatur	64
3	**Die Zusammenarbeit mit Eltern in der Eingewöhnung** (Katja Braukhane und Christiane Ehmann)	67
3.1	Aufbau einer Bildungs- und Erziehungspartnerschaft	69
3.2	Zusammenarbeit zur Unterstützung des Kindes	73
3.3	Die Zusammenarbeit von Anfang an professionell gestalten	80
3.3.1	Zwei Eingewöhnungsmodelle und die Rolle der Eltern	81
3.3.1.1	Das Berliner Eingewöhnungsmodell nach infans	81
3.3.1.2	Das Münchner Eingewöhnungsmodell	81
3.3.2	Die Eingewöhnungsmodelle im Überblick	82
3.3.3	Die Zusammenarbeit mit den Eltern in beiden Eingewöhnungsmodellen	85
3.4	Zusammenarbeit konkret	87
3.5	Zusammenfassung	93
	Weiterführende Literatur	94
4	**Entwicklungsgespräche mit Eltern führen** (Annette Hautumm)	96
4.1	Was sind Entwicklungsgespräche?	96
4.2	Einordnung von Entwicklungsgesprächen in den Rahmen der Kinder- und Jugendhilfe	97
4.3	Das Entwicklungsgespräch als Baustein für eine Erziehungs- und Bildungspartnerschaft	98
4.4	Die Entwicklung des Kindes als zentraler Inhalt des Entwicklungsgespräches	103
4.5	Rahmenbedingungen, Vorbereitung, Durchführung und Auswertung des Entwicklungsgesprächs	105
4.5.1	Rahmenbedingungen	105
4.5.2	Die Teilnehmer am Entwicklungsgespräch	106
4.5.3	Vorbereitung und Einladung	108
4.5.4	Durchführung des Entwicklungsgesprächs	109
4.5.5	Nachbereitung des Entwicklungsgesprächs	114
4.6	Besonderheiten und mögliche Konflikte während des Entwicklungsgesprächs	115
4.7	Entwicklungsgespräche in der Kindertagespflege	117
	Weiterführende Literatur	117

5	**Dokumentieren mit Lerngeschichten**	118
	(Hartmut Kupfer)	
5.1	Lernbeurteilungen im Kontext der Lernkultur	118
5.2	Zwei Blickrichtungen: Kompetenzen und Potenziale	120
5.3	Was ist eine Lerngeschichte?..	121
5.3.1	Was bedeutet Lernen in der Lerngeschichte? Kompetenzen und Dispositionen...................................	124
5.3.2	Was bedeutet Geschichte in der Lerngeschichte?	127
	Weiterführende Literatur	130
5.4	Der Dokumentationsprozess: Bemerken, Verstehen, Beantworten	130
5.4.1	Magische Momente	131
5.4.2	Demokratische Momente	133
5.5	Die „Bildungs- und Lerngeschichten"	134
5.6	Rechtliche und ethische Fragen des Dokumentierens mit Kindern und ihren Familien..	138
5.7	Ausblick: Lerngeschichten im Bildungsgang	140
	Weiterführende Literatur	142
6	**Elternabende aktiv gestalten**	143
	(Ulrike Labuhn)	
6.1	Kommunikation mit Eltern als zentrale Aufgabe einer Kindertagesstätte	143
6.2	Planung und Durchführung von Elternabenden	145
6.2.1	Anlässe und Ziele	145
6.2.2	Arten von Elternabenden	147
6.2.2.1	Gesamt-Elternabend	147
6.2.2.2	Gruppen-Elternabend	153
6.2.2.3	Thematische Elterngruppen...	156
6.3	Tipps für erfolgreiche Elternabende.................................	157
6.3.1	Vorüberlegungen...	157
6.3.1.1	Die Frage nach Ziel und Thema	157
6.3.1.2	Die Frage nach Ort und Zeit	158
6.3.1.3	Die Frage nach personellen und materiellen Ressourcen	158
6.3.1.4	Das Einladungsschreiben...	159
6.3.2	Umsetzung	160
6.3.2.1	Die Raumgestaltung	160
6.3.2.2	Die Eröffnung	161
6.3.2.3	Gesprächshaltung und Gesprächsführung...........................	161
6.3.3	Nachbereitung	161
	Weiterführende Literatur	163
7	**Gremienarbeit in der Kindertagesbetreuung**......................	164
	(Juliana Schiwarov)	
7.1	Gremienarbeit als besondere Form der Zusammenarbeit von Eltern und Erziehern	164
7.2	Rechtliche Grundlagen des Eltern-Erzieher-Verhältnisses	167

7.2.1	Mitwirkungsrechte von Eltern in der Kita.	167
7.2.2	Formen von Beteiligung	168
7.3	Gremienarbeit und Rollenverständnis	171
7.3.1	Rollen und Rollenerwartungen	171
7.3.2	Rollenverhalten in Gremien: Wer bin ich?	174
7.3.3	Gelingende Gremienarbeit	176
7.4	Elternvertretung in der Kindertageseinrichtung	176
7.4.1	Elternversammlung	177
7.4.2	Elternvertretung auf Gruppen-Ebene und Elternausschuss in der Kita	179
7.4.2.1	Elternvertretung auf Gruppen-Ebene	179
7.4.2.2	Elternausschuss in der Kita	179
7.4.2.3	Zusammenarbeit mit dem Elternausschuss	180
7.5	Ausblick: Gremienarbeit auf kommunaler Ebene	184
7.5.1	Jugendhilfeausschuss	185
7.5.2	Arbeitsgemeinschaften nach § 78 SGB VIII	186
7.5.3	Stadtteilkonferenz	186
7.5.4	Kommunale Bildungslandschaften	187
7.5.5	Psychosoziale Arbeitsgemeinschaft (PSAG)	188
7.6	Landesrechtliche Regelungen zur formalen Mitbestimmung von Eltern in Kindertageseinrichtungen – ein Überblick	188
	Weiterführende Literatur	200

8 Zusammenarbeit mit Eltern im Familienzentrum 201
(Elke Katharina Klaudy und Sybille Stöbe-Blossey)

8.1	Von der Kindertageseinrichtung zum Familienzentrum	201
8.1.1	Das Landesprojekt „Familienzentrum" in Nordrhein-Westfalen	202
8.1.2	Zusammenarbeit mit Eltern: das Gütesiegel „Familienzentrum NRW"	203
8.1.3	Dimensionen der Zusammenarbeit mit Eltern	207
8.1.4	Erfahrungen der Familienzentren in der Zusammenarbeit mit Eltern	209
8.2	Familienzentren: Anforderungen an die Qualifizierung von pädagogischen Fachkräften	217
8.2.1	Professionelle Haltung als Basis für Zusammenarbeit und Vernetzung	218
8.2.2	Bedarfsorientierung, Sozialraum und Angebotsspektrum im Familienzentrum	221
	Weiterführende Literatur	225
	Literaturverzeichnis	227
	Sachwortverzeichnis	233
	Bildquellenverzeichnis	236

Vorwort

Anne Wihstutz und Petra Völkel

Die Zusammenarbeit mit Eltern rückt zunehmend in den Fokus der Aufmerksamkeit von Erzieherinnen und Erziehern. Während noch bis vor wenigen Jahren die sogenannte Elternarbeit als zusätzliche und nicht unbedingt notwendige Aufgabe pädagogischer Fachkräfte erachtet wurde, ist in den letzten Jahren ein Perspektivenwandel zu beobachten. Väter und Mütter werden immer häufiger als Expertinnen und Experten ihrer Kinder wahrgenommen. Sämtliche Bildungsprogramme und Bildungspläne der Länder gehen eigens auf die gewachsene Bedeutung der Zusammenarbeit mit Eltern ein.

Die Lebensrealität von Kindern findet in verschiedenen Umwelten und Settings, also der Kindertagesstätte als Entwicklungs- und Bildungsraum, statt. Als wichtigste Sozialisationsinstanzen in der frühen Kindheit gelten Familie und Kindertagesstätte. Im Interesse einer bestmöglichen Förderung und Begleitung kindlicher Bildungsprozesse in Kindertageseinrichtungen kommen Kindheitspädagoginnen und Kindheitspädagogen nicht umhin, Eltern als Kooperationspartnerinnen und -partner wahrzunehmen und anzuerkennen. Durch die Zusammenarbeit von Eltern und Kindertageseinrichtung wird die Lebenswelt des Kindes in der Familie und die Lebenswelt des Kindes in der Bildungseinrichtung sowohl bereichert als auch unterstützt.

Bildungs- und Erziehungspartnerschaft bedeutet, dass mindestens zwei Instanzen die Bildung und Erziehung der Kinder begleiten. Die Fokussierung auf Eltern und Kindertageseinrichtungen beruht auf Art. 6 Grundgesetz, der Eltern das Recht und die Pflicht der Pflege und Erziehung ihres Kindes vorschreibt. Der Staat wacht darüber, ob sie diese Rechten und Pflichten zum Wohle des Kindes ausüben.

Wie sich dieses Verhältnis von Familie und Kindertageseinrichtung gestaltet, regelt das Kinder- und Jugendhilfegesetz bzw. Sozialgesetzbuch VIII. Dabei wird deutlich, dass sowohl Eltern als auch Kindertageseinrichtungen spezifische Aufgaben in der Begleitung vom kindlichen Entwicklungs- und Bildungsprozess haben.

Die Zusammenarbeit zwischen Erziehungsberechtigten und pädagogischen Fachkräften gestaltet sich je nach Lebenslagen der Eltern, dem pädagogischen Setting, den Belangen des Kindes und der jeweils aktuellen Situation sehr verschieden. Die Beiträge in diesem Band gehen auf ausgewählte spezifische Aspekte von Bildungs- und Erziehungspartnerschaften ein, doch sind ihre Erkenntnisse übertragbar, z. B. auf die Zusammenarbeit mit Eltern von Kindern unter drei Jahren, die Zusammenarbeit mit Eltern in einer multikulturellen Einrichtung, die Bildungs- und Erziehungspartnerschaft in einer Offenen Ganztagsschule und im Hort, die Zusammenarbeit mit Eltern von Kindern mit gesundheitlichen Beeinträchtigungen sowie in ihren Grundzügen auf die speziellen Erfordernisse einer Bildungs- und Erziehungspartnerschaft von sozialpädagogischen Fachkräften und Eltern in der stationären Erziehungshilfe.

In dem vorliegenden Band werden die Grundlagen und Herausforderungen einer Partnerschaft zwischen der Familie und der Kindertagesstätte herausgearbeitet und ihre Gestaltungsspielräume in ausgewählten Situationen diskutiert. Dabei weisen sämtliche Beiträge auf die Notwendigkeit hin, eine auf Wertschätzung und Anerkennung beruhende professionelle Haltung zu entwickeln. Die Beiträge in diesem Buch haben das gemeinsame Anliegen, bereits angehende pädagogische Fachkräfte zum Erwerb von Fähigkeiten und Fertigkeiten anzuregen und herauszufordern, die es ihnen erlauben, den komplexen Anforderungen der pädagogischen Praxis selbstbewusst und kompetent zu begegnen und ein umfassendes berufliches Selbstverständnis zu erwerben. In allen Beiträgen dieses Buches werden deshalb, wenn auch in unterschiedlichem Umfang, Methoden zur Bearbeitung des jeweiligen Themas bzw. der jeweiligen Anforderung in der Lehre an Hochschulen oder im Unterricht an Fachschulen und Fachakademien angeboten sowie Arbeits- und Selbststudiumsaufgaben für Studierende benannt.

In Bezug auf Personen- und Funktionsbezeichnungen werden sowohl geschlechtsneutrale Formulierungen als auch die weibliche und die männliche Sprachform gebraucht. Ebenso werden in den verschiedenen Beiträgen z. T. unterschiedliche Begrifflichkeiten für pädagogische Fachkräfte genutzt, wie z. B. Pädagogin, Frühpädagogin, Kindheitspädagogin oder Erzieherin. All diese Begriffe stehen jedoch synonym für Personen, die pädagogisch im Elementarbereich tätig sind oder nach Abschluss ihres Studiums oder ihrer Ausbildung tätig sein werden.

Die verstärkte Forderung der Zusammenarbeit mit Eltern im Sinne einer Erziehungs- und Bildungspartnerschaft basiert auf der Erkenntnis, dass Kinder in ihrem Entwicklungs- und Bildungsprozess davon profitieren, wenn beide Sozialisationsinstanzen miteinander kooperieren. **Anne Wihstutz** arbeitet in ihrem Beitrag die gesellschaftlichen und rechtlichen Grundlagen für eine Zusammenarbeit heraus und diskutiert diese im Hinblick auf die damit verbundenen Anforderungen an die professionellen pädagogischen Fachkräfte (siehe Kap. 1). Die Autorin stellt die Entwicklung einer Erziehungs- und Bildungspartnerschaft als voraussetzungs- und spannungsreich dar. Dabei geht sie insbesondere auf die Herausforderungen aktueller gesellschaftlicher Entwicklungen für Familien und pädagogische Fachkräfte ein. Die Darlegungen werden durch didaktische Hinweise für die Selbstreflexion sowie für die gemeinsame Arbeit in Kleingruppen begleitet.

Die Zusammenarbeit mit Eltern ist jeweils spezifisch, nicht zuletzt auch aufgrund der verschiedenen Erfahrungen, Lebenslagen und aktuellen Belange von Eltern. **Sabine Jungk** hebt in ihrem Beitrag hervor, dass stets von sehr unterschiedlichen Voraussetzungen in der Kooperation mit Eltern auszugehen ist. Diese Aussage trifft insbesondere auf die Zusammenarbeit mit Eltern mit Migrationshintergrund zu (siehe Kap. 2), welche z. B. in den Städten eine regelmäßige Anforderung in den Kitas geworden ist. Nichtsdestoweniger fehlen in Deutschland bislang aussagefähige Untersuchungen über die Qualität dieser Zusammenarbeit. In Auseinandersetzung mit der Vielfalt an Erfahrungen und Bedeutungen im Zusammenhang mit Migration, Rassismus und Diskriminierung erarbeitet die Autorin Hinweise für eine ressourcenorientierte Form der Zusammenarbeit. Von einer egalitären Differenz ausgehend, stellt sie die Frage, wie die Institution Kita ein Heimspiel auch für Familien mit Migrationshintergrund werden kann und wie Erzieherinnen und Erzieher in der Vielfalt von Erziehungsstilen eine Bereicherung für die zu entwickelnde Erziehungs- und Bildungspartnerschaft entdecken können. Dreh- und Angelpunkt ist die Entwicklung einer anerkennenden und wertschätzenden Haltung, die Eltern zu Austausch und Partizipation in der Institution Kindertagesstätte einlädt. Im Beitrag finden sich zahlreiche praxisnahe Anregungen zur Unterstützung der Entwicklung dieser professionellen Kompetenzen.

Besondere Bedeutung kommt der Zusammenarbeit mit Eltern bei der Eingewöhnung des Kindes in die Kindertagesstätte zu (siehe Kap. 3). Beim Übergang von der Betreuung in der Familie in eine Fremdbetreuung wird der Grundstein für die Entwicklung einer Bildungs- und Erziehungspartnerschaft zwischen den pädagogischen Fachkräften und den Eltern für die kommende Zeit gelegt. Mit Bezug auf die Bindungstheorie arbeiten **Katja Braukhane** und **Christiane Ehmann** heraus, dass die Belastungen im Prozess der Eingewöhnung für das Kind erheblich reduziert werden können, wenn Erzieherinnen und Erzieher einfühlsam auch auf die individuellen Befürchtungen, Sorgen und Ängste von Eltern eingehen. Am Beispiel des Berliner Modells des Instituts für angewandte Sozialisationsforschung (infans) und des Münchner Eingewöhnungsmodells stellen sie die Phasen der Eingewöhnung für Eltern und Kinder vor und diskutieren die jeweiligen Besonderheiten. Die beiden Autorinnen regen mittels konkreter Aufgabenstellungen dazu an, eine Haltung der Akzeptanz zu entwickeln, die es pädagogischen Fachkräften ermöglicht, sensibel und wertschätzend mit Eltern in der Eingewöhnungsphase zusammenzuarbeiten.

Wissen über die jeweiligen Lebenswelten von Kindern in der Kita und in der Familie ist eine wesentliche Voraussetzung für die Entwicklung von Vertrauen zwischen Eltern und pädagogischen Fachkräften im Sinne einer Erziehungs- und Bildungspartnerschaft. Für die professionelle pädagogische Arbeit mit Kindern ist der Austausch mit Eltern über ihre Beobachtungen der kindlichen Handlungen und Verhaltensweisen in der Familie sogar erforderliche Grundlage. In Entwicklungsgesprächen tauschen sich Eltern und die pädagogische Fachkraft über die Entwicklung des Kindes aus und vereinbaren, wie diese am besten jeweils begleitet oder gefördert werden kann (siehe Kap. 4). **Annette Hautumm** weist auf die besondere Verantwortung der pädagogischen Fachkraft hin, das Gespräch zu ermöglichen und Eltern als gleichberechtigte Partner in der Begleitung und Förderung vom Entwicklungsprozess des Kindes anzuerkennen. Mit konkreten Aufgaben und Übungen werden Auszubildende und Studierende der Kindheitspädagogik in der Entwicklung der erforderlichen Kompetenzen unterstützt.

Vielerorts üben sich pädagogische Fachkräfte darin, wie sie kindliche Lernprozesse beobachten und dokumentieren können. Die Herausforderung besteht darin, Rückmeldungen über das Lernen der Kinder zu geben und dieses dialogisch zu gestalten. **Hartmut Kupfer** stellt in seinem Beitrag (siehe Kap. 5) das Konzept der Lerngeschichten vor und macht auf signifikante Unterschiede zwischen dem neuseeländischen Konzept und seiner Adaptation im deutschsprachigen Raum als Bildungs- und Lerngeschichten aufmerksam. Er unterscheidet zwischen einer Lernkultur, die individualistisch orientiert ist, und einer Lernkultur, die das gemeinsame Lernen in der Gruppe und in der Lerngemeinschaft betont, in der sich auch Erwachsene als Lernende verstehen. Entscheidend für die Wirksamkeit von Rückmeldungen über das Lernen und die Herausbildung der Identitäten von Kindern als Lernende ist neben der Anwendung einer Methode vor allem die Lernkultur der eigenen Einrichtung. Mit Beispielen aus der pädagogischen Praxis werden Anregungen für die Herausbildung einer spezifischen professionellen Haltung zur Förderung von Lernprozessen in der Kindertagesstätte gegeben.

Eine der zentralen Aufgaben von pädagogischen Fachkräften ist es, Fragen und Verunsicherungen von Eltern wahrzunehmen und verständnisvoll aufzugreifen. **Ulrike Labuhn** stellt in ihrem Beitrag die besondere Form der Zusammenarbeit mit Eltern im Rahmen von Elternabenden vor (siehe Kap. 6). Anders als bei individuellen Gesprächen mit Eltern bieten Elternabende die Gelegenheit, zu ausgewählten Themen die professionelle pädagogische Perspektive vorzustellen und mit Fachexpertisen zu ergänzen. Im Rahmen eines Elternabends können Eltern in Austausch mit anderen Eltern treten. Durch ihre Regelmäßigkeit fördern Elternabende den Kontakt und Informationsaustausch zwischen den pädagogischen Fachkräften und den Eltern, nicht zuletzt können Elternabende auch dazu beitragen, die pädagogische Arbeit für Eltern transparenter zu gestalten. Elternabende werden zu erfolgversprechenden Veranstaltungen, wenn sie an den Interessen und Bedürfnissen von Eltern anknüpfen und Eltern sich durch die pädagogischen Fachkräfte als wertgeschätzte und kompetente Bezugspersonen vom Kind angenommen fühlen. Eine notwendige Voraussetzung ist das Wissen darum, dass die Nöte, Sorgen und Interessen von Eltern jeweils spezifisch sind. Hier ist es erforderlich, Methoden zu kennen, wie die Anliegen von Eltern ermittelt werden können. Der Beitrag schließt mit zahlreichen Anregungen für die Gestaltung erfolgreicher Elternabende.

Juliana Schiwarov stellt in ihrem Beitrag (siehe Kap. 7) eine bislang in der kindheitspädagogischen Fachliteratur wenig thematisierte Form der Mitwirkung von Eltern in Kindertageseinrichtungen vor. Über Gremienarbeit in der Kindertagesbetreuung werden Eltern an wesentlichen Entscheidungen der Kindertagesstätte beteiligt. Obwohl in allen Bildungsplänen die Wichtigkeit der Zusammenarbeit mit Eltern hervorgehoben wird, spielt die formale Beteiligung von Eltern nur eine untergeordnete Rolle. Ausgehend von der gesetzlichen Verpflichtung der Zusammenarbeit mit Eltern, geht der Beitrag insbesondere auf formalisierte Beteiligungsformen für Eltern ein. Schließlich werden Gremien als spezifische Aushandlungs- und Vermittlungsprozesse dargestellt, die bei pädagogischen Fachkräften eine Rollenklarheit sowie einen professionellen Rollenwechsel erforderlich machen. Hinweise auf Übungen und Empfehlungen für die Arbeit in Kleingruppen sowie für das Selbststudium runden den Beitrag ab.

Mit einem Beitrag zur Weiterentwicklung von Kindertageseinrichtungen zu Familienzentren schließt der Band. **Elke Katharina Klaudy** und **Sybille Stöbe-Blossey** nehmen damit Bezug auf die international zu beobachtende Tendenz der Funktionserweiterung von Kindertagesstätten. Die Autorinnen stellen die Zusammenarbeit mit Eltern in Familienzentren am Beispiel eigener Forschungsergebnisse zum Gütesiegel Familienzentrum in Nordrhein-Westfalen vor (siehe Kap. 8). Kindertageseinrichtungen sollen zu Zentren für integrierte und niedrigschwellig zugängliche Dienstleistungen und Unterstützungssysteme für Kinder und Familien werden. Damit bekommt die Zusammenarbeit mit Eltern eine neue Qualität. Das Ziel ist, durch Angebote aus einer Hand auf die komplexen Bedürfnisse von Familien durch Bedarfsgerechtigkeit und Sozialraumbezug besser eingehen zu können. In ihrem Beitrag stellen die beiden Autorinnen die damit verknüpften Herausforderungen für pädagogischen Fachkräfte zur Diskussion. Dabei beziehen sie sich auf eigene Befragungen. Aufgrund der unterschiedlichen Sozialräume und Bedarfe der Familien unterscheiden sich die Konzeptionen der jeweiligen Einrichtungen auch strukturell und methodisch. Für die pädagogischen Mitarbeiterinnen und Mitarbeiter bedeutet dies, stets ihr eigenes Fach- und Sachwissen an den Bedürfnissen und Bedarfen der Familien im Sozialraum auszurichten sowie eine reflektierte professionelle Haltung zu entwickeln. Der Beitrag wird ergänzt durch Anregungen zur Herausbildung und Stärkung der erforderlichen professionellen Kompetenzen angehender pädagogischer Fachkräfte.

1 Rechtliche und gesellschaftspolitische Rahmenbedingungen von Bildungs- und Erziehungspartnerschaft

Anne Wihstutz

➔➔➔ **Merksatz**

Erziehungspartnerschaft

„Erziehungspartnerschaft begreift die Zusammenarbeit von Eltern und Erzieherinnen in Kindertageseinrichtungen. Der Aspekt der Zusammenarbeit unterscheidet Erziehungspartnerschaft von Elternarbeit.

Bei der Erziehungspartnerschaft handelt es sich hier nicht um einen einseitigen Informationsfluss, ausgehend von der Erzieherin hin zu den Eltern. Erziehungspartnerschaft ist vielmehr ein partnerschaftlicher Lernprozess. [...] Dabei bringen Eltern und Erzieherinnen gleichberechtigt ihre spezifischen Kompetenzen für das Kindeswohl in die Erziehungspartnerschaft ein."

(Vorholz/Mienert, 2007, S. 7)

Die Bildungs- und Erziehungspartnerschaft beschreibt ein Kooperationsbündnis zwischen der pädagogischen Fachkraft und den Eltern. Der Fokus liegt auf der Gestaltung der Zusammenarbeit zwischen zwei Sozialisationsinstitutionen der frühen Kindheit: Familie und Kindertageseinrichtung.

Im folgenden Beitrag geht es zunächst um eine Darlegung der verschiedenen Perspektiven, die zur Begründung einer Bildungs- und Erziehungspartnerschaft zwischen Eltern und pädagogischen Fachkräften herangezogen werden. Die rechtlichen Grundlagen werden erläutert und die historische Entwicklung zur Erziehungs- und Bildungspartnerschaft knapp nachgezeichnet. Unter den gesellschaftlichen Rahmenbedingungen einer Bildungs- und Erziehungspartnerschaft werden insbesondere die Anforderungen an die Familie und die Auseinandersetzung mit sozialer Ungleichheit in der Kindheit vorgestellt. Erziehungs- und Bildungspartnerschaft wird als ein Spannungsfeld diskutiert. Im Anschluss werden Voraussetzungen und Formen einer gelingenden Zusammenarbeit mit Eltern aus der Perspektive des pädagogischen Alltags vorgestellt und Schwierigkeiten in der Zusammenarbeit aufgezeigt.

1.1 Perspektiven zur Begründung einer Erziehungs- und Bildungspartnerschaft

Warum ist es wichtig, sich mit Bildungs- und Erziehungspartnerschaft auseinanderzusetzen?

Das Wohl des Kindes gilt es zu schützen und zu fördern. Diese Pflicht obliegt an erster Stelle den Eltern. Mit dem Besuch einer Kindertageseinrichtung übertragen sie für die Dauer der Betreuung die Verantwortung für ihr Kind auf die pädagogische Fachkraft. Damit wird der Grundstein für eine zunächst nicht näher definierte Form der Kooperation zwischen Eltern und Kindertagesstätte gelegt.

Doch unter der Prämisse, das Wohl des Kindes zu fördern, haben sämtliche pädagogische Bemühungen geringe Erfolgsaussichten, wenn sie gegen den elterlichen Willen gerichtet sind (siehe Richter-Kornweitz, 2011). Arbeiten Eltern und pädagogische Fachkräfte nicht miteinander auf einer gemeinsamen Grundlage, tragen sie dazu bei, dass das Kind in Loyalitätskonflikte gerät.

Das Zusammenspiel von Erziehungsberechtigten und Fachkräften der Kindertagesbetreuung soll vor diesem Hintergrund derart gestaltet sein, dass es die bestmögliche Förderung des Kindes unterstützt.

Die Notwendigkeit der Zusammenarbeit bzw. „der Wunsch nach einer verstärkten Zusammenarbeit und einer Harmonisierung von Erziehungszielen [zwischen Eltern und pädagogischen Fachkräften] entspringt der Einsicht in die Grenzen der Wirkung öffentlicher Erziehung." (Cloos/Karner, 2010, S. 173). Hierzu hatten nicht zuletzt die Ergebnisse der internationalen Schulleistungsuntersuchungen (wie IGLU, PISA u. a.) den Anstoß gegeben. Parallel dazu wurde erkannt, dass der Einfluss der pädagogischen Qualität des Familiensettings stärker wirkt als die pädagogische Qualität der Kindertagesstätte. Ludwig Liegle spricht in diesem Zusammenhang von der „Erziehungsmächtigkeit der Familie" (Liegle, 2009, S. 100).

Familie wird in diesem Beitrag als der Zusammenschluss von Personen verstanden, die die gesetzlich geregelte, regelmäßige, kontinuierliche und verbindliche Verantwortung für das Aufwachsen und die Pflege sowie Erziehung und Betreuung eines Minderjährigen, hier eines Kindes bis zum 18. Lebensjahr, übernommen haben. Das heißt, die folgenden Ausführungen unterscheiden nicht zwischen leiblichen und nicht-leiblichen Eltern. Mit dem Begriff Eltern sind jene gemeint, die die Sorge- und Erziehungsberechtigung über das Kind ausüben. Im Beitrag wird auch nicht zwischen ehelichen und nicht-ehelichen Partnerschaften mit Kind differenziert.

Kinder werden in ein soziales Beziehungsgefüge hineingeboren. In der Regel wachsen sie mit ihren Eltern, u. U. mit weiteren Personen auf. Als Hauptbezugspersonen sind die Eltern die ersten und wichtigsten Beziehungspersonen von Kindern. Je älter das Kind wird, desto mehr Menschen treten in sein Blickfeld. Sein soziales Beziehungsgefüge weitet sich aus. Spätestens mit Eintritt in eine Kindertageseinrichtung gehören auch die pädagogischen Fachkräfte zum Beziehungsnetz des Kindes. Damit sind Erzieherinnen und Erzieher am Prozess der Erziehung, Betreuung und Bildung von Kindern beteiligt.

Die Perspektiven zur Begründung einer Zusammenarbeit zum Wohl des Kindes können unterschieden werden:

- **aus der Perspektive des Kindes**

  Nur durch eine partnerschaftliche Zusammenarbeit von Eltern und Erziehungsberechtigten würden ideale Entwicklungsbedingungen für das Kind geschaffen. Diese Perspektive wird insbesondere in dem Gutachten des Wissenschaftlichen Beirats für Familienfragen beim Bundesministerium für Familie, Senioren, Frauen und Jugend vertreten (siehe BMFSFJ, 2006).

- **aus der Perspektive der demografischen Entwicklung**

  Mit einem besser an die Bedürfnisse von Familien angepassten Dienstleistungsangebot der Bildungseinrichtungen in Sachen Qualität und Ausweitung des Betreuungsumfangs werde ein positiver Einfluss auf die Geburtenrate ausgeübt. Die Hoffnung wird oftmals mit einer wirtschaftlich orientierten Argumentation einhergehend vorgebracht, dass in Kinder als Humankapital zu investieren sei, die Investition in den Ausbau und in die pädagogische Qualität von frühkindlicher Bildung sich volkswirtschaftlich rechnen würde (siehe BDA, 2006). Hier werden insbesondere die ökonomischen Effekte wie „Einsparungen im Bereich der sozialen Fürsorge, der Jugendhilfe, der Integration von Migrantinnen und Migranten sowie im Schulsektor" (BMFSFJ, 2006, XXVI) hervorgehoben, die die öffentlichen Ausgaben für die Kinderbetreuung der Kommunen deutlich übertreffen würden.

- **aus der Perspektive nicht oder nur unzureichend erbrachter Erziehungsleistungen von Familien**

  Die Erziehungsleistungen von Familien werden zunehmend als nicht ausreichend angesehen. Während zunächst allgemein davon ausgegangen wird, dass Eltern mehr denn je Hilfe bei der Erziehung bräuchten, werden in einem zweiten Schritt insbesondere sogenannte bildungsferne Familien angesprochen. Ebenso richten sich Angebote an Familien mit Migrationshintergrund, die mit dem Ziel der Integration eine gezielte Förderung durch Separation erhalten sollen.

1.2 Rechtliche Grundlagen

Als höchste Rechtsnorm gilt das Grundgesetz (GG) in der Bundesrepublik Deutschland. Hier wird auch das Verhältnis von Familie und Staat grundlegend bestimmt. So genießt die Familie besonderen Schutz. Eltern tragen die primäre Verantwortung für das Aufwachsen und die Erziehung ihres Kindes. Dass und wie sie diese Verantwortung wahrnehmen, darüber wacht der Staat, dabei sind nichteheliche Kinder den Kindern, die in einer Ehe geboren wurden, gleichgestellt. Der Eingriff von staatlicher Seite in Angelegenheiten der Erziehung ist allerdings nur begründbar, wenn Gefahr für das Kindeswohl besteht.

Art. 6 GG

(1) Ehe und Familie stehen unter dem besonderen Schutze der staatlichen Ordnung.
(2) Pflege und Erziehung der Kinder sind das natürliche Recht der Eltern und die zuvörderst ihnen obliegende Pflicht. Über ihre Betätigung wacht die staatliche Gemeinschaft.
(3) Gegen den Willen der Erziehungsberechtigten dürfen Kinder nur auf Grund eines Gesetzes von der Familie getrennt werden, wenn die Erziehungsberechtigten versagen oder wenn die Kinder aus anderen Gründen zu verwahrlosen drohen.
(4) Jede Mutter hat Anspruch auf den Schutz und die Fürsorge der Gemeinschaft.
(5) Den unehelichen Kindern sind durch die Gesetzgebung die gleichen Bedingungen für ihre leibliche und seelische Entwicklung und ihre Stellung in der Gesellschaft zu schaffen wie den ehelichen Kindern.

Die Zusammenarbeit der Kindertageseinrichtung mit den Eltern bzw. Erziehungsberechtigten ist im Achten Sozialgesetzbuch (SGB VIII) gesetzlich geregelt unter Kinder- und Jugendhilfe, auch bekannt als Kinder- und Jugendhilfegesetz (KJHG). Kindertageseinrichtungen gelten gemeinhin als Einrichtungen der Kinder- und Jugendhilfe, folglich finden sich in SGB VIII Aussagen zum Verhältnis von Kindertageseinrichtung und Eltern.

§ 1 SGB VIII: Recht auf Erziehung, Elternverantwortung, Jugendhilfe

[...] (2) Pflege und Erziehung der Kinder sind das natürliche Recht der Eltern und die zuvörderst ihnen obliegende Pflicht. Über ihre Betätigung wacht die staatliche Gemeinschaft.
(3) Jugendhilfe soll zur Verwirklichung des Rechts nach Absatz 1 insbesondere [...]
2. Eltern und andere Erziehungsberechtigte bei der Erziehung beraten und unterstützen,
3. Kinder und Jugendliche vor Gefahren für ihr Wohl schützen. [...].

§ 22 SGB VIII: Grundsätze der Förderung

[...] (2) Tageseinrichtungen für Kinder und Kindertagespflege sollen [...]
2. die Erziehung und Bildung in der Familie unterstützen und ergänzen,
3. den Eltern dabei helfen, Erwerbstätigkeit und Kindererziehung besser miteinander vereinbaren zu können.

Aus § 1 SGB VIII geht hervor, dass die Verantwortung für das Wohlbefinden, das Aufwachsen und die Förderung der Erziehung von Kindern bei den Eltern liegt. Die Kindertageseinrichtung ist gegenüber den Eltern in der Reihenfolge der Zuständigkeiten nachgeordnet. Dieser nachgeordnete Charakter von Kindertageseinrichtungen für den Bereich Erziehung und Bildung von Kindern wird nochmals in § 22 SGB VIII wiederholt. Erst nach der Auflistung von Erziehung und Bildung wird die Funktion der Kindertagesstätte als Ort der Betreuung genannt, und zwar um Berufstätigkeit und Kindererziehung gleichzeitig zu ermöglichen.

> **§ 22a SGB VIII: Förderung von Tageseinrichtungen**
> [...] (2) Die Träger der öffentlichen Jugendhilfe sollen sicherstellen, dass die Fachkräfte in ihren Einrichtungen zusammenarbeiten
> 1. mit den Erziehungsberechtigten und Tagespflegepersonen zum Wohl der Kinder und zur Sicherung der Kontinuität des Erziehungsprozesses,
> 2. mit anderen kinder- und familienbezogenen Institutionen und Initiativen im Gemeinwesen, insbesondere solchen der Familienbildung und -beratung,
> 3. mit den Schulen, um den Kindern einen guten Übergang in die Schule zu sichern und um die Arbeit mit Schulkindern in Horten und altersgemischten Gruppen zu unterstützen.
>
> Die Erziehungsberechtigten sind an den Entscheidungen in wesentlichen Angelegenheiten der Erziehung, Bildung und Betreuung zu beteiligen.

Im Jahr 2004 haben sich die Konferenzen der Jugendminister und Kultusminister als Zuständige für Kinder- und Jugend- sowie für Bildungspolitik der Länder auf folgenden Formulierung verständigt:

„Aufgrund der gemeinsamen Bildungs- und Erziehungsverantwortung wirken Fachkräfte und Eltern partnerschaftlich zusammen. [...]" (Gemeinsamer Rahmen der Länder für die frühe Bildung in Kindertageseinrichtungen JMK/KMK, 2004, S. 6)

Die Zusammenarbeit von Kindertageseinrichtungen und Eltern wird zum Standard der pädagogischen Arbeit erhoben. In ihrer gemeinsamen Rahmenerklärung präzisieren die Jugend- und Kultusminister die Zusammenarbeit als partnerschaftlich.

Wie die folgenden Zitate zeigen, wird unter partnerschaftlicher Zusammenarbeit auf Landesebene, also auf der Ausführungsebene, jedoch unterschiedliches verstanden (siehe dazu auch Kapitel 7):

- „[...] partnerschaftliche Zusammenarbeit. [...] echte Partnerschaft. [...] gleichberechtigt, aber mit unterschiedlicher Verantwortung." (Ministerium für Gesundheit und Soziales Sachsen-Anhalt, 2009, S. 86)
- „Die Tageseinrichtungen stimmen sich in Fragen von Erziehung und Bildung mit den Eltern oder den anderen Erziehungsberechtigten ab und berücksichtigen die Vereinbarkeit von Familie und Beruf bei der Erziehungs- und Bildungsarbeit. Mit den Erziehungsberechtigten wird eine Erziehungspartnerschaft angestrebt. Dieses partnerschaftliche Zusammenspiel soll die elterliche Erziehungskompetenz stärken und stützen." (Ministerium für Schule, Jugend und Kinder des Landes Nordrhein-Westfalen, 2003, S. 9)
- „[...] Eltern selber als Akteure eingebunden. [...] übernehmen durch ihre Mitarbeit Verantwortung." (Niedersächsisches Kultusministerium, 2005, S. 44)

➔➔➔ **Merksatz**
> Sowohl Familie als auch Kindertageseinrichtung leisten einen je eigenen Beitrag zur Sozialisation und zur Entwicklung und Bildung des Kindes. Die Verschiedenartigkeit dieser beiden Sozialisationsfelder wurde schon frühzeitig als produktiv für die kindliche Entwicklung erkannt und begründet die Notwendigkeit öffentlicher frühkindlicher Erziehung, Betreuung und Bildung.

Arbeitsaufgaben

1. *Recherchieren Sie über das Portal des Bildungsservers unter www.bildungsserver.de/ Laenderueberblick-Elementarbildung wie die Zusammenarbeit von Kindertageseinrichtungen mit Eltern in den frühkindlichen Bildungsprogrammen der Länder präzisiert wird. Diskutieren Sie die Unterschiede in Bezug auf die Aussagen zur Partnerschaft mit Eltern.*

2. *Diskutieren Sie in Zweier-Gruppen das Familienbild, von dem in den rechtlichen Grundlagen ausgegangen wird. Begründen Sie Ihre Aussagen und diskutieren Sie diese anschließend in der Gesamtgruppe.*

1.3 Skizze zur historischen Entwicklung von Elternarbeit

Weniger die konkrete Elternarbeit sei in der Geschichte der Kindertagesbetreuung bisher thematisiert worden als die Funktionen der verschiedenen Einrichtungen für die Familien, schreibt Renate Thiersch (vgl. Thiersch, 2006, S. 82):

In ganztägigen Kleinkinderbewahranstalten für Kinder proletarischer, berufstätiger Mütter wurde über „autoritäre Fürsorge" (Neumann, 1987, S. 135 in Thiersch 2006, S. 82) der Kinder Kontrolle über ihre Familien ausgeübt. Fröbel hatte indes mit seinem Kindergarten die Absicht, bürgerliche Mütter und Kindermädchen für die „richtige" Kleinkindererziehung zu gewinnen. Anders als gegenüber der proletarischen Familie sollten die Kinder der bürgerlichen Familien nur für wenige Stunden am Tag im Kindergarten „spielen", um eine Entfremdung von der Mutter zu verhindern (vgl. Thiersch, 2006, S. 82, und siehe auch Aden-Grossmann, 2011, für eine kritische Würdigung der Bedeutung des Kindergartens in den verschiedenen Zeitepochen).

Auch in der späteren Entwicklung des Verhältnisses von Kindertageseinrichtung und Eltern lässt sich zusammenfassend behaupten, dass Familie in der Selbstwahrnehmung der Einrichtungen häufig eine „negativ Folie" darstellte, gegen die sich „gute" Kindergartenarbeit absetzte (vgl. Thiersch, 2006, S. 83).

Thiersch beobachtete, zumindest für die Bundesrepublik Deutschland, eine Wende in der Zusammenarbeit von Kindertageseinrichtungen und Eltern in den Folgejahren der Unruhen um 1968. Die angestoßene Bildungsreform führte zu einem Paradigmenwechsel in der damals noch Kindergartenpädagogik genannten Elementarpädagogik. Aus neuen Erkenntnissen der Entwicklungspsychologie sowie der Psychologie und der Kritik am autoritären Kindergarten wünschten sich Eltern Mitgestaltung und Mitbestimmung bei der Erziehung ihrer Kinder in Kindertageseinrichtungen. Zur Förderung der Kompetenzen wurden Elternbildungsprogramme sowie Elternbriefe konzipiert. Eltern gründeten selbst Betreuungseinrichtungen in Form von sogenannten Kinderläden und Elterninitiativen, in denen sie zum einen Träger waren und zum anderen auch selbst mitarbeiteten und gemeinsam mit den Fachkräften die pädagogische und organisatorische Arbeit besprachen. Im späteren Verlauf wurden Mütterzentren für und von Müttern mit Kleinkindern gegründet.

Konzeptionell wurde Elternarbeit als Teil der Kindergartenarbeit im Situationsansatz fest verankert. Weitere Anregungen für die Ausgestaltung der Zusammenarbeit mit Eltern wurden der Reggio-Pädagogik aus Italien entnommen. Insbesondere in der Reggio-Pädagogik wird die Verantwortung aller erwachsenen Gemeindemitglieder für die Erziehung der Kinder und die Zusammenarbeit mit der Einrichtung hervorgehoben.

In den letzten Jahren wurden die Erfahrungen und der Ansatz der Early Excellence Centers in Großbritannien zunehmend auch in Einrichtungen in Deutschland diskutiert und erprobt. Die Entwicklung von Kindertageseinrichtungen zu Familienzentren bzw. die stärkere Vernetzung von Kindertageseinrichtungen mit anderen Institutionen der Gemeinde sowie Angebote der Familienbildung in Kindertageseinrichtungen beschreiben ein neues oder anderes Bild der Zusammenarbeit von Eltern und Einrichtung.

Entsprechend der bildungs- und familienpolitischen Leitlinie seit Beginn des 21. Jahrhunderts verstehen sich pädagogische Fachkräfte heute als Begleiterinnen und Begleiter von Eltern und Kindern in einer wichtigen Lebensphase (vgl. Böcher 2010, S. 622; siehe Völkel/Wihstutz, 2014).

1.4 Gesellschaftliche Rahmenbedingungen

1.4.1 Familie im Zentrum gesellschaftlicher Veränderungen

Die Familie gilt als grundlegender und bedeutsamer Ort der Erziehung und Bildung von Kindern. Sie ist der wichtigste Ort, die Bereitschaft und Fähigkeit zu lebenslangem Lernen anzulegen, aber auch ein Ort, an dem die lebenslang wirksamen Bildungsdifferenzen entstehen.

In der frühen Kindheit erhält das Kind vielfältige Anregungen durch seine Umgebung, die es zur Exploration und Auseinandersetzung mit der es umgebenden kulturellen, materiellen und sozialen Welt ermutigen. Mit zunehmendem Alter interessieren sich Kinder für neue, den Familien-Rahmen erweiternde und ergänzende Bildungsgelegenheiten. Einschränkend ist hier hinzuzufügen, dass der familiale Rahmen gemeinhin als Kleinfamilie bzw. Zwei-Generationen-Familie vorgestellt wird. Die Familie bietet zwar den Boden für elementare Entwicklungs- und Bildungsprozesse des Kindes, jedoch sind unter den gegebenen gesellschaftlichen Bedingungen ihre Möglichkeiten, Kindern die Teilhabe an der komplexen, pluralistischen und einem schnellen Wandel unterworfenen Gesellschaft zu ermöglichen, eingeschränkt:

Sämtliche Industriegesellschaften unterliegen seit Ende der 1980er Jahre tief greifenden politischen und ökonomischen Veränderungen. Und auch die Bevölkerungsstruktur hat sich verändert: Einer wachsenden Anzahl von älteren Menschen stehen immer weniger Kinder gegenüber. Die Familie, die Arbeitswelt, die sozialen Sicherungssysteme, aber auch das Bildungswesen sind von den beobachtbaren Wandlungsprozessen erheblich betroffen. Was diese Prozesse für das Aufwachsen von Kindern bedeuten, soll nun näher betrachtet werden.

In der DDR (1949–1990) konnte und wollte man aus wirtschaftlichen und gesellschaftspolitischen Gründen nicht auf die Arbeitskraft und Berufsqualifikation von Frauen und Müttern verzichten. Die Versorgung der Kinder wurde durch ein breitflächiges und umfassendes institutionalisiertes Betreuungs- und Erziehungssystem vom Säuglingsalter an gewährleistet. Das vorschulische Betreuungswesen fiel unter die Zuständigkeit des Erziehungsministeriums und Kindergärten wurden als Bildungseinrichtungen wahrgenommen. Mit der politischen Wende und dem Zusammenbruch der sozialistischen Staaten wurde das Modell Bundesrepublik Deutschland auf das Gebiet der DDR übertragen. Die Kindergärten wurden der Sozialgesetzgebung unterstellt und damit zu kommunalen Angelegenheiten. Das novellierte Kinder- und Jugendhilfegesetz (KJHG; SGB VIII) findet in Ostdeutschland seit 1990 Anwendung.

Demgegenüber herrschte in der alten Bundesrepublik eine stark geschlechtsspezifische Arbeitsteilung noch weit bis nach dem Zweiten Weltkrieg vor. Mit der Bildungsexpansion in den 1970er Jahren wurde diese brüchiger. Immer mehr junge Frauen erzielten höhere Bildungsabschlüsse, wurden erwerbstätig und wollten dies auch nach der Geburt eines Kindes bleiben. Wachsende Scheidungszahlen haben schließlich dazu geführt, dass das bis dahin vorherrschende Familienmodell der sogenannten Hausfrauenehe nicht mehr als Maßstab für die Organisation des Aufwachsens von Kindern diente.

In den letzten Jahren nahmen die öffentlichen Debatten um die Betreuung und Bildung von Kindern zu. Der Kern dieser Debatten kreist um die Frage, wer in welcher Form und in welchem Umfang für die Bildung, Betreuung und Erziehung der nachwachsenden Generation zuständig ist.

Die Bundesregierung hielt in ihrer Stellungnahme zum zwölften Kinder- und Jugendbericht Folgendes fest:

„Eltern stoßen im Umgang mit ihren Kindern häufig an die Grenzen ihrer Leistungsfähigkeit. Nicht wenige sind verunsichert, manchen fehlt es selbst an Orientierung, an Leitbildern und Zielen, an Wissen und auch an eigener Bildung, die sie ihren Kindern weitervermitteln können oder die sie in die Lage versetzen, die richtigen Beratungs- und Bildungsangebote auszuwählen. Andere vermissen die gleichberechtigte Auseinandersetzung über die Erziehung ihrer Kinder und die aktive Beteiligung in Institutionen."
(BMFSFJ, 2006, S. 7)

Teilen wir die Einschätzung der gesellschaftlichen Entwicklung und gehen wir von der Richtigkeit der oben genannten Beobachtungen aus, so stellt sich die Frage, inwiefern Familien von diesen Veränderungen betroffen sind und wie die Leistung, die die Familien erbringen, während dieses Übergangsprozesses gesichert werden kann. Hierbei geht es nicht nur um die Frage, wie der demografische Nachwuchs gesichert, also wie wieder mehr Kinder geboren werden können, sondern auch um die Ermöglichung von Verhältnissen, die verbindliche Beziehungen gedeihen lassen. Damit sind sowohl die Pflege und das Interesse am Aufwachsen von Kindern wie auch die Pflege und das Interesse an der älteren Generation angesprochen. Eine wesentliche Leistung von Familien ist die Ermöglichung von Solidaritätserleben zwischen den Generationen. In zwischenmenschlichen Beziehungen, wie sie in der Familie erfahren werden können, entwickeln Kinder Handlungsorientierungen und Werthaltungen. Eltern spielen eine entscheidende Rolle bei der Vermittlung von gesellschaftlichen Werten und Normen.

Diese Ressourcen, die sich in der Familie und im privaten Kontext entwickeln und von denen auch diejenigen ohne Kinder und ohne pflegebedürftige Angehörige profitieren, gelten heute als erschöpfbar wie auch andere natürliche Ressourcen, deren Endlichkeit inzwischen deutlich geworden ist (Stichwort Klimaschutz, u. ä.). Das heißt, verschiedene gesellschaftliche Akteure setzen sich mit der Frage auseinander, wie diese Ressourcen geschützt und ihre Entwicklung gestärkt werden können, damit sie auch in Zukunft in ausreichender Menge zur Verfügung stehen.

Arbeitsaufgabe

Schildern Sie in eigenen Worten, womit die Verunsicherung von Eltern heute begründet wird.

Diskutieren Sie untereinander, welche Leistungen heute die Familie erbringt.

1.4.2 Das Kind als Subjekt

Die aktuelle Familien-, Bildungs-, Kinder- und Jugendpolitik rückt das Kind ins Zentrum. Damit stehen seine Entwicklungsbedürfnisse und Interessen im Mittelpunkt.

Der Förderung des Kindes in den ersten Lebensjahren kommt eine besondere Bedeutung zu, weil davon ausgegangen wird, dass in dieser Zeit die Grundlagen für die gesamte Entwicklung gelegt werden.

Spätestens mit der Verabschiedung der UN-Konvention zu den Rechten des Kindes im Jahr 1989 und ihrer Ratifizierung in Deutschland durch die Bundesregierung im Jahr 1992 wird Kindern unabhängig ihres Alters der eigenständige Rechtssubjektstatus zuerkannt. Damit geht ein gewandeltes Bild vom Kind einher. Ohne die Entwicklungstatsache zu negieren, werden Kinder in den verschiedenen Kindheitswissenschaften wie der Pädagogik, der Soziologie, der Psychologie und der Medizin als Gesellschaftsmitglieder anerkannt mit eigenen Rechten und Bedürfnissen. Kindheit wird als eigenständige Lebensphase wahrgenommen. Aufgrund ihres Kindseins entwickeln Kinder spezifische Bedürfnisse und Interessen, auf die die Gesellschaft reagieren muss, aber die die Gesellschaft mit ihrer generationalen Ordnung jedoch auch erst hervorbringt und reproduziert. Das Kindsein ist durch den gesellschaftlichen Rahmen der generationalen Ordnung ebenso wie das Erwachsensein bedingt. Als Akteure nehmen Kinder Einfluss auf ihre Umwelt (in der Soziologie der Kindheit wird auch von der „agency" von Kindern, im Sinne von Handlungsfähigkeit, gesprochen). Sie werden durch ihre Umwelt und ihre Strukturen beeinflusst und wirken gleichzeitig auf diese ein. Das Kind und seine Erziehung, Betreuung und Bildung sind folglich im Kontext von Familie und seinem sozialen Umfeld insgesamt in seiner Lebenslage zu sehen.

> **Definition**
> Die Lebenslage von Kindern ist abhängig von ihrem Geschlecht und der Lebenssituation in der Familie. Hierunter ist zu verstehen: die Familienkonstellation (Anzahl und Alter der Geschwister, Eltern in Partnerschaft lebend oder alleinerziehend, Mehr-Generationen-Haushalt u. ä.), die Höhe des Haushaltseinkommens und die Erwerbstätigkeit der erwerbsfähigen Familienmitglieder, der (Aus-)Bildungsstand der Eltern und die Gesundheit der Familienmitglieder. Aber auch die ethnische Zugehörigkeit und die sozioökonomische Lage der Familie, das Wohnumfeld, die Wohnverhältnisse (Wie viele Menschen leben in einem Haushalt zusammen? Wie viele Schlafräume gibt es dort? Wie ist die Unterkunft ausgestattet?) und die örtliche Infrastruktur strukturieren die Lebenslage von Kindern. In der neueren Armutsforschung wird auf den Begriff der Lebenslage verwiesen, um die vielfältigen Dimensionen von Armut (und nicht nur deren ökonomische Aspekte) z. B. von Kindern zu berücksichtigen.

1.4.3 Soziale Ungleichheit in der Kindheit

Die Möglichkeiten für das Kind und seine Angehörigen, am kulturellen und sozialen Leben teilzunehmen wie z. B. durch den Besuch von Sport- und Kulturangeboten, unterscheiden sich erheblich. Je nach Region, in der das Kind lebt, seiner kulturellen und ethnischen Herkunft, nach seinem Geschlecht und den finanziellen Möglichkeiten seiner Familie ist der Zugang zu den gesellschaftlichen Ressourcen erleichtert oder erschwert.

Eine erhebliche Zahl von Kindern lebt in Armut. Von Armut betroffen oder bedroht sind insbesondere Kinder von Alleinerziehenden und Kinder mit Migrationshintergrund. Der enge

Zusammenhang zwischen ökonomisch benachteiligten Lebenslagen und dem Bildungsniveau der Eltern ist in der Forschung wiederholt aufgezeigt worden (siehe z. B. Vernor Muñoz, 2007).

Kinder wachsen heute häufiger als früher ohne oder nur mit einer geringen Zahl von Geschwistern auf, und immer mehr Kinder leben mit nur einem Elternteil zusammen. Die Arbeitszeiten von Berufstätigen haben sich auf die Abendstunden und das Wochenende ausgedehnt und sind unregelmäßiger geworden. Arbeitnehmerinnen und Arbeitnehmern wird eine erhöhte Bereitschaft abverlangt, auch örtlich mobil zu sein, weiter entfernte und wechselnde Arbeitsorte in Kauf zu nehmen. Es gibt Hinweise darauf, dass die Zeit, die Familienangehörige gemeinsam verbringen können, von der Tendenz her abnimmt.

Die Familie kann nur das weitergeben und beim Kind initiieren, was innerhalb des Rahmens ihrer sozialen und kulturellen Ressourcen liegt. Der Bildungshintergrund der Eltern, die reale Lebenslage und die konkreten Lebensbedingungen haben einen stark modifizierenden Einfluss darauf, welche Chancen der Entwicklung und Bildung Kindern in ihrer familialen Umwelt zur Verfügung stehen.

Unter ungünstigen sozioökonomischen Bedingungen, in Verbindung mit sozial benachteiligten und prekären (unsicheren) Lebenslagen, oft einhergehend mit einem niedrigen Bildungsniveau, haben Familien Schwierigkeiten damit, die Bedürfnisse ihrer Kinder zu erfüllen, ihnen genügend Zeit und Aufmerksamkeit zu widmen und ihnen anregungsreiche Bedingungen des Aufwachsens zu bieten. Kinder, die unter Armutsbedingungen aufwachsen, selbst gesundheitlich eingeschränkt sind oder mit einem chronisch kranken Elternteil zusammenleben, haben erschwerte Entwicklungs- und Bildungsbedingungen.

Vor diesem Hintergrund ist der Förderauftrag der Kindertageseinrichtungen zu sehen:

§ 22 SGB VIII: Grundsätze der Förderung

[...] (3) Der Förderungsauftrag umfasst Erziehung, Bildung und Betreuung des Kindes und bezieht sich auf die soziale, emotionale, körperliche und geistige Entwicklung des Kindes. Er schließt die Vermittlung orientierender Werte und Regeln ein. Die Förderung soll sich am Alter und Entwicklungsstand, den sprachlichen und sonstigen Fähigkeiten, der Lebenssituation sowie den Interessen und Bedürfnissen des einzelnen Kindes orientieren und seine ethnische Herkunft berücksichtigen.

§ 1 SGB VIII: Recht auf Erziehung, Elternverantwortung, Jugendhilfe

[...] (3) Jugendhilfe soll zur Verwirklichung des Rechts nach Absatz 1 insbesondere
1. junge Menschen in ihrer individuellen und sozialen Entwicklung fördern und dazu beitragen, Benachteiligungen zu vermeiden oder abzubauen, [...]
4. dazu beitragen, positive Lebensbedingungen für junge Menschen und ihre Familien sowie eine kinder- und familienfreundliche Umwelt zu erhalten oder zu schaffen.

Aus bildungspolitischer Perspektive heißt es, dass alle Kinder vor Schuleintritt optimal gefördert werden sollen. In diesem Sinn wird der Besuch einer Kindertageseinrichtung als förderlich verstanden. Die Zielvorstellung ist, dass durch die frühe Aufnahme und den kontinuierlichen

Besuch einer Kindertagesstätte mehr Chancengleichheit zwischen Kindern aus unterschiedlichen sozialen Schichten und unterschiedlichen ethnischen Herkünften gewährleistet wird. Die Institutionen sollen hier kompensatorisch wirken, um Bedingungen auszugleichen, die als mangelhaft bewertet werden. Konkret geht es hier vorrangig um Familien mit niedrigem sozio-ökonomischen Status und um Familien mit Migrationshintergrund.

→→→ **Definition**
"Kompensatorische[1] Erziehung sind (vor der Einschulung einsetzende) Fördermaßnahmen, die bei Kindern auftretende sprachliche, kognitive, emotionale oder soziale Entwicklungsrückstände ausgleichen oder mildern sollen" (Duden das Fremdwörterbuch, 1997, S. 430).
Als kompensatorische Erziehung werden gezielte Fördermaßnahmen für benachteiligte Kinder und Eltern bezeichnet, z. B. Sprachförderprogramme oder Leseförderprojekte wie z. B. Family Literacy.

Tanja Betz (2010) untersuchte eine Auswahl empirischer Studien auf deren Aussagen zu der Grundannahme, dass der Besuch von Kindertageseinrichtungen bzw. seine Ausrichtung auf kompensatorische Funktionen zu einem Abbau von Bildungsbenachteiligung führe. Sie kommt zu dem Schluss, dass die Studienergebnisse für die kompensatorischen Wirkungen vorschulischer Kindertagesbetreuung sehr unterschiedlich ausfallen und nicht ohne Weiteres zu einem Abbau von Chancenungleichheit führen (vgl. Betz, 2010, S. 127 f.).

Um die Wirkmächtigkeit von Kindertageseinrichtungen diesbezüglich einschätzen zu können, müsse vielmehr der Blick auf den Betreuungsmix[2] ausgeweitet werden: "Bildung, Betreuung und Erziehung von Kindern bezieht sich neben der (Kern-)Familie und hier insbesondere den Müttern auch auf die Großeltern, die an der Betreuung der Kinder beteiligt sind, und auf das weitere soziale Netz. Zudem binden Eltern privat organisierte, mitunter kostenpflichtige weitere Betreuungs- und Bildungsformen in den von ihnen ausgewählten Betreuungsmix ein. In der Elternbefragung der Trierer Kindergartenstudie (siehe Honig/Joos/Schreiber, 2004) konnte nachgewiesen werden, dass weit über die Hälfte der Kinder (61 Prozent) zusätzlich zum Besuch einer Kindergarteneinrichtung an organisierten Aktivitäten wie Ballett, Flöten[unterricht], Fußball, Fremdsprachenkurse, Klavierspielen oder Tennis teilnimmt. [...] Dadurch [...] erwerben [sie] ganz nebenbei durch ihren auch auf Förderung ausgerichteten Betreuungsmix schulrelevante Fähigkeiten, Haltungen und Kompetenzen, was von den Lehrerinnen auch prämiert wird." (Betz, 2010, S. 127 f.).

Es wäre falsch zu behaupten, dass Eltern oder Familien mit niedrigem Einkommen, niedrigem Bildungsabschluss oder Migrationshintergrund per se Kompetenzen zur Förderung ihres Kindes fehlten. Oftmals verfügen sie vielmehr nicht über die schulischen und gesellschaftlich gesetzten bzw. für erforderlich gehaltenen Kompetenzen. Betz stellt fest, dass es bislang an Analysen fehlt, die die Differenz zwischen den institutionellen Vorgaben und Erwartungen ("bürgerlich") einerseits und den Erwartungen, Vorlieben und Praktiken, insbesondere von Familien sozio-ökonomisch schwacher Schichten oder ausgewählter kulturell-ethnischer Biografie anderseits betrachten (siehe Betz, 2010).

---

[1] kompensatorisch: ausgleichend
[2] Der Begriff geht auf Franz-Xaver Kaufmann zurück, der ihn im Rahmen seiner Analyse zur Wohlfahrtspolitik einführte.

Arbeitsaufgaben

1. *Skizzieren Sie auf zwei großen Papierblättern das soziale Netzwerk und die Bildungs- und Betreuungssituation eines Kindes …*
   a) aus einer Familie mit geringem Einkommen,
   b) aus einer Familie mit mittlerem bis hohem Einkommen.

   Diskutieren Sie in Kleingruppen, wie sich diese unterschiedlichen Bildungs- und Betreuungsarrangements auf die gesellschaftliche Teilhabemöglichkeiten von Kindern im vorschulischen Alter auswirken können.

   Stellen Sie sich dabei die Frage, worin die jeweiligen Bildungsleistungen der Familien und sozialen Netzwerke liegen könnten. Begründen Sie diese.

2. *Diskutieren Sie in Kleingruppen, über welche Kompetenzen Eltern verfügen sollten. Wie zeigt es sich, dass oder ob sie über diese Kompetenzen verfügen?*

ZUSAMMENFASSUNG

Die Zusammenarbeit von pädagogischen Einrichtungen mit Eltern und Erziehungsberechtigten wird als notwendig erachtet, um Familie in ihrer sorgenden, pflegenden, bildenden und erziehenden Arbeit zu unterstützen und sie auch zu ermutigen, Kinder zu bekommen. Aufgrund der vielseitigen gesellschaftlichen Veränderungen und des Aufbrechens traditioneller Muster in der Geschlechterbeziehung und zwischen den Generationen ist eine verstärkte Zusammenarbeit in der Erziehung, Betreuung und Bildung von Kindern notwendig. Mit dem Ausbau der Infrastruktur und einer besseren Vernetzung der Angebote soll es Eltern, insbesondere den Müttern, ermöglicht werden, einer Erwerbstätigkeit nachzugehen. Schließlich soll der Besuch einer Kindertagesbetreuungseinrichtung dazu beitragen, das Armutsrisiko von Familien, v. a. Alleinerziehender, zu mindern, indem einer Erwerbstätigkeit nachgegangen werden kann und z. B. Sprachbarrieren von Kindern, die nicht-deutschsprachig sozialisiert wurden, frühzeitig aufgehoben werden. Soziale Ungleichheit soll durch den Besuch einer Kindertagesbetreuungsstätte und der damit verbundenen frühen Förderung abgebaut werden. In diesem Kontext ist jedoch zu berücksichtigen, dass bisherige empirische Belege ein durchaus ambivalentes Bild zeigen.

1.4.4 Familienzentren und soziale Netzwerke

Ein Ansatz zur Unterstützung der Leistungsfähigkeit von Familien und zum Abbau von Chancenungleichheit in der kindlichen Entwicklung ist, dass vorhandene Angebote und Ressourcen niedrigschwellig im Stadtteil oder der Gemeinde gebündelt werden. Auf diesem Wege sollen die kindlichen Entwicklungs- und Bildungsprozesse sowie die Entwicklung von Elternkompetenz und die aktive Beteiligung von Eltern und bürgerschaftlich engagierten Menschen gezielt aus einer Hand gefördert werden. Gemeint sind Einrichtungen, die über die Betreuung, Erziehung und Bildung der Kinder hinaus weitere familienorientierte Angebote und Dienste, wie z. B. Bildungs- und Beratungsangebote oder Treffpunkte, integrieren. Auch bereits an werdende Mütter und Väter richten sich Bildungs- und Informationsangebote zur Unterstützung, z. B. Angebote von Frauen- und Kinderärztinnen, Hebammen und Mitarbeitern von Familienbildungsstätten.

Im zwölften Kinder- und Jugendbericht heißt es dazu: „Eltern brauchen die öffentliche Unterstützung, damit sie ihren Kindern gute und gesunde Bedingungen des Aufwachsens eröffnen können, nicht zuletzt auch in Wert- und Orientierungsfragen. Eltern und Institutionen brauchen die Kompetenz, Grundwerte unserer Gesellschaft in Kooperation miteinander an die Kinder weiterzugeben." (BMFSFJ, Kinder- und Jugendbericht, 2006, S. 7)

Dieser Gedanke des begleiteten Aufwachsens von Kindern in sozialen Netzwerken findet sich in institutioneller Form in den Familienzentren wieder. Der Prozess der Entwicklung eines erweiterten Selbstverständnisses von Kindertagesstätten zu Familienzentren kann bereits in einigen Bundesländern beobachtet werden. Die Wege zur Entstehung eines Familienzentrums sind vielfältig (siehe Diller, 2006). Auf jeden Fall ist damit auch eine qualitative und quantitative Erweiterung des Angebots der Erziehungspartnerschaft verknüpft (siehe dazu auch Kapitel 8).

1.5 Erziehungspartnerschaft: ein Spannungsfeld

Die Interaktionen von Fachkräften und Eltern finden statt auf der Grundlage unterschiedlichster Erwartungen an die Zusammenarbeit im Rahmen öffentlicher und bildungspolitischer Diskurse. So sollen Einrichtungen der Kindertageseinrichtung nicht nur Aufgaben der Erziehung, Betreuung und Bildung von Kindern erfüllen, sondern auch gleichzeitig Dienstleistungen für Familien erbringen und gesellschaftliche Problemstellungen bearbeiten. Das Spektrum der Erwartungen an die Leistungsfähigkeit und -bereitschaft pädagogischer Fachkräfte ist weit gesteckt. Vor diesem Hintergrund ist die Aussage zu verstehen, dass sich die Zusammenarbeit mit Eltern im Sinne einer Erziehungspartnerschaft in einem Spannungsverhältnis bewegt.

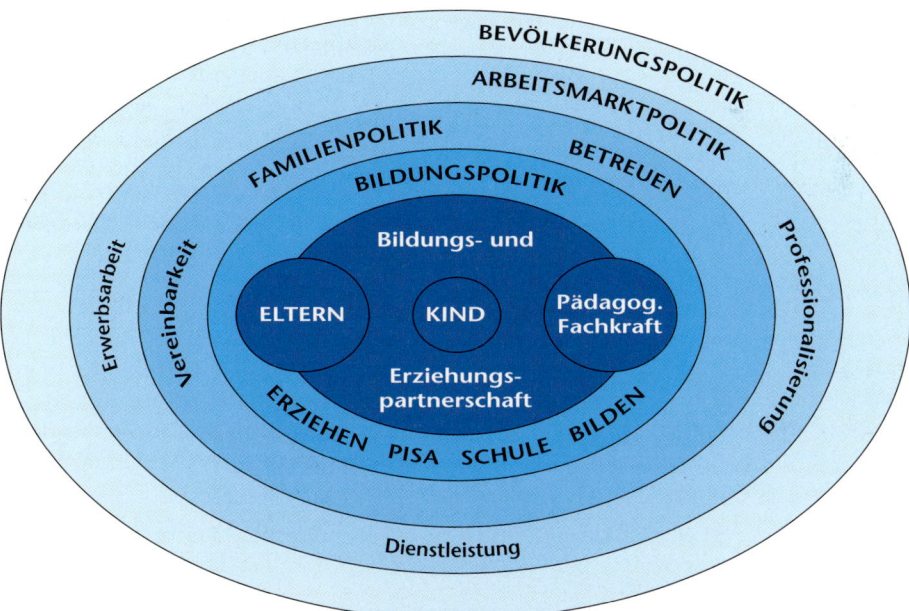

Bildungs- und Erziehungspartnerschaft im gesellschaftlichen Spannungsfeld

Aus der gesetzlich festgeschriebenen Aufgabe, zum Wohle bzw. zur Förderung des einzelnen Kindes zu kooperieren, leitet sich die Zusammenarbeit von pädagogischer Fachkraft mit den Eltern bei der Begleitung von Entwicklungs- und Bildungsprozessen des Kindes ab. Konkret geht es hier z. B. um Anregungen zum Dialog mit Erziehungsberechtigten auf der Grundlage prozessorientierter Beobachtungs- und Dokumentationsverfahren (siehe auch Kapitel 5).

Gemeint ist hier ebenso die gemeinsame Gestaltung des Übergangs von der Betreuung und Erziehung im privaten Umfeld und Familie in eine Kindertageseinrichtung, die Verständigung über die jeweilige Alltagsgestaltung, Rituale und die Abstimmung über Bildungs- und Erziehungsziele (siehe auch Kapitel 3 und Kapitel 4).

Angebote zur Unterstützung der Familie in Bildungs- und Erziehungsfragen leiten sich aus dem Achten Sozialgesetzbuch, § 22 (2) ab. In § 22a SGB VIII wird ausdrücklich die Zusammenarbeit mit Institutionen der Familienbildung genannt. In diesem Zusammenhang sind z. B. die Angebote von Eltern-Kind-Zentren und Familienzentren (siehe Kapitel 8) anzuführen. Neben allgemeinen Angeboten der Familienbildung ist hier auch die zielgruppenspezifische Familienunterstützung und -beratung zu erwähnen: Die Kindertageseinrichtung hat den Auftrag, Mängel in der Erziehungsleistung auszugleichen. Mit ihrem unterstützenden und beratenden Angebot sollen bildungsrelevante Aspekte von sogenannten bildungsschwachen und sozial benachteiligten Eltern gefördert werden.

Während die Angebote der allgemeinen Familienbildung als Dienstleistung und Service angesehen werden, können die zielgruppenspezifischen und kompensatorischen Angebote im Zusammenhang mit dem gesetzlich festgelegten Schutzauftrag der Kindertageseinrichtung verstanden werden (siehe dazu auch Kapitel 1.2). Schließlich hat die Kindertageseinrichtung den Auftrag, Eltern darin zu unterstützen, dass diese ihre Erwerbstätigkeit besser mit der Kindererziehung vereinbaren können. Die in § 22 (2) SGB VIII angesprochene Dienstleistungsfunktion der Betreuung von Kindern ist vor allem auch im Zusammenhang mit zunehmend flexiblen bzw. unregulierten Arbeitszeiten von Eltern zu sehen. Insofern kann die Maxime der Erziehungspartnerschaft, sich am Wohl und an der Förderung des Kindes auszurichten, in Spannung zu den Erfordernissen der Arbeitswelt geraten.

Arbeitsaufgaben

1. Skizzieren Sie die Positionen zur Begründung der Ausweitung der Betreuungszeit aus der Perspektive des Kindeswohls und aus der Perspektive der Vereinbarkeit von Erwerbstätigkeit und Familie.

2. Welche anderen Begründungspositionen könnte es noch geben?

3. Diskutieren Sie in Kleingruppen und begründen Sie Ihre eigene Position in der Debatte.

Mit Ludwig Liegle (2006) kann die Aussage getroffen werden, dass die Erziehungspartnerschaft eine Beziehung zwischen ungleichen Partnern ist, die die „wechselseitige Anerkennung der Andersheit (insbesondere der andersartigen Rollen im Leben des Kindes) des jeweiligen Anderen bedürfe." (Liegle, 2006, S. 18).

- Im gesetzlichen Rahmen werden die Beteiligten einer Erziehungspartnerschaft in ein asymmetrisches Verhältnis gesetzt.
- Ausgehend vom Grundgesetz stehen Eltern bzw. Erziehungsberechtigte in erster Linie in der Verantwortung für ihr Kind.
- Einrichtungen nach dem Kinder- und Jugendhilfegesetz (KJHG/SGB VIII) sollen Eltern in der Ausübung ihrer Erziehungs- und Sorgepflicht beratend zur Seite stehen, die elterlichen Kompetenzen stärken und unterstützen und ihnen die Erwerbstätigkeit durch ein Betreuungsangebot ihrer Kinder ermöglichen.
- Pädagogische Fachkräfte und Eltern sollen sich dabei auf Augenhöhe begegnen.

Gleichwohl üben Erzieherinnen und Erzieher eine Kontrollfunktion aus: Über ihre tägliche Arbeit mit dem Kind sind sie aufgefordert, seine Entwicklung zu dokumentieren und mögliche Entwicklungshindernisse oder auch Fehlentwicklungen frühzeitig zu entdecken.

Durch besondere (Sprach- und Entwicklungs-)Angebote z. B. sollen die Potenziale aller Kinder gefördert und zu einem Abbau von ungleichen (Entwicklungs-)Chancen beitragen. Stellt die pädagogische Fachkraft Besonderheiten fest, die einer anderen Fachexpertise bzw. einer größeren Spezialisierung bedürfen, tauscht sie sich mit den Eltern über ihre Beobachtungen aus und vermittelt den Kontakt zu spezialisierten Angeboten. Weil die Schlüsse, die die Fachkraft aus ihren Beobachtungen zieht, für die Eltern etwas Neues sein können und diese dadurch verunsichert sein könnten, sollte im Vorfeld überlegt werden, wie die Beobachtungen und Überlegungen den Eltern mitgeteilt werden (siehe dazu auch Kapitel 4).

Eine weitere Kontrollfunktion besteht bei einem Verdacht auf Kindeswohlgefährdung. Pädagogische Fachkräfte sind dann aufgefordert sich beraten zu lassen und gegebenenfalls das Jugendamt einzuschalten.

➔➔➔ **Merksatz**
Der gesellschaftliche Auftrag der Kindertageseinrichtung bewegt sich im Spannungsfeld zwischen kompensatorischen, kooperativen und kontrollierenden Angeboten der Zusammenarbeit mit Eltern und Erziehungsberechtigten sowie in einem Dienstleistungsangebot an die Eltern.

Zusammenfassung

Es ist folglich festzuhalten, dass die angestrebte Bildungs- und Erziehungspartnerschaft zwischen pädagogischen Fachkräften und Eltern gewollt und notwendig ist, gleichwohl soll sie den der Gesetzeslage widersprechenden Anforderungen gerecht werden, die den Aufbau einer vertrauensvollen Beziehung zwischen Eltern, Erzieherinnen und Erziehern erschweren können.
In diesem Sinn ist es wichtig, sich zu vergegenwärtigen, dass pädagogische Fachkräfte mit Eltern eine Arbeitsbeziehung eingehen, die in ein größeres soziales Netzwerk mit weiteren Sozial- und Arbeitsbeziehungen eingebettet ist. Damit ist sie durch diese auch beeinflusst.

1.6 Zusammenarbeit mit Eltern im pädagogischen Alltag

Einrichtungen der Kindertagesbetreuung sind gemeinhin die erste öffentliche, gesellschaftliche Instanz, mit der Eltern in Berührung kommen. Aufgrund der hohen Akzeptanz der Betreuung von Kindern außerhalb der Familie in Einrichtungen der Kindertagespflege können über diese Einrichtungen eine Vielzahl von Familien erreicht werden.

Kindertageseinrichtungen haben somit eine sogenannte Türöffnerfunktion: Vielfach können sie präventiv agieren und niedrigschwellig Zugang zu verschiedenen Elterngruppen finden, z. B. zu Müttern, Vätern, Familien mit Migrationshintergrund, Alleinerziehenden, bildungsfernen Familien und sozial benachteiligten Gruppen sowie Neuankömmlingen am Ort. In der Regel findet der erste Kontakt zwischen Kindertageseinrichtung und Eltern über das Anmelde- und Aufnahmegespräch statt.

1.6.1 Voraussetzungen

Die professionelle Haltung der pädagogischen Fachkraft gilt als grundlegendes Moment für einen gelingenden Prozess in der Zusammenarbeit mit Eltern und anderen Erziehungsberechtigten. Der Begriff Erziehungspartnerschaft steht für ein verändertes Interaktionsverhältnis auf der Basis einer neuen Haltung gegenüber Eltern. Diese soll sich vor allem darin zeigen, dass die enorme Bedeutung von Familien für die Bildungsbiografie von Kindern wahrgenommen wird. Eltern werden als Expertinnen und Experten der Lebenswelt ihres Kindes von pädagogischen Fachkräften anerkannt. Der Austausch mit Erziehungsberechtigten über Erziehungsvorstellungen und die Verständigung über gemeinsame Ziele soll auf Augenhöhe erfolgen. Die pädagogische Fachkraft bringt sich mit ihrer Individualität in die Arbeit ein. „Grundvoraussetzung für eine partnerschaftliche Zusammenarbeit zwischen ErzieherInnen und Eltern ist eine positive offenere Haltung der Erzieherinnen den Eltern gegenüber und langfristig auch umgekehrt. Die ErzieherInnen müssen jedoch dabei den ersten Schritt tun und den Eltern eine einladende Haltung signalisieren." (Pietsch/Ziesemer/Fröhlich-Gildhoff, 2010, S. 7)

Um Eltern für die Einrichtung zu interessieren, um ihnen zu vermitteln, dass die Einrichtung der richtige Ort für ihr Kind ist, ist es erforderlich, dass die pädagogischen Fachkräfte den Alltag in ihrer Einrichtung transparent gestalten. Sie müssen in der Lage sein, ihre Arbeit zu begründen und darzustellen. Ebenso wichtig wie die Transparenz des pädagogischen Alltags und der Organisationsstruktur der Einrichtung ist die transparente Kommunikation der Werte und Orientierungen der Einrichtung durch die Fachkraft. Dabei wird die Erzieherin oder der Erzieher von Eltern zwar als Vertretung der Einrichtung wahrgenommen, gleichwohl ist es eine Begegnung zwischen Individuen.

In der Zusammenarbeit mit Eltern ist die Herausbildung einer Grundhaltung, die auf Authentizität, Wertschätzung und Empathie basiert, notwendig, um Eltern Orientierung zu geben und ihnen das Gefühl zu vermitteln, willkommen und wertgeschätzt zu sein sowie mit ihren Anliegen ernstgenommen zu werden.

Über die reflektierte Auseinandersetzung mit der eigenen Biografie, gerade auch mit der eigenen Kindheit, mit eigenen Erfahrungen in der Familie und in Bildungseinrichtungen, ist es möglich, sich ein Bewusstsein über die eigene (berufliche) Entwicklung und die Herausbildung eigener Überzeugungen zu erarbeiten. Die Grundlage einer professionellen pädagogischen Haltung ist die Bereitschaft, sich selbstreflexiv mit den eigenen Werten und Orientierungen kritisch auseinanderzusetzen und diese gegebenenfalls zu revidieren.

In Anbetracht der Herausforderung, mit sehr unterschiedlichen Elternhäusern zusammenzuarbeiten, ist ein reflektierter und bewusster Umgang mit eigenen (Wert-)Orientierungen eine Voraussetzung für professionell pädagogisches Handeln (siehe Wihstutz, 2013).

Die pädagogische Fachkraft überzeugt in ihrem Handeln, wenn das, was sie sagt, mit dem, was sie denkt und empfindet, übereinstimmt. Mit anderen Worten: Sie ist authentisch, ganz bei sich. Das gesprochene Wort und die Körpersprache drücken dasselbe aus. Es werden keine widersprüchlichen Botschaften ausgesandt. Dabei lässt das Eins-Sein mit sich durchaus auch Widersprüchlichkeiten in der Person zu. So kann ein Erzieher in einer Einrichtung hin und her gerissen sein zwischen seinem Anspruch, Kindern möglichst viel Freiraum und Selbstständigkeit zu ermöglichen, und gleichzeitig die Auseinandersetzung mit der Leitung wegen seiner pädagogischen Ziele zu scheuen.

Die Auseinandersetzung und Akzeptanz der eigenen widersprüchlichen und ambivalenten Bedürfnisse sind als eine Voraussetzung zur Entwicklung einer inneren Autorität zu verstehen, die die Erlaubnis gibt, sozial kompetentes Verhalten zur Verfolgung eigener Ziele konstruktiv und förderlich einzusetzen (vgl. Schulz, 2010, S. 362).

Soziale Kompetenz zeigt sich im Umgang mit Eltern durch Respekt, Achtung, Kompromiss- und Kritikfähigkeit und in der Sprache. Die professionelle Haltung der pädagogischen Fachkraft zeigt sich auch darin, dass sie „ihre beruflichen Aufgaben mit ihrem eigenen beruflichen Selbstverständnis, ihrer persönlichen und beruflichen Identität weitestgehend in Einklang" bringt (Schulz, 2010, S. 363). Sich selbst und anderen gegenüber Wertschätzung zu zeigen, ist eine der Grundlagen in der Zusammenarbeit mit Eltern.

Im Sinne einer Elternarbeit auf Augenhöhe, die als demokratisch-partizipativ verstanden wird, sind von pädagogischer Seite unbedingt die Ressourcen der Eltern anzuerkennen. Die Verankerung partizipativ-demokratischer Grundsätze in der Konzeption der Kindertageseinrichtung bildet den Rahmen für eine solche Arbeitsstruktur, die sich im pädagogischen Alltag durch eine anerkennende und wertschätzende Haltung und demokratisch-partizipatives Handeln gegenüber Eltern und Kindern zeigt. Es ist die Aufgabe von Pädagoginnen und Pädagogen, alle Eltern für die Zusammenarbeit mit der Kindertagesstätte zu gewinnen. Dabei ist zu bedenken, dass es die Eltern (im Sinne einer homogenen Zielgruppe) nicht gibt (siehe dazu Kapitel 1.4.3.).

Arbeitsaufgaben

1. Übung zur Selbstreflexion der eigenen Werte

Stellen Sie sich folgende Fragen zunächst einzeln. Anschließend tauschen Sie sich in Ihrer Lerngruppe darüber aus, wobei der Freiwilligkeitscharakter gewahrt bleiben sollte.

1. Welche pädagogischen Werte sind mir in der pädagogischen Arbeit wichtig?
2. Wie lebe ich die Umsetzung meiner Werte im (pädagogischen) Alltag?
3. Wie kommen meine Werte zum Ausdruck? Wie setze ich sie um?
4. Woran kann ich bzw. können andere feststellen, dass die Werte gelebt werden?
5. Welche Werte habe ich bisher in der pädagogischen Praxis umgesetzt erlebt?
6. Wie sieht das Leitbild meiner Praktikumseinrichtung aus? Welche Werte werden darin genannt?

(vgl. Franz, 2010, S. 142)

2. Übung: Um sich ein Bewusstsein über die eigenen Werte und die Rangfolge von Werten zu erarbeiten, ist es hilfreich, Wertvorstellungen in konkreten Sätzen zum Ausdruck zu bringen.

Beispielsätze könnten sein:
– *„Gebildet ist jemand, der ..."*
– *„Gute Eltern sind ..."*
– *„Eine gute Mutter ist ..."*
– *„Ein guter Vater ist ..."*
– *„Eine Frau mit Kopftuch ist ..."*
– *„Eine richtige Familie ist ..."*

Diese Sätze sind beliebig fortzuführen.

In einem zweiten Schritt tauschen Sie sich bitte in Kleingruppen über Ihre Sätze aus. Dabei ist darauf zu achten, dass hier authentische Werte zum Ausdruck gebracht werden bzw. auf moralische Wertungen verzichtet wird.

Der Austausch in der Kleingruppe trägt dazu bei, das Bewusstsein über die eigenen Werte zu schärfen. Mit der Bewusstwerdung eigener Werte können diese in Auseinandersetzung mit aktuellen Erfordernissen und aus einer pädagogisch-professionellen Perspektive neu betrachtet und u. U. revidiert werden.

1.6.2 Eltern in der Zusammenarbeit

Der Übergang von der Familie in die Tageseinrichtung oder von der Tageseinrichtung in die Schule stellt für Kinder und ihre Familien eine Herausforderung dar, die oftmals mit Ängsten, Verunsicherungen, aber auch positiven Erwartungen und Hoffnungen verbunden ist. „Eltern entwickeln ihre Elternschaft parallel zu der Entwicklung der Kinder und Jugendlichen und sehen sich somit auch immer wieder vor neuen Entwicklungsaufgaben. Dies kann zu Verunsicherung und Überforderung führen" (Böcher, 2010, S. 615).

Transparenz
Es sollte für Eltern auf den ersten Blick in der Einrichtung erkenntlich sein, an wen sie sich mit Fragen wenden können. Ebenso wichtig ist es für Eltern, sich schnell einen Überblick verschaffen zu können, wer welche Zuständigkeiten und Verantwortungen hat und welche Entscheidungs- und Mitbestimmungsmöglichkeiten es für Eltern in der Einrichtung gibt.

Eltern sind in der Regel sehr daran interessiert, mehr über die Entwicklung ihres Kindes, seine Integration in die Gruppe, sein Verhalten zu erfahren und darüber, was es besonders gut kann bzw. ob das Kind Schwierigkeiten hat (vgl. Böcher, 2010, S. 615).

Um die Zusammenarbeit mit Eltern und Kindertageseinrichtung bestmöglich im Sinne der Förderung des Kindes zu gestalten, sollten beide Seiten Kenntnis und Wissen über die jeweiligen Erwartungen und Vorstellungen zu Erziehungszielen und Erziehungsstilen haben. Väter und Mütter werden als Experten und Expertinnen ihrer Kinder anerkannt gerade in Aspekten, die die Lebensgeschichte, die Gewohnheiten, Interessen und Aversionen, aber auch die Stärken und Schwächen ihres Kindes betreffen.

In Anbetracht der vielen Anforderungen an eine Kindertageseinrichtung ist es notwendig, dass die pädagogischen Fachkräfte und Eltern kontinuierlich im Dialog stehen und aushandeln, was das jeweilige und aktuelle Thema ihrer Arbeitsbeziehung ist. Punktuell und situationsabhängig kann dieses sehr verschieden sein, z. B. ein Infekt beim Kind, Krisenhilfe bei plötzlicher Krankheit einer alleinerziehenden Person, Unterstützung bei Erziehungsfragen, Vereinbarkeit von Erwerbstätigkeit und Beruf, der Bildungs- und Entwicklungsprozess des Kindes oder die Information darüber, welche Beobachtungen am Tag zum Kind in der Kita gemacht wurden.

➔➔➔ **Merksatz**
Die Zusammenarbeit mit Eltern setzt ein reflektiertes Verhältnis zu sich selbst voraus, um empathisch mit Eltern in Dialog treten zu können. Die Anerkennung der Expertise von Eltern in Bezug auf die Lebenswelt ihres Kindes in der Familie ist eine wichtige Grundlage für die gleichberechtigte Zusammenarbeit.

Grundannahmen für eine wertschätzende Zusammenarbeit mit Eltern

- Elternarbeit ist grundlegender Bestandteil der pädagogischen Arbeit von Erzieherinnen und Erziehern und keine zusätzliche oder optionale Aufgabe.
- Eltern sind Individuen mit einer Privatsphäre, die respektiert werden muss.
- Eltern sind keine homogene Gruppe, sondern sehr verschieden. Sie sind Mütter und Väter, Frauen und Männer, haben unterschiedliche Bildungsvoraussetzungen und finanzielle Möglichkeiten. Sie sind unterschiedlichen Alters und haben verschiedene kulturelle Hintergründe und eine Vielfalt an Stärken und Schwächen.
- Die Erfahrungen von Eltern mit Bildungseinrichtungen und anderen öffentlichen oder privaten Institutionen unterscheiden sich.
- Eltern sind erwachsene Personen. Dementsprechend müssen sie mit Methoden angesprochen werden, die zielgruppengerecht sind und den (sprachlichen, visuellen, kognitiven, u. Ä.) Fähigkeiten aller Eltern entsprechen (siehe hierzu auch Kapitel 2).
- Elternarbeit sollte an den Interessen und Belangen von Eltern anknüpfen und darauf aufbauen, um gemeinsame Themen der Einrichtung zu entwickeln.
- Elternarbeit ist eine Aufgabe des gesamten Teams. Jede Mitarbeiterin und jeder Mitarbeiter trägt Verantwortung für ihr Gelingen.
- Als Bestandteil der regulären pädagogischen Arbeit muss Elternarbeit regelmäßig überprüft werden, ob sie den Ansprüchen der Einrichtung und den der Eltern gerecht wird.
- Schließlich geben Eltern ihre Erfahrungen als Multiplikatorinnen und -multiplikatoren weiter. Sie tauschen sich über ihre Erfahrungen mit der Einrichtung und den Fachkräften aus und können darüber beeinflussen, wie die Einrichtung in der Öffentlichkeit wahrgenommen wird.

(vgl. Böcher, 2010, S. 616)

Um sich einen Eindruck bzw. Überblick darüber zu verschaffen, welche Interessen und Befürchtungen Eltern in Bezug auf die Kindertagesstätte haben und wie sie die pädagogische Qualität der Einrichtung einschätzen, gibt es zahlreiche Methoden. Sämtliche basieren auf einer Haltung, die Offenheit, Interesse und Respekt Eltern gegenüber voraussetzt und den vielfältigen Lebensumständen und (Ausdrucks-)Fähigkeiten von Eltern gerecht wird (siehe hierzu auch Kapitel 2).

- Fragebögen können zu Beginn und zum Ende des Kindergartenjahres an die Erziehungsberechtigten verteilt werden.
- Ein gut sicht- und erreichbarer Briefkasten ist in der Einrichtung angebracht, in den Erziehungsberechtigte ihre Vorschläge und Anmerkungen, die den pädagogischen Alltag und die pädagogische Beziehung betreffen, einwerfen können. Der Briefkasten wird regelmäßig geleert und sein Inhalt in den Teams besprochen. Die Rückmeldung an die Elternschaft ist wichtig und sollte entsprechend des formulierten Anliegens sorgfältig überlegt werden.

- Nach einem persönlichen Gespräch oder auch einem Entwicklungsgespräch wird die Elternzufriedenheit erfragt und dokumentiert.
- Auf Elternabenden können gemeinsam die interessierenden Themen besprochen werden.
- Bei Tür-und-Angel-Gesprächen im offenen Dialog kann immer auch nach der Zufriedenheit der Erziehungsberechtigten gefragt werden.

1.6.3 Grundsätze für eine gelingende Erziehungspartnerschaft

Der Begriff der Erziehungs- und Bildungspartnerschaft ist mit hohen Erwartungen an pädagogische Fachkräfte und Eltern verknüpft. Dabei kann der Begriff Partnerschaft als eine langjährige Beziehung, die auf Einverständnis und Harmonie basiert, verstanden werden. Doch ist nicht davon auszugehen, dass sich eine solch harmonische Partnerschaft zwischen jeder Erzieherin und jeder Mutter oder jedem Vater einstellt. Dennoch gilt es, mit allen Eltern zusammenzuarbeiten.

Roger Prott und Annette Hautumm haben auf der Grundlage ihrer Erfahrung in der Zusammenarbeit mit Erzieherinnen und Erziehern Prinzipien für eine erfolgreiche Zusammenarbeit zusammengestellt, auf die im Folgenden Bezug genommen wird. Unter Prinzipien werden nach Prott Grundsätze verstanden, die zielgerichtetes Handeln für Erzieherinnen und Erzieher erleichtern sollen (vgl. Prott/Hautumm, 2004, S. 6).

- Die (unterschiedliche) Bedeutung von Zusammenarbeit und Partnerschaft sollte geklärt werden, auch um sich darüber zu verständigen, welche gemeinsamen Ziele der Zusammenarbeit angestrebt werden.
- Klären Sie, ob Ihre Interessen mit den Interessen der pädagogischen Einrichtung und den Interessen der Eltern tatsächlich zusammenpassen.
- Informieren Sie sich über den tatsächlichen Auftrag der Institution, damit Sie von einem realistischen Rahmen für die Zusammenarbeit ausgehen.
- Gehen Sie davon aus, dass Eltern bereits Erfahrungen mit anderen Einrichtungen („Institutionen") gesammelt haben. Auch wenn Eltern keine eigenen Erfahrungen gemacht haben, könnten sie Gründe haben, die sie zu Vorsicht oder Skepsis gegenüber Ihrer Einrichtung veranlassen.
- Die Fixpunkte der Zusammenarbeit müssen individuell mit den jeweiligen Eltern erarbeitet werden. Es ist nicht davon auszugehen, dass ein gefestigter Grund für die Zusammenarbeit gegeben ist.
- Gehen Sie davon aus, dass fast alle Kinder, fast alle Eltern und fast alle pädagogischen Fachkräfte in normalen Umständen leben, die sehr vielfältig sind und den spezifischen Anforderungen des täglichen Lebens entsprechen. (Unter normal soll hier verstanden werden, dass die Mehrheit der Kinder und ihrer Eltern keine Erfahrungen mit z. B. sexueller u. a. Gewalt, Vernachlässigung, Flucht o. Ä. gemacht hat.)
- Um pädagogisch-fachlich arbeiten zu können, sind Sie auf das Wissen und den Sachverstand von Eltern angewiesen.
- Eltern haben ihre eigenen Annahmen und Interpretationen einer erfolgreichen Zusammenarbeit mit Erzieherinnen und Erziehern. Ihre Sichtweise ist ebenso legitim wie die Sichtweise der Fachkräfte.

- Als pädagogische Fachkraft müssen Sie Ihre pädagogische Arbeit darstellen und begründen können; Eltern müssen ihr Handeln dagegen nicht rechtfertigen.
- Gehen Sie davon aus, dass i. d. R. Eltern pädagogische Fachkräfte weder enttäuschen noch kränken wollen. Kommt es zu Konflikten, ist anzunehmen, dass unklare Absprachen die Ursache sind oder Eltern ernstzunehmende Gründe haben für ihr Verhalten.
- Wenn Eltern nicht mit pädagogischen Fachkräften zusammenarbeiten, empfiehlt es sich, dass Sie zunächst nach den möglichen Ursachen in der Institution oder im Zusammenhang mit der Organisation der pädagogischen Arbeit suchen.

Schließlich gilt auch für die Zusammenarbeit von Eltern, Erzieherinnen und Erziehern die Erkenntnis: „Sicherheit gibt es nicht, nur verschiedene Formen von Unsicherheit" (Prott/Hautum, 2004, S. 35).

Die Arbeit mit Eltern ist grundsätzlich ein Kommunikationsprozess. Die Grundlage der Kommunikation sollte eine offene Gesprächshaltung sein, die nach den Ursachen und Gründen für ein bestimmtes Verhalten fragt (siehe dazu auch Kapitel 8).

In der Kommunikation gibt es Sätze, die das Gespräch blockieren und zur Verunsicherung der beteiligten Personen führen, verletzend wirken oder wütend machen können, sogenannte Killerphrasen. Demgegenüber fördern die sogenannten Türöffner die Bereitschaft zu einem konstruktiven Gespräch.

Killerphrasen ...	Türöffner ...
- unterstellen Eltern mangelnde Kompetenz.	- aktivieren die Kompetenzen und Erfahrungen der Eltern.
- betonen die Überlegenheit und Macht der pädagogischen Fachkräfte.	- akzeptieren den Informationsvorsprung der Gesprächspartnerinnen und Gesprächspartner.
- setzen Gesprächspartnerinnen und Gesprächspartner herab und machen diese unglaubwürdig und lächerlich.	- beinhalten eine partnerschaftliche, akzeptierende Grundhaltung.
- führen in der Folge zu einem offensichtlichen oder innerlichen Rückzug der Eltern.	- aktivieren das Mitteilungsbedürfnis der Eltern und ermutigen diese zum Sprechen.

(vgl. Böcher, 2010, S. 626)

Aufgabe

Übungsaufgabe: Gesprächssituation zwischen einem Vater und einer pädagogischen Fachkraft als Rollenspiel

Situationsbeschreibung:

Nach einem Regen haben sich im Garten der Kindertagesstätte Koalabären-Pfützen gebildet. Die Kinder spielen Weitsprung und landen häufig begeistert im Wasser. Als sich die Kinder trockene Wechselwäsche anziehen sollen, kommt die vierjährige Jasmina weinend auf Sie zugestürzt. Sie hat keine Wechselwäsche dabei. Beim Abholen sprechen Sie Jasminas Vater an.

Vorgehensweise:

Zwei Freiwillige übernehmen die Rolle des Vaters und die Rolle der pädagogischen Fachkraft. Beide verlassen kurz den Raum.

Weitere vier freiwillige Personen haben die Aufgabe, die Körpersprache des Vaters und der pädagogischen Fachkraft (PFK) im Gespräch zu beobachten.

Die verbleibenden Personen werden in zwei Gruppen, A und B, aufgeteilt:
- *Gruppe B überlegt sich Killerphrasen, die die PFK im Gespräch mit dem Vater anwendet.*
- *Gruppe A überlegt sich Türöffner für das Gespräch mit dem Vater.*

Im nächsten Schritt bekommt die PFK die Sätze von Gruppe A (Türöffner) ausgehändigt. Die PFK wendet die erarbeiteten Türöffnerphrasen im Gespräch mit dem Vater an.

Während des kurzen Dialogs zwischen PFK und dem Vater beobachten die anderen Teilnehmer die Körpersprache der beiden Gesprächspartner.

Im folgenden Schritt bekommt die PFK die Killerphrasen von Gruppe B ausgehändigt und wendet diese im Gespräch mit dem Vater an.

Auch bei diesem kurzen Dialog beobachten die übrigen Teilnehmer die Körpersprache der beiden Gesprächspartner.

Nach dem erfolgreichen zweiten Durchlauf des Gesprächs schildert der Vater, wie er sich bei den Türöffnerphrasen gefühlt hat. Erst nachdem er sich ausführlich hierzu geäußert hat, sollte er auch schildern, wie es ihm mit den Killerphrasen ergangen ist.

Nachdem der Vater seine Empfindungen geäußert hat, beginnt die PFK mit ihrer Schilderung, wie sie sich gegenüber dem Vater mit den Türöffner- und schließlich mit den Killerphrasen gefühlt hat.

Schließlich schildert die Beobachtergruppe, welche Körperhaltungen sie jeweils bei dem Killerphrasen- und dem Türöffner-Gespräch bei der PFK und dem Vater beobachtet hat.

1.6.4 Formen der Bildungs- und Erziehungspartnerschaft

In der Zusammenarbeit mit Eltern und Erziehungsberechtigten werden verschiedene Formen und Methoden angewandt, die sich prinzipiell in zwei Grundformen unterscheiden lassen: direkte Kommunikation, auch soziale Form genannt, und die schriftliche Form.

Darüber hinaus lässt sich die Bildungs- und Erziehungspartnerschaft auch nach ihrer Zielsetzung unterscheiden. So wird zwischen der elternunterstützenden und der einrichtungsunterstützenden Form unterschieden.

In jedweder Form der Zusammenarbeit mit Eltern ist darauf zu achten, dass mögliche Hindernisse in der Kommunikation aus dem Weg geräumt werden und die Erziehungspartnerschaft barrierefrei gestaltet wird. So ist darauf zu achten, dass die Verständigung mit Eltern in deren Sprache ermöglicht wird, z. B. über Dolmetscherdienste (siehe Kapitel 2), die wichtigste Information auch visualisiert wird, das Gespräch in einem Raum stattfindet, der für Personen, die auf Gehhilfen angewiesen sind, erreicht werden kann, u. ä.

1.6.4.1 Direkte Kommunikation

Elternunterstützende Form

Beratung und Information
Hier geht es vorrangig darum, in der direkten Kommunikation Orientierungshilfe bei Problemen oder Fragen der Erziehung anzubieten. Auch in kritischen Lebenssituationen oder bei familiären Problemen kann eine Beratung mit der pädagogischen Fachkraft wichtig sein, z. B. wenn ...

- Eltern sich trennen, ein Elternteil schwer erkrankt oder stirbt;
- Eltern große Probleme in der Erziehung ihres Kindes haben oder Beziehungsstörungen erkennbar sind;
- Auffälligkeiten beim Kind festgestellt werden (bzgl. Sprache, Entwicklung oder Verhalten).

Das Beratungsangebot kann von Eltern aufgesucht oder auch von pädagogischen Fachkräften an Eltern herangetragen werden.

Neben der individuellen Vorbereitung auf die Eltern und ihre Anliegen muss die Fachkraft bei der Zielformulierung des Gesprächs die Vorstellungen des Trägers berücksichtigen. Es liegt auch in ihrer Verantwortung, günstige Rahmenbedingungen für das Gespräch zu schaffen und sich inhaltlich auf das Thema vorzubereiten.

Elternbildung
Elternbildung findet z. B. auf Elternabenden statt. Eine Gruppe von Eltern macht sich auf dem Elternabend mit neuen Inhalten und Forschungserkenntnissen vertraut, die zu einer Erziehungsreflexion anregen. Dazu gehören ebenso Elternkurse und Elterntrainings wie z. B. Starke Eltern – starke Kinder, STEP oder Kess-erziehen.

Einrichtungsunterstützende Form

Mitarbeit von Eltern
Bei der Mitarbeit geht es darum, den Erziehungsberechtigten aktives Engagement und Verantwortungsübernahme im Alltag der Einrichtung zu ermöglichen, z. B. Mitarbeit und Organisation von Festen und Feiern, Mitarbeit im Elternbeirat (siehe hierzu auch Kapitel 7).

Gruppenbezogene Formen der Erziehungspartnerschaft
Als gruppenbezogene Erziehungspartnerschaft gelten Freizeitangebote, Angebote der Elternbildung, gemeinsame Feste und Feiern, Elternabende, ein Elterncafé u. a. (siehe dazu auch Kapitel 2 und Kapitel 6).

1.6.4.2 Schriftliche Formen
Aushänge am schwarzen Brett, Elternbriefe bzw. eine Elternzeitschrift, die schriftliche Konzeption der Kindertageseinrichtung sowie ausgelegte Informationsbroschüren, Beratungsführer für Eltern und auch der Internetauftritt der Einrichtung werden unter dieser Rubrik zusammen gefasst. Die Berücksichtigung aller in der Kita vertretenen Sprachen bietet sich hier an.

Schriftlich dokumentiert werden auch der Bericht über die pädagogische Arbeit, Tagesberichte, Ergebnisse der Elternbefragung, Tagebücher für jedes einzelne Kind, aber auch eine Fotowand.

1.7 Probleme in der Zusammenarbeit

Negative Einstellungen und Voreingenommenheit auf einer oder sogar beiden Seiten erschweren die Zusammenarbeit von pädagogischer Fachkraft und Eltern.

Gespräche über Auffälligkeiten bei einem Kind bedeuten eine große Verantwortung für die pädagogische Fachkraft, weil die Eltern u. U. das Problem als solches nicht erkennen oder nicht wahrhaben wollen oder aber in Sorge versetzt werden (vgl. dazu Kapitel 4).

Bei Trennung oder Scheidung ringen Eltern häufig um die Kinder. Hier sind die pädagogischen Fachkräfte gefordert, Stellung des Kindes zu beziehen und den Eltern aufzuzeigen, wie sich die Situation auf das Wohlbefinden ihres Kindes auswirken kann. Bei getrenntlebenden Eltern ist der Informationsfluss zwischen der pädagogischen Einrichtung und Eltern häufig erschwert. Entscheidungskompetenzen und Regeln zum Kontakt des Kindes zu dem jeweiligen Elternteil müssen geklärt und u. U. immer wieder neu verhandelt werden.

1.8 Zusammenfassung

Erziehungspartnerschaft zwischen Fachkräften der Kindertageseinrichtungen und Eltern ist ein Begriff, der mit vielen unterschiedlichen und teils widersprüchlichen Erwartungen der Beteiligten gefüllt und durch den gesellschaftlichen Rahmen beeinflusst ist.

Damit stellt sich die geforderte Erziehungspartnerschaft als spannungsreiche Aufgabe dar.

Eine Präzisierung dessen, was unter Erziehungspartnerschaft verstanden wird, lässt sich über das konkrete Handeln in den jeweiligen Einrichtungen nachzeichnen.

Grundlegend ist Folgendes festzuhalten:

- Die Zusammenarbeit mit den Eltern ist die Basis und Teil des erzieherischen und bildungspolitischen Auftrags der Kindertageseinrichtung.
- Die pädagogischen Fachkräfte tragen die Verantwortung für eine wertschätzende und einladende Haltung gegenüber den Eltern.
- Die pädagogischen Fachkräfte sind verantwortlich dafür, den Austausch mit den Eltern auf Augenhöhe zu gestalten. Dazu gehört, dass sie sich Wissen über die sozialen und soziokulturellen Bedingungen des jeweiligen Familienumfeldes erarbeiten und den Eltern mit Achtung begegnen.
- Die Verantwortung für eine gelingende Zusammenarbeit liegt bei Eltern und Fachkräften, doch im Unterschied zu den Eltern gehört es zum professionellen Selbstverständnis und Handeln der Erzieherinnen und Erzieher, mit allen Eltern zum Wohle des Kindes die Zusammenarbeit (immer wieder) zu suchen und zu institutionalisieren.

Weiterführende Literatur

Aden-Grossmann, Wilma: *Der Kindergarten. Geschichte – Entwicklung – Konzepte*, Weinheim/ Basel, Beltz Verlag, 2011.

Betz, Tanja: *Kompensation ungleicher Startchancen. Erwartungen an institutionalisierte Bildung, Betreuung und Erziehung für Kinder im Vorschulalter*. In: Cloos/Karner (Hrsg.): Erziehung und Bildung von Kindern als gemeinsames Projekt, Schneider Verlag Hohengehren GmbH, 2010, S. 113–134.

Bundesarbeitsgemeinschaft der Deutschen Arbeitgeberverbände (BDA): *Bildung schafft Zukunft. Bessere Bildungschancen durch frühe Förderung. Positionspapier zur frühkindlichen Bildung*, Berlin: MS., 2006.

Bundesministerium für Familie, Senioren, Frauen und Jugend (Hrsg.): *Stärkung familialer Beziehungs- und Erziehungskompetenzen. Kurzfassung eines Gutachtens des Wissenschaftlichen Beirats für Familienfragen beim Bundesministerium für Familie, Senioren, Frauen und Jugend*, 2005.

Bundesministerium für Familie, Senioren, Frauen und Jugend: *Zwölfter Kinder und Jugendbericht. Bericht über die Lebenssituation junger Menschen und die Leistungen der Kinder und Jugendhilfe in Deutschland*, Berlin, 2006, S. 4–16.

Diller, Angelika: *Eltern-Kind-Zentren. Grundlagen und Rechercheergebnisse*, DJI, München, 2006.

Duden: *Das Fremdwörterbuch*, Mannheim/ Leipzig/ Wien, Zürich, 1997.

Honig, Michael-Sebastian/Joos, Magdalena/Schreiber, Norbert: *Was ist ein guter Kindergarten? Theoretische und empirische Analysen zum Qualitätsbegriff in der Pädagogik*, Weinheim/München, Juventa, 2004.

Liegle, Ludwig: *Müssen Eltern erzogen werden?* In: Beckmann u.a. (Hrsg.) Neue Familiarität als Herausforderung der Jugendhilfe. Neue Praxis Sonderheft 9, 2009, S. 100–107.

Neumann, Karl: *Kinder und Eltern. Die bürgerliche Familie als Leitbild, gesellschaftliche Widersprüche und die Vermittlungsfunktion der öffentlichen Kleinkindererziehung*, In: Erning, Günter/Neumann, Karl/Reyer, Jürgen: Geschichte des Kindergartens, Bd. 2, Freiburg i. Br., Lambertus, 1987, S. 135–147.

Richter-Kornweitz, Antje: *Achtung Baustelle: Zusammenarbeit mit Eltern in der Kita. Zusammenarbeit mit Eltern als Arbeitsauftrag für Kindertagesstätten*, 2011, Online verfügbar unter: www.gesundheitliche-chancengleichheit.de/achtung-baustelle-zusammenarbeit-mit-eltern-in-der-kita [06.11.2013].

Tietze, W. (Hrsg.): *Wie gut sind unsere Kindergärten? Eine Untersuchung zur pädagogischen Qualität in deutschen Kindergärten*, Berlin, Hermann Luchterhand, 1998.

Vernor Muñoz: *Report of the Special Rapporteur on the right to education, Vernor Muñoz - Mission to Germany*. Geneva. United Nations General Assembly, 2007, online verfügbar unter: munoz.uri-text.de/A.HRC.4.29.Add.3_DeutschlandBericht_Empfehlungen.pdf [14.06.2013].

Wihstutz, Anne: *Wertebildung in Kooperation*. In: DRK Generalsekretatiat (Hrsg.): Wertebildung in Familien. Online-Handbuch, 2013.

<u>zu Kapitel 1.3.:</u>
Zum Situationsansatz: Welt des Kindes 90 (2012) 2, 40 Jahre Situationsansatz. Themenheft.

Zur Bildungsbegleitung: Ehmann, Christiane/Braukhane, Katja: Bildungsbegleitung. In: Völkel, Petra/Wihstutz, Anne (Hrsg.): Das berufliche Selbstverständnis pädagogischer Fachkräfte, Köln, Bildungsverlag EINS, 2014, S. 11–38.

2 Zusammenarbeit mit Familien mit Migrationshintergrund

Sabine Jungk

Ein eigenes Kapitel der Zusammenarbeit mit Familien mit Migrationshintergrund zu widmen, bedarf einer Begründung. Sind die Anforderungen in der Zusammenarbeit mit diesen Familien von so besonderer Art, dass sie sich von Elternarbeit allgemein unterscheiden? Oder zeigen sich hier die Herausforderungen nur sehr deutlich? Keine Familie ist wie die andere, ihre Bedürfnisse und Vorstellungen von Kindererziehung und guter kindlicher Entwicklung unterscheiden sich. Ebenso stimmen die Auffassungen der Eltern und diejenigen der Pädagoginnen und Pädagogen selten völlig überein. Unterschiedliche Konzepte beeinflussen ausgesprochen oder unausgesprochen die Beziehung zwischen Eltern und Pädagoginnen. Gehen sie zu weit auseinander, leidet das Kind, z.B. durch Loyalitätskonflikte (vgl. Prott/Hautumm, 2004, S. 5). Auf die Vielfalt elterlicher Erziehungskonzepte müssen sich Fachkräfte einstellen und gemeinsam mit Eltern zu einem Einvernehmen kommen, wollen sie zum Wohl des Kindes eine vertrauensvolle und wirksame Erziehungspartnerschaft herstellen.

Eine gesonderte Thematisierung von Elternarbeit mit Familien mit Migrationshintergrund könnte sogar zu stereotypen Problemwahrnehmungen beitragen, denen sie entgegenwirken will. Dies war und ist ein geläufiges, starkes Argument gegen die interkulturelle Pädagogik. Es könnte auch für die interkulturelle Elternarbeit gelten. Das entgegengesetzte Argument jedoch lautet, dass die Ausblendung oder Tabuisierung von Unterschieden, die zugewanderte Minderheiten betreffen, eine angemessene Wahrnehmung und Begegnung mit ihnen verhindern. Colorblindness nennt dies die Forschung in Bezug auf „erkennbare/sichtbare Minderheiten" („visible minorities") – die Ignoranz blende vor allem soziale Dimensionen und Diskriminierungserfahrungen aus (vgl. Thompson, 1998; Bronson/Merryman, 2010, S. 66–98).

Unkenntnis birgt zudem die Gefahr, dass mangelndes Wissen aufgefüllt wird mit ungeprüften, pauschalen Vorannahmen über Familien mit Migrationshintergrund. So hält sich z.B. entgegen schon lang bekannter Forschungsergebnisse die Annahme, der schlechte Bildungserfolg von Zuwandererkindern hänge mit mangelnder Bildungsmotivation der Familien zusammen. Das Gegenteil ist der Fall, deren Bildungserwartungen sind überdurchschnittlich stark ausgeprägt (siehe Nauck, 2000). Schlechter schulischer Erfolg muss also komplexer erklärt werden. Ein anderes Beispiel: Wenn Eltern mit Migrationshintergrund wenig Präsenz in der Kita zeigen, werden häufig Desinteresse oder auch kulturell anders geartete Gewohnheiten vermutet. Die andere nationale Herkunft und Kultur werden so zu einem

Erklärungsmuster, das jedoch auf Stereotypen beruht. Sachverhalte werden dadurch ethnisiert oder kulturalisiert. Wolfgang Sacher verweist hingegen darauf, dass schwer erreichbare Eltern „unter allen Bevölkerungsgruppen, in allen Schichten und in allen Bildungsniveaus zu finden sind" (Sacher, 2012, S. 310). Pädagogen sind offenbar „lediglich stärker irritiert", wenn Eltern mit Migrationshintergrund weniger gut in Kontakt mit ihnen und der Institution stehen.

Untersuchungen über die Qualität der Zusammenarbeit mit Eltern mit Migrationshintergrund in Kitas fehlen in Deutschland (vgl. Sacher, 2012, S. 301). Die Studie von Pfaller-Rott (2010) gibt nur wenig Aufschluss. Die erste repräsentative Querschnittstudie über frühkindliche Einrichtungen in Deutschland, NUBBEK (Nationale Untersuchung zur Bildung, Betreuung und Erziehung in der frühen Kindheit; siehe Tietze/Becker-Stoll/Bensel u. a., 2012), stellt jedoch fest, dass Kinder in Kita-Gruppen mit hohem Anteil von Kindern mit Migrationshintergrund eine vergleichsweise schlechtere Qualität von Bildung, Erziehung und Betreuung erfahren. Insgesamt konnte diese Studie identifizieren, dass ein hoher Teil der sogenannten Prozessqualität (25 Prozent) auf Strukturen wie die Größe der Einrichtung und andere sozialorganisatorische Dimensionen sowie auf die Qualifikation des Personals zurückzuführen ist. Vor allem sind aber Erzieherin-Kind-Interaktion und -Kommunikation geringer (vgl. Tietze/Becker-Stoll/Bensel u. a., 2012, S. 13/15; Details sind noch nicht publiziert).

Ob dies auch Rückschlüsse auf die Qualität der Elternarbeit erlaubt, lässt sich nicht sagen. Eine kanadische Studie (vgl. Bernhard/Lefebvre/Kilbride u. a.,1998)[1] legt diese Schlussfolgerung allerdings nahe: Substanzielle Kontakte, tiefergehende Gespräche und Diskussionen fanden weit häufiger zwischen Pädagoginnen und Eltern ohne Migrationshintergrund statt. Die Beziehungen zu Eltern mit Migrationshintergrund sind häufig durch nur minimale Kontakte gekennzeichnet. Es gibt also Hinweise auf einen Entwicklungsbedarf: Nach derzeitiger Lage erhalten gerade die Kinder, für die eine hochwertige Förderung wichtig ist, ein qualitativ schlechteres Angebot. Dies muss verändert werden. Eine substanzielle Zusammenarbeit mit den Eltern ist hierfür eine wichtige Unterstützung.

„Egalitäre Differenz" (siehe Prengel, 2006) ist die handlungsleitende Norm, von der in diesem Kapitel ausgegangen wird. Diese scheinbar paradoxe Definition meint erstens, dass unterschiedliche Wertorientierungen anzuerkennen und Wert zu schätzen sind, ohne sie einer hierarchischen Bewertung zu unterziehen. Das bezeichnet die Forderung nach Egalität. Zweitens müssen Unterschiede, also Differenz, in verschiedenen Dimensionen wahrgenommen werden. Dadurch löst sich die Wahrnehmung von Zuschreibungen entlang vermeintlicher, oft nur eindimensional verorteter und statisch gesehener Gruppen: Neben ethnisch-kulturellen und religiösen werden ökonomische, soziale und andere Einflüsse sowie die in Ungleichheit eingelagerten Machtunterschiede berücksichtigt. Egalitäre Differenz zu verwirklichen heißt, Unterschiede nicht zu verdrängen, sondern wahrzunehmen, und zwar in ihren unterschiedlichen Differenzlinien und ihrer Veränderbarkeit – um angemessener handeln zu können. Fehlende „kulturelle Kompetenz" kann sonst dazu führen, „dass alle Verhaltensweisen als kulturell angemessen akzeptiert werden, ohne die Wirkung auf die Kinder zu beachten, oder zum Beharren darauf, es gäbe nur einen globalen Standard, dem alle Gesellschaften im Sinne des optimalen kindlichen Wohlbefindens folgen müssten" (Korbin/Spilsbury, 1999, S. 70, übersetzt von Sabine Jungk, der Autorin des Kapitels).

---

[1] Die kanadische Studie verwendet den Ausdruck „language and cultural minority parents", dabei handelt es sich ausschließlich um Zuwanderer, weshalb für unseren Kontext von Eltern mit Migrationshintergrund gesprochen wird.

Eine Grundannahme dieses Kapitels ist, dass die Kompetenz von Erzieherinnen und Erziehern zur Zusammenarbeit mit Familien mit Migrationshintergrund allgemeine, generalisierte und spezifische sowie interkulturelle Komponenten aufweisen muss. Umgekehrt steigert die Sensibilität und Handlungsfähigkeit in Bezug auf zugewanderte Familien zugleich die generelle Kompetenz zur Zusammenarbeit mit Eltern, gleich welchen Hintergrunds, denn sie schärft das Vermögen, Verschiedenheit in unterschiedlichen Dimensionen zu erkennen und kompetent und sicher damit umzugehen.

Für die Ausbildung angehender pädagogischer Fachkräfte werden im Folgenden Lernangebote hinsichtlich der Zusammenarbeit mit Eltern mit Migrationshintergrund gemacht. Es geht um spezifisches Wissen – und es geht um das Verlernen von vermeintlichen Selbstverständlichkeiten, Stereotypen und Vorurteilen. Deshalb ist der Beitrag empirisch fundiert, soweit es die Forschungslage zulässt. Vor allem jedoch sollen adäquate Einstellungen, Haltungen sowie die Handlungsfähigkeit gefördert werden: Dafür gibt es Vorschläge für Übungen im Unterricht und Fallbeispiele zur Diskussion.

Das Kapitel ist in sieben Abschnitte gegliedert. Zunächst (2.1) werden Informationen zur Definition des Migrationshintergrundes gegeben. Dass sich hinter diesem Kriterium keineswegs homogene Gruppen verbergen, ist eine erste, zentrale Botschaft; dass statistisch eine überproportionale soziale Benachteiligung konstatiert werden muss, die zweite. Kultur, soziale Lage und Machtungleichgewicht sind drei wesentliche Erklärungsmodelle hierfür. Eingeführt wird unter 2.2 das theoretische Kapitalien-Konzept Pierre Bourdieus. Denn seine Kategorien des sozialen und kulturellen Kapitals eignen sich, die gesellschaftliche Positionierung von Migrantinnen und Migranten zu erklären ohne „ethnisierenden" Blick auf Menschen mit Migrationshintergrund.

Danach (2.3) werden zunächst Erziehungsziele und -methoden von Eltern mit Migrationshintergrund referiert, die sie von anderen Eltern unterscheiden. Im Weiteren kommen deren spezifische Erfahrungen zur Sprache: die Entwertung ihrer (kulturellen) Erziehungskonzepte und Diskriminierungen, die sie selbst, aber auch ihre Kinder betreffen. Hier werden bereits Anforderungen an Pädagoginnen in der Interaktion mit Eltern deutlich, die mit dem Blick auf die institutionellen Konstellationen (2.4) weiterverfolgt werden. Um die Institution Kita zu einem Heimspiel für Familien mit Migrationshintergrund zu machen, muss das Expertentum des Personals in pädagogischen Belangen – und die Macht, die von diesem Expertenstatus ausgeht – kritisch hinterfragt werden. Zur Rolle von Erzieherinnen muss gehören, vom universalistischen Standardmodell abweichende Erziehungskonzepte wahrzunehmen, anzuerkennen und darüber ins Gespräch zu kommen. Dass nur eine auf Partizipation ausgerichtete Haltung von pädagogischen Fachkräften echten Dialog und Austausch mit Eltern ermöglicht, ist Thema des nächsten Abschnitts (2.5). Der längste Teil (2.6) widmet sich verschiedenen Formen der Zusammenarbeit mit Eltern mit Migrationshintergrund. 2.7 fasst den Beitrag noch einmal kurz zusammen. Viele der Fallbeispiele im Text stammen von Pädagoginnen aus Berliner Kitas, bei denen ich mich an dieser Stelle herzlich für die wertvollen Gespräche bedanken möchte.

Elternarbeit in frühpädagogischen Einrichtungen ist kein Selbstzweck, sondern eine Aufgabe, die im Hinblick auf das Wohlergehen und die Entwicklungs- und Bildungsförderung der Kinder gestaltet werden muss. Deshalb ist es an einigen Stellen erforderlich, auf die Beziehungen zwischen Pädagoginnen und Kindern einzugehen, die die Wahrnehmungen der Eltern hinsichtlich der Leistungen der frühpädagogischen Einrichtungen und ihres Personals beeinflussen.

2.1 Einführende Zugänge: Migrationshintergrund und soziale Lage

Vielfalt ist zu einer gesellschaftlichen Grunderfahrung geworden. Steven Vertovec (siehe Vertovec 2006) spricht von „Super-Diversity", die sich insbesondere in den Städten zeigt, wo sich Differenz- und Ungleichheitsdimensionen in ethnischer, kultureller und sozialer Hinsicht multipliziert haben.

Mehr als ein Drittel der unter Fünfjährigen hat einen Migrationshintergrund, d. h., für 1,54 Mio. der künftigen Schulkinder gilt, dass sie oder mindestens ein Elternteil seit 1950 nach Deutschland zugewandert sind (vgl. Destatis, 2011, S. 78). (Wenn im Folgenden z. B. von ausländischen Kindern gesprochen wird, so verweist dies auf statistische Erhebungen, die lediglich nach Staatsangehörigkeit unterscheiden.) Dies spiegelt sich auch in den Kindertagesstätten wider. Die Nutzung durch Kinder mit und ohne Migrationshintergrund hat sich stark angeglichen. Dennoch gibt es Unterschiede: 2009 befanden sich 96 Prozent der Kinder ohne Migrationshintergrund und 84 Prozent der Kinder mit Migrationshintergrund in einer frühkindlichen Einrichtung. Dies gilt für die Drei- bis Sechsjährigen. Bei den Null- bis Dreijährigen ist der Abstand größer und beträgt 24,8 Prozent zu 10,5 Prozent (vgl. Grgic/Rauschenbach/Schilling, 2010, S. 6).

Zusammenarbeit mit Eltern mit Migrationshintergrund ist also eine normale Anforderung in den Kitas geworden, insbesondere in den Städten. Zugewanderte Familien bringen sehr heterogene Voraussetzungen mit. So variiert ihr Eingangsstatus bereits erheblich z. B. in Bezug auf Bildungs- und Berufsabschlüsse. In Zeiten der Arbeitsmigration in den Jahren 1955 bis 1973 wurden von der BRD überwiegend unqualifizierte Arbeitskräfte angeworben; entsprechend gehören z. B. von den Familien türkischer Herkunft 41 Prozent dem untersten sozialen Milieu an (vgl. Alt, 2006, S. 11). Aussiedlerfamilien aus Russland dagegen haben andere Startbedingungen. Sie gehören überwiegend dem mittleren sozialen Milieu an (vgl. Alt, 2006, S. 11). Andere Familien haben durch Flucht alles verloren. Insgesamt haben sich die Milieus und Lebensstile von Migrantinnen und Migranten allerdings stark ausdifferenziert – das SINUS-Institut ermittelte acht verschiedene Migrantenmilieus, die mit unterschiedlichen Wertorientierungen einhergehen (zehn sind es in Deutschland allgemein; siehe Merkle, 2011).

Familien mit Migrationshintergrund können schon in der zweiten oder dritten Generation in Deutschland ansässig sein, so dass die sprachliche Verständigung in Deutsch kein Problem darstellt, ihnen gesellschaftliche Regelungen und soziale Institutionen bekannt sind und sie sich sozial und beruflich positioniert haben. Diese Familien haben sich akkulturalisiert, sie können souverän zwischen verschiedenen Kontexten und ihren Anforderungen wechseln. Sie entwickeln oft sogenannte hybride Identitäten, d. h., unterschiedliche Normen und Werte aus Herkunfts- und Aufnahmegesellschaft sind produktiv zu einer eigenen Lebensweise verarbeitet worden. Andere Eltern oder Elternteile sind dagegen erst vor kürzerer Zeit zugewandert und bewegen sich nicht mit der gleichen Sicherheit in Deutschland. Mitgebrachte Wissens- und Verhaltensmuster oder soziale Konventionen als Kompass im Alltag müssen mit neu zu erwerbenden Orientierungen ausbalanciert werden. Sprachliche Verständigungsprobleme im Deutschen, beruflich unklare Perspektiven oder geringe Unterstützung durch soziale Netzwerke und die Community (siehe Kapitel 2.2) können diesen Prozess erschweren. Wieder andere haben vielleicht keine längeren Bleibeabsichten oder ihr Aufenthaltsstatus ist prekär – für sie hat die Akkulturation keine hohe Priorität oder sie wird ihnen verwehrt. Diese Beispiele sollen deutlich machen, dass die Rede von Familien mit Migrationshintergrund in ihrer Generalisierung die Einzelfälle nicht trifft.

2.1.1 Soziale Benachteiligung

Migration geht häufig mit sozialer Benachteiligung, Armut und Bildungsarmut einher. Die Soziologie spricht davon, dass in Einwanderungsländern Migrantinnen und Migranten häufig die Gesellschaft unterschichten. Das hat einerseits mit ihrem bereits erwähnten Eingangsstatus zu tun, aber selbst bei guten individuellen Voraussetzungen setzt in der Regel eine Abwertung ein. So können z. B. Zuwanderer mit akademischem Abschluss nicht unbedingt auf eine entsprechend hoch qualifizierte Berufstätigkeit hoffen. Wesentlich sind außerdem Diskriminierungen, z. B. werden Jugendliche (und Erwachsene) mit gleichem Bildungsabschluss, aber erkennbarem Migrationshintergrund häufiger bei der Bewerbung um Ausbildungs- oder Arbeitsstellen abgewiesen als andere (vgl. Matzner, 2012, S. 261 ff.).

Die Sozialstatistiken sprechen eine deutliche Sprache: Menschen mit Migrationshintergrund sind fast doppelt so häufig arbeitslos und auf Transferleistungen angewiesen wie die Bevölkerung ohne Migrationshintergrund. Ihr Haushaltseinkommen liegt häufiger im unteren und seltener im überdurchschnittlichen Bereich und entsprechend ist ihr Armutsrisiko mehr als doppelt so hoch als das der übrigen Bevölkerung (vgl. Matzner, 2012, S. 30 ff.). Sie wohnen häufig in dicht besiedelten, insgesamt sozio-ökonomisch schwachen und auch mit Blick auf die kindlichen Entfaltungsmöglichkeiten unattraktiven Wohngegenden. Durch diese Ausgrenzungen wird ein sozialer Aufstieg erschwert, den die klassische Migrationssoziologie spätestens für die sogenannte zweite Generation erwartet.

Auch von Bildungsarmut sind Erwachsene mit Migrationshintergrund überproportional betroffen: 2010 verfügten 14,1 Prozent über keinen allgemeinbildenden Schulabschluss (dies traf auf 1,8 Prozent der übrigen Bevölkerung zu; vgl. Destatis, 2011, S. 7). Doch zugleich ist ihr Anteil an Personen mit Hochschul- und Fachhochschulreife höher als der der Bevölkerung ohne Migrationshintergrund, dies ist ein weiterer Beleg für die Heterogenität von Zuwandererfamilien (vgl. Rühl/Babka von Gostomski, 2012, S. 30).

Armut und Bildungsarmut sind die zentralen Ungleichheitsdimensionen, die im Hinblick auf Familien mit Migrationsstatus mehr erklären als kulturelle Faktoren. Das zeigt sich an der unterschiedlichen Kita-Nutzung: Zwar beginnt im Durchschnitt die außerfamiliäre Betreuung bei Kindern mit türkischem oder russischem Migrationshintergrund später als bei Kindern ohne Migrationshintergrund (35, 31 bzw. 23 Monate; vgl. Tietze/Roßbach/Grenner, 2012, S. 13). Allerdings verschwinden diese Unterschiede völlig, vergleicht man die Inanspruchnahme durch Familien mit türkischem und ohne Migrationshintergrund, bei denen die Mütter erwerbstätig sind, einen höheren Bildungsabschluss und weniger traditionelle Rolleneinstellungen aufweisen (vgl. Tietze/Roßbach/Grenner, 2012, S. 6). Diese Ergebnisse decken sich mit anderen Untersuchungen, bei denen die geringere Kita-Nutzung bei Kindern ab dem Alter von drei Jahren bis zum Schuleintritt als abhängig von niedrigeren Bildungsabschlüssen der Eltern nachgewiesen wurde (vgl. Konsortium Bildungsberichterstattung, 2006, S. 38).

Aufgaben zur Weiterarbeit

1. *Familien mit Migrationshintergrund und sozial schwacher Herkunft stehen weniger lang mit Kitas in Kontakt, weil ihre Kinder erst später eintreten – eine Erschwernis für den Beziehungsaufbau. Diskutieren und dokumentieren Sie, welche Aufgaben Sie für die Elternarbeit sehen, um diese Familien mehr und früher an der Kindergartennutzung zu beteiligen (siehe 2.6.1).*

2. Gestalten Sie mit den Informationen über die statistischen Daten einige Quizfragen, die Sie Ihren Kommilitoninnen stellen. Sie können weitere Daten recherchieren – achten Sie darauf, dass Sie auch Fragen zu Stärken der Migrantenfamilienfragen aufnehmen (etwa Fragen zur Bildungserwartungen, überproportionalen Bildungsabschlüssen oder Mehrsprachigkeit). Quellen für weitere Datenrecherchen: Boos-Nünning, 2011; Konsortium Bildungsberichterstattung, 2006; Rühl/Babka von Gostomski, 2012; Luft, 2012; Matzner, 2012; Thränhardt/Weiss, 2012; Thränhardt, 2012.

3. Schreiben Sie eine kleine Geschichte zum Thema: „Ein Tag im Leben eines Kindes mit Migrationshintergrund". Vergleichen Sie in der anschließenden Diskussion in Kleingruppen, wie häufig Sie von Benachteiligungen, wann von Ressourcen sprechen und wo evtl. Kultur als Faktor angesprochen wird. Hierdurch wird das Bild, das Sie sich von Familien mit Migrationshintergrund machen, deutlich – ein erster Schritt zum Verlernen von Vorurteilen.

2.2 Migrationsbedingte Benachteiligungen: Mangel an ökonomischem, sozialem und kulturellem Kapital

Migration geht in vielen Fällen mit einem Verlust von sozialem und kulturellem Kapital einher. Dadurch wird es erschwert, ökonomisches Kapital, Geld und Wohlstand, zu erwerben und zu mehren. Dieser Erklärungsansatz entstammt der Theorie von Pierre Bourdieu (1992). Die klassische soziologische Perspektive sah sozialen Status, Macht und Einfluss durch Vermögen und Wertgüter (ökonomisches Kapital) begründet. Bourdieu erweiterte dies um die Bedeutung des sogenannten sozialen und kulturellen Kapitals. Obwohl diese Theorie nicht für die Situation von Zuwanderern entwickelt wurde, sondern die gesellschaftliche Reproduktion der sozialen Hierarchie und insbesondere der Eliten erklärt, ist sie für den Status von Einwanderern sehr aufschlussreich.

Soziales Kapital besteht aus sozialen Netzwerken, die Unterstützung in vielen Lebensbereichen leisten und bei der Positionierung in der Gesellschaft hilfreich sind, z. B. durch Hinweise auf oder Empfehlungen für Jobs. Das Individuum kann seine persönlichen Ressourcen durch Nutzung der Potenziale anderer mehren. Dafür allerdings bedarf es einer Gegenseitigkeit des Zugewinns: Je einflussreicher ein soziales Netzwerk, desto höhere Erwartungen werden an das neue Mitglied gestellt.

Vielen Zuwandererfamilien mangelt es an sozialen Netzwerken. Das beginnt bereits bei familiären Netzwerken, die im Alltag entlasten können. Zwar ist der Zusammenhalt der Familie bei Migrantinnen und Migranten stark ausgeprägt: Er ist ein wichtiger sozialer Wert und eine starke Ressource – man spricht von „Familialismus" (Boos-Nünning, 2011, S. 24). Doch viele Familien haben dieses Umfeld durch Migration verloren. Auch die sozialen Netzwerke der Communitys, z. B. Migrantenvereine, sind ein entscheidender Faktor für Information, Orientierung, Unterstützung und (Bildungs-)Erfolg von Zuwanderern (vgl. Thränhardt/Weiss, 2012, S. 121 ff.). Nicht alle Gruppen verfügen jedoch über solche ressourcenstarke Communitys. Außerdem sind diese in der Vermittlung nach außen oft wenig einflussreich – sie werden als Ansprech- oder Kooperationspartner erst in jüngster Zeit überhaupt von deutschen Institutionen ernstgenommen (siehe Jungk, 2010).

Der Zugang zu sozialen Kontakten und Netzwerken der Bevölkerung ohne Migrationshintergrund ist insbesondere für Neuzuwanderer erschwert. Sowohl die sprachlichen

Verständigungsmöglichkeiten als auch fehlende Orte zur Begegnung stehen dem entgegen (vgl. Rühl/Babka von Gostomski, 2012, S. 33 f.). Und die Gegenleistungen der Migrantinnen und Migranten im Netzwerk wirken häufig nicht attraktiv genug, damit man sich aktiv um sie bemüht. So wird z. B. aus Elternprojekten berichtet, die auf multikulturelle Zusammensetzung setzen, dass die Nachfrage der Familien ohne Migrationshintergrund schwach ist.

Kulturelles Kapital beinhaltet nach Bourdieu symbolische Güter, v. a. Bildung, Wissen und Kommunikations- und Verhaltensfähigkeiten, die es erlauben, sich selbstverständlich und souverän in einem gesellschaftlichen Feld zu bewegen. Wenn Bildungserfahrungen fehlen oder diese nicht im Aufnahmeland erworben wurden, mangelt es an entsprechendem kulturellem Kapital. Vor diesem Hintergrund kann das Ergebnis der NUBBEK-Studie interpretiert werden: Die befragten Mütter sagten, dass sie durchaus eine außerfamiliäre Betreuungsmöglichkeit auch für ihre Kinder unter drei Jahren wünschten, jedoch über die Möglichkeiten nicht informiert seien (vgl. Tietze/Roßbach/Grenner, 2012, S. 13).

Einwanderer müssen zudem erfahren, dass ihr kulturelles Kapital entwertet wird: Bildungs- und Berufsabschlüsse werden häufig nicht anerkannt. Wissen, kulturelle Ausdrucksformen, häufig die Sprache sowie ihre Erziehungsüberzeugungen sind weniger wert. Denn es gilt der Standard des in der Aufnahmegesellschaft als hochwertig angesehenen kulturellen Kapitals. Bourdieu spricht davon, dass andere Formen als nicht legitim abqualifiziert werden. Um den Standard, was als legitim oder illegitim gilt, mitdefinieren zu können, braucht es eine Machtposition, über die Migrantinnen kaum verfügen. Sie können sich persönlich, aber auch kollektiv – etwa über (eigene) Interessenorganisationen – weniger wirkungsvoll in öffentliche Diskurse einbringen als Menschen, die schon lange im Aufnahmeland leben. Hier kommen zusätzlich das fehlende soziale Kapital, aber auch Diskriminierung zum Tragen. Eine Forscherin aus dem Kreis der postkolonialen Theorie stellt deshalb sinngemäß die provozierenden Fragen: „Können die Unterlegenen/Marginalisierten sprechen? Und wenn, werden ihre Stimmen gehört?" (vgl. Spivak, 2007, S. 8).

Bourdieus Begriff des sozialen und kulturellen Kapitals reflektiert also eine Machtdimension. Mit diesem Konzept wird der Faktor Kultur als Differenzmerkmal bedeutungsvoll. Kulturelle Normen, Werte und Praktiken entstehen in spezifischen sozialen Kontexten, sie sind deshalb verschieden. Kultur kann in dieser Sichtweise jedoch nicht als Ursache von Problemen *der Minderheiten* markiert werden. Anders gesprochen: Bourdieu entgeht der Gefahr der Kulturalisierung von Problemen, die z. B. ‚kulturelle Distanz' *von Zuwanderern* zur Ursache von sozialer Randständigkeit erhebt. Kultur als sozial hergestellte Orientierung und Ordnung ist eingelagert in Machtpositionen, so dass die Voraussetzungen, über ihre Gültigkeit zu verhandeln und zu entscheiden, ungleich sind.

Kulturelle Vielfalt anzuerkennen und wertzuschätzen bleibt häufig ein Postulat, wenn nicht genügend in Rechnung gestellt wird, dass es in jeder Gesellschaft dominante Muster gibt, die sowohl ausgesprochen als auch nahezu unmerklich und oft nicht hinterfragt wirken. Nicht jede kulturelle Praxis ist anzuerkennen, z. B. ist es verboten, Kinder zu schlagen. Viele andere Vorstellungen sind aber durchaus legitim, z. B. andere Konzepte über die kindliche Entwicklung, die förderlichen Bedingungen für das Aufwachsen von Kindern und Erziehungsstile sowie das Verständnis über das Zusammenwirken von Familien und Bildungsinstitutionen und von elterlicher Partizipation in der Kita. In diesem Sinne ist das Plädoyer einer Re-Kulturalisierung der pädagogischen Arbeit (siehe Vandenbroek, 2007) zu verstehen: die Konzepte der Familien mit Migrationshintergrund zu ergründen und darüber in Austausch zu treten.

Aufgaben zur Weiterarbeit

1. Welche Herausforderungen ergeben sich aus dem Mangel von sozialem Kapital? Arbeiten Sie heraus, welche sozialen Netzwerke für (Migranten-)Familien nützlich sind und wie Sie in der Kita den Eltern helfen können, Zugänge zu erhalten.

2. Zusammenarbeit mit Eltern sollte das Ziel haben, das kulturelle Kapital des Elternhauses zu mobilisieren – zumindest für den Schulerfolg ist ein positiver Effekt guter Elternarbeit nachgewiesen (vgl. Sacher, 2012, S. 302). Arbeiten Sie heraus, welches kulturelle Kapital für eine erfolgreiche Positionierung in Deutschland wichtig ist, welchen Unterstützungsbedarf Migranteneltern haben könnten und wie Fachkräfte hierbei hilfreich sein können.

3. Zur Sensibilisierung für eigene Privilegierungen eignet sich die Übung Power-Flower (vgl. Europa Haus Aurich/Anti-Bias Werkstatt, 2007, Übung A14).

2.3 Eltern mit Migrationshintergrund: Entwertungs- und Diskriminierungserfahrungen

Entwertungs- und Diskriminierungserfahrungen beeinträchtigen Kinder beim Aufbau ihres Selbstwertgefühls. Aber auch Eltern werden in ihren Selbstwirksamkeitsüberzeugungen verunsichert, wenn sie sich in ihrer erzieherischen Kompetenz entwertet fühlen. Dies kann auch die Zusammenarbeit von Eltern und Fachkräften belasten.

2.3.1 Entwertungserfahrungen am Beispiel von Erziehungskonzepten

Was wissen wir über unterschiedliche Erziehungskonzepte und welche Verunsicherungen und Konflikte können entstehen? Während die Forschung ein recht konsistentes und differenziertes Bild von Erziehungszielen unterschiedlicher Eltern mit Migrationshintergrund zeichnen kann, herrscht hinsichtlich der Erziehungsstile eine „ziemliche Konfusion" (Boos-Nünning, 2011, S. 33).

Im Vergleich zu Familien ohne Migrationshintergrund sind in Migrationsfamilien folgende Werte und Orientierungen (Erziehungsziele) stärker ausgeprägt:

– Übereinstimmend nachgewiesen ist eine enge Bindungsqualität der Familienmitglieder, der sog. Familialismus, mit dem auch Kinder bzw. Jugendliche überwiegend sehr zufrieden sind. Der familiäre Zusammenhalt, Fürsorge, Unterstützung und Loyalität innerhalb der Familie als Wir-Gruppe, ist nicht nur als traditionsgebundener Wert zu deuten, sondern verstärkt sich durch Marginalisierungserfahrungen in der Migration. Er stellt eine große Ressource zur Bewältigung von Anforderungen des Lebens dar, eine Quelle der Resilienz (vgl. Boos-Nünning, 2011, S. 24).

– Die Bildungs-, Leistungs- und Aufstiegsorientierung ist hoch, was angesichts der Migrationsentscheidung nur plausibel ist: Die Zuwanderer erwarten für sich und ihre Kinder ein besseres Leben. Dies führt zu einer veränderten Perspektive: Es sei nicht verwunderlich, so Leyendecker (2012, S. 66), dass der Bildungserfolg von Kindern mit Migrationshintergrund unterdurchschnittlich ist, sondern vielmehr die Tatsache, dass viele trotz schwieriger Lebensumstände und geringer Ressourcen beruflich und privat gut zurechtkommen oder erfolgreich sind.

- Die religiöse Bindung – gleich welcher Richtung – ist ausgeprägter, auch wenn es in jeder Zuwanderungsgruppe ein großes Spektrum von gar nicht bis stark religiös orientierten Personen gibt (vgl. Boos-Nünning, 2011, S. 26 ff.). Jugendliche mit Migrationshintergrund beklagen häufig, dass ihre Eltern kein „konsistentes, kindgerechtes Erziehungskonzept nach religiösen Grundsätzen" (Boos-Nünning, 2011, S. 27) haben und es scheint vieles dafür zu sprechen, „dass ein moderner Islam oder ein aufgeklärtes christliches Muster die angestrebte Haltung" (Boos-Nünning, 2011, S. 28) für sie ist. Die religiöse Haltung kann sich in der Diaspora, z. B. durch den Einfluss religiöser Gemeinden, verstärken. Religiös begründete Lebens- und Verhaltensmuster, wie Kleidungs- und Speiseregeln, können zu Missstimmungen und Konflikten gerade in Bildungseinrichtungen führen.

- Die Sexualmoral ist insbesondere bei den muslimischen, baptistischen und mennonitisch-freikirchlichen Gruppen restriktiver. Bei jungen, muslimischen Frauen mit guter Schulbildung ist zu beobachten, dass sie sich einen aufgeklärten Umgang mit Sexualität und ein stärker egalitäres Geschlechterverhältnis wünschen (vgl. Boos-Nünning, 2011, S. 28 ff.).

- Fast alle Eltern mit Migrationshintergrund haben hohes Interesse an der Zwei- oder Mehrsprachigkeit ihrer Kinder. Diese sollen sowohl ihre Muttersprache als auch die deutsche Sprache beherrschen (vgl. Boos-Nünning, 2011, S. 31).

- Achtung, Respekt und Gehorsam, insbesondere gegenüber älteren Personen und den Eltern, sind verbreitete Wertvorstellungen. Diskutieren und Verhandeln setzen sich dabei gegenüber traditionellen Respektbekundungen in einigen Fällen durch (vgl. Boos-Nünning, 2011, S. 32).

Aussagen über die Erziehungsstile von Eltern mit Migrationshintergrund hingegen erscheinen häufig widersprüchlich. Gemeinhin werden vier Erziehungsstile unterschieden, und zwar anhand der Dimensionen Empathie/Wärme und Grad der Lenkung: autoritär, permissiv, autoritativ und vernachlässigend. Nicht haltbar ist die Vorstellung, dass autoritäre Erziehungsstile vorherrschen, obwohl in manchen Familien mehr Wert auf Disziplin gelegt wird. Ein leistungsorientierter und empathisch-warmer Erziehungsstil wird am häufigsten gefunden, auch permissiv-nachsichtige Erziehungsstile sind kennzeichnend. Autoritäre Kontrolle steht erst an dritter Position. Otyakmaz (2007) stellt die gängigen Kategorien infrage. Sie fand bei türkischen Migrantenfamilien zärtlich-affektive Bindungen, Nachsicht und ängstliches Behüten gegenüber Kleinkindern. Dies ist auch motiviert von der Vorstellung, dass sehr junge Kinder als noch nicht lernfähig angesehen werden. Gehorsamserwartungen der Eltern werden erst später, evtl. mit autoritärer Kontrolle, durchgesetzt.

Herwartz-Emden und Westphal (2000) konnten zeigen, dass sich die Erziehungsstile von eingewanderten Müttern in Deutschland verändern, allerdings in unterschiedlichen Ausprägungen. Allgemein betont die Migrationsforschung, dass kulturelle Konzepte sozial geprägt sind und deshalb von Menschen je nach Erfahrungen, Umgebung und Situationen aktiv angepasst werden können. Solche Lernprozesse können auch in Bezug auf Erziehungsstile stattfinden.

Entsprechend skeptisch sind die Forscherinnen, wenn bestimmte Verhaltensweisen mit Praktiken in Herkunftsgesellschaften erklärt werden sollen. Deshalb sind auch ethnologische Forschungen über Völker, Gruppen, Kulturen in ihren jeweiligen Ursprungsgebieten nur begrenzt relevant für unsere Einwanderungsgesellschaft (siehe z. B. Keller 2011). In der neuen Gesellschaft entwickeln sich vielmehr neue Verhaltensweisen, oft Mischformen aus neuer und alter „Kultur". Auch erzieherische Orientierungen sind dynamisch sowie vom Sozial- und Bildungsstatus abhängig.

Roer-Strier (2001) argumentiert, dass Eltern von dem Ziel bestimmt sind, das Kind zu einem ‚erfolgreichen Erwachsenen' zu erziehen – ihre Erziehungskonzepte und -methoden für ein ‚gutes Kind' orientieren sich an diesen Vorstellungen. Das Bild eines erfolgreichen Erwachsenen ist funktional an Erfordernisse einer bestimmten gesellschaftlichen Konstellation gebunden und oft über Generationen hinweg geprägt. Verändert sich durch Migration der gesellschaftliche Kontext, muss dieses Bild gegebenenfalls aktualisiert werden. Ferner müssen die neuen Erziehungsziele mit erzieherischen Praktiken in Übereinstimmung gebracht werden, wobei sich Eltern dafür entscheiden können, stärker hergebrachte Praktiken beizubehalten oder neue Wege zu suchen (siehe Roer-Strier, 2001).

Die professionelle Sicht ist häufig defizitorientiert und spricht anderen Erziehungspraktiken die Berechtigung ab. Die australische Erziehungswissenschaftlerin Mac Naughton (2005) problematisiert dies mit Foucault: Es gibt dominante „Wahrheitsregime", die definieren, welche die gültigen Denkweisen und Ansichten sind. Auch innerhalb der Wissenschaft sind dies die in westlichen Diskursen entwickelten Erkenntnisse. Doch: Es fehlt die Einsicht, dass Wahrheit oder Vernunft nie absolut sind, sondern begrenzt und andere Denkmuster und Überzeugungen ebenso vernünftige und wahre Erkenntnisse bereithalten können. Schon ein Blick auf die wechselnden Lehren von Erziehung in Deutschland kann über diese Begrenzungen belehren.

Unterschiedliche Erziehungsvorstellungen werden spätestens beim Eintritt des Kindes in die öffentliche Erziehung deutlich und können dann zu Irritationen, Missverständnissen und Spannungen führen, die sich negativ auf das Kind auswirken. Dass und in welchen Aspekten sich ihre Erziehungspraktiken von dem Erziehungsziel eines ‚erfolgreichen Erwachsenen' herleiten, ist Eltern selten bewusst, aber auch professionelle Pädagogen haben häufig eher implizite Leitvorstellungen. Um über elterliche Erziehungskonzepte ins Gespräch zu kommen, schlägt Roer-Strier (2001) vor, sich auf Erziehungs*ziele* statt auf Erziehungsmethoden zu konzentrieren. Pädagoginnen wie Eltern können sich an eine für das Kind konsistente und adäquate Erziehungspraxis annähern, wenn sie die Ähnlichkeiten und Unterschiede ihrer Vorstellungen erörtern und die jeweilige Logik dahinter identifizieren. Pädagoginnen können alternative, angemessenere Strategien dann besser empfehlen und Eltern erhalten mehr Einblick in die Begründungen für professionelles pädagogisches Handeln, oder auch hinsichtlich gesetzlicher Bestimmungen des Kinderschutzes, z. B. was körperliche Strafen anbelangt. Sie können dann auch bewusster entscheiden, welche Erziehungspraxen sie im Sinne ihrer eigenen Identitätswahrung beibehalten und welche sie verwerfen möchten.

Wie wichtig Dialog und Auseinandersetzung über Erziehungsziele und -methoden sind, zeigt auch Ali (2008), die in einer Studie bei neu nach Kanada eingewanderten Eltern eine erhebliche Verunsicherung hinsichtlich ihrer erzieherischer Kompetenz nachweisen konnte. Die Eltern thematisierten viele Situationen, die – zumindest aktuell – ihr Selbstwertgefühl und ihr Selbstbild untergraben, selbst wirksam erziehen zu können, zu Gunsten ihres Kindes zu agieren oder sein Wohlbefinden ausreichend zu garantieren. Neben schlechten Wohnbedingungen und fehlendem Geld für adäquate Kleidung und Nahrung empfanden sie ihre elterlichen Aufgaben in der neuen Gesellschaft als deutlich umfangreicher und anspruchsvoller bei zugleich geringerer Unterstützung durch soziale Netzwerke wie die erweiterte Familie. Dadurch entstehende, geringe Selbstwirksamkeitsüberzeugungen der Eltern können sich auf Kinder übertragen, wodurch diese psychosozial anfälliger und im Bildungserfolg beeinträchtigt werden (vgl. Ardelt/Eccles, 2001, S. 959 ff.). Angesichts der vielfältigen Entwertungserfahrungen, der Anforderungen hinsichtlich der Positionierung im Einwanderungsland und angesichts von Diskriminierungen, die neu angekommene Migrantinnen und Migranten besonders treffen, betont Ali die Notwendigkeit, die Stärken der Eltern herauszuarbeiten und sie ihnen bewusst zu machen. In einem weiteren Forschungsprojekt wurden deshalb Eltern zu Erzählungen über ihre Hoffnungen und Pläne für ihre Kinder und ihre eigenen Ressourcen und Strategien für die Erziehung und einen Austausch darüber angeregt (siehe Ali/Corson/Frankel, 2009). Die dokumentierten Geschichten dienten zugleich dazu, Fachkräften detailliertere Einsichten in die Geschichte und die alltäglichen Herausforderungen der Familien zu geben, mit denen sie arbeiten. Damit wurde ihnen ein differenzierterer Blick auf Individuen jenseits von Einordnungen in ethnisch-kulturelle Gruppen ermöglicht. Nicht nur die Einsicht in Erziehungsstrategien der Eltern erhöhte sich, sondern auch die Achtung gegenüber ihren Lebensleistungen.

Aus diesen Studien folgt, dass Zusammenarbeit mit Eltern mit Migrationshintergrund heißt, über Ziele und Mittel von Erziehung ins Gespräch zu kommen. Häufig reduzieren sich Elterngespräche auf eine einseitige Informationsübermittlung über die pädagogische Konzeption der Einrichtung. Wichtig ist aber ein offener Dialog, damit Eltern ihre Vorstellungen thematisieren und ihre Erfahrungen einbringen können. Dies erfordert auch die Bereitschaft zur Verhandlung über bestimmte Standards von Bildung und Erziehung. Damit ist nicht gemeint, dass sich professionelle Erzieherinnen jegliche Haltungen und Erwartungen der Eltern zu eigen machen oder akzeptieren müssen. Wohl aber sollten sie deutlich signalisieren, dass sie elterliche Vorstellungen wahrnehmen, verstehen wollen und sie müssen Raum geben, damit beide Seiten angemessenes pädagogisches Handeln neu bestimmen können.

Ein intensives Gespräch birgt die Chance, der Familienkultur[1], d.h., den in der jeweiligen Familie geschätzten Werten und gelebten Erziehungsmustern, gerecht zu werden und damit generalisierenden Zuschreibungen entlang vermeintlich zutreffender (Migranten-)Gruppenmerkmale zu entgehen. Aushandeln unterschiedlicher Erziehungskonzepte heißt auch: Konflikte sind möglich. Dabei müssen sich Pädagoginnen bewusst sein, dass sie Vertreter der Mehrheit sind und in die Auseinandersetzung um die Gültigkeit von erzieherischen Vorstellungen Machtaspekte einfließen. Machtungleichgewicht wirkt nicht nur auf das Verhalten aller Partner in Interaktionen ein, sondern beeinflusst die Bereitschaft, andere, vielleicht ebenso wirksame Erziehungskonzepte zu bedenken und anzuerkennen.

Workshop: Erziehungsziele und -methoden in verschiedenen Kulturen

Das Konzept ist von Roer-Strier (2001) entwickelt worden und sieht vor, je einen Workshop mit professionellen Pädagogen und einen mit Eltern mit Migrationshintergrund durchzuführen, um dann eine gemeinsame Veranstaltung anzuschließen. Es wäre ideal, wenn die Teilnehmenden unterschiedlicher kultureller Herkunft sind. Sollte dies nicht der Fall sein, kann die Methode zur Sensibilisierung für die eigenen kulturellen Prägungen und die eigenen Erziehungsziele im Sinne des Bildes von einem ‚erfolgreichen Erwachsenen' und entsprechend eines ‚guten Kindes' sein.

Durchführung:

1. Das Bild eines ‚erfolgreichen Erwachsenen'/‚guten Kindes' entdecken

Jedes Gruppenmitglied listet zunächst fünf Merkmale auf, von denen es annimmt, dass sie für seine Eltern erziehungsleitend (erfolgreicher Erwachsener/gutes Kind) waren. Danach teilt sich die Gruppe in vier kleinere Gruppen auf. Zwei Gruppen beschreiben Merkmale für das ideale Bild eines Kindes in Deutschland, die beiden anderen beschreiben Merkmale für das ideale Bild eines Kindes in einer Herkunftsgesellschaft.

---

[1] *Das Projekt Kinderwelten arbeitet mit diesem Begriff (siehe www.kinderwelten.net).*

Diskutieren Sie die unterschiedlichen Vorstellungen und deren Angemessenheit und notieren Sie anschließend in einer Auflistung die verschiedenen Bilder vom Kind und die dahinter liegenden kulturellen Logiken.

2. Diskussion über unterschiedliche Vorstellungen der Teilnehmenden

Vergleichen Sie die Beschreibungen aus der vorhergehenden Sitzung, um Unterschiede und Ähnlichkeiten bei den verschiedenen Gruppenmitgliedern zu entdecken. Sie können auch diskutieren, welche Bilder vom Kind sich in professionellen Praxen niederschlagen.

3. Diskussion über Unzulänglichkeiten des Bildes des erfolgreichen Erwachsenen im Hinblick auf Anforderungen in Deutschland und Veränderungen

Entdecken Sie anschließend die Beziehungen (Übereinstimmungen bzw. Abweichungen) zwischen den Vorstellungen und den kulturellen Kontexten in der Aufnahmegesellschaft wie auch in den Herkunftsgesellschaften. Diskutieren Sie, wie sich Vorstellungen und Bilder, die beibehalten oder verändert werden, auf kindliche Entwicklung, kulturelle Identität und die zukünftige Rolle des Kindes in der Gesellschaft niederschlagen können.

4. Herausarbeitung möglicher Konflikte und Missverständnisse

Bringen Sie Fallbeispiele aus Ihrer Praxis ein, um Missverständnisse und Unterschiede oder Konflikte zwischen den Vorstellungen von Professionellen und Migrantenfamilien zu identifizieren.

5. Bearbeitung der Konflikte

Diskutieren Sie auf der Basis dieser Fallbeispiele unterschiedliche Bewältigungsstrategien.

Anmerkung:

Bearbeiten Sie zunächst die obige Darstellung zu Erziehungszielen und -stilen oder Textauszüge aus Boos-Nünning (2011), die auf den S. 23–34 Forschungsergebnisse zu Erziehungszielen und Erziehungsstilen kurz und gut gegliedert darstellt und die wichtigsten Aussagen referiert.

2.3.2 Rassismus und Diskriminierung

Eltern mit Migrationshintergrund erfahren häufig Rassismus und Diskriminierung. Entsprechend sensibel sind sie für solche Vorkommnisse auch gegenüber ihren Kindern. Sie sprechen, anders als Eltern oder Fachkräfte ohne Migrationshintergrund, öfter mit ihren Kindern über mögliche diskriminierende Erfahrungen, um sie zu schützen oder sie darauf vorzubereiten (vgl. Bronson/Merryman, 2010, S. 72 ff.).

Eine kanadische Studie berichtet darüber, dass Eltern in Kitas weit häufiger rassistische Vorfälle unter Kindern wahrnehmen als Pädagoginnen (vgl. Bernhard/Lefebvre/Kilbride u. a., 1998, S. 18–21). Fachkräfte bemerkten entweder diese Ereignisse gar nicht oder lediglich besonders offensichtliche Fälle, in denen Kinder z. B. mit abwertenden Namen gerufen wurden oder sich über sie lustig gemacht wurde (z. B. über die körperliche Erscheinung, Haare, Haut, Geruch, Akzent oder kulturelle Herkunft). Sogar Fälle von Kontakt-Vermeidung und Ausschluss wurden häufiger genannt. Pädagoginnen, denen Diskriminierungen auffielen, griffen überwiegend in die Situationen ein. Nur sehr selten wurde daraus allerdings ein Anlass für eine Besprechung im Team oder gar eine Dokumentation für ein Elterngespräch. Über ihre Kinder erfuhren die Eltern von den Vorfällen und äußerten Unverständnis darüber, dass die

Einrichtung sie nicht informierte. Zugleich fühlten sie sich selten in der Lage, sofort eine angemessene Aufarbeitung durch die Pädagogen zu fordern, oder befürchteten negative Auswirkungen für ihr Kind, wenn sie sich beschweren.

Die Studie fand außerdem heraus, dass eher subtile Praktiken, die auf eine strukturelle Diskriminierung verweisen (also eine Form, die nicht von vorsätzlicher Herabwürdigung oder feindseligen Aktionen geprägt ist), von Fachkräften fast gar nicht, von Eltern aber sehr wohl wahrgenommen werden. Als ein Beispiel wurde von Eltern mit an der Hautfarbe erkennbarem Minderheitsstatus genannt, dass ihr Kind seine beim Spiel nass gewordene Kleidung selbst wechseln musste, während ein Kind mit weißer Hautfarbe von den Pädagogen umgezogen wurde.

Die Autorinnen folgern, dass der Blick auf institutionelle Privilegierung von weißen oder europäischen Gedankenmustern und Werten geschärft werden müsse (Bernhard/Lefebvre/Kilbride u. a., 1998, S. 20 ff.). Dies schließt die oben thematisierte Wahrnehmung und Würdigung elterlicher Erziehungsziele und -konzepte ein, aber auch eine Sensibilität gegenüber eigenen (unbewussten) Verhaltens- und Kommunikationsmustern.

SITUATION

Eine Mutter mit Migrationshintergrund berichtet, dass sie sich von den Pädagogen ignoriert fühlt: Wenn eine andere Mutter ohne Migrationshintergrund gleichzeitig anwesend ist, gehen die Pädagoginnen auf diese ein und nicht auf sie. Eine Pädagogin habe sich sogar mitten im Gespräch von ihr ab- und der anderen Mutter zugewandt.

Aufgabe

Diskutieren Sie:

- *Haben Sie selbst schon solche Situationen erlebt (evtl. auch als Betroffene)?*
- *Wie haben Sie sich dabei gefühlt?*
- *Wie lassen sich solche Situationen verhindern?*
- *Wie kann eine Fachkraft ihre Aufmerksamkeit für mögliche Ungleichbehandlungen dieser Art steigern?*

2.4 Der institutionelle Faktor: Kitas sind kein Heimspiel für Familien mit Migrationshintergrund

In der Forschung werden als Ursachen für Bildungsbenachteiligung und -erfolg sowohl die familiären Voraussetzungen als auch die Qualität der pädagogischen Einrichtungen benannt. Zwar scheint es so, dass die Einflüsse des Elternhauses den größeren Ausschlag geben (vgl. Tietze/Roßbach/Grenner, 2005, S. 270 f.). So ist das „häusliche Entwicklungsumfeld" abhängig von sozioökonomischen und bildungsbezogenen Bedingungen, doch selbst in Familien mit Migrationshintergrund, die sozio-ökonomisch nicht benachteiligt sind, sei die „Qualität der pädagogischen Prozesse [...] ungünstiger" als in Familien ohne Migrationshintergrund (Tietze/Roßbach/Grenner, 2012, S. 13).

Allerdings schränken die Autorinnen und Autoren ein, dass die Instrumente und Maßstäbe zur Untersuchung der Qualität pädagogischer Prozesse problematische, ethno-zentristische Tendenzen aufweisen, so dass die geäußerte Bewertung mit Vorsicht gehandhabt werden müsse (Vorstellung NUBBEK am 26.04.2012, Berlin). Von einem möglichst langen Kita-Besuch verspricht sich die Bildungspolitik einen wesentlichen Beitrag zur Bildungs- und Sprachförderung von Kindern mit Migrationshintergrund.

Grundsätzlich ist anzunehmen, dass für alle Eltern die Kita als Teil eines Expertensystems kein Heimspiel ist. Ziele, Regelungen und Abläufe sind wenig bekannt. Eltern haben oft nur ein vages Bild von den Leistungen der Kita und den dort an sie gestellten Erwartungen. Eltern mit Migrationshintergrund machen (als sogenannte „silenced minorities", siehe Spivak, 2007) häufig in besonderer Weise die Erfahrung, wenig mitgestalten zu können.

Kitas sind aber ein Ort, an dem Familien einen Zugang zur Gesellschaft, zu anderen Familien und zu neuem sozialen Kapital erhalten können, und sie können zu einer wichtigen Institution zur Sozialisation von Eltern werden (vgl. Vandenbroek, 2007, S. 8). Die Machtlosigkeit von Eltern mit Migrationshintergrund wird jedoch dadurch verschärft, dass Kitas wenig über ihre spezifischen Bedürfnisse und Interessenlagen wissen. Eine produktive Vermittlung zwischen Trägern, pädagogischen Fachkräften und den Familien setzt voraus, dass es zu einer aufgeschlossenen Zusammenarbeit in den Einrichtungen kommt. Für eine adäquate Unterstützung der die Einrichtung nutzenden Migrantenfamilien müssen die Professionellen die Einrichtung zu einem vertrauten, transparenten und vertrauenswürdigen sozialen Ort des Übergangs zwischen Privatheit und Öffentlichkeit machen. Die Kita, in der eine demokratische Erziehungskultur im Hinblick auf die Kinder herrscht, sollte auch für Eltern ein Ort der demokratischen Kultur der Partizipation sein.

Forschung über die Qualität der Beziehungen zwischen Eltern mit Migrationshintergrund und Professionellen in frühkindlichen Einrichtungen in Deutschland ist rar. Pfaller-Rott (vgl. Pfaller-Rott, 2010, S. 280 ff.) berichtet in einer Studie zu Übergängen zwischen Kita und Schule, dass gerade Eltern mit Migrationshintergrund, die sozioökonomisch benachteiligt sind – und hier insbes. solche mit türkischem Hintergrund –, den Kontakt zu den Bildungsinstitutionen schwierig finden. Sprachliche Verständigungsschwierigkeiten erhöhen eine misstrauische Haltung. Eine als positiv eingeschätzte Atmosphäre dagegen korrespondiert mit höherem Wissen über den Schulübergang. Kitas werden in der Regel positiver eingeschätzt als die Schule.

Die oben bereits erwähnte kanadische Studie aus dem Jahr 1998 liefert detailliertere und spezifischere qualitative Daten (siehe Bernhard/Lefebvre/Kilbride u. a., 1998). In den Befragungen von 108 Eltern und 77 Pädagoginnen und Pädagogen in drei kanadischen Städten mit hohem Migrationsanteil wurden Vorkommnisse und Einschätzungen benannt, wie man sie ähnlich in deutschen Einrichtungen beobachten und hören kann. Deshalb scheint die Untersuchung tauglich für eine Problemdiagnose in Deutschland.

Zu den Hauptergebnissen gehören:
- Eltern mit Migrationshintergrund sind nicht genügend in die frühkindlichen Einrichtungen involviert; darin stimmen Fachkräfte und Eltern überein. Beide Gruppen führten aber je andere Gründe dafür an. Sprachliche und kulturelle Barrieren in der Kommunikation erzeugten bei Eltern oft Gefühle der Fremdheit, Pädagogen vermuteten hingegen Ignoranz und mangelnden Willen, sich den Erfordernissen der neuen Gesellschaft anzupassen.

– Eltern mit Migrationshintergrund und pädagogisches Personal tendierten dazu, ihre unterschiedlichen Zielvorstellungen im Hinblick auf frühkindliche Erziehung nicht wahrzunehmen, insbesondere in Bezug auf Erwartungen an kognitive Förderung, soziale Fähigkeiten und respektvollen Verhaltens der Kinder. Offensichtlich werden die den Einrichtungen zugrunde liegenden Ziele seitens der Fachkräfte zu wenig explizit vermittelt, sie werden aber implizit zur Beurteilung der elterlichen Ansätze genutzt. Dem entspricht, dass Einrichtungen und Eltern substanziell unterschiedliche Vorstellungen über angemessene Methoden der familiären Kindererziehung zu haben scheinen. Eltern und Pädagogen benannten unterschiedliche Schwierigkeiten, die aus diesen divergierenden Zielsetzungen entstehen.

– Den Aussagen der Pädagoginnen und der Eltern war zu entnehmen, dass rassistische und diskriminierende Ereignisse nicht ungewöhnlich in den Einrichtungen sind. Pädagogen nehmen diese jedoch häufig überhaupt nicht wahr. Die meisten sind überzeugt, dass Kinder zwischen drei und sechs Jahren nicht zu rassistischen und diskriminierenden Handlungen fähig sind. Subtile und nicht-intendierte (strukturelle, siehe oben) Effekte von Rassismus werden weit mehr von den Eltern wahrgenommen als von den Pädagoginnen. Dies kann eine Ursache für Probleme und Missverständnisse in der Eltern-Fachkräfte-Kommunikation sein.

(vgl. Bernhard/Lefebvre/Kilbride u. a., 1998, S. 11–21)

Einige dieser Schwierigkeiten, so meinen die kanadischen Forscherinnen, könnten mit dem sogenannten Standard- oder Expertenmodell der frühkindlichen Erziehung zusammenhängen. Kita-Träger und Pädagoginnen sind nach dieser Definition die Experten, die entscheiden und Verantwortung tragen hinsichtlich der angemessenen Methoden der Kindererziehung. In diesem Sinne informieren und belehren sie die Familien. Der Expertenansatz transportiert dabei eine dominante Kultur und Sprache und geht nicht von einer gleichberechtigten Zusammenarbeit aus. Ein zweiter Aspekt dieses Standardmodells ist die Annahme, es gebe ein universelles Muster der richtigen Art und Weise der Kindererziehung und der kindlichen Entwicklung. Auch die geläufigen Methoden der Diagnose konstatierten Kindern Defizite, sofern sie von diesem universellen Muster abwichen. Stattdessen schlagen die kanadischen Forscherinnen vor, multiple und gleichwertige Entwicklungsmuster anzunehmen sowie einen Pluralismus im Hinblick auf die Ansichten über optimale Kinderentwicklung anzuerkennen. Andernfalls könnten die so entwerteten elterlichen Konzepte und Erfahrungen ein weiteres institutionelles Hindernis für eine echte, dialogische Zusammenarbeit zwischen Pädagogen und Eltern sein. Ein stärker kooperativer Ansatz könnte ein Weg zu besseren Beziehungen zwischen diesen Partnern sein – und die Erziehungsvorstellungen um „gute Praxis" bereichern durch die „hundert Sprachen der Eltern" (Tobin/Arzubiaga/Mantovani, 2007, S. 34).

2.5 Entwicklung einer Partizipationskultur

Die Zusammenarbeit mit Eltern kann unterschiedliche Qualitäten im Hinblick auf den Grad der Partizipation und Einflussnahme haben, von Fremdbestimmung über Mitwirkung bis zur Mitbestimmung. Entscheidend sind einerseits rechtliche Rahmenbedingungen für frühkindliche öffentliche Einrichtungen, andererseits die Haltungen und Handlungen der Pädagoginnen.

Kitas sind nach dem Achten Sozialgesetzbuch (§ 22a, 2) gefordert, mit den Erziehungsberechtigten zusammenzuarbeiten (siehe auch Kapitel 1). Gleichzeitig haben sie aber auch einen eigenen Erziehungs- und Bildungsauftrag (§ 22a, 1). Da Eltern eine Wahlfreiheit zwischen verschiedenen Einrichtungen haben (§ 5), ist mit ihrer Entscheidung für eine bestimmte Kita auch die grundsätzliche Akzeptanz der pädagogischen Ausrichtung und Konzeption verbunden (vgl. Hansen/Knauer/Sturzenhecker, 2011, S. 219). Nicht alles kann oder muss also zur Disposition gestellt werden. Bei konzeptionellen Veränderungen und anderen Entscheidungen, die den Rahmen der Konzeption nicht tangieren, ist partizipative Abstimmung und ggf. Aushandlung der beste Weg, Vertrauen zu schaffen und Wertschätzung gegenüber elterlichen Vorstellungen auszudrücken. Dafür müssen Fachkräfte eine zugewandte, vorurteilsbewusste[1], offene Haltung gegenüber Eltern als gleichwertigen Partnern entwickeln, die Wahrnehmung für Partizipationsanlässe schulen und die Gestaltung partizipativer Verfahren einüben. Vorschläge von Eltern mit Migrationshintergrund zu erwägen und aufzunehmen, kann die Kita bereichern, aber offensichtlich gibt es auch Barrieren zu überwinden.

In der Untersuchung von Bernhard/Lefebvre/Kilbride u. a. (1998) wird von Eltern berichtet, die sich gerne mehr an der Arbeit der Einrichtung beteiligen würden:

> Eine Mutter schildert dort, dass sie der Kita anbot, einen Workshop zur multikulturellen Sensibilisierung für die Pädagogen zu gestalten, nachdem ihr Kind rassistisch diskriminiert worden war. Sie erhielt darauf nie eine Antwort (vgl. Bernhard/Lefebvre/Kilbride u. a., 1998, S. 12 f.).
>
> Andere Eltern nennen Beispiele für rassistische Diskriminierungen: So wurden Kinder mit schwarzer Hautfarbe von anderen Kindern „nigger" gerufen oder hatten den Ausspruch „Stop that, Blacky" in der Einrichtung aufgeschnappt (vgl. Bernhard/Lefebvre/Kilbride u. a., 1998, S. 20).

Aufgabe

Diskutieren Sie, wie Sie selbst in der Situation auf das Angebot der Mutter reagiert hätten. Welche Motive könnten die Pädagoginnen bewogen haben, dieses Angebot zu ignorieren? Welche Auswirkungen könnte dieses Erlebnis für die Mutter haben?

2.6 Zusammenarbeit mit Eltern gestalten

„Unser Ziel ist, dass die Eltern sagen: ‚Dies ist unsere Kita'." In diesem Zitat einer Leiterin drückt sich der Wille aus, die Kita zu einem Heimspiel für Eltern mit Migrationshintergrund zu machen. Kitas sind in ihren rechtlichen und organisatorischen Rahmenbedingungen, häufig auch von der personellen Besetzung her, von den Regeln der Mehrheitsgesellschaft dominiert. Es erfordert einen Perspektivwechsel, die eigene Einrichtung daraufhin zu überprüfen, ob und wie sie den Eltern signalisiert, willkommen zu sein.

---

[1] Vorurteilsbewusst ist ein Begriff des Anti-Bias-Ansatzes, der die psychologische Erkenntnis widerspiegelt, dass es nahezu unmöglich ist, vorurteilsfrei zu sein. Bewusste Reflexion ist der einzige Weg, diesem Ideal nahezukommen.

Die nachfolgende Tabelle gibt einen Überblick über Formen und Methoden der Elternarbeit (in Weiterentwicklung von Bernitzke, 2006).
Auf die schriftlichen Formen wird im weiteren nicht eingegangen. Nur so viel: Die Gestaltung der schriftlichen Materialien für die Zusammenarbeit mit Eltern sollten stark bildgestützt und nach Möglichkeit in Übersetzungen vorliegen, wie es dem Bedarf des Einzugsbereichs oder der aktuell in der Einrichtung repräsentierten Eltern entspricht.

Formen	Formengruppe	Methoden
Willkommenskultur	**Einrichtungsbezogene Formen**	Gestaltung/Repräsentation von Vielfalt im äußeren Erscheinungsbild
– Anmeldegespräch – Tür-und-Angel-Gespräch – Entwicklungsgespräche, Elternberatung und -information – Hospitation – Telefonkontakte – Hausbesuche	**Einzelpersonbezogene Formen**	– Beratungs- und Gesprächstechniken – Aktives Zuhören – Mediation
– thematischer Elternabend – Elternstammtisch – Gesprächskreis – Elterntraining/Elternkurs	**Gruppen- und einrichtungsbezogene Formen**	– Motivationstechnik – Moderationstechnik – Aktives Zuhören – Präsentation und Visualisierung – Mindmapping – Meta-Plan-Technik
– Elternmitarbeit – Ausflüge – Elterncafé	**Gruppen- und einrichtungsbezogene Formen**	– Motivationstechnik – Aktives Zuhören
– Informationsmaterial – Elternzeitung/Elternbrief – Aushänge/Info-Ecke – schriftliche Elternkontakte – Elternbefragung – Öffentlichkeitsarbeit	**Schriftliche Formen**	– Text-/Bildgestaltung – Befragungstechniken

(vgl. Bernitzke, 2006, S. 27)

2.6.1 Repräsentation

Zu einer Willkommenskultur gehört nicht nur eine freundliche, persönliche Ansprache, sondern auch die Innen- und Außengestaltung der Kita. Kindertagesstätten sollten die Repräsentation der unterschiedlichen Kinder und ihrer Familien gewährleisten. Durch mehrsprachige Willkommensgrüße am Eingang und ebenfalls mehrsprachige und bildgestützte Informationen und Dokumentationen, sehr hilfreich für Eltern mit geringen Deutschkenntnissen, oder Raumgestaltung mit Familienporträts wird für Familien sichtbar, dass die kulturelle Vielfalt positiv wahrgenommen wird. Solche Gestaltungselemente erleichtern den Zugang und stärken das Vertrauen und die Identifikation mit der Einrichtung.

Dies sind Grundelemente einer interkulturellen Öffnung, für die es gerade im frühkindlichen Bereich viele Möglichkeiten der kreativen Umsetzung gibt. Dokumentiert in Leitbild und Konzept, verpflichten sich Träger, Personal sowie Nutzergruppen auf den interkulturellen Ansatz.

Aufgabe

Übung: Dichte Beschreibung (Konzept aus der Ethnologie nach Clifford Geertz)

Vorgehensweise:

Begehen Sie eine Ihnen bekannte/zugängliche Kita mit einem ethnologischen Blick. Richten Sie Ihr Augenmerk auf Dinge, die auf den ersten Blick normal und selbstverständlich sind, dass sie leicht übersehen werden. Stellen Sie sich dafür vor, Sie kämen in ein unbekanntes Land, dessen Einrichtungen, Gewohnheiten und Sprache Sie nicht kennen. Achten Sie auf alles, was Sie als Angehörige einer ethnisch-kulturellen Minderheit anspricht (oder was Ihnen fehlt).

Registrieren Sie und beschreiben Sie schriftlich möglichst detailliert:

– die Lage der Einrichtung im Viertel, z. B. die Straße, und wie sie nach außen sichtbar wird
– die Architektur und das Außengelände
– Was haben Sie sinnlich wahrgenommen beim ersten Betreten der Einrichtung, was ist Ihnen ins Auge gefallen? (Eingang, Schilder innen und außen, Informationsplakate, Wandschmuck, Gliederung des Gebäudes im Innern, Spuren von Kinderaktivitäten)
– Welche Geräusche und Lichtverhältnisse haben Sie wahrgenommen, welche Farben, Gerüche, Ordnung, Unordnung, wie war die Atmosphäre? Was war angenehm, was unangenehm?
– Wie konnten Sie sich orientieren?
– Was haben die Menschen im Raum getan (zum einen die Kinder, zum anderen die Erwachsenen)?
– Welche Regeln (Informationshinweise) haben Sie entdeckt? Welche Bereiche erschienen Ihnen nicht zugänglich (z. B. Leitungszimmer)?
– Welche Sprachen sind repräsentiert?
– Zusammenfassend: Wie hat dies alles auf Sie gewirkt?

Stellen Sie sich anschließend im Austausch im Unterricht gegenseitig die Berichte vor und diskutieren Sie:

– Wie gut ist die interkulturelle Repräsentation gelungen?
– Was könnte verbessert werden, mit welchem Aufwand?
– Welchen Effekt könnten einzelne vorgeschlagene Maßnahmen haben?

Anmerkung:

Alternativ können Sie auch in Gruppen eine Einrichtung unter verschiedenen Kriterien betrachten: die physische Wahrnehmung (wie oben beschrieben), die Analyse des Internetauftritts, der Konzeption und anderer Dokumente usw.

Überlegen Sie, welche Maßnahmen außerdem für die Gewinnung von Migrantenfamilien hilfreich sein könnten, die ihr Kind bisher nicht in eine Kita schicken (Stichwort: Erhöhung des Nutzungsverhaltens).

2.6.2 Kommunikation

Elternarbeit ist Beziehungsarbeit und das wesentlichste Element dafür ist die Kommunikation. Aus Untersuchungen in Schulen ist bekannt, dass sich Eltern mit Migrationshintergrund häufig gegenüber Lehrkräften besonders unsicher und als „unbequeme Bittsteller" fühlen. „Entsprechend begegnen" sie, so Sacher (2012, S. 303), „der Schule und den Lehrkräften mit größerem Misstrauen ... ". Dies trifft für Kitas, die häufig sogar von einer herzlichen Atmosphäre gekennzeichnet sind, nicht in gleichem Maße zu. Dennoch muss immer wieder auf eine zugewandte und respektvolle Kommunikation geachtet werden.

Erzieherinnen sind vor besondere Herausforderungen gestellt, wenn die Verständigung aufgrund mangelhafter Sprachkenntnisse erschwert wird. Wenn kein mehrsprachiges Personal vorhanden ist oder die Eltern keine Person ihres Vertrauens als Dolmetscher mitbringen, kann man für Interessenten gruppenweise Informationsveranstaltungen mit Übersetzung durchführen. Gemeindedolmetscherdienste oder auch ehrenamtlich tätige Migrantinnen, die zu sogenannten Stadtteilmüttern ausgebildet sind, bieten in einigen Städten hierfür eine oft viel zu selten genutzte preiswerte oder sogar kostenlose Möglichkeit an. Es ist ein Ausweis gelungener Elternarbeit, wenn Eltern mit verschiedenen Sprachkenntnissen direkt in die Informationsveranstaltungen der Kita eingebunden werden.

2.6.2.1 Anmeldegespräch

Im Anmeldegespräch müssen Einrichtung und Eltern prüfen, ob ihre Erwartungen an das pädagogische Konzept übereinstimmen. Die vielen Informationen können die Eltern leicht überfordern. Eine Führung durch die Kita ist selbstverständlich. Hospitationen an darauffolgenden Tagen können noch mehr Aufschluss geben und viele, zunächst abstrakt erscheinende Zusammenhänge, z. B. zum pädagogischen Konzept, verdeutlichen. Ältere Kinder, aber v. a. auch andere Eltern können eine Aufgabe bekommen, indem sie bestimmte Räumlichkeiten, Abläufe oder Aktivitäten erläutern, vielleicht sogar in der jeweiligen Muttersprache.

Zu den Dokumentationen gehört mittlerweile auch, Daten und Informationen über die Familie zu erfragen, die für eine Erziehungspartnerschaft wichtig sind.

Materialhinweis: Ein Fragebogen zur Erhebung der Familiengeschichte und Familienkultur, der einen differenzierteren Einblick in die in der Familie geschätzten und gelebten Werte eröffnet, findet sich bei Wagner/Hahn/Enßlin (2006).

Die bereits mehrfach zitierte Untersuchung in drei kanadischen Städten gibt Aufschluss darüber, dass die pädagogischen Ziele der Einrichtungen von Eltern mit Migrationshintergrund aus Sicht der Fachkräfte überdurchschnittlich häufig nicht ausreichend verstanden werden (siehe Bernhard/Lefebvre/Kilbride, 1998). Dies umfasst die tägliche Routine, Erziehungsmethoden und Disziplin sowie Bewertungen von wünschenswertem und nicht erwünschtem Verhalten der Kinder. Offensichtlich werden, so eine Interpretation, diese Ziele nicht klar genug vermittelt. Schon bei den ersten Begegnungen sollte dargestellt werden, welches Bild vom Kind zugrunde liegt und entsprechend welches pädagogische Konzept verfolgt wird. Dass das Kind von Geburt an lernt, die Bedeutung einer am Kind orientierten Pädagogik und des Spiels als wesentlicher Form kindlichen Lernens ist für die meisten Einrichtungen zentral. Für manche Eltern, nicht nur diejenigen mit Migrationshintergrund, sind diese Perspektiven allerdings neu. Es kann also nicht allein um eine ausführliche und möglichst klare Informationsübermittlung gehen, sondern hier wird bereits sichtbar, dass komplexere Formen der dialogischen Verständigung über das Bild vom Kind, Erziehungsziele und Methoden nötig werden (siehe Kapitel 2.3).

2.6.2.2 Tür-und-Angel-Gespräche, Telefonkontakte

Tür-und-Angel-Gespräche sind die häufigste Kommunikationsform zwischen Pädagogen und Eltern. Hier können nebenbei kontinuierlich Informationen über den Tagesablauf und besondere Ereignisse, die das Kind betreffen, ausgetauscht werden. Einige Kitas haben in den Gruppenräumen Tagesdokumentationsbögen für jedes Kind, in die jede Fachkraft Beobachtungen eintragen kann, z. B. „Heute ist Elena zum ersten Mal Fahrrad gefahren".

Gleichzeitig finden diese kurzen Gespräche aber häufig in einer ungünstigen, selten ungestörten Atmosphäre statt. Entsprechend anfällig sind sie für Missklänge und Missverständnisse. Organisatorisch ist dies ist oft kaum zu verhindern, umso wichtiger ist es, dass die anderen Möglichkeiten des konzentrierten und zugewandten Austausches von Zuhören und Dialog geprägt sind, so dass die Eltern sich grundsätzlich positiv angenommen fühlen.

Aufgabe

Eine kanadische Studie (vgl. Bernhard/Lefebvre/Kilbride, 1998) hat ermittelt, dass die Gespräche mit Eltern mit Migrationshintergrund kürzer und weniger tief gehend sind als die mit anderen Eltern. Dies nehmen die betroffenen Eltern wahr, sie berichten darüber, dass sie sich häufiger übergangen oder ignoriert fühlen.

Entwickeln Sie auf Basis dieser Information einen Plan (bzw. ein Setting), der den Eltern einerseits übermittelt, wie unzureichend Tür-und-Angel-Gespräche manchmal sein können, und der zum anderen die Aufmerksamkeit für Eltern mit Migrationshintergrund erhöht.

Auch telefonische Kontakte können anfällig für Verständigungsschwierigkeiten sein. Dies bezieht sich nicht nur auf die sprachlichen Möglichkeiten, sondern auch auf die evtl. unterschiedlich eingeschätzte Bedeutung.

SITUATION

Das Kind einer tschetschenischen Familie stürzt beim Freispiel und wird ins Krankenhaus gebracht, um vorsichtshalber eine mögliche Gehirnerschütterung abklären zu lassen. Die Mutter wird telefonisch darüber informiert. Nach kurzer Zeit kommt die Mutter in Begleitung einer Bekannten, außer sich vor Sorge, in die Kita. Die Pädagoginnen beruhigen die Mutter und erklären, dass es sich um keinen schwerwiegenden Unfall handelte. Nach dem Krankenhausbesuch kommt die Mutter zurück in die Einrichtung und erklärt, dass in Tschetschenien ein Anruf mit dieser Nachricht bedeute, dass ein sehr schlimmer Unfall geschehen sei.

Aufgabe

Halten Sie schriftlich in Stichworten fest, wie Sie das Gespräch führen würden. Erweitert: Erproben Sie mit einigen Studierenden im Rollenspiel die besten Möglichkeiten.

Wie bereiten Sie Eltern auf Anlässe und Funktion von telefonischen Kontakten vor? Alternativ: Wie erklären Sie Eltern gesundheitliche Vorsorgemaßnahmen in der Kita?

2.6.3 Hospitationen

Es ist noch nicht lange Standard, dass die Anwesenheit der Eltern in den Räumen der Kita jenseits der Bring- und Abholsituationen erwünscht ist. Auch in einigen Herkunftsländern sind die Einrichtungen gegenüber den Eltern eher abgeschlossen. Schon in der Eingewöhnungszeit können Eltern (meist die Mütter) erleben, ob und wie unbefangen und willkommen sie sich in der Einrichtung bewegen können. Dies ist ein guter Einstieg, Näheres über das pädagogische Konzept, die Transparenz der Arbeit und Möglichkeiten der elterlichen Mitwirkung (siehe unten) zu vermitteln. Die nachdrückliche Einladung zu weiteren Hospitationen als Ausdruck der selbstverständlich gewünschten Elternpräsenz gehört hier auch dazu.

2.6.4 Entwicklungsgespräche, Beratung und Erziehungspartnerschaft

Entwicklungsgespräche (siehe dazu auch Kapitel 4) bieten eine exzellente Chance, um nicht nur über Lern- und Entwicklungsfortschritte des Kindes, sondern über Erziehungsziele und förderliche Verhaltensweisen ins Gespräch zu kommen (siehe dazu auch Kapitel 5). Sie sind von Seiten der Pädagoginnen gut vorzubereiten: Beobachtungen, Dokumentationen, Fotos und Portfolios der Kinder sind hierfür die Grundlage. In erster Linie erwarten die Eltern Informationen über ihre Kinder, wesentlich ist aber, die elterliche Rolle zu stärken, und Beobachtungen und Berichte der Eltern anzuregen und aufzunehmen. Einige Kitas stellen bereits Beobachtungsprotokolle online zur Verfügung (geschützt mit individuellen Passwörtern), in die auch Eltern ihre Beobachtungen eingeben können. Eine ausreichende sprachliche Verständigung ist bei Entwicklungsgesprächen unverzichtbar und erfordert ggf. einen Dolmetschereinsatz. Hinsichtlich der technischen Möglichkeiten ist zu prüfen, inwieweit der Zugang hierfür in den Haushalten gewährleistet ist.

Eine sinnvolle Unterstützung für die Verdeutlichung kindlicher Entwicklungs- und Lernprozesse sind Fotos und Videodokumentationen. Eltern schätzen diese Form des virtuellen Einblicks, sie hilft auch über kleinere sprachliche Verständigungsprobleme hinweg, sensibilisiert den pädagogischen Blick auf beiden Seiten und erleichtert die gemeinsame Interpretation und Verständigung über wünschenswerte Entwicklungen und pädagogisches Agieren. Dies ist unbedingt der Ort des Zuhörens, um ggf. divergierende elterliche Erziehungskonzepte und Entwicklungsvorstellungen zu erfahren, eigene Konzepte zu erklären und zu einem, für alle vertretbaren, Konsens zu kommen.

Gute Erfahrungen werden damit gemacht, am Ende eines Eltern- oder Entwicklungsgesprächs Zielvereinbarungen zu schließen, z.B. darüber, was zu Hause zur Förderung des Kindes in einem bestimmten Bereich getan werden kann. Diese Vorschläge sollten am besten von den Eltern selbst formuliert werden.

Aufgabe

Üben Sie eine Gesprächssequenz, in der Sie Eltern über ein diskriminierendes Vorkommnis (von anderen Kindern gegenüber dem elterlichen Kind ausgeübt), über die Hintergründe sowie Ihre Strategien des Eingreifens informieren.

Anhand zweier Beispiele soll auf situative Elterngespräche eingegangen werden, in denen kulturelle Praxen eine Rolle spielen.

Übung eines Konfliktgesprächs

Wie würden Sie in folgendem Fall agieren?

> Fallbeispiel: Eine Kita hat getrennte Toilettenräume für Jungen und Mädchen. Die Kinder werden angehalten, die Toiletten sauber zu verlassen, auch die Jungen sollen im Sitzen urinieren. Zum wiederholten Mal klappt das nicht. Eines Tages verdonnert die Leiterin die Jungen dazu, den Toilettenraum zu wischen. Sie rechnet bereits damit, dass besonders die Eltern mit Migrationshintergrund sich beschweren werden, und so kommt es auch …

SITUATION

Diskutieren Sie die erzieherische Maßnahme und simulieren Sie das Elterngespräch. Alternativ können Sie diese Übung als Rollenspiel durchführen.

2.6.5 Hausbesuche

Hausbesuche werden in einigen Kitas praktiziert, v. a. in Form von reihum organisierten Besuchen mit der Kindergruppe. Dadurch erleben die Kinder eine Wertschätzung ihrer Familie und ihres Lebensumfeldes und bekommen zugleich Einblick in die Vielfalt von Familien. Auch Eltern schätzen dies in der Regel sehr und bereiten häufig eine Aktivität oder etwas zu essen vor, dies kann man auch gezielt anregen.

Für die begleitenden Pädagoginnen eröffnen sich vielfältige Einblicke in das häusliche Entwicklungsumfeld des Kindes. Auch über die in der Familie gelebte Kultur lässt sich viel in Erfahrung bringen. Mögliche klischeeartige Annahmen werden häufig auf diese Weise korrigiert. Eine aufmerksame Wahrnehmung, nicht zu verwechseln mit einem inspizierenden Blick, ist die Voraussetzung. Diese Informationen wertschätzend in Gesprächen mit den Eltern einzubringen, verlangt viel Takt, um z. B. Beschämung zu vermeiden.

Es kann einfacher sein, indirekt auf bestimmte Beobachtungen einzugehen. Fällt z. B. auf, dass keinerlei Kinderbücher im Haushalt vorhanden sind, kann den Eltern bei der nächsten Gelegenheit in der Kita angeboten werden, ein Buch, das das Kind an diesem Tag sehr beschäftigt hat, auszuleihen. Auf Basis dieser Erfahrungen kann dann wiederum das Thema Vorlesen und Bilderbuchbetrachtung bei einem nächsten Gespräch systematisch aufgegriffen werden.

Aufgabe zur Bearbeitung

Bringen Sie einige Fotos von den öffentlichen Bereichen Ihrer Wohnung mit (die Bitte beruht auf Freiwilligkeit).

Geben Sie auf der Grundlage dieser Fotos kurze, wertschätzende indirekte Kommentare in Form einer natürlichen Gesprächssituation.

Vorbereitung:

Halten Sie zuvor in Stichworten fest, welche Beobachtungen Sie gemacht haben und was Sie mit Ihrer Rückmeldung ausdrücken möchten. Im anschließenden Feedback-Gespräch mit Ihren Kommilitonen können Sie dann erfahren, wie diese den (indirekten) Kommentar verstanden und aufgenommen haben.

Hinweis:

In der qualitativen Milieuforschung (z. B. die SINUS-Studien, siehe Merkle, 2011) ergänzen Fotos der Wohnungseinrichtung die Interviewaussagen der Befragten, um den Lebensstil zu ermitteln.

Völlig unterschätzt, dabei relativ unaufwendig und wirkungsvoll ist es, Einladungen zu Elterntreffen u. Ä. persönlich an der Wohnungstür zu überreichen. Dies kann natürlich nicht für alle Eltern und bei allen Gelegenheiten praktiziert werden. Man kann auf diese Weise jedoch Barrieren abbauen und Eltern, die kaum an Kita-Angeboten teilnehmen, einen häufig nachhaltigen Impuls geben – ein wahrer Eisbrecher.

2.6.6 Elterntreffen

Regelmäßige Elterntreffen als gruppenbezogene Angebote leiden manchmal unter mangelnder Teilnahme, sind aber neben den individuellen Elterngesprächen zentral für den pädagogischen Austausch. Verschiedene Perspektiven hinsichtlich eines gedeihlichen Aufwachsens von Kindern und pädagogischer Methoden können hier diskutiert und vermittelt werden. Eltern stehen nicht allein einer Fachkraft gegenüber, sondern sie kommen mit anderen Eltern ins Gespräch, was von diesen sehr geschätzt wird und ihnen eine andere Position verleiht.

Werden Einladungen auf verschiedenen Wegen, mündlich und schriftlich ausgesprochen (siehe oben bei den Hausbesuchen), können auch sonst wenig präsente Eltern besser erreicht werden (siehe auch Kapitel 6). Unverzichtbar, aber manchmal schwer zu realisieren ist, dass diese Treffen für alle gleichermaßen sprachlich zugänglich sind. Mehrsprachiges Personal ist hier ein großer Vorteil, Gemeindedolmetscher oder Stadtteilmütter können einbezogen werden. Nach Bernhard/Lefebvre/Kilbride u. a. (1998) führen Sprachbarrieren und Zeitdruck bei den Treffen dazu, dass sich Eltern mit Migrationshintergrund isoliert und alleingelassen fühlen. Umgekehrt wird die Anwesenheit von Übersetzern als deutlicher Beweis empfunden, dass die Pädagoginnen an den Meinungen der Eltern interessiert sind. Auch untereinander können Eltern viel Unterstützung bei der sprachlichen Vermittlung bieten, wenn die Einrichtung dies im Sinne der aktivierenden Elternarbeit bewusst und planvoll angeht.

Eltern mit Migrationshintergrund ist daran gelegen, bedeutungsvolle Partizipation in den Einrichtungen zu erleben, und sie schätzen es, über die kindliche Entwicklung mit erfahrenen

Pädagogen zu diskutieren (siehe Bernhard/Lefebvre/Kilbride u. a., 1998). Dies spricht für eine thematische Gestaltung von Elterntreffen. Eine Überfrachtung mit organisatorischen Dingen, die die Eltern zu passiven Informationsempfängern degradieren, sollte vermieden werden. Die stete Sammlung von direkt und indirekt ausgedrückten Anliegen, Fragen und Wünschen der Eltern hilft bei der bedarfsgerechten Planung. Die Einrichtung sollte sich als lernende Organisation verstehen: Selbstverständlich müssen die Pädagoginnen fachlich vorbereitet sein, sie müssen aber nicht auf alles Antworten haben und vermeiden, belehren zu wollen.

Im Sinne von Roer-Strier (2001) empfiehlt es sich, die Ziele, die von den verschiedenen Seiten für das Kind formuliert werden, in den Mittelpunkt zu stellen, und nicht etwa bei den Erziehungsmethoden zu beginnen. Auch sei daran erinnert, dass pädagogische Fachkräfte ihre Erziehungsvorstellungen häufig nicht explizit thematisieren (siehe Bernhard/Lefebvre/Kilbride u. a., 1998) oder sie sogar im Team uneinheitlich und nicht offen bewusst sind, jedoch implizit zur Beurteilung der elterlichen Konzepte dienen. Deshalb kann die Vorbereitung thematischer Elterntreffen jenseits regulärer Teambesprechungen auch dazu dienen, innerhalb des Teams eigene Konzepte vertiefend zu reflektieren.

Gute Erfahrungen werden damit gemacht, bei Elterntreffen Fragestellungen in Kleingruppen zu bearbeiten, so haben alle Teilnehmenden eine Chance, die eigene Perspektive einzubringen und sprachliche Vermittlung kann leichter informell realisiert werden (etwa durch Übersetzung mithilfe eines Elternteils der gleichen Muttersprache). Im Anschluss an diese aktivierende Phase bietet sich ein fachlicher Kurzvortrag an, der die Diskussion bereichert. Wertschätzende Moderation hat darauf zu achten, dass alle zu Wort kommen.

Durch den Austausch lässt sich leichter ein Konsens oder eine verträgliche Abstimmung erreichen, z. B. hinsichtlich der Selbstständigkeitserziehung, der Erziehung von Mädchen und Jungen sowie der erzieherischen Haltung zwischen „laissez faire" und autoritär.

Aufgabe

Fallbeispiele (siehe Bernhard/Lefevbre/Kilbride u.a., 1998 und siehe auch Kapitel 2.3): Das Erziehungsverhalten von Eltern mit Migrationshintergrund wird häufig von Pädagoginnen als zu lax angesehen: Die Kinder würden zu Hause verhätschelt, indem sie z.B. zu lange gewickelt, mit Flaschenkost ernährt und gefüttert würden. Speziell die Jungen würden zu sehr verwöhnt und nicht zum Saubermachen herangezogen. Oder sie berichten in anderen Fällen von Kindern, die keine Unterwäsche tragen oder falsch für die jeweilige Jahreszeit angezogen sind.

Aber auch das Gegenteil gilt: Eltern mit Migrationshintergrund äußern, dass ihnen gutes Benehmen (Bitte und Danke sagen, kein Gebrauch von Schimpfworten), Gehorsam und Ordentlichkeit wichtig sind. Manche haben den Eindruck, dass den Kindern in der Kita zu viel Freiheit und zu viele Auswahlmöglichkeiten gegeben werden, was zuhause Probleme erzeugen kann (vgl. Bernhard/Lefebvre/Kilbride, 1998, S. 17).

Diskutieren Sie:
- *Welche der angesprochenen Sachverhalte schätzen Sie als kulturell, welche als sozial ein, z. B. durch Armut verursacht?*
- *Was spricht für, was gegen die jeweiligen Praktiken und welche Maßstäbe halten Sie für angemessen?*

– Welche dieser Beispiele lassen sich in einem Elterntreffen bearbeiten? Entwickeln Sie einen Vorschlag für die Umsetzung.

Alternative Beispiele: Machen Sie bei einem Elterntreffen zum Thema, …

– wie mit diskriminierenden Praktiken unter Kindern umgegangen wird.
– welchen Sinn es hat, dass Kinder beim Essen oder mit Farbe „matschen".
– dass Sie ein Projekt über Jungen- und Mädchenrollen durchführen möchten.
– dass die Kinder wöchentlich zum Schwimmunterricht gehen.
– welche Unterschiede zwischen pädagogischen (Lern-)Angeboten in Kita und Schule bestehen.

Es soll noch einmal betont sein, dass es nicht darum geht, elterliche Wünsche und Vorstellungen eins zu eins umzusetzen. Kritische Einwände der Eltern gegenüber erzieherischen Praktiken der Einrichtungen geben jedoch deutlichen Hinweis, dass sie sich mehr Gedanken über Kindererziehungsmethoden machen, als die Pädagogen vielleicht annehmen. Kitas werden dann ein Ort für alle Eltern und Kinder, wenn verstehensorientierter Dialog, die Aushandlung von erzieherischen Zielen und Praktiken sowie partizipative Gestaltung von gemeinsamen Anliegen ernst genommen werden. Es ist viel gewonnen, wenn professionelles Wissen über am Kind orientierte pädagogische Strategien, die z. B. einer später in der Schule verlangten Selbstständigkeit förderlich sind, mit Eltern diskutiert wird.

Kleinere Inkonsistenzen zwischen elterlichem und professionellem Erziehungsverhalten, wie z. B. fürsorgliches elterliches Füttern auch älterer Kinder gegenüber einer in der Kita praktizierten, auf Selbstständigkeit und Selbstbestimmung der Kinder zielenden Esskultur, sind durchaus verträglich. Kinder nehmen hierdurch keinen Schaden, sondern ihnen kann vermittelt werden, dass in unterschiedlichen Kontexten andere Regeln gelten. Gleichzeitig sollten elterliche Modelle der Kindererziehung daraufhin geprüft werden, ob sie ggf. sinnvolle Elemente für die Praxis in der Kita enthalten. Es kann aber auch unvereinbare Praktiken geben, Konflikte, für die es keine einfache Lösung gibt. Umso mehr müssen Pädagoginnen darauf vorbereitet werden, damit produktiv umgehen zu können. Ein unreflektiertes Beharren auf Werten des professionellen Mainstreams funktioniert jedenfalls nicht, so die Studie von Bernhard/Lefebvre/Kilbride u. a. (1998). Die Konflikte schwelen umso länger, je weniger darüber kommuniziert wird – um sich gegenseitig anzunähern, ist die Etablierung einer Kommunikationskultur entscheidend.

Für Elterntreffen eignen sich ganz besonders Visualisierungen des Alltags in der Kita und der Tätigkeiten und Themen einzelner Kinder. Mit Fotos, dokumentierten Kinderarbeiten und besonders auch Videoaufnahmen lassen sich nicht nur Aktivitäten belegen, sondern pädagogische, am Kind orientierte Ziele, darauf gerichtete Methoden und Angebote sowie kindliche Lern- und Entwicklungsprozesse besonders gut verdeutlichen. Die konzeptionelle Ausrichtung, die sonst häufig abstrakt bleibt, wird so lebendig, nachvollziehbar und bietet Anlass zu weiteren Erörterungen.

Aufgabe

Erstellen Sie während der Praxisphase Fotodokumentationen oder Videoaufnahmen, die besonders gut ein bestimmtes Erziehungskonzept verdeutlichen. Es bieten sich z. B. Sequenzen bei den Mahlzeiten an, anhand derer gezeigt werden kann, welchen Zugewinn an Selbstvertrauen, Eigenverantwortlichkeit und auch sozialer Rücksichtnahme selbstständiges Tischdecken und Abräumen, die eigenständige Auswahl von Speisen usw. für das Kind bedeutet.

Erproben Sie in einem Rollenspiel, wie Sie dieses Material in ein Elterntreffen einbringen und mit den Eltern diskutieren können.

Allgemein:

Üben Sie mit Ihren Kommilitoninnen und Kommilitonen wertschätzende Moderation und fachliche Kurzvorträge.

Mit Blick auf die erörterte Bedeutung kulturellen Kapitals für den Bildungserfolg von Kindern mit Migrationshintergrund muss es bei der Zusammenarbeit mit Eltern ganz besonders auch darum gehen, bildungsrelevantes Kapital anzureichern. Informationen über das Schulsystem (insbesondere auch über die in vielen Bundesländern immer noch bestehenden Förderschulen, die sich bereits für Grundschüler als Sackgasse erweisen) und Beratung über anstehende Entscheidungen sollten spätestens im letzten Kita-Jahr im Mittelpunkt von Elterntreffen stehen. In diesen Kontext gehören auch Informationen über den Sprachstand und die nötige Weiterentwicklung und langfristige Förderung im Hinblick auf schulische Anforderungen (siehe auch Pfaller-Rott, 2010).

2.6.7 Kontakte unter Eltern

Elterntreffen schaffen Gelegenheiten, Beziehungen zwischen den Eltern anzubahnen. Mit Blick auf das oben erläuterte mangelnde soziale Kapital von Eltern mit Migrationshintergrund stellt dies eine besondere Unterstützung dar. Eine gastliche Atmosphäre, Getränke und kleine Speisen, evtl. von den Eltern selbst mitgebracht, v. a. aber noch nicht verplante Zeit während der Treffen, schaffen einen geeigneten, informellen Rahmen. Als Themen für Elterntreffen eignen sich gut: die Bedeutung gegenseitiger Unterstützung, z. B. beim Bringen und Abholen der Kinder, bei gegenseitigen Besuchen der Kinder untereinander oder auch der Erfahrungsaustausch über Kinderärzte, Vereine oder Freizeitaktivitäten mit Kindern. Versuchen Sie außerdem, Anregungen und Hilfestellungen für selbstorganisierte Treffen von Eltern wie Elterncafés zu geben, zu denen auch Verwandte und Freunde kommen können. Geeignete Räume in der Kita sind dafür natürlich eine Voraussetzung.

2.6.8 Feiern

Feste gehören zum Leben jeder Kita, Feiern mit Elternbeteiligung vertiefen die Beziehungen zwischen den Eltern untereinander und mit den Fachkräften. Fühlen sich die Eltern wohl, werden sie sich gerne in die Gestaltung einbringen. Allerdings ist darauf zu achten, dass kein Missverhältnis entsteht, indem Eltern einbezogen werden, wenn z. B. ihre kulturell besonderen Kochkünste gefragt sind, während ansonsten wenig Wert auf ihre Partizipation gelegt wird. Eltern fühlen sich dann leicht ausgenutzt und lediglich in ihrem exotischen kulturellen Erbe angenommen.

In christlich-konfessionell geprägten Kitas ist zu klären, auf welche Feste die Einrichtung Wert legt und wie sie sich eine Beteiligung der Kinder und Eltern vorstellt. Es gibt sowohl Kitas, die z. B. das Osterfest nur mit christlichen Kindern und deren Eltern feiern, als auch solche, die anders- oder nichtkonfessionelle Kinder ebenso in alle Aktivitäten einbeziehen oder die Eltern zum Ostersonntag-Buffet einladen. Insbesondere im Hinblick auf die Teilnahme der Kinder muss ausdrückliches Einvernehmen bestehen, denn religiöse Gefühle sind besonders verletzlich. Die Einrichtung kann und sollte ihre diesbezüglichen Prinzipien klären, die dann wiederum auch Kriterium für die Aufnahme von Kindern sind. Solche Standpunkte gilt es abzuwägen gegenüber einem Ausschluss von Kindern, der besonders dann gravierend ist, wenn nur wenige Einrichtungen im Umkreis zur Verfügung stehen.

In religiös gebundenen Kitas sollten auch Festtage anderer Religionsgemeinschaften, denen Familien angehören, begangen werden. Dadurch wird Wertschätzung ausgedrückt. Darüber hinaus argumentierte der Theologe und Religionspädagoge Albert Biesinger auf einem Vortrag in Berlin im Jahr 2012, sollten die verschiedenen religiösen Inhalte für Bildungsprozesse der Kinder genutzt werden. Hier sind Pädagoginnen, wenn sie selbst diesen Religionsgemeinschaften nicht angehören, ganz besonders auf die Unterstützung der Eltern angewiesen, um z. B. das muslimische Zuckerfest angemessen zu gestalten. Gleichzeitig ist dies ein guter Anlass zur Partizipation von Eltern und Ausweis einer lernenden Gemeinschaft. Ein Mindestmaß an Kenntnissen, z. B. der Termine der Feste und deren Bedeutung, sind allerdings schon allein mit Blick auf die Planung unverzichtbar. In nicht religiös gebundenen Kitas stellen sich die Entscheidungen anders dar und führen ggf. zu einem gänzlichen Verzicht auf solche Feste.

Aufgabe

Recherchieren Sie im Internet nach interkulturellen und interreligiösen Kalendern. Diese verzeichnen die Festtage unterschiedlicher Religionen. Erarbeiten Sie in Arbeitsgruppen kurze Hintergrundinformationen zu den einzelnen Festen der Religionsgemeinschaften und stellen Sie diese im Plenum vor.

Aufgabe
Beispiel
Zufällig fällt in einem Jahr das Martinsfest, das traditionell in der Dämmerung mit einem bei allen Kindern und Erwachsenen beliebten Umzug gefeiert wird, in die Zeit des Ramadan, des Fastenmonats der Muslime und dort beginnt mit Sonnenuntergang das Fastenbrechen.

Erörtern Sie, wie Sie mit dieser Situation umgehen, um möglichst viele Eltern und Kinder auch muslimischen Glaubens am Martinszug zu beteiligen, und welche Lösungsmöglichkeiten Sie sehen.

2.6.9 Elterngremien und aktivierende Elternarbeit

Eine gleichberechtigte Teilhabe von Eltern mit und ohne Migrationshintergrund sollte als Zielformulierung mit in die Konzeption der Kita aufgenommen und ernsthaft verfolgt werden. Es kann jedoch eine besondere Herausforderung sein, Eltern mit Migrationshintergrund für Gremienarbeit zu gewinnen (siehe dazu auch Kapitel 7 in diesem Band). Die beste Überzeugungskraft geht von Schlüsselpersonen aus, d. h. aktiven Eltern mit Migrationshintergrund, die fast in jeder Einrichtung schnell gewonnen werden können. Diese bieten ein positives Rollenvorbild für andere Eltern und können sie motivieren.

Eltern in die Gestaltung des Kita-Alltags einzubeziehen, kann viel zum Aufbau vertrauensvoller Beziehungen beitragen. Kinder sind stolz darauf, wenn ihre Eltern eine verantwortliche Rolle in der Einrichtung spielen. Auch der Brückenschlag zwischen Elternhaus und Institutionen gelingt viel leichter, wenn Eltern – im Rahmen ihrer zeitlichen Möglichkeiten – Angebote in der Kita realisieren. Dafür muss man die Fähigkeiten und Ressourcen von Eltern kennen sowie Tätigkeiten, die sie gut und gerne tun und bei denen sie sich zeigen können. Eine Kita-Leiterin formulierte es einmal so: „Wenn man Eltern eine Gelegenheit gibt, von sich zu erzählen, entdeckt man Ressourcen. Es lohnt sich, genauer hinzuhören." Gerade marginalisierte Eltern mit Migrationshintergrund erleben die Möglichkeit, sich selbst einbringen zu können, als große Wertschätzung und Stärkung ihres Selbstbewusstseins. Schon im Aufnahmegespräch sollte man ansprechen, was Eltern in die pädagogische Gestaltung der Kita einbringen möchten und auch können. Ein einmaliger Impuls wird aber in der Regel nicht reichen. Informelle und gezielte Gespräche können mögliche Aktivitäten zu Tage fördern und unterstreichen die Ernsthaftigkeit des Anliegens.

Eine solche Elternmitarbeit erfordert nicht unbedingt Sprachkenntnisse im Deutschen: Es können Lieder, Reime und Spiele in einer anderen Sprache für die Kindergruppe angeboten werden. Das Vorlesen oder Erzählen von Geschichten ist möglich, wenn eine kleinere Gruppe von Kindern die entsprechende Muttersprache beherrscht. Für Bastelarbeiten, sportliche Aktivitäten u. Ä., die sich durch Gesten leicht erschließen lassen, kann eine Pädagogin, selbst wenn sie die Sprache nicht beherrscht, in der Regel die Anleitungen für die Kinder formulieren. Weiterer positiver Effekt muttersprachlicher Angebote durch Eltern ist die für Kinder bedeutsame Aufwertung der jeweiligen Familiensprache. Denn: Spracherwerb ist durch emotionale Faktoren geprägt. Erleben mehrsprachige Kinder, dass ihre Muttersprache keine der „Prestigesprachen" ist, können sie sich dieser verweigern. Das ist folgenreich für die Kommunikation in der (erweiterten) Familie (Füssenich, 2011, S. 26).

2.6.10 Elternkurse

Es gibt verschiedene Kurskonzepte, z. B. zur Stärkung der elterlichen Erziehungskompetenz, sowie unterstützende Angebote durch Elternlotsen oder Elternprogramme zur muttersprachlichen oder deutschen Sprachförderung (HIPPY, opstapje, Rucksack oder Griffbereit, siehe Fischer, 2012 und BAMF, 2009). Sie sind elternzentriert oder beziehen Kinder und Eltern gleichermaßen mit ein, letzteres gilt nach neuen Evaluationen als besonders erfolgreich für die Entwicklung der Kinder (vgl. BAMF, 2009, S. 69/61). Im Einzelnen kann darauf hier nicht eingegangen werden. Nur so viel: Kindertagesstätten sollten bei Bedarf ermitteln, welche vorhandenen Initiativen und Programme genutzt werden können und dabei auch die Zusammenarbeit mit interkulturellen Elternvereinen und anderen relevanten Einrichtungen im Stadtteil suchen (siehe Überblicke bei Thimm, 2007 und Schultheis, 2012, S. 189 ff.). Wenn die Einrichtung solche Kurse empfiehlt oder eigene Fachkräfte dafür fortbilden lässt, sollte zuvor das Programm auf Kultursensibilität geprüft werden.

2.7 Zusammenfassung

Eltern mit und ohne Migrationshintergrund unterscheiden sich nicht grundsätzlich. Werden Faktoren wie soziale Position und Bildungskapital berücksichtigt, gleichen sich Nutzungsverhalten von Kitas, pädagogische Konzepte und andere Wertorientierungen an. Als angehende Pädagoginnen und Pädagogen sollten Sie also wissen, dass es die typische Migrantenfamilie nicht gibt und dass verschiedene Differenzlinien wirksam sind. Nur so können Sie der sogenannten Kulturalisierungsfalle entgehen, bei der Besonderheiten stereotyp auf den Faktor Kultur zurückgeführt werden. Dennoch gibt es migrationsspezifische Besonderheiten, die u. a. mit der Entwertung des kulturellen und sozialen Kapitals durch Migration sowie mit Diskriminierungserfahrungen zusammenhängen. Diese prägen die Zusammenarbeit ebenso wie die Vielfalt von Erziehungszielen und -praktiken.

Es gibt nicht nur ein einziges, universell gültiges Modell davon, wie das Wohl des Kindes und seine Entwicklung gefördert werden können. Es handelt sich um Wertsetzungen, die in bestimmten gesellschaftlichen Zusammenhängen (funktional) entwickelt werden. Lange bekannt ist, dass Bildungsinstitutionen mittelschichtsorientiert sind, was mit einer mangelnden Anerkennung von und fehlender Auseinandersetzung mit Praktiken von Unterschichten einhergeht. Diese Erkenntnis wäre zu ergänzen um migrationsspezifische Muster.

Eltern mit Migrationshintergrund stehen vor der besonderen Herausforderung, für neue gesellschaftliche Anforderungen z. B. adäquate Erziehungsstile zu entwickeln. Die Aufgabe für Pädagoginnen in der Zusammenarbeit mit Eltern mit Migrationshintergrund ist, unterschiedliche Erziehungsvorstellungen wahrzunehmen, darüber in Dialog und ggf. Aushandlung zu treten.

Die internationale Forschung zeigt, dass die Qualität der Zusammenarbeit mit Eltern mit Migrationshintergrund schlechter ist als die mit anderen Eltern. Für die deutsche Situation fehlen entsprechende Studien, doch kann man ähnliche Muster vermuten. Gerade angesichts des hohen Orientierungsbedarfs von Eltern mit Migrationshintergrund sowie der wiederholt geschilderten (häufig ähnlichen) Situationen, in denen pädagogische Fachkräfte und Eltern Differenzen in ihren Erziehungskonzepten wahrnehmen, sind intensive Zusammenarbeit und Austausch unbedingt erforderlich.

Heutige Anforderungen an Pädagoginnen im Kita-Alltag sind hoch. Die Zusammenarbeit mit Eltern ist ein Arbeitsbereich, der angesichts der Vielfalt neuer Aufgaben tendenziell eher vernachlässigt wird. Die aufgewendete Zeit wird nicht unmittelbar sichtbar wie z. B. ein umgestalteter Raum oder gelungene Dokumentationen. Außerdem ist Elternarbeit anspruchsvoll: Sie verlangt von einzelnen Fachkräften und dem gesamten Team einen reflektierten Umgang mit eigenen Erziehungsvorstellungen und -werten, um mit Eltern in den Dialog treten zu können. Ganz besonders, wenn abweichende Vorstellungen verhandelt werden müssen.

Kinder profitieren von kongruenten Erziehungskonzepten, Eltern schätzen den Austausch mit Pädagoginnen mit hohem fachlichen Wissen, diese wiederum können von anderen Perspektiven lernen, die Qualität, Atmosphäre und Zufriedenheit im Umgang miteinander wird erhöht: Gründe genug, die oft schon positiven Ansätze weiter auszugestalten.

Weiterführende Literatur

Zur Vertiefung und Weiterarbeit werden zwei neuere Publikationen empfohlen, als Handbücher liefern sie Fachartikel zu vielen Aspekten:

Fischer, Veronika/Springer, Monika (Hrsg.): Handbuch Migration und Familie. Grundlagen für die soziale Arbeit mit Familien, Schwalbach/Ts, Wochenschau-Verl. (Reihe Politik und Bildung, 59), 2011.

Michael Matzner (Hrsg.): Handbuch Migration und Bildung, Weinheim und Basel, Beltz, 2012.

Außerdem empfehlenswert:

Ali, Mehrunnisa/Corson, Patricia/Frankel, Elaine: Listening to Families. Reframing Services, Toronto, Chestnut Publishing Group, 2009.

Bourdieu, Pierre: Ökonomisches, soziales und kulturelles Kapital (1992), in: Franzjörg Baumgart (Hrsg.): Theorien der Sozialisation. Bad Heilbrunn, 1997, S. 217–231.

Fischer, Veronika: Eltern- und Familienbildung in der Migrationsgesellschaft. In: Michael Matzner (Hrsg.): Handbuch Migration und Bildung, Weinheim und Basel, Beltz, 2012, S. 353–364.

Jungk, Sabine: Recht auf Gleichheit, Recht auf Verschiedenheit verwirklichen. Interkulturelle Pädagogik. In: Sabine Jungk/Monika Treber/Monika Willenbring (Hrsg.): Bildung in Vielfalt. Inklusive Pädagogik der Kindheit. Materialien zur Frühpädagogik 4. Freiburg i. Br., FEL-Verlag, 2011, S. 89–106.

Jungk, Sabine: Migrantenorganisationen. Formen, Aktivitäten, Potenziale und Wege des Empowerments. In: Deutscher Caritasverband (Hrsg.): Migrantenorganisationen, ein Schlüssel zur selbstbestimmten Teilhabe von Menschen mit Migrationshintergrund. Dokumentation des Expertenworkshops am 23./24. März 2010 in Fulda. Deutscher Caritasverband, Freiburg i. Br., S. 9–21.

Keller, Heidi: Kinderalltag: Kulturen der Kindheit und ihre Bedeutung für Bindung, Bildung und Erziehung, Springer, 2011.

Klemm, Klaus: Förderung: mangelhaft. In: DJI-Bulletin (90), 2010, S. 16–17.

Konsortium Bildungsberichterstattung: Bildung in Deutschland. Ein indikatorengestützter Bericht mit einer Analyse zu Bildung und Migration. Im Auftrag der Ständigen Konferenz der Kultusminister der Länder in der Bundesrepublik Deutschland und des Bundesministeriums für Bildung und Forschung, Bielefeld, Bertelsmann, 2006, Online verfügbar unter: www.bildungsbericht.de/daten/gesamtbericht.pdf [06.11.2013].

Luft, Stefan: Einwanderer mit besonderen Integrationsproblemen: Daten, Fakten und Perspektiven. In: Michael Matzner (Hrsg.): Handbuch Migration und Bildung, Weinheim und Basel, Beltz, 2012, S. 38–56.

Merkle, Tanja: Milieus von Familien mit Migrationshintergrund. In: Veronika Fischer und Monika Springer (Hrsg.): Handbuch Migration und Familie. Grundlagen für die soziale Arbeit mit Familien, Schwalbach/Ts, Wochenschau-Verl. (Reihe Politik und Bildung, 59), 2011, S. 83–99.

Nauck, Bernhard: Eltern-Kind-Beziehungen in Migrantenfamilien: Ein Vergleich zwischen griechischen, italienischen, türkischen und vietnamesischen Familien in Deutschland. In: Sachverständigenkommission 6. Familienbericht (Hrsg.): Familien ausländischer Herkunft in Deutschland: Empirische Beiträge zur Familienentwicklung und Akkulturation, Opladen, Leske + Budrich (Bd. 1), 2000, S. 347–392.

Pfaller-Rott, Monika: Migrationsspezifische Elternarbeit beim Transitionsprozess vom Elementar- zum Primarbereich. Eine explorative Studie an ausgewählten Kindertagesstätten und Grundschulen mit hohem Migrantenanteil, Berlin, 2010.

Prengel, Annedore: Pädagogik der Vielfalt: Verschiedenheit und Gleichberechtigung in Interkultureller, Feministischer und Integrativer Pädagogik, 3. Aufl., Wiesbaden, Verl. für Sozialwiss., 2006.

Roer-Strier, Dorit: Reducing risk for children in changing cultural contexts: recommendations for intervention and training. In: Child Abuse and Neglect (25), S. 231–248, 2001, Online verfügbar unter: http://dx.doi.org/10.1016/S0145-2134(00)00242-8 [02.08.2013].

Rühl, Stefan; Babka Gostomski, Christian von: Menschen mit Migrationshintergrund in Deutschland: Daten und Fakten. In: Michael Matzner (Hrsg.): Handbuch Migration und Bildung, Weinheim und Basel, Beltz, 2012, S. 22–37.

Schultheis, Klaudia: Die Situation von Grundschulkindern mit Migrationshintergrund – dargestellt an ausgewählten Aspekten. In: Michael Matzner (Hrsg.): Handbuch Migration und Bildung, Weinheim und Basel, Beltz, 2012, S. 196–208.

Statistisches Bundesamt: Bevölkerung und Erwerbstätigkeit. Bevölkerung mit Migrationshintergrund – Ergebnisse des Mikrozensus 2009. Fachserie 1 Reihe 2.2. Wiesbaden, 2010.

Thimm, Karlheinz: Kinder mit Migrationshintergrund in Kindertagesstätte und Grundschule. Praxisanregungen für Elternaktivierung. In: Migration und Soziale Arbeit, Bd. 8, S. 302–309, 2007.

Thränhardt, Dietrich: Zum Umgang des Bildungswesens mit Migration und ethnischer Differenz. In: Michael Matzner (Hrsg.): Handbuch Migration und Bildung, Weinheim und Basel, Beltz, 2012, S. 129–138.

Van Ausdale, Debra/Feagin, Joe R.: The First R. How children learn race and racism. Lanham, Boulder, New York, Toronto, Plymouth UK, Rowman and Littlefield Publishers, 2001.

Vertovec, Steven: The Emergence of Super-Diversity in Britain. Hg. v. Policy and Society Centre on Migration. University of Oxford. Oxford (Working Paper no. 25), 2006, Online verfügbar unter: http://www.compas.ox.ac.uk/fileadmin/files/pdfs/Steven%20Vertovec%20WP0625.pdf [14.09.2010].

3 Die Zusammenarbeit mit Eltern in der Eingewöhnung

Katja Braukhane und Christiane Ehmann

Die Zusammenarbeit mit Eltern gehört für Erzieherinnen und Erzieher, vom Eintritt des Kindes in die Kindertagesstätte bis zu seiner Verabschiedung, zu den zentralen Aufgaben.

Bei der Aufnahme und Eingewöhnung eines Kindes kommt der pädagogischen Fachkraft jedoch eine besondere Bedeutung zu. Zum einen wird in dieser Zeit der Grundstein für die Zusammenarbeit zwischen den pädagogischen Fachkräften und den Eltern für die Zukunft gelegt. Zum anderen braucht das Kind aufgrund der mit der Eingewöhnung verbundenen Belastungen die Unterstützung und Kooperation aller Beteiligten, damit es sie erfolgreich bewältigen kann.

Der Eintritt in das Kitaleben stellt für das Kind und seine Eltern eine einschneidende Erfahrung dar, die für alle Beteiligten mit unterschiedlichen Belastungen verbunden ist:

Das Kind ist zum ersten Mal regelmäßig über längere Zeit von den bisher vertrauten Bezugspersonen getrennt und wird mit neuen Menschen, einer neuen räumlichen Umgebung, unvertrauten Tagesabläufen und Routinen konfrontiert.

Auch die Eltern sind mit der Bewältigung dieser Erfahrung herausgefordert. Sie müssen mit der Entscheidung, ihr Kind in die Kita zu geben, häufig Trennungsängste oder gar Schuldgefühle überwinden und es kann zu Konkurrenzgefühlen oder Eifersucht gegenüber der Erzieherin oder dem Erzieher kommen, die bzw. der im Leben des Kindes künftig eine zunehmend große Bedeutung einnehmen wird.

Die pädagogischen Fachkräfte, die den Übergang begleiten, sind mit jedem neuen Kind und jeder neuen Familie gefordert (meist zusätzlich zu den alltäglichen Aufgaben):

- für eine einladende Atmosphäre zu sorgen, die das Kind und seine Eltern willkommen heißt,
- sich als Ansprechperson und (Bindungs-)Bezugsperson anzubieten,
- das Kind und seine Eltern (mitsamt ihren Bedürfnissen, Gewohnheiten und Beziehungen untereinander) aufmerksam wahrzunehmen und
- feinfühlig und flexibel auf die Signale des Kindes und die der Eltern zu reagieren.

Diesem Übergang des Kindes von der Familie in die Kita wurde über lange Zeit keine angemessene Bedeutung beigemessen. Bezugspersonen wurden bei der Gestaltung des Übergangs nicht einbezogen und mögliche Reaktionen des Kindes darauf – lang anhaltendes Weinen, Protest, vermehrte Erkrankungen (vgl. Hédervári-Heller/Maywald, 2013, S. 1) – galten als normal und dazugehörend. Einschätzungen dieser Art lassen sich heute kaum mehr finden. Es besteht weitestgehend Konsens darüber, dass die Eingewöhnungssituation in hohem Maße bedeutsam für das Kind und seine weitere Entwicklung ist. Die achtsame und professionelle Gestaltung der Eingewöhnung gilt als Qualitätsmerkmal einer guten pädagogischen Praxis, die sich dadurch auszeichnet, dass Eltern einbezogen und die individuellen Lebenswirklichkeiten und Verhaltensweisen des Kindes eine zentrale Rolle spielen (vgl. Hédervári-Heller/Maywald, 2013, S. 4).

„Der Verzicht auf die Einbeziehung der Eltern in die Eingewöhnung von Kindern in Krippen und Tagespflegestellen [...] [kann] zur erhöhten Trennungsangst, zum verstärkten Bindungsverhalten und im Extremfall zur Beeinträchtigung der seelischen Entwicklung des Kindes führen." (Hédervári-Heller/Maywald, 2013, S. 3)

Damit wird deutlich, dass die institutionelle Begleitung eines Kindes von Anfang an die Kooperation von den pädagogischen Fachkräften und den Eltern braucht. Erzieherinnen und Erzieher sind gefordert, Konzepte zu entwickeln, die Eltern mit ihren Bedürfnissen und Ressourcen willkommen heißen und von Beginn an einladen, sich in die konkrete Gestaltung der pädagogischen Arbeit einzubringen.

METHODE/TIPP

Die Eltern – ein Exkurs

Der Begriff Eltern birgt die Gefahr in sich, anzunehmen, dass von einer sozialen Gruppe ausgegangen werden kann, deren Mitglieder ein hohes Maß an Ähnlichkeit aufweisen. Dies ist keineswegs der Fall. Im Gegenteil – hinter dem Begriff Eltern verbirgt sich eine in hohem Maße heterogene Gruppe.

Eltern sind zunächst Mütter und/oder Väter, die in unterschiedlichen Familienformen leben. Ihre Lebenswelten, die zu bewältigenden Anforderungen, Routinen, Werte und Orientierungen unterscheiden sich z. T. erheblich. Eltern haben unterschiedliche Interessen, Wünsche, Erwartungen, Erziehungs- und Bildungsvorstellungen und verfügen je nach Herkunftskultur, Lebenslagen und -entwürfen über einen höchst unterschiedlichen sozialen Hintergrund.

Eine wertschätzende und vertrauensvolle Zusammenarbeit mit Eltern benötigt Interesse an und Wissen um die vielfältigen Lebenswirklichkeiten der Familien wie auch methodisches Können, um die Gestaltung einer Erziehungs- und Bildungspartnerschaft für alle Beteiligten optimal zu gestalten.

„Gehen Sie davon aus, dass fast alle Kinder, fast alle Eltern und fast alle Erzieherinnen in ganz normalen Umständen leben – entsprechend dem, was die Gesellschaft an Vielfalt zulässt und was immer dies in der Realität des täglichen Lebens heißen mag." (Prott/Hautumm, 2004, S. 27)

In diesem Kapitel steht der Begriff Eltern als Bezeichnung für die Mutter und/oder den Vater des Kindes. Mütter und Väter können sowohl die leiblichen Eltern des Kindes sein, unabhängig davon, ob es sich dabei um gleich- oder andersgeschlechtliche Eltern handelt, als auch Adoptiveltern. In der Regel sind Eltern jene Personen, zu denen das Kind nach der Geburt eine intensive und tragfähige (Bindungs-)Beziehung aufgebaut hat.

3.1 Aufbau einer Bildungs- und Erziehungspartnerschaft

Mit der Aufnahme des Kindes in die Kita wird der Grundstein für die weitere Zusammenarbeit von pädagogischen Fachkräften und Eltern gelegt. Anzustreben ist ein gemeinsames und partnerschaftliches Handeln zum Wohle des Kindes, bei dem die Beteiligten über unterschiedliche Expertisen verfügen. Eltern sind in der Regel die wichtigsten Bezugspersonen im Leben des Kindes und Experten in allen Belangen, die den Lebensraum und die Lebenswirklichkeit des Kindes außerhalb der Kita betreffen. Erzieherinnen und Erzieher wiederum sind Experten für den Lebensraum Kita und für die pädagogische Praxis vor Ort.

Das Anliegen, dem Kind in der Kindertagesstätte einen familienergänzenden Lebensraum zur Verfügung zu stellen, der es darin unterstützt, sich zu einer „eigenverantwortlichen und gemeinschaftsfähigen Persönlichkeit" (§ 1 Abs. 1 SGB VIII) zu entwickeln, erfordert also von Beginn an die Zusammenarbeit von den pädagogischen Fachkräften und den Eltern. Ein wesentlicher Aspekt liegt hier in der Abstimmung von gemeinsamen Zielen, um dem Kind die bestmöglichen Entwicklungschancen zu geben.

„Es ist unumstritten, dass die grundsätzliche Übereinstimmung in den Zielen und Werten von Erzieherinnen und Eltern die Entwicklung von Kindern fördert, wohingegen Spannungen und unterschiedliche Auffassungen über die Grundsätze der Förderung den Kindern zum Nachteil gereichen. [...] Für Kinder entscheidend ist die grundsätzliche gegenseitige Akzeptanz der Erwachsenen. Selbst wenn Erwachsene unterschiedlich handeln – so lange ihre Handlungen eindeutig zuzuordnen sind, werden Kinder dadurch nicht in Loyalitätskonflikte gestürzt." (Prott/Hautumm, 2004, S. 4)

Das Ziel einer partnerschaftlichen Zusammenarbeit von Pädagoginnen bzw. Pädagogen und Eltern kennzeichnet einen Perspektivwechsel, der auch entlang der im Fachdiskurs verwendeten Begrifflichkeiten verfolgt werden kann. Nachdem lange Zeit vor allem der Begriff

Elternarbeit verwendet wurde, finden sich heute zunehmend Begriffe wie z. B. Erziehungspartnerschaft oder Bildungs- und Erziehungspartnerschaft. Diese neue Bezeichnung des Verhältnisses von Pädagoginnen bzw. Pädagogen und Eltern in der Zusammenarbeit soll zum einen von Vorstellungen abgrenzen, in denen die fachlich-professionelle Perspektive von Erzieherinnen und Erziehern als höherwertig eingeordnet wird. Zum anderen geht es darum, deren Begegnung auf Augenhöhe hervorzuheben, wobei das gemeinsame Ziel im Wohl des Kindes liegt (siehe dazu auch Kapitel 1 in diesem Band). Dabei obliegt es den Erziehern als qualifizierten pädagogischen Fachkräften, eine Basis des gemeinsamen Vertrauens herzustellen, mit den Eltern in einen offenen Dialog zu Erziehungsvorstellungen zu treten und die Zuständigkeit für den gemeinsamen Lebensausschnitt, in dem sich Kita und Familie treffen, zu übernehmen.

➔➔➔ **Definition**
„Erziehungspartnerschaft bedeutet nicht nur gemeinsame Verantwortung für die Entwicklung des Kindes. Ihr Kern ist vielmehr eine Haltung auf beiden Seiten, also bei den Eltern wie bei den Erzieherinnen, wo das jeweilige Gegenüber als Experte in seinem Bereich geschätzt, anerkannt und genutzt wird" (Ostermayer, 2007, S. 162).

Zusammenarbeit mit Eltern – eine Frage der Haltung und Akzeptanz
Die Arbeit mit Eltern, den Müttern und Vätern, ist auch immer eine Arbeit, in die die eigenen Erfahrungen, Vorannahmen und Orientierungen einfließen. Sich für die Lebenswirklichkeiten von Müttern und Vätern zu interessieren, deren Sichtweise möglichst wertungsfrei anzuhören und in einen Dialog auf Augenhöhe zu treten, gelingt vor allem dann, wenn Erzieherinnen und Erzieher um eigene Vorannahmen wissen und ihre Wahrnehmung vor dem Hintergrund persönlicher Orientierungen und (möglicher) Vorurteile reflektieren können.

Praxisaufgabe

Bitte finden Sie sich in einer Kleingruppe zusammen, in der Sie sich offen äußern können, ohne dabei das Gefühl zu haben, ertappt zu werden.

Bitte tauschen Sie sich zu folgenden Fragen aus:

- *Welche Bilder verbinden Sie mit Begriffen wie z. B. Vater, Mutter, Eltern und Familie?*
- *Welche Gemeinsamkeiten sind im Gespräch mit Ihren Kommilitoninnen und Kommilitonen deutlich geworden?*
- *Welche Unterschiede sind in dem Gespräch deutlich geworden?*
- *Können Sie Tendenzen identifizieren, welche Sichtweise Sie haben (z. B. ressourcen- oder defizitorientiert)?*

Bitte überprüfen Sie Gemeinsamkeiten und Unterschiede: Verabreden Sie, wer welchen Sachverhalt wie recherchiert (Literatur, Filme, Interviews) und wann Sie sich zum Austausch der Ergebnisse wieder zusammenfinden.

Dass beiden Bereichen, Familie und Kindertagesstätte, eine gleichermaßen herausragende Rolle im Leben des Kindes zukommt, macht Martin Textor auf der Grundlage von Daten der Bundeszentrale für gesundheitliche Aufklärung und des Bundesministeriums für Familie, Senioren, Frauen und Jugend (BMFSFJ) aus den Jahren 2008 und 2010 deutlich. Er nimmt Wach- und Schlafzeiten von Kindern in den Blick und konstatiert, dass ein Kind einen erheblichen Teil seiner wachen Zeit in der Kindertagesstätte bzw. in der externen Betreuungssituation verbringt. Die Wachphase erstreckt sich über rund die Hälfte des Tages und liegt, abhängig vom Alter des Kindes, bei zehn bis 13 Stunden. Selbst wenn davon ausgegangen werden kann, dass ein Kind bei einer Anwesenheitszeit von insgesamt acht Stunden zwei Stunden in der Kita schläft, bleiben sechs Stunden, die es aktiv und wach in der Kita begleitet wird (vgl. Textor, 2010, o. S.). Damit verbringt das Kind knapp die Hälfte seiner wachen Zeit in der Kindertagesstätte und gut die Hälfte in der Familie. Um das Kind an beiden Orten möglichst optimal begleiten und unterstützen zu können, bedarf es einer guten Erziehungs- und Bildungspartnerschaft zwischen pädagogischen Fachkräften und Eltern.

Alter:	1 Jahr	2 Jahre	3 Jahre	4 Jahre	5 Jahre
Schlafdauer:	13 Std. 45 Min.	13 Std.	12 Std.	11 Std. 30 Min.	11 Std.
Wachzeit:	10 Std. 15 Min	11 Std.	12 Std.	12 Std. 30 Min.	13 Std.
Ganztagsbetreuung:	8 Std.	8 Std.	8 Std.	8 Std.	8 Std.
Fernsehzeit:	0 Min.	0 Min.	73 Min.	73 Min.	73 Min.
Familienzeit:	2 Std. 15 Min.	3 Std.	2 Std. 47 Min.	3 Std. 17 Min.	3 Std. 47 Min.

(vgl. Textor, 2010, o. S.)

Rechtliche Grundlagen für die Erziehungs- und Bildungspartnerschaft mit Eltern
Die hohe Bedeutung, die (der Zusammenarbeit von) pädagogischen Fachkräften und Eltern für die Entwicklung des Kindes beigemessen wird, spiegelt sich in den rechtlichen Rahmenbedingungen für die Tätigkeit in der Kindertagesbetreuung auf verschiedenen Ebenen wider.

Die internationale Ebene
Im fünften Artikel der UN-Kinderrechtskonventionen – diese Charta wurde von der Regierung der Bundesrepublik Deutschland im Jahr 1992 unterzeichnet – wird die einzigartige Stellung von Eltern hervorgehoben.

Artikel 5 UN-Kinderrechtskonvention: Respektierung des Elternrechts

„Die Vertragsstaaten achten die Aufgaben, Rechte und Pflichten der Eltern oder gegebenenfalls, soweit nach Ortsbrauch vorgesehen, der Mitglieder der weiteren Familie oder der Gemeinschaft; des Vormunds oder anderer für das Kind gesetzlich verantwortlicher Personen, das Kind bei der Ausübung der in diesem Übereinkommen anerkannten Rechte in einer seiner Entwicklung entsprechenden Weise angemessen zu leiten und zu führen."

Darüber hinaus wird der Staat in die Verantwortung genommen, Eltern bei der Erfüllung ihrer Aufgaben Unterstützung zukommen zu lassen, z.B. durch „den Ausbau von Institutionen, Einrichtungen und Diensten für die Betreuung von Kindern" (Art. 18 Abs. 2 UN-Kinderrechtskonventionen).

Die Bundesebene

Die mit der Gestaltung einer Erziehungs- und Bildungspartnerschaft verbundenen Aufgaben sind auf Bundesebene in verschiedenen Gesetzen verankert: im Grundgesetz (GG), im Achten Sozialgesetzbuch (SGB VIII) bzw. dem Kinder- und Jugendhilfegesetz (KJHG), im Tagesbetreuungsausbaugesetz (TAG) sowie im entsprechenden Kindertagesstättengesetz (KitaG) der einzelnen Länder.

Nach § 1 Absatz 3 SGB VIII soll ...

„Jugendhilfe [...] zur Verwirklichung des Rechts nach Absatz 1 insbesondere
1. junge Menschen in ihrer individuellen und sozialen Entwicklung fördern und dazu beitragen, Benachteiligungen zu vermeiden oder abzubauen,
2. Eltern und andere Erziehungsberechtigte bei der Erziehung beraten und unterstützen,
3. Kinder und Jugendliche vor Gefahren für ihr Wohl schützen,
4. dazu beitragen, positive Lebensbedingungen für junge Menschen und ihre Familien sowie eine kinder- und familienfreundliche Umwelt zu erhalten oder zu schaffen."

Weiter wird auf die Aufgaben im Rahmen der Zusammenarbeit mit Eltern und auf ihre Gestaltung Bezug genommen:

Einrichtungen der Kindertagesbetreuung sollen gemäß § 22 Abs. 2 SGB VIII
„2. die Erziehung und Bildung in der Familie unterstützen und ergänzen,
3. den Eltern dabei helfen, Erwerbstätigkeit und Kindererziehung besser miteinander vereinbaren zu können."

Darüber hinaus gehört es zu den Aufgaben von Tageseinrichtungen, mit den Erziehungsberechtigten zum Wohle der Kinder zusammenzuarbeiten und die „Erziehungsberechtigten [...] an den Entscheidungen in wesentlichen Angelegenheiten der Erziehung, Bildung und Betreuung zu beteiligen" (§ 22a Abs. 2 SGB VIII).

Die Landesebene

Die Kindertagesstättengesetze der einzelnen Bundesländer differenzieren die Vorgaben des Achten Sozialgesetzbuch weiter aus. Dies soll im Folgenden am Beispiel des Kitagesetzes des Landes Brandenburgs (KitaG) verdeutlicht werden:

Hier hebt der Gesetzgeber zunächst hervor, dass die Erfüllung des Betreuungs-, Erziehungs- und Bildungsauftrags durch die Kindertagesstätte „in enger Zusammenarbeit mit der Familie und anderen Erziehungsberechtigten durchzuführen" ist (§ 4 Abs. 1 Abschnitt 2 KitaG) und dass die „demokratische Erziehung der Kinder [...] die Beteiligung von Eltern und sonstigen Erziehungsberechtigten, Erziehern und Erzieherinnen an allen wesentlichen Entscheidungen der Tagesstätten voraus[setzt] und [...] das demokratische Zusammenwirken aller Beteiligten [verlangt]" (§ 4 Abs. 2 Abschnitt 2 KitaG).

In einem nächsten Schritt betont der Gesetzgeber, dass Eltern und andere Erziehungsberechtigte an der Entwicklung der Konzeption und an ihrer organisatorischen Umsetzung in der pädagogischen Praxis zu beteiligen sind. Weiter sind Hospitationen durch Eltern im Tagesablauf, deren Anwesenheit in der Eingewöhnungsphase und deren Beteiligung bei gemeinsamen Unternehmungen zu fördern. Darüber hinaus sind Elternversammlungen zu etablieren, die dem Informationsaustausch und der Erörterung pädagogischer Fragen (Grundlagen, Ziele, Methoden usw.) dienen (vgl. § 6 Abs. 1 und 2 Abschnitt 2 KitaG).

Neben den gesetzlichen Grundlagen bieten die Bildungspläne und -programme der Bundesländer eine wichtige Orientierung zur Gestaltung der Zusammenarbeit mit den Eltern.

Vor diesen Hintergrund sind Kindertagesstätten vor die Aufgabe gestellt, die Ausgestaltung der Zusammenarbeit mit den Eltern in ihrer Kita-Konzeption zu konkretisieren. Dabei ist es nicht ausreichend, Handlungskonzepte zu entwickeln, die dazu dienen, auf der persönlichen Ebene ein gutes Verhältnis zu den Eltern herzustellen, sondern mit einem professionellen Anspruch die Zusammenarbeit mit den Eltern zu gestalten.

➔➔➔ **Merksatz**
„Anzustreben ist eine Erziehungspartnerschaft, bei der sich Familie und Kindertageseinrichtung füreinander öffnen, ihre Erziehungsvorstellungen austauschen und zum Wohl der ihnen anvertrauten Kinder kooperieren. Sie erkennen die Bedeutung der jeweils anderen Lebenswelt für das Kind an und teilen ihre gemeinsame Verantwortung für die Erziehung des Kindes. Bei einer partnerschaftlichen Zusammenarbeit von Fachkräften und Eltern findet das Kind ideale Entwicklungsbedingungen vor: Es erlebt, dass Familie und Tageseinrichtung eine positive Einstellung zueinander haben und (viel) voneinander wissen, dass beide Seiten gleichermaßen an seinem Wohl interessiert sind, sich ergänzen und einander wechselseitig bereichern."
(Bayerisches Staatsministerium für Arbeit und Sozialordnung, Familie und Frauen/Staatsinstitut für Frühpädagogik München, 2012, S. 426)

3.2 Zusammenarbeit zur Unterstützung des Kindes

In dem Übergang von der Familie in die Kindertagesstätte wird das Kind, wie oben bereits angesprochen, mit fremden Erwachsenen, unbekannten Kindern, anderen Räumlichkeiten, einem veränderten Tagesablauf und unvertrauten Routinen konfrontiert. Nun ist zwar jedes Kind prinzipiell in der Lage, sich in einer neuen Umgebung zurechtzufinden und neue Beziehungen aufzubauen, allerdings sind Übergangsprozesse dieser Art mit erheblichen Anpassungsleistungen verbunden. Je jünger das Kind ist, umso stärker ist es auf vertraute Bezugspersonen und stabile (belastbare) Beziehungen angewiesen, um die Anforderungen zu bewältigen, sich zu regulieren und im Gleichgewicht halten zu können.

> **Zum Weiterlesen**
> In den ersten Lebensjahren durchläuft das Kind unterschiedliche Übergänge, von der Familie in die Krippe, von der Krippe in den Kindergarten, vom Kindergarten in die Grundschule usw.
>
> Jeder dieser Übergänge ist mit Chancen und Belastungen, die bewältigt werden müssen, verbunden. Die Art und Weise, wie der jeweilige Übergang durch das Kind erlebt und bewältigt wird, ist in hohem Maße bedeutsam für seine (weitere) Entwicklung. So weisen vorliegende Ergebnisse aus der Transitionsforschung (siehe Wustmann, 2004 und Griebel/Niesel, 2004) darauf hin, dass Lernerfahrungen, die Menschen während eines Übergangs gemacht haben, auf den nächsten übertragen werden. Wenn ein Kind z. B. den Übergang in die Krippe als positiv erfährt und diese Phase kompetent und erfolgreich meistern konnte, geht es gestärkt aus dieser Transition hervor.

METHODE/TIPP

Transitionen und Transitionsforschung

➔➔➔ **Definition**

„Mit Transitionen werden komplexe, ineinander übergehende und sich überblendende Wandlungsprozesse bezeichnet, die sozial prozessierte, verdichtete und akzelerierte Phasen eines Lebenslaufs in sich verändernden Kontexten darstellen" (Welzer, 1993, S. 37).

Voraussetzungen, um den Übergang gut zu bewältigen, lassen sich wie folgt charakterisieren:

- „Das Ereignis [d.h. der Übergang] ist erwünscht.
- Die [beteiligten] Personen gestalten den Übergangsprozess aktiv mit und erleben sich als lernfähig und erfolgreich.
- Sie [die Kinder] bekommen Unterstützung durch vertraute Personen.
- Sie sind mit der Situation weitgehend vertraut, bevor sie diese allein bewältigen müssen.
- Sie finden in der neuen Situation Personen, die sie unterstützen, wertschätzen, willkommen heißen und ihre Fähigkeiten und Bedürfnisse wahrnehmen.
- Sie haben zu mindestens einer erwachsenen Bezugsperson in der neuen Institution eine verlässliche und vertrauensvolle Beziehung.
- Sie finden Herausforderungen, die sie gern meistern wollen, und sehen für sich neue Entwicklungschancen.
- Sie können unangenehme Gefühle, Ängste, Stress oder Überforderung äußern und finden Verständnis und keine Ablehnung" (Winner/Erndt-Doll, 2009, S. 23).

Findet eine Eingewöhnung in die Kita ohne die Begleitung einer vertrauten Bezugsperson statt, stellt sie einen Stressfaktor dar, der für das Kind eine nicht zu unterschätzende Krisensituation auslösen kann.

In diesem Zusammenhang halten Laewen/Andres/Hédervári für unter Dreijährige fest, dass die Aufnahme eines Kindes ohne die Beteiligung einer Bezugsperson „an den Tatbestand der Kindesmisshandlung [grenzt]" (Laewen/Andres/Hédervári, 2011, S. 21). Aus ihrer Sicht ist ein Kind, insbesondere im Krippenalter, mit dem Übergangsprozess alleine überfordert. Sie verweisen auf Forschungsergebnisse, die einen Zusammenhang zwischen der (fehlenden) Begleitung durch eine Bezugsperson und der kindlichen Gesundheit sowie seinen Entwicklungschancen nachweisen. Hierzu zählen erhöhte krankheitsbedingte Fehlzeiten, Entwicklungsrückstände und Irritationen in der Bindung zur primären Bindungsperson (vgl. Laewen/Andres/Hédervári, 2011, S. 20 f.). Die kindlichen Reaktionen sehen Laewen/Andres/Hédervári in den frühen Bindungsbeziehungen begründet.

Aufgrund der zentralen Bedeutung dieser Beziehungen für die Gestaltung der Eingewöhnungssituation sowie der Zusammenarbeit mit den Eltern gilt es, zunächst einen Blick auf Grundlagen der Bindungstheorie zu werfen.

Praxisaufgabe: Perspektivwechsel

Bitte kommen Sie zu zweit ins Gespräch: Sie verfügen über unterschiedliche Erfahrungen mit Übergangsprozessen. Erinnern Sie sich bitte an einen für Sie persönlich bedeutsamen Übergang als Betroffene oder Betroffener, z. B. als Kind, als Mutter oder als Vater.

- *Wie haben Sie den Übergang erlebt?*
- *Was hat aus Ihrer Sicht zum Gelingen beigetragen und was hat Sie besonders herausgefordert?*
- *Wo liegen Gemeinsamkeiten in Ihren Erfahrungen?*
- *Wo liegen Unterschiede in Ihren Erfahrungen?*
- *Welche Schlussfolgerungen ziehen Sie für die Gestaltung der Eingewöhnungssituation mit Kind und Eltern in der Kita?*

Aufgabe für das Selbststudium:

Welche Literatur würden Sie Ihren Kommilitoninnen und Kommilitonen zu der Frage nach „Auswirkungen einer fehlenden oder ungünstig verlaufenen Eingewöhnung von einjährigen Kindern auf die weitere kindliche Entwicklung" empfehlen? Viele Freude bei der Recherche!

Bindung, Fremde Situation, Bindungsqualitäten – Grundlagen der Bindungstheorie

Mitte des letzten Jahrhunderts wurden durch die Arbeiten des britischen Kinderpsychiaters und Entwicklungsanalytikers John Bowlby und der kanadischen Psychologin Mary Ainsworth die Grundlagen der heutigen Bindungsforschung gelegt. Die Erkenntnisse und Überlegungen aus den Arbeiten Bowlbys und Ainsworths bilden eine wichtige Basis für Fachdiskussionen über die Ermöglichung nachhaltiger Bildungsprozesse in der Kita (vgl. Bethke/Braukhane/Knobeloch, 2009, S. 8).

Bindung wurde von Bowlby als ein emotionales, unsichtbares Band beschrieben, welches ein Kind und eine ihm vertraute Person, seine Bindungsperson, über Zeit und Raum hinweg verbindet. Diese enge Verbindung ist existenziell wichtig für das Überleben des Kindes, da es sich als schwächeres und hilfebedürftiges Wesen in der Obhut einer stärkeren erwachsenen Person befindet (vgl. Bethke/Braukhane/Knobeloch, 2009, S. 9).

Eine Voraussetzung für das Entstehen von Bindungsbeziehungen ist das Bindungsprogramm, mit dem Neugeborene zur Welt kommen. Zu diesem Programm zählen sowohl das sogenannte Kindchenschema, mit dem das Kind Zuwendung auslösen kann, wie auch ein angeborenes Verhaltensrepertoire, zu dem Weinen, Schreien und Nachfolgen gehören.

Wie sich Bindungsbeziehungen entwickeln bzw. ausprägen, hängt im Wesentlichen davon ab, wie die Bindungsperson auf die Signale des Kindes reagiert, ob und in welcher Art und Weise sie diese beantwortet. Wie das Kind besitzen auch Erwachsene unbewusste Verhaltensmuster, mit denen sie auf die Signale des Kindes reagieren. In diesem Zusammenhang spielt das sogenannte intuitive Elternprogramm eine wichtige Rolle, das das Verhalten der Bindungspersonen unbewusst aktiviert und in der Regel angemessen steuert. Zu diesem Programm zählen Verhaltensweisen, wie z. B. verlangsamtes Sprechen, Übertreiben der Mimik, Vereinfachen der Sprache sowie Sprechen in einer hohen Stimmlage und in einer Sing-Sang-Melodie.

Der Aufbau von Bindungen beginnt mit der Geburt des Kindes und festigt sich zunehmend bis zum Alter von ca. 18 Monaten (vgl. Laewen/Andres/Hédervári, 2011, S. 27 f.). Bindungsbeziehungen können eine unterschiedliche Qualität haben. Bei der Erforschung der Ursachen unterschiedlicher Bindungsqualitäten, auf die später noch eingegangen wird, hat sich vor allen die (elterliche) Feinfühligkeit als wichtigsten Einflussfaktor erwiesen.

➔➔➔ **Definition**
(Elterliche) Feinfühligkeit: Die (elterliche) Feinfühligkeit bezieht sich auf das Vermögen der Bindungsperson, die Bedürfnisse des Kindes wahrzunehmen und richtig zu interpretieren, sowie auf ihre Fähigkeit, prompt und angemessen zu reagieren.

Mary Ainsworth hat für eine gute elterliche Feinfühligkeit in der Interaktion mit dem Kind insgesamt vier Merkmale definiert (vgl. Ainsworth, 1977):

- Die Eltern nehmen die Signale des Kindes wahr. Sie haben es aufmerksam im Blick und bemerken schnell, wenn das Kind ihnen etwas Wichtiges mitteilt.

- Die Eltern interpretieren die Äußerungen des Kindes richtig. Dies gelingt gerade dann am besten, wenn sie sich in die Lage des Kindes versetzen können und nicht ihre eigenen Bedürfnisse als Verständnisgrundlage heranziehen. So bemerkt das Kind, dass es Einfluss auf seine Umwelt hat.

- Die Eltern reagieren prompt, d.h. umgehend und ohne größere Verzögerungen. Nur so lernt das Kind, eine Verbindung zwischen seinem Verhalten und der herbeigesehnten Reaktion der Eltern herzustellen. Aus dieser Verknüpfung von Aktion und Reaktion entsteht beim Kind ein erstes Gefühl von Effektivität.

- Die Eltern reagieren angemessen auf die Äußerungen des Kindes, d.h., sie dosieren ihre Interventionen entsprechend den realen Bedürfnissen des Kindes. Das Kind lernt dabei seine Signale differenziert einzusetzen.

(vgl. Bethke/Braukhane/Knobeloch, 2009, S. 23)

Das spätere Bindungsverhalten des Kindes, der Ausdruck und die Mitteilung emotionaler Bedürfnisse ergeben sich aus den Erfahrungen mit der Bindungsperson und werden somit maßgeblich durch die (elterliche) Feinfühligkeit bestimmt. In zahlreichen Studien, z. B. in Deutschland durch Klaus und Karin Grossmann, konnte nachgewiesen werden, dass eine hohe (elterliche) Feinfühligkeit zu einer sogenannten sicheren Bindung beim Kind führt: Antworten Eltern auf die kindlichen Bedürfnisse sofort, angemessen und verlässlich, so entwickelt das Kind ein Ur-Vertrauen in seine soziale Umwelt (vgl. Bethke/Braukhane/Knobeloch, 2009, S. 23).

> **Zum Weiterlesen**
> Intuitive Didaktik und Responsivität: Grundlagen für die professionelle Gestaltung von Interaktionen in der Krippe
>
> In der Diskussion um eine professionelle Gestaltung von Interaktionen mit Klein(st)kindern wird u. a. die Frage diskutiert, inwieweit die intuitive Didaktik, die Eltern und andere Bezugspersonen in der Interaktion mit einem Säugling oder Kleinkind zeigen, als Modell für frühpädagogisches Handeln dienen kann.
>
> ➔➔➔ **Definition**
> Intuitive Didaktik bedeutet das Zusammenspiel von biologisch verankerten Wahrnehmungs-, Kommunikations- und Handlungsfähigkeiten bei einem Säugling/Kleinkind und seinen Bezugspersonen.
>
> In dieser Diskussion findet sich ähnlich dem Begriff der (elterlichen) Feinfühligkeit in der Bindungstheorie jener der Responsivität. Er bezieht sich darauf, dass Verhaltensweisen, die mit dem Konzept der intuitiven Didaktik in den Blick genommen wurden, „abgestimmt – responsiv – gezeigt werden und (!) im Kontext eines ‚haltenden' Sicherheitsrahmen erfolgen" (Gutknecht, 2012, S. 15).
>
> ➔➔➔ **Definition**
> Responsivität meint das Abstimmungsverhalten von Bezugspersonen, mit dem sie die Signale des Kindes wahrnehmen und prompt und verlässlich beantworten.
>
> Auch wenn im Konzept der intuitiven Didaktik „alle Bezugspersonen [...] als mit intuitiv-didaktischen Fähigkeiten begabte Personen" (Gutknecht, 2012, S. 13) verstanden werden, gilt es aus Gutknechts Sicht, die Responsivität pädagogischer Fachkräfte gezielt zu schulen. „Dies betrifft ihre Fähigkeit eine emotionale Beziehung zum Kind aufzubauen, sowie ihre Möglichkeiten, die Initiativen des Kindes in Spiel, Sprache und Bewegung in spontaner Weise aufzunehmen. In achtsamer Weise müssen dabei Verarbeitungstempo und -niveau des Kindes berücksichtigt werden." (Gutknecht, 2012, S. 15).

METHODE/TIPP

Für die pädagogische Praxis ist besonders bedeutsam, dass sich mit der Bindungsforschung langfristige Effekte von Bindungsbeziehungen auf die Entwicklung des Kindes nachweisen lassen. Ein Beispiel dafür ist die Erkenntnis, dass die sogenannte sichere Bindung sich besonders begünstigend auf die kindliche Entwicklung auswirkt. Ein Kind wird nur dann seine Umgebung eigenaktiv erkunden und nachhaltig lernen können, wenn es innere Sicherheit empfindet.

Davon ausgehend gilt es in Eingewöhnungssituationen Voraussetzungen zu schaffen, unter denen das Kind eben diese innere Sicherheit empfinden kann, um sich die neue Umgebung zu erschließen und sich in ihr zurechtzufinden. Dazu gehört auch eine begründete Einschätzung der Beziehung zwischen Kind und seiner Bezugsperson. Doch welche Unterschiede kann es bei Bindungsbeziehungen geben, woran lässt sich die Qualität einer Bindungsbeziehung erkennen?

In diesem Zusammenhang sind die Arbeiten von Ainsworth, mit denen sie bereits in den 1970er Jahren aufzeigte, dass die Bindungen von Kindern an ihre Mütter unterschiedlicher Art sein können, weiterführend. Ainsworth entwickelte eine standardisierte Laborsituation, die sogenannte Fremde Situation, um unterschiedliche Bindungsqualitäten zu charakterisieren (siehe Stegmaier 2008).

> **METHODE/TIPP**
>
> **Die Fremde Situation**
> Der Fremde-Situation-Test provoziert das Bindungs- und Erkundungsverhalten des Kindes im Alter von zwölf und 18 Monaten und ist in insgesamt acht Episoden von je drei Minuten unterteilt.
>
> 1. Das Kind betritt mit der Mutter einen fremden Raum mit einer Vielzahl an Spielzeug.
> 2. Die Mutter setzt sich auf einen Stuhl, das Kind erkundet den ungewohnten Raum und das Spielzeug.
> 3. Eine fremde Person kommt herein, beginnt ein Gespräch mit der Mutter und nimmt Kontakt zum Kind auf.
> 4. Die Mutter verlässt den Raum, ohne sich von dem Kind zu verabschieden. Die fremde Person bleibt mit dem Kind allein.
> 5. Die Mutter kommt zurück und tröstet evtl. das Kind, die fremde Person verlässt den Raum.
> 6. Die Mutter verabschiedet sich von dem Kind und verlässt den Raum.
> 7. Die fremde Person betritt den Raum und versucht, falls notwendig, das Kind zu trösten.
> 8. Die Mutter kommt herein und begrüßt ihr Kind, die fremde Person geht hinaus. (vgl. Stegmaier, 2008, o. S.)

Während der Testsituation liegt der Fokus auf dem Verhalten des Kindes bei der Trennung von und der Wiedervereinigung mit der Mutter. In der ersten Episode soll das Erkundungsverhalten des Kindes angeregt werden: Die Mutter verweilt mit dem Kind gemeinsam in einem Raum, in dem attraktive Spielmaterialien bereitliegen. In den folgenden Episoden werden dem Kind Belastungen in Form von fremden Personen und Trennungen von der Mutter zugemutet, die sein Bindungsverhalten aktivieren (sollen). Die Trennungs- und Wiedervereinigungssituationen mit der Mutter gelten als Schlüsselsituationen des Tests und sind deshalb zentraler Gegenstand der Beobachtung (vgl. Oerter/ Montada, 2002, S. 199).

Insgesamt lassen sich vier unterschiedliche Bindungsqualitäten charakterisieren.

1. Bei der unsicher-vermeidenden Bindung (A) suchen die Kinder kaum den Kontakt zu ihrer Bindungsperson und zeigen bei einer Trennung und Wiedervereinigung nur wenige Reaktionen. Die Kinder scheinen ihre Gefühle zu unterdrücken und suchen nicht nach körperlicher Nähe und Trost bei ihrer Bindungsperson. Jedoch leiden sie unter hohem Stress und

innerer Anspannung. Dies wurde durch Untersuchungen zum Cortisolspiegel und der Herzrate festgestellt. Das Explorationsverhalten der Kinder überwiegt auf Kosten des Bindungsverhaltens.

2. Kinder mit einer sicheren Bindung (B) begrüßen ihre Bindungsperson bei der Wiedervereinigung freudig und zeigen ebenso ihre negativen Gefühle bei einer Trennung, von fremden Personen lassen sie sich nicht trösten und/oder ablenken. Erst durch die Wiederherstellung von Nähe mit ihrer Bindungsperson beruhigen sie sich sehr schnell und finden ihr inneres Gleichgewicht wieder. Explorations- und Bindungsverhalten der sicher gebundenen Kinder halten sich die Waage.

3. Für Kinder, die eine unsicher-ambivalente Bindung (C) aufweisen, ist charakteristisch, dass sie bei Trennungen überängstlich und hilflos reagieren und bei der Wiedervereinigung mit der Bindungsperson widersprüchliches Verhalten zeigen. Einerseits suchen sie die Nähe zu ihrer Bindungsperson, andererseits stoßen sie die Bindungsperson körperlich von sich weg. Auf die Trennung reagieren sie mit unkontrollierter Wut, mit Angst und Ärger, ihr Bindungsverhalten ist auf Kosten des Explorationsverhaltens chronisch aktiviert.

4. Bei der unsicher-desorganisierte/desorientierte Bindung (D) zeigen die Kinder während der Trennung ein bizarres Verhalten wie Erstarren, zielloses Umherwandern oder auch Angst. Als Reaktion auf die Bindungsperson zeigen sie gegenüber dieser bei der Wiedervereinigung irritierte und widersprüchliche Verhaltensweisen z. B. verlangsamte Mimik, stereotype Bewegungen, zufällig wirkende Aggressionen und Autoaggression. Kinder dieser Bindungsqualität zeigen weder Explorations- noch gerichtetes Bindungsverhalten.

(vgl. Behtke/Braukhane/Knobeloch, 2009, S. 19 f.)

Praxisaufgabe

Bitte entscheiden Sie sich für eine der vier Bindungsqualitäten und beschreiben Sie, wie sich das betreffende Kind über die acht Episoden der Fremden Situation hinweg verhalten würde. Nehmen Sie dazu auch die angegebene Literatur zu Hilfe.

Der Fremde-Situations-Test weist augenscheinlich eine Ähnlichkeit mit dem Eintritt des Kindes in die Kindertagesstätte auf: Die Umgebung ist fremd und es müssen Trennungen von der Bezugsperson vollzogen werden. Vor dem Hintergrund der Erkenntnisse aus der Bindungstheorie können Erzieherinnen und Erzieher die Eingewöhnungssituationen auf das jeweilige Kind und seine Bezugsperson abstimmen. Die pädagogischen Fachkräfte können ihre jeweilige Vorgehensweise den Eltern gegenüber begründet darstellen und unterschiedliche Verhaltensweisen des Kindes nachvollziehbar erläutern.

Erzieher-Kind-Interaktionen

Es liegt nahe davon auszugehen, dass eine professionelle, d.h. individualisierte, intensive und responsive, Gestaltung von Interaktionen zur gängigen pädagogischen Praxis in Kindertageseinrichtungen zählt. Dies kann vor dem Hintergrund vorliegender Studien allerdings nicht vorausgesetzt werden. Bisher liegen zwar nur wenige empirische Befunde zur Erzieher-Kind-Interaktion vor, diese weisen allerdings darauf hin, dass Häufigkeit und Responsivität in der Fachkraft-Kind-Interaktion, trotz der Bedeutung, die die Fachkräfte diesen Interaktionen beimessen, eher gering ausfallen.

METHODE/TIPP

METHODE/TIPP

Zur Veranschaulichung sollen nachfolgende Beispiele dienen (siehe dazu die Zusammenfassung von Forschungsergebnissen bei Gutknecht (2012) und Textor (2007)):

Im Rahmen einer amerikanischen Studie von Layzer/Goodson/Moos aus dem Jahr 1993 wurde beobachtet, dass Fachkräfte nur wenig Zeit in Einzelinteraktionen mit Kindern verbrachten. Die Ergebnisse zeigten z. B., dass …

– Fachkräfte in der Regel mit der ganzen Gruppe interagieren oder mit einer großen Teilgruppe,
– Fachkräfte mit einzelnen Kindern nur rund zehn Prozent der Zeit verbringen und
– mehr als 30 Prozent der Kinder über den Beobachtungszeitraum von einer Woche keinen Einzelkontakt zu einer Fachkraft hatten.

Zu ähnlichen Schlussfolgerungen führten die Ergebnisse einer weiteren amerikanischen Studie von Kontos und Wilcox-Herzog aus dem Jahr 1997. Hier ließ sich u. a. beobachten, dass …

– Kleinkinder während 28 bis 79 Prozent der Zeit, in der sich Fachkräfte in ihrer unmittelbaren Nähe aufhielten, ignoriert wurden,
– es lediglich während zehn bis 31 Prozent der Zeit zu verbalen oder non-verbalen Fachkraft-Kind-Interaktionen kam und
– sich die Kinder rund 80 Prozent ihrer Zeit entfernt von Fachkräften oder, wenn diese in der Nähe waren, ohne Interaktionen mit ihnen aufhielten.

(vgl. Textor, 2007, o. S., und Gutknecht, 2012, S. 27 f.)

3.3 Die Zusammenarbeit von Anfang an professionell gestalten

Die Eingewöhnung eines Kindes in die Kindertagesstätte und der respektvolle Umgang mit seinen Eltern bedürfen eines überlegten Konzeptes, das durch das gesamte Team getragen wird. Bei der Entwicklung eines solchen Eingewöhnungskonzeptes ist es hilfreich, sich über einen möglichen Verlauf und konkrete Handlungsschritte zu verständigen. Das gibt einerseits Handlungssicherheit und erlaubt andererseits Eltern gegenüber ein hohes Maß an Transparenz.

Die einzelnen Handlungsschritte müssen bei jeder neuen Eingewöhnung überprüft und individuell an die Bedürfnisse und Vorerfahrungen des Kindes und seiner Eltern angepasst werden.

Eine gute Orientierung können hier Eingewöhnungsmodelle bieten, die in der pädagogischen Praxis Verwendung finden. Im Folgenden werden zwei in Phasen gegliederte Modelle vorgestellt, in denen der Blick auf das Wohl des Kindes sowie die Beteiligung von Eltern eine große Rolle spielen und Aspekte der Zusammenarbeit gut ausformuliert sind: das Berliner Eingewöhnungsmodell nach infans aus den 1980er und 1990er Jahren und das Münchner Eingewöhnungsmodell, veröffentlicht von Winner und Erndt-Doll im Jahr 2009.

3.3.1 Zwei Eingewöhnungsmodelle und die Rolle der Eltern

Die Eingewöhnungszeit ist für viele Erzieherinnen und Erzieher eine Phase großer beruflicher Anstrengungen und teilweise auch eine große Belastung. Sie müssen sich auf (mindestens) ein neues Kind und seine Eltern einstellen und haben Kind und Eltern stundenweise in ihren Räumen zu Gast. Neben der besonderen Aufmerksamkeit, die in dieser Situation gefordert ist, gilt es – abhängig von Absprachen mit Kolleginnen und Kollegen und der Gestaltung des Dienstplans –, den pädagogischen Alltag zu bewältigen und auch den anderen Kindern der Gruppe Aufmerksamkeit zu schenken.

Anmerkung
In den Schilderungen zu den Eingewöhnungsmodellen wird in den Originalen (fast) ausschließlich von der Mutter gesprochen. Um möglichst nah am Original zu bleiben, wurde hier der Begriff Mutter übernommen, wohl wissend, dass auch der Vater oder eine andere primäre Bindungsperson des Kindes die Eingewöhnung übernehmen kann.

3.3.1.1 Das Berliner Eingewöhnungsmodell nach infans

Ziel der Eingewöhnung nach dem Berliner Eingewöhnungsmodell infans (siehe Laewen/Andres/Hédervári, 2011) ist eine individuell gestaltete Eingewöhnung, die es dem Kind ermöglichen soll, sich von der Bezugsperson langsam zu trennen und eine tragfähige Beziehung zu der (noch) neuen Erzieherin oder dem Erzieher aufzubauen. Um diesen Prozess möglichst optimal zu gestalten, braucht es die Unterstützung der Bindungsperson des Kindes.

Das Berliner Eingewöhnungsmodell basiert in seinen Grundannahmen auf Erkenntnissen der Bindungsforschung. Zudem wird die angestrebte sichere (Bindungs-)Beziehung des Kindes zu seiner Erzieherin oder seinem Erzieher als wesentliche Voraussetzung für gelingende Bildungsprozesse verstanden. Das Modell wurde vorrangig für die Eingewöhnung von Kindern unter drei Jahren entwickelt und wird seit über 20 Jahren bundesweit in Kindertagesstätten umgesetzt. Damit ist es eines der am weitverbreitetsten Modelle zur Eingewöhnung von Kindern in Deutschland.

Die einzelnen infans-Phasen im Überblick
1. Die Informationen an die Eltern
2. Die dreitägige Grundphase
3. Der erste Trennungsversuch
4. Die Stabilisierungsphase
5. Die Schlussphase

3.3.1.2 Das Münchner Eingewöhnungsmodell

Das Ziel des Münchner Eingewöhnungsmodells liegt darin, die Übergangs- und Trennungssituation für alle Beteiligten (das Kind, die Eltern, die pädagogischen Fachkräfte) als positive Lernmöglichkeit zu gestalten. Dem Weg hin zum eingewöhnten Kind wird eine hohe Bedeutung beigemessen. Es soll den Beteiligten möglich sein, sich als aktiv, lernfähig und erfolgreich erleben zu können (vgl. Winner/Erndt-Doll, 2009, S. 43).

Das Münchner Eingewöhnungsmodell beruht auf einer familien- und entwicklungspsychologischen Perspektive (vgl. Winner/Erndt-Doll, 2009, S. 18) und stützt sich in seinen Grundannahmen auf drei Säulen:

1. Das Kind kommt als kompetenter Säugling zur Welt.
2. Die Krippe ist die erste gesellschaftliche Bildungsinstitution.
3. Übergangsphasen (Transitionen) sind krisenhafte Phasen in der Entwicklung, die betroffene Person befindet sich während des Übergangs in einer Art Schwebephase.

Das Eingewöhnungsmodell wurde im Rahmen eines Modellprojektes durch Kuno E. Beller von 1987 bis 1991 in München erprobt und ist sowohl für Kinder im Kleinkindalter als auch für Kinder im Kindergartenalter geeignet.

Die einzelnen Phasen des Münchner Eingewöhnungsmodells im Überblick
1. Die Eingewöhnung vorbereiten
2. Das Kennenlernen
3. Sicherheit gewinnen
4. Vertrauen entwickeln
5. Auswertung und Abschluss der Eingewöhnung

METHODE/TIPP

Zum Hintergrund des Münchner Eingewöhnungsmodells
Kuno E. Beller entwarf dieses Modell der Eingewöhnung bereits in den 1980er und entwickelte es in den 1990er Jahren weiter. Der Kern des Modells liegt darin, das Kind nicht als hilflos und passiv gegenüber den Eingewöhnungsmaßnahmen der Erwachsenen zu definieren. Beller kritisiert, dass hinter dem Berliner Eingewöhnungsmodell eine Vorstellung von außerfamilialer Betreuung als Risiko für eine ungestörte kindliche Entwicklung und damit eine idealisierte Vorstellung von mütterlicher Begleitung und Familie stehen könnte. Dem möchte er eine Vorstellung vom Kind als eigenaktives Wesen entgegensetzen. Zur Unterstützung der aktiven Auseinandersetzung von Kind, Elternteil und Fachkraft mit jenem Stress, der über die Bewältigung von Veränderungen entsteht, setzt er auf stressreduzierende Maßnahmen und Unterstützungssysteme für alle Beteiligten, also auch für die Eltern und die Fachkräfte. Für das Kind betont er die Bedeutung der anderen Kinder in der Gruppe (vgl. Griebel/Niesel, 2005, o. S.).

3.3.2 Die Eingewöhnungsmodelle im Überblick

Um einen Einblick in die Gestaltung von Eingewöhnungen nach beiden Modellen zu geben, werden diese hier in Kurzform dargestellt. (Diese Kurzform kann der Komplexität der Modelle nicht gerecht werden, ermöglicht jedoch einen ersten Eindruck zum Verlauf und den jeweiligen Vorgehensweisen.)

Berliner Eingewöhnungsmodell (vgl. Laewen/Andres/Hédervári, 2011)	Münchener Eingewöhnungsmodell (vgl. Winner/Erndt-Doll, 2009)
Informationen an die Eltern Die Eltern müssen frühzeitig von der Leitung und/oder der zukünftigen Bezugserzieherin/dem zukünftigen Bezugserzieher des Kindes über die Bedeutung der Eingewöhnung, die Wichtigkeit ihrer Anwesenheit, ihre Rolle für das Kind (Stichwort sicherer Hafen) und den Ablauf detailliert informiert werden. Für die Eingewöhnung sollte ein Zeitraum von zwei bis vier Wochen eingeplant werden. In dieser Zeit ist es wichtig, besondere Belastungssituationen (z. B. Umzug, neues Geschwisterkind) zu vermeiden.	**Vorbereitung der Eingewöhnung** Die Informations- und Aufnahmegespräche erfolgen mit der Leitung. Nach Abschluss des Betreuungsvertrags folgt ein ausführliches Gespräch, möglichst mit der zukünftigen Bezugserzieherin/dem zukünftigen Bezugserzieher und/oder der Leitung, um die Eingewöhnung zu besprechen. Hilfreich ist ein Eingewöhnungsnotizbuch für die Eltern, in dem die grundlegenden Informationen zur Eingewöhnung zusammengefasst sind und in dem die Eltern die Möglichkeit haben, eigene Notizen und Fragen zu notieren. Auch können Erzieherinnen und Erzieher kurze Beobachtungen aus dem Kitaalltag einschreiben.
Die dreitägige Grundphase Die Eingewöhnung beginnt mit der Grundphase, in der die Mutter sich für ein bis zwei Stunden mit dem Kind in der Kita aufhält. Dabei sollten sie eine eher passive, den Signalen ihres Kindes gegenüber jedoch aufmerksame Haltung einnehmen. Für das Kind symbolisiert sie den sicheren Hafen. Bereits in diesen Tagen versucht die Erzieherin bzw. der Erzieher, vorsichtig über Spielangebote den Kontakt zum Kind aufzubauen. Wichtig ist, dass in diesen ersten Tagen keine Trennungsversuche stattfinden und die Pflegeroutinen von der Mutter übernommen werden.	**Das Kennenlernen** Die Eingewöhnung beginnt mit einer Schnupperwoche (vier bis fünf Tage), in der die Mutter und das Kind täglich für etwa zwei bis drei Stunden die Kita besuchen und so einen Einblick in den Tagesablauf und die Strukturen erfahren. Hier sind die pädagogischen Fachkräfte sozusagen Gastgeberinnen und Gastgeber. Die Mutter und das Kind werden ermuntert, sich frei im ganzen Haus zu bewegen, die Kita zu unterschiedlichen Zeiten zu besuchen und so die gesamte Einrichtung und alle Erzieherinnen und Erzieher kennenzulernen. Diese halten sich weitgehend zurück und haben in dieser Zeit eine eher beobachtende Rolle, um das Kind kennenzulernen.
Der erste Trennungsversuch Am vierten Tag verabschiedet sich die Mutter nach einiger Zeit von ihrem Kind und verlässt den Gruppenraum. An diesem Punkt entscheidet sich die Länge der Eingewöhnung. Wenn sich das Kind schnell von der Erzieherin bzw. dem Erzieher beruhigen lässt oder es über	**Sicherheit gewinnen** In dieser Phase sollen vor allem die Kinder Sicherheit durch Wiederholung gewinnen. Dabei bleiben die Mutter und das Kind in etwa in dem Zeitraum anwesend, den das Kind später in der Kita verbringen wird. Auch diese Phase dauert ca. sechs Tage. Die Erzieherin bzw.

Berliner Eingewöhnungsmodell (vgl. Laewen/Andres/Hédervári, 2011)	Münchener Eingewöhnungsmodell (vgl. Winner/Erndt-Doll, 2009)
den Fortgang der Mutter eher gleichmütig erscheint, sollte die erste Trennungsperiode 30 Minuten betragen. In diesem Fall zeigt das Kind ein unsicheres Bindungsverhalten und die gesamte Länge der Eingewöhnung sollte etwas kürzer orientiert sein, hier ist eine Woche vorgeschlagen. Wirkt das Kind hingegen verstört oder beginnt zu weinen und lässt sich nicht nach kurzer Zeit von der Erzieherin bzw. dem Erzieher trösten, sollte die Trennungsperiode nicht länger als zwei bis drei Minuten betragen. Hier liegt eine tendenziell sichere Bindung vor und für die Eingewöhnung sollte ein Zeitraum von zwei bis drei Wochen geplant werden.	der Erzieher beginnt, immer wieder indirekten Kontakt zu dem Kind aufzunehmen, und übernimmt nach einigen Tagen die Pflegesituationen im Beisein der Mutter. Täglich finden kurze Gespräch mit der Mutter statt.
Die Stabilisierungsphase	**Vertrauen entwickeln**
Diese Phase beginnt mit dem fünften Tag, wenn das Kind die Trennung von der Mutter am vierten Tag akzeptiert hat und sich von der Erzieherin bzw. dem Erzieher trösten lässt. Wenn das Kind die Trennung noch nicht akzeptiert, sollte mit einem nächsten Trennungsversuch bis zur zweiten Woche gewartet werden. Dabei ist die grundsätzliche Montags-nie-Regel einzuhalten. Die Erzieherin bzw. der Erzieher beginnt nun zunehmend mit der pflegerischen Versorgung des Kindes und bietet sich gezielt als Spielpartnerin bzw. Spielpartner an. Die Trennungszeiten werden täglich verlängert, wobei immer die kindlichen Signale zu beachten sind.	Die erste Trennung (30–60 Minuten) von der Mutter erfolgt am elften oder zwölften Tag. Eine Trennung sollte nur durchgeführt werden, wenn beobachtet werden konnte, dass das Kind Sicherheit im Tagesablauf und im Umgang mit der Erzieherin bzw. dem Erzieher gefunden hat. Dann verlängert sich die Abwesenheitszeit der Mutter. Entscheidend für den weiteren Verlauf ist die Reaktion des Kindes auf die Mutter vor und nach der Trennung. Hilfreich ist hierbei die aktive Einbeziehung der gesamten Kindergruppe, um dem Kind interessante Anregungen anzubieten. Die Erzieherin bzw. der Erzieher versucht, das Kind in seinem evtl. Kummer über die Trennung zu verstehen und diesen in Worte zu fassen.
Die Schlussphase	**Auswertung und Abschluss der Eingewöhnung**
In der Schlussphase der Eingewöhnung sollte die Mutter für Notfälle telefonisch erreichbar, jedoch muss sie nicht mehr in der Kita anwesend sein. Idealerweise wird das Kind in den ersten Wochen nur halbtags betreut. Die Eingewöhnung gilt als abgeschlossen, wenn sich das Kind nachhaltig von der Erzieherin bzw. dem Erzieher trösten lässt, sie bzw. ihn als sichere Basis akzeptiert, sich auf Spielangebote einlässt und Freude und Interesse in der Kita und am Kitaleben zeigt.	Die gesamte Eingewöhnung wird durch tägliche Gespräche seitens der Erzieherin bzw. dem Erzieher mit der Mutter begleitet. Die Eingewöhnung sollte jedoch durch ein Auswertungsgespräch ihren Abschluss finden, in dem die Mutter und die Erzieherin bzw. der Erzieher die Eingewöhnungszeit gemeinsam reflektieren können. Das Gespräch charakterisiert den abgeschlossenen Übergang des Kindes und der Mutter in die Kita.

Praxisaufgaben

1. Stellen Sie sich vor, Sie sind ein Elternteil, das sein Kind in die Kita eingewöhnen möchte: Welches der Eingewöhnungsmodelle würden Sie favorisieren? Bitte begründen Sie Ihre Entscheidung.

2. Stellen Sie sich vor, Sie sind Erzieherin oder Erzieher und müssten den Eltern die Vorzüge eines der Eingewöhnungsmodelle darlegen. Welches der Eingewöhnungsmodelle würden Sie favorisieren? Bitte begründen Sie Ihre Entscheidung.

3.3.3 Die Zusammenarbeit mit den Eltern in beiden Eingewöhnungsmodellen

In beiden Modellen ist die Beteiligung der Eltern an der Eingewöhnung von entscheidender Bedeutung: Ihnen wird eine zentrale und aktive Rolle zugeschrieben. Gleichermaßen bedeutsam sind die Beziehung und der Dialog zwischen den pädagogischen Fachkräften und den Eltern. Der Aufbau dieser Beziehung liegt in der Verantwortung der Erzieherinnen und Erzieher.

Dennoch gibt es einige Punkte, in denen sich die beiden Eingewöhnungsmodelle unterscheiden. Neben der differenten theoretischen Herleitung lassen sich auch Unterschiede in der praktischen Gestaltung feststellen.

Im infans-Eingewöhnungsmodell wird ein Beziehungsdreieck zwischen dem Kind, dessen vertrauter familialer Bindungsperson (Elternteil) und der pädagogischen Fachkraft gezeichnet. Für die erfolgreiche Bewältigung der Eingewöhnung werden die Eltern aktiv eingebunden. Das Kind hält sich in den ersten Tagen in Gegenwart der vertrauten Bindungsperson nur für kurze Dauer in der Kita auf und gewöhnt sich in Begleitung der Eltern an die neue Umgebung und an die neuen Personen, wobei die tägliche Anwesenheitszeit langsam gesteigert wird. Für das Kind und für die Eltern ist eine bestimmte pädagogische Fachkraft der konstante Ansprechpartner und Bezugsperson, zu der das Kind eine Beziehung aufbaut (vgl. Griebel/Niesel, 2005, o. S.).

Im Münchner Eingewöhnungsmodell ist die erste Zeit des Kennenlernens nicht auf einen bestimmten Raum und auch nicht auf eine bestimmte pädagogische Fachkraft festgelegt. Vielmehr sind die Eltern aufgefordert, die gesamte Kita räumlich kennenzulernen und den Kontakt zu allen Erzieherinnen und Erziehern zu suchen. Zudem sollen die Eltern mit dem Kind zu unterschiedlichen Zeiten stundenweise die Einrichtung besuchen, um einen Einblick in den gesamten Tagesablauf zu erhalten. Die Eltern erhalten hier einen größeren Gestaltungsspielraum, ihnen wird allerdings auch ein höheres Maß an eigenaktivem Handeln abverlangt. Das Kind wird als ein aktiver Gestalter dieser Übergangssituation angesehen und steht mit seinen Aktivitäten im Mittelpunkt. Es wird betont, dass die Eingewöhnung entsprechend der Geschwindigkeit des Kindes verläuft.

In der Kontaktaufnahme zu dem Kind betont das Berliner infans-Eingewöhnungsmodell die aktive Rolle der Erzieherinnen und Erzieher. Bereits in der zweiten Phase, der Grundphase, sind sie aufgefordert, aktiv den Kontakt durch Spielangebote zu dem Kind zu suchen. Auch in die Pflegesituationen mit den Eltern steigen die pädagogischen Fachkräfte in dem Berliner Modell früher ein.

Ein weiterer Unterschied liegt in dem Zeitpunkt der ersten Trennung des Kindes von seiner Bindungsperson. Im Münchner Eingewöhnungsmodell findet sie erst spät am Ende der Eingewöhnungszeit statt. Dies lässt sich auf die unterschiedlichen theoretischen Grundlagen zurückführen. Vor dem Hintergrund von Ergebnissen der Transitionsforschung wird davon ausgegangen, dass die erste Trennung gut vorbereitet werden muss und daher im Übergangsprozess in die Kindertagesstätte zeitlich spät platziert werden sollte. Die Bindungstheorie hingegen schließt aus der Reaktion des Kindes auf die Trennung auf die Bindungsqualität und macht daran das weitere Vorgehen der Eingewöhnung abhängig.

Im Berliner Eingewöhnungsmodell beginnt die Phase „Stabilität gewinnen", wenn das Kind eine Trennung erfolgreich mit Unterstützung der pädagogischen Fachkraft bewältigt hat, d. h. sich von ihr trösten lässt. Im Münchner Modell ist die Trennung ein Bestandteil der Phase „Vertrauen entwickeln". Jedoch haben beide Modelle gemeinsam, dass sich diese Phase erst dem Ende entgegenneigt, wenn das Kind eine innere Sicherheit mithilfe der Erzieherin oder des Erziehers gefunden hat, eine Zeit alleine in der Kindertagesstätte verbringen kann und es mit Lust und Freude Kontakt zu anderen Kindern und Spielmaterialien aufnimmt.

Gemeinsam ist beiden Modellen auch der Standpunkt „Montags nie". An einem Montag sollte nie eine neue Phase beginnen, da die Kinder am Wochenende mehrere Tage am Stück mit den Eltern zu Hause verbracht haben und erst wieder einen Tag brauchen, um an das vorher Bekannte anzuschließen. Erst dann kann ein neuer Schritt in der Eingewöhnung begangen werden.

Unabhängig davon, welches Eingewöhnungskonzept die Kindertagesstätte vertritt, gilt es Folgendes zu bedenken: Auch wenn der gemeinsame Blick auf das Wohl des Kindes bei den pädagogischen Fachkräften und den Eltern immer den Vorrang hat, darf im Rahmen der Eingewöhnung nicht vergessen werden, dass sich die Eltern selbst in einer Übergangssituation befinden. Sie sind gleichzeitig Mitgestaltende und von einer Trennungserfahrung Betroffene. Unter Umständen müssen sie weitere Übergänge gleichzeitig bewältigen, wie z. B. die anstehende Wiederaufnahme einer Berufstätigkeit. Mit Blick auf das Geschehen in der Kindertagesstätte gilt es, die neue Rolle als Krippen-/Kindergarteneltern zu übernehmen, den Tagesablauf an die neue Situation anzupassen, neue Regeln in den Alltag zu integrieren und die Entscheidung, das Kind in eine Fremdbetreuung zu geben, positiv zu tragen.

Evtl. befinden sich die Eltern auch in einem Dilemma: Sie haben sich entschieden, ihr Kind extern betreuen zu lassen, und können es von da an für einen Teil des Tages nicht selbst begleiten. Gleichzeitig sind sie in Sorge, dass das Kind unter der Trennung leidet und sich in der Kindertagesstätte nicht wohl fühlt. Insbesondere bei einem jüngeren Kind, das selbst erst wenig sprechen kann, sind Eltern häufig unsicher, ob Berichte von Erzieherinnen darüber, dass es dem Kind gut geht, den Tatsachen entsprechen oder sie nur beruhigt werden sollen (vgl. Brock, 2012, S. 20).

„Eltern von Kindern in diesem Alter haben ein großes Bedürfnis nach Austausch über das Kind. Gleichzeitig kann sich das Kind nur eingeschränkt mitteilen, wodurch eine gute Kommunikation mit den Eltern besonders wichtig wird, um allen Beteiligten ein Gefühl der Sicherheit zu vermitteln. In diesem Zusammenhang sind der Übergang von der Familie in die Einrichtung und die Eingewöhnungsphase zentrale Situationen für die weitere Zusammenarbeit zwischen frühpädagogischen Fachkräften und Eltern" (Deutsches Jugendinstitut, 2011, S. 24).

➔➔➔ **Merksatz**
Erzieherinnen und Erzieher sind deshalb, insbesondere in der Anfangszeit, in ihrer gesamten kommunikativen Kompetenz gefordert. Ihnen obliegt es, Transparenz herzustellen und vertrauensbildende Situationen und Gespräche zu initiieren.

Was bewegt Eltern in der Zeit der Eingewöhnung?

Sich für die Sicht von Mütter und Väter zu interessieren und die elterliche Perspektive auf das Kind möglichst wertungsfrei in den Blick zu nehmen, sind erste Schritte hin zu einer wertschätzenden Zusammenarbeit. Um sich mit Fragen auseinanderzusetzen, die Eltern bewegen, aber in der sensiblen Anfangszeit evtl. in der Kita nicht auszusprechen wagen, kann der Blick in das ein oder andere Eltern-Forum eventuell weiterhelfen.

Beispiel
„Meine Tochter ist zwei Jahre alt und wir sind seit eineinhalb Wochen in der Eingewöhnung. Ich hätte sie gerne erst mit drei Jahren in die Kita gegeben, kann es mir aus finanziellen Gründen aber nicht erlauben, noch ein weiteres Jahr zu Hause zu bleiben. Nun mache ich mir Sorgen ... Leider gibt es in der Kita, in die wir gehen, nur altersgemischte Gruppen. Meine Kleine ist die Jüngste in einer Gruppe von 20 Kindern im Alter von zwei bis sechs Jahren. Ich hatte von Beginn an Sorge, ob die Altersmischung ihr gut tun wird. Mit der Eingewöhnung sind meine Bedenken größer geworden. Es kann sein, dass ich vielleicht überängstlich bin und nicht loslassen kann, aber ich denke, irgendwie geht es jedem so, der sein Kind liebt. Meine Lina ist für ihr Alter fit, sie kann gut sprechen und ist ein schlaues Mädchen. Aber sie hängt sehr an mir und ich weiß nicht, wie sie die Trennung verkraften wird. Und was ist, wenn sie als Kleinste in der Masse der größeren Kinder untergeht und nicht ausreichend gefördert wird? Ich weiß einfach nicht, wie es die Erzieherinnen schaffen wollen, allen Kindern, egal welchen Alters, gerecht zu werden. Und ich finde, dass sie mit ihren knapp zwei Jahren im Gegensatz zu den anderen Kindern noch so klein ist. Was soll sie denn mit den Großen anfangen? Ich hoffe, sie macht keine Entwicklungsrückschritte: Es kann doch niemand auf ein Kind so eingehen wie seine Eltern, oder? Und es sind so viele Kinder, die sich wenige Erzieherinnen teilen müssen.

Mir gehen viele Fragen durch den Kopf, so viele Bedenken und Unsicherheiten. Gibt es jemanden, der mich vielleicht ein wenig beruhigen kann? Hat jemand positive Erfahrungen mit altersgemischten Gruppen?

Ich wäre für jede Antwort dankbar ..."

3.4 Zusammenarbeit konkret

Die vorgestellten Eingewöhnungsmodelle bieten in Ablauf und Struktur eine gute Grundlage, um verschiedene Möglichkeiten der konkreten Zusammenarbeit mit den Eltern im Rahmen des Übergangsprozesses in den Blick zu nehmen.

Information der Eltern/Vorbereitung der Eingewöhnung

Der erste Grundstein für die Zusammenarbeit mit den zukünftigen Eltern wird in aller Regel schon vor der Eingewöhnung gelegt.

Kontakt aufbauen – die ersten Gespräche

In dem Moment, in dem sich Eltern für eine Betreuung in der Kindertagesstätte interessieren, beginnt der Weg zu einer zukünftigen Partnerschaft. Der erste Kontakt, zumeist über die Leitung der Kita, kann auf unterschiedlichem Wege entstehen, z. B. rufen die Eltern an oder suchen spontan den persönlichen Kontakt in der Kindertagesstätte. Da auf Seiten der Leitung nicht immer die erforderliche Zeit zur Verfügung steht, um mit den Eltern umgehend ein ausführliches Informationsgespräch zu führen, sollte gemeinsam ein Termin für ein erstes Gespräch zum Kennenlernen vereinbart werden. Mit einer freundlich zugewandten Gestaltung der Situation durch die Leitung und der verbindlichen Terminvereinbarung wird den Eltern vom ersten Moment an gezeigt, dass sie wichtig sind und dass ihre Anliegen ernst genommen werden. Ein umfassendes Informationsgespräch lässt sich nicht zwischen Tür und Angel führen, immerhin stellt dieses Gespräch für die Eltern eine wichtige Grundlage für die Entscheidung dar, ob sie dem Team der Kindertagesstätte ihr Kind anvertrauen möchten.

METHODE/TIPP

Sich Zeit nehmen, auf die Eltern einlassen, ein „Bitte nicht stören"-Schild an die Tür hängen, den Anrufbeantworter einschalten, Getränke und Kekse auf den Tisch – all dies bringt zum Ausdruck, dass die Leitung bzw. die pädagogische Fachkraft den Eltern aufrichtiges Interesse und Wertschätzung entgegenbringt und auf deren Anliegen, Fragen und evtl. auch Ängste ungestört und aufmerksam eingehen möchte.

In diesem ersten Gespräch, das die Leitung und/oder die zukünftige Bezugserzieherin führt, geht es im Schwerpunkt darum, die ersten grundlegenden Informationen auszutauschen, die Einrichtung und das pädagogische Konzept vorzustellen, formale Fragen zu klären (z. B. Kita-Gutschein in Berlin), den möglichen Umfang der Betreuung in den Blick zu nehmen und bei Interesse einen ersten Eindruck von dem Eingewöhnungskonzept der Kindertagesstätte gewinnen zu können.

Auf Seiten der pädagogischen Fachkräfte braucht es für diese Gespräche eine hohe Kompetenz im Bereich der Gesprächsführung, denn es gilt, einen offenen Dialog mit den Eltern zu eröffnen und den Weg zu einer gelungenen Erziehungs- und Bildungspartnerschaft zu ebnen. Sie müssen sich in ihrer Rolle als Expertinnen und Experten für Eingewöhnung überzeugend darstellen können und Eltern die notwendige Sicherheit geben, dass es ein wirkliches Interesse an ihrem Kind in seiner Individualität gibt und es in einer externen Betreuung gut aufgehoben sein wird.

Zudem gilt es, mögliche Ängste und Sorgen der Eltern akzeptierend aufzugreifen und aufzuzeigen, dass die Eltern nicht die wichtige Stellung, die sie im Leben ihres Kindes haben, verlieren, auch wenn das Kind eine Beziehung zu einer neuen Person aufbaut. Dies kann dadurch verdeutlicht werden, indem Eltern in ihrer Expertise für das Kind angesprochen werden, z. B. mit Fragen wie „Was ist das liebste Kuscheltier?", „Welches Ritual gibt es beim Zubettgehen?", „Was mag das Kind besonders?", „Womit spielt es am liebsten?".

Vorschlag einer Checkliste zur Vorbereitung des ersten Informationsgesprächs

✓	Ein ruhiger Raum, in dem Leitung und Eltern ungestört ins Gespräch kommen können, steht zur Verfügung.
✓	Die Lichtgestaltung des Raumes ist angenehm.
✓	Der Dienstplan ist so gestaltet, dass die Leitung Zeit für das Gespräch hat.
✓	Für den Fall, dass das einzugewöhnende Kind im Gespräch dabei ist, sind Spielmaterialien bereitgestellt und es ist ein weicher Platz auf dem Fußboden vorhanden.
✓	Es gibt einen Tisch, an dem die Beteiligen sitzen können, Stühle für Erwachsene sind vorhanden.
✓	Getränke und Kekse sind bereitgestellt, um die Atmosphäre angenehm zu gestalten.
✓	Der zur Verfügung stehende Zeitrahmen wurde vor dem Gespräch vereinbart.
✓	Eine Uhr ist für alle sichtbar vorhanden – auf dem Tisch, an der Wand.
✓	Die Konzeption und weitere Informationsmaterialien liegen (mindestens zur Ansicht) bereit.
✓	Eine schriftliche Information zum Thema Eingewöhnung, die die Eltern mitnehmen können, liegt bereit.
✓	Für persönliche Notizen stehen Stift und Papier zur Verfügung.
✓	…

(vgl. Bethke/Braukhane/Knobeloch, 2009, S. 67)

Praxisaufgabe

Bitte erarbeiten Sie in einer Kleingruppe eine Checkliste für das erste Gespräch zwischen der zukünftigen Bezugserzieherin bzw. dem Bezugserzieher und den Eltern. Welche Aspekte sind für dieses Gespräch aus Ihrer Sicht besonders bedeutsam? Welche Inhalte sollten unbedingt besprochen werden? Was muss die Erzieherin bzw. der Erzieher über die Routinen der Familie und das Kind wissen, was müssen die Eltern über den Tagesablauf in der Kita und die pädagogische Arbeit wissen?

Bitte verständigen Sie sich in Ihrer Gruppe auch zu den Kompetenzen, über die die pädagogische Fachkraft aus Ihrer Sicht verfügen muss, um das Gespräch professionell gestalten zu können?

Die dreitägige Grundphase – das Kennenlernen

Besonders in diesen ersten Gesprächen und in den ersten Tagen der Eingewöhnung, in denen das Kind von den Eltern begleitet wird, ist es von großer Bedeutung, den Eltern Akzeptanz und Toleranz entgegenzubringen. Die Eltern fühlen sich noch fremd in der Einrichtung, wissen noch nicht, wo sich welche Räume befinden, und kennen die Erzieherinnen und Erzieher noch nicht. Damit sich die Eltern und das Kind in den ersten Tagen willkommen fühlen können, sollten alle Kolleginnen und Kollegen den Eltern offen, interessiert und zugewandt begegnen.

METHODE/TIPP

Die Eltern sollten bereits in den ersten Tagen ermuntert werden, Fotos von sich und ihrem Kind mitzubringen. Die Fotos können dem Kind emotionale Sicherheit geben.

Da in den ersten Trennungsphasen das Kind evtl. noch unsicher ist, ob die Eltern wiederkommen, können das gemeinsame Anschauen von Fotos und das Benennen der Eltern stabilisierend wirken und das Kind kann sich seiner Eltern vergewissern. Das Foto kann sozusagen als Übergangsobjekt genutzt werden.

Gleichzeitig festigt es die Eltern in dem Wissen, dass sie in der Kita als Elternteil und damit wichtige Person im Leben des Kindes wahrgenommen werden. Darüber hinaus bieten die Fotos eine gute Möglichkeit, mit dem Kind in den Kontakt zu kommen. Je nach Alter des Kindes sind sie ein wertvoller Gesprächsanlass.

Eine Variante ist das Familienalbum, welches die Großeltern, Tanten, Patentanten und -onkel, beste Freunde der Familie oder auch die Haustiere umfasst.

Es bietet sich an, die Fotos zu laminieren oder in einer Hülle zu verwahren, damit das Kind sie auch tatsächlich anfassen und umhertragen kann.

Auch wenn in den ersten Gesprächen deutlich wird, dass die Eltern andere als die in der Kindertagesstätte gelebten Erziehungsvorstellungen haben, ist in diesen Momenten Offenheit und Dialogbereitschaft gefragt. Die im Team vertretenen Annahmen sind nicht per se höherwertig und die Meinungen und Einstellungen neuer Eltern können als Möglichkeit verstanden werden, in einen Dialog zu treten und als Anlass, eigene Erziehungsvorstellungen zu überdenken.

Der erste Trennungsversuch – Sicherheit gewinnen

Eltern fällt es in aller Regel schwer, sich das erste Mal in der Kita von ihrem Kind zu verabschieden. Da die Trennung einen nicht so langen Zeitraum umfassen sollte, steht hierfür idealerweise eine gemütliche und möglichst ungestörte Ecke mit Tisch und Stuhl oder einem kleinen Sessel in der Kita zu Verfügung, in der sich die Mutter oder der Vater aufhalten kann. Eine Glas Wasser oder eine Tasse Kaffee tragen zu einer entspannenden Atmosphäre bei. Die Bezugsperson kann so bei Bedarf sofort gerufen werden, muss aber nicht auf dem Flur ausharren, vor der Eingangstür warten oder im Büro der Leitung sitzen, in dem schnell das Gefühl aufkommen kann, dass sie dort andere Arbeitsabläufe stört.

Während der gesamten Eingewöhnung, aber v. a. in dieser Phase sollten die pädagogischen Fachkräfte mit den Eltern zu Beginn und auch zum Ende des Tages ein Gespräch initiieren. Es ist zum einen ein Zeichen der Wertschätzung für die Eltern, wenn sich die Erzieherin einige Minuten Zeit nimmt und sich im besten Falle aus dem Gruppengeschehen zurückziehen kann. In diesen Gesprächen können offene Fragen geklärt und wichtige Informationen ausgetauscht werden. Die Eltern müssen z. B. wissen, dass sie sich nie ohne eine Verabschiedung von ihrem Kind trennen sollten, dies käme für das Kind einem Vertrauensbruch gleich.

Zum anderen zeigen die Gespräche den Eltern, dass sie wahrgenommen und gebraucht werden, dass die pädagogische Fachkraft sich für sie und das Kind interessiert und sie ermöglichen, die Eltern, das Kind und die Lebenssituation der Familie außerhalb der Kindertagesstätte besser kennenzulernen.

Diese Gespräche sind ein wichtiger Bestandteil des Aufbaus einer Bildungs- und Erziehungspartnerschaft, wenn deutlich wird, dass es um einen Austausch zum Wohle des Kindes geht, in dem die pädagogische Fachkraft die Eltern als Experten für ihr Kind anspricht und Transparenz herstellt, indem sie Eltern durch Erzählungen an der Zeit teilhaben lässt, in der sie nicht anwesend waren. Evtl. gibt es ein oder auch zwei Fotos, die gemeinsam auf dem Display der Kamera oder dem Mobiltelefon angeschaut werden können. Diese Situation stellt einen gemeinsamen Blick auf das Kind (und sein Wohl) her und gibt Eltern die Sicherheit, dass die Berichte der pädagogischen Fachkraft dem wirklichen Geschehen entsprechen und nicht der bloßen Beruhigung dienen.

Genauso wichtig ist es, dass die Eltern die Erzieher an dem Leben des Kindes außerhalb der Kindertagesstätte teilhaben lassen. So ist es z. B. bedeutsam und sollte deshalb mitgeteilt werden, wie das Kind in der Nacht zuvor geschlafen hat, wie es den vergangenen Nachmittag verlebt hat, ob etwas Besonderes oder Aufregendes passiert ist. Auch hier ist Transparenz ein wesentlicher Schlüsselfaktor, der zum Aufbau einer positiven Erziehungs- und Bildungspartnerschaft beiträgt.

Viele Erzieherinnen und Erzieher scheuen sich davor, Eltern nach den Erlebnissen des Kindes aus der privaten Zeit zu befragen. Diese Informationen über das Kind sind jedoch gerade in der Eingewöhnungsphase wichtig, denn häufig können Erlebnisse vor oder nach der Zeit in der Kindertagesstätte bestimmte Verhaltensweisen des Kindes erklären. Die pädagogische Fachkraft ist dann wiederum in der Lage, für die Eltern den Bogen zu spannen und zu erläutern, warum das Kind z. B. an dem einen Tag anders reagiert hat als noch am Tag zuvor.

Besonders in Situationen, in denen das Kind ein überraschendes Verhalten an den Tag legt, z. B. plötzlich beim Abschied morgens weint, obwohl es das seit Tagen nicht mehr getan hat, sind solche gemeinsamen Überlegungen hilfreich, um Eltern begründet beruhigen zu können, z. B. dann, wenn das Kind weint, weil der Vater es am Abend zuvor zu Bett gebracht hat, obwohl diese Aufgabe sonst die Mutter übernimmt.

> Eine Hilfe kann ein Gesprächsleitfaden sein, auf dem die wichtigsten Fragen notiert sind. Bereits in dem Informationsgespräch mit der Leitung oder dem Erstgespräch mit der zukünftigen Erzieherin sollte angesprochen werden, dass sie während der Eingewöhnung auf die privaten Informationen durch die Eltern angewiesen ist, um die Eingewöhnung zum Wohl des Kindes zu gestalten. Als kleine Erinnerung für die Eltern (und auch für die pädagogische Fachkraft) könnte dieser Leitfaden in der Garderobe oder im Gruppenraum hängen. Auf diese Weise fühlen sich die Eltern nicht überrumpelt und die pädagogischen Fachkräfte brauchen sich nicht zu sorgen, dass sie neugierig erscheinen.

METHODE/TIPP

Praxisaufgabe

Gestalten Sie einen Aushang, in dem Sie den Eltern erklären, welche Fragen von Bedeutung sind, und begründen Sie aus pädagogischer Sicht, warum Ihnen die Fragen wichtig sind.

Die Stabilisierungsphase – Vertrauen entwickeln

In dieser Phase wird für die Eltern der Abnabelungsprozess vom Kind deutlich spürbar. Die pädagogische Fachkraft übernimmt nach und nach die Pflegeroutinen mit dem Kind und ist als Ansprech- und Kontaktperson verfügbar. In dieser Zeit ist eine hohe Sensibilität gegenüber den Eltern erforderlich. Es kann z. B. sein, dass sich das Kind, wenn es weint oder seinen Ärger kundtut, das erste Mal von der Erzieherin bzw. dem Erzieher getröstet werden möchte. Oder es entdeckt ein neues Spielzeug und geht damit als Erstes zu seiner Erzieherin und nicht zur Mutter oder zum Vater. Für viele Eltern sind diese Prozesse schwer auszuhalten. Hier liegt es in der Aufgabe der Erzieherinnen und Erzieher, die Empfindungen der Eltern zu respektieren, deutlich zu machen, dass das Verhalten des Kindes ein Zeichen für eine gelingende Eingewöhnung ist, und den Anteil der Eltern an diesem Erfolg zu würdigen.

METHODE/TIPP

Videoaufnahmen gehören heute in vielen Kindertagesstätten zum Alltag, um Aktivitäten der Kinder zu beobachten und zu dokumentieren. Sie sind ebenso gut geeignet, die eigene pädagogische Arbeit zu reflektieren und Gelingensbedingungen sowie persönliche Entwicklungsbedarfe herauszuarbeiten.

In der Eingewöhnungssituation, in der das Kind und seine Bezugsperson die volle Aufmerksamkeit der pädagogischen Fachkraft in Anspruch nehmen, stehen nur selten Kolleginnen und Kollegen für kollegiale Beobachtungen und Rückmeldungen zur Verfügung. Videoaufnahmen bieten hier eine gute Möglichkeit, das eigene pädagogische Handeln differenziert (und gemeinsam im Team) in den Blick zu nehmen und weiterzuentwickeln.

Für die Aufnahmen bedarf es in jedem Fall des Einverständnisses der Eltern. Wichtig ist in einem vorbereitenden Gespräch, das mit den Aufzeichnungen verbundene Anliegen transparent zu machen, zu erläutern, welchen Nutzen die Eltern und das Kind davon haben, wie weiter mit dem Filmmaterial verfahren wird und zu prüfen, ob die Eltern einverstanden sind oder ob sie evtl. noch Bedenkzeit brauchen.

Darüber hinaus kann das Filmmaterial in der Zusammenarbeit mit den Eltern eingesetzt werden, um den Verlauf oder einzelne Aspekte der Eingewöhnung noch einmal in den Blick zu nehmen, um sich über die unterschiedlichen Perspektiven auf das Kind auszutauschen und sie zu erweitern, bestimmte Vorgehensweisen zu erläutern usw.

Die Schlussphase – Auswertung und Abschluss der Eingewöhnung

Voraussetzung für den Abschluss der Eingewöhnung ist, dass das Kind begonnen hat, eine Beziehung zur pädagogischen Fachkraft aufzubauen und dass es sich von ihr in Krisensituationen trösten und beruhigen lässt.

Mit Blick auf die Eltern kann die Eingewöhnung dann erfolgreich zum Abschluss kommen, wenn die Eltern gut in der Kindertagesstätte orientiert sind, den Eindruck gewonnen haben, dass es ihrem Kind dort gut geht und sie der Erzieherin bzw. dem Erzieher ihr Kind über einen Teil des Tages anvertrauen können.

Der erfolgreiche Übergang zum Krippen- oder Kitakind bzw. zu Krippen- oder Kitaeltern sollte durch ein Abschlussgespräch markiert werden: Jeder Übergang braucht ein Zeichen, dass er erfolgreich absolviert wurde.

In dem Abschlussgespräch können der Verlauf der Eingewöhnung reflektiert und besonders schöne, aber auch kritische Momente noch einmal aufgegriffen, besprochen und Schlussfolgerungen für die weitere Zusammenarbeit gezogen werden. Bezogen auf die künftige Gestaltung der Erziehungs- und Bildungspartnerschaft ist es bedeutsam, den Eltern aufzuzeigen, dass sich in der Zusammenarbeit mit ihnen Veränderungen ergeben werden und wie diese Veränderungen aussehen. Sie haben den Übergangsprozess erfolgreich bewältigt, sind nun in der Rolle von Kita-Eltern und verlieren damit letztlich auch einen besonderen Status, den der Eingewöhnungseltern.

Es ist wichtig, dass sich pädagogische Fachkräfte und Eltern über gegenseitige Erwartungen verständigen und darüber, wie die weitere Zusammenarbeit aussehen wird und welche Eckpunkte eingehalten werden müssen, um eine verlässliche und vertrauensvolle Grundlage für die Bildungs- und Erziehungspartnerschaft zu erhalten und weiterzuentwickeln.

Praxisaufgabe

Erproben Sie in einem Rollenspiel (pädagogische Fachkräfte und Eltern), wie ein Abschlussgespräch nach einer erfolgreichen Eingewöhnung durchgeführt werden könnte. Bitte denken Sie in der Rolle der Erzieherin bzw. des Erziehers daran, einen Ausblick zu geben und den Eltern zu beschreiben, wie sich die Erziehungs- und Bildungspartnerschaft in der Kita gestaltet, z. B. Mitwirkung und Einbezug der Eltern durch Elternversammlungen, Tür-und-Angel-Gespräche, regelmäßige Entwicklungsgespräche, Elterncafés, Elterntage und/oder -abende, Elternbefragungen.

3.5 Zusammenfassung

Die vorangegangenen Ausführungen machen deutlich, dass eine gelingende Eingewöhnung den Dialog und die Zusammenarbeit der pädagogischen Fachkräfte mit den Eltern erfordert – im Sinne eines gemeinsamen Blicks auf das Kind und sein Wohl.

Diese Zusammenarbeit zu initiieren und professionell zu gestalten ist für Erzieherinnen und Erzieher mit hohen Anforderungen verbunden. Sie sind gefordert, einen Übergangsprozess zu begleiten, an dem das zukünftige Krippen- oder Kindergartenkind, die Eltern, das Team der Kindertagesstätte und die Mädchen und Jungen in der bestehenden Gruppe beteiligt sind.

Vor dem Hintergrund der anzustrebenden Bildungs- und Erziehungspartnerschaft ist es ihre Aufgabe, mit Müttern und Vätern eine vertrauensvolle Beziehung herzustellen und eine Kultur des gemeinsamen Dialogs zu etablieren. Das erfordert Erzieherinnen und Erzieher, die sich selbst und anderen gegenüber aufmerksam sind, die nicht …

– wissen, sondern herausfinden wollen.
– vorschnell antworten, sondern wirkliches Interesse zeigen und nachfragen.
– gewinnen oder verlieren wollen, sondern das Miteinander suchen.
– beweisen wollen, sondern verständigungsbereit sind und nachfragen.
– nicht Hierarchie herstellen wollen, sondern den Dialog auf Augenhöhe suchen.
– eine Position verteidigen wollen, sondern Möglichkeiten erkunden.
(vgl. Pape, 2011, S. 53)

Wie in jeder anderen guten Partnerschaft auch, hat die Erziehungs- und Bildungspartnerschaft zwischen den pädagogischen Fachkräften und Eltern verschiedene Seiten. Positive und negative Erfahrungen, Konkurrenz, Erfolgserlebnisse, Konflikte, Diskussionen, Freude und Auseinandersetzungen bestimmen ein gemeinsames Miteinander.

Bleibt das eigentliche Ziel: Dem Kind die bestmöglichen Entwicklungschancen zu bieten im Blick, wird es gelingen, miteinander Lösungen zu entwickeln und gemeinsam zu handeln.

Weiterführende Literatur

Ahnert, Lieselotte: Wieviel Mutter braucht ein Kind?: Bindung – Bildung – Betreuung: öffentlich + privat: Bindung-Bildung-Betreuung: öffentlich und privat, Spektrum Akademischer Verlag, 2010.

Ahnert, Lieselotte: Krippenforschung multimethodal und interdisziplinär: Methoden und Befunde der Wiener Krippenstudie Universität Wien, Fakultät für Psychologie, Angewandte Entwicklungspsychologie, Abschlussbericht 2011.

Dienemann, Xenia: Abschied von der Kita – Durchlässigkeit und Anschlussfähigkeit gewährleisten, damit individuelle Übergangsprozesse gelingen können, Sachunterricht, Ausgabe 02/2011, S. 29–33.

Griebel, Wilfried/Niesel, Renate: Transition. Fähigkeiten von Kindern in Tageseinrichtungen fördern, Veränderungen erfolgreich zu bewältigen. Beiträge zur Bildungsqualität, hrsg. v. Wassilios E. Fthenakis, Weinheim, Basel, Beltz Verlag, 2004.

Griebel, Wilfried/Niesel, Renate: Die Bewältigung von Übergängen zwischen Familie und Bildungseinrichtungen als Co-Konstruktion aller Beteiligten, 2005, online verfügbar unter: http://www.kindergartenpaedagogik. de/1220.html [12.01.2013].

Kontos, Susan/Wilcox-Herzog, Amanda: Teachers' interactions with children: Why are they so important? Young Children, 1997, 52 (2), S. 4–12.

Laewen, Hans-Joachim/Andres, Beate/Hédervári, Éva: Ohne Eltern geht es nicht. Die Eingewöhnung von Kindern in Krippen und Tagespflegestellen, 4., unveränd. Auflage, Berlin, Düsseldorf, Mannheim. Cornelsen Verlag Scriptor, 2007.

Laewen, Hans-Joachim/Andres, Beate/Hédervári, Éva: Ohne Die ersten Tage – ein Modell zur Eingewöhnung in Krippe und Tagespflege, 7., überarb. Auflage, Berlin, Düsseldorf, Mannheim, Cornelsen Verlag Scriptor, 2011.

Laewen, Hans Joachim/Andres, Beate/Hédervári, Éva: Die ersten Tage – ein Modell zur Eingewöhnung in Krippe und Tagespflege, 7. überarb. Auflage, Cornelsen Verlag Scriptor, Berlin/ Düsseldorf/Mannheim.

Landeshauptstadt München/Sozialreferat (1994): Frühförderung von Kleinstkindern durch Unterstützung junger Familien bei der Erziehungsaufgabe und durch pädagogische Qualifizierung von Krippenkindern.

Ministerium für Bildung, Jugend und Sport des Landes Brandenburg: Zweites Gesetz zur Ausführung des Achten Buches des Sozialgesetzbuches – Kinder- und Jugendhilfe – (Kindertagesstättengesetz - KitaG) in der Fassung der Bekanntmachung vom 27. Juni 2004, zuletzt geändert durch Gesetz vom 15. Juli 2010, 2010.

Niesel, Renate/Griebel, Wilfried: Der Übergang von der Familie in den Kindergarten – Unterstützung von Kindern und Eltern, 1998, Online verfügbar unter: http://www.kindergartenpaedagogik.de/99.html [12.01.2013].

Sozialgesetzbuch (SGB) Achtes Buch (VIII) Kinder- und Jugendhilfe. Neugefasst durch Bek. V. 11.09.2012, Online verfügbar unter: http://www.sozialgesetzbuch-sgb.de/sgbviii/1.html [05.02.2013].

Stegmaier, Susanne: Grundlagen der Bindungstheorie, 2008, Online verfügbar unter: http://www.kindergartenpaedagogik.de/1722.html [15.02.2013].

Textor, Martin R.: NICHD Study of Early Child Care. Ein Überblick, 2007, Online verfügbar unter: www.kindergartenpaedagogik.de/1602.html [06.11.2013].

UN-Kinderrechtskonvention im Wortlaut – Übereinkommen über die Rechte des Kindes, 1989, von der Bundesrepublik Deutschland unterzeichnet am 6. März 1992, Online verfügbar unter: http://www.national-coalition. de/pdf/UN-Kinderrechtskonvention.pdf [01.02.2013].

Wies, Hildegard: Etwas Neues beginnt für Eltern und Kinder – Erziehungspartnerschaft beginnt mit Aufnahme und Eingewöhnung in die Kita, TPS – Theorie und Praxis der Sozialpädagogik: Erziehungspartnerschaft mit Eltern, Ausgabe 07/2006, S. 26–29.

Winner, Anna/Erndt-Doll, Elisabeth: Anfang gut? Alles besser! Ein Modell für die Eingewöhnung in Kinderkrippen und anderen Tageseinrichtungen für Kinder, Weimar/ Berlin, Verlag das Netz, 2009, S. 38–41.

Wustmann, Cornelia: Widerstandsfähigkeit von Kindern in Tageseinrichtungen fördern. Beiträge zur Bildungsqualität, hrsg. v. Wassilios E. Fthenakis, Weinheim/ Basel, Beltz Verlag, 2004.

4 Entwicklungsgespräche mit Eltern führen

Annette Hautumm

4.1 Was sind Entwicklungsgespräche?

Seit mehr als zehn Jahren haben sich Entwicklungsgespräche in Kindertageseinrichtungen und der Kindertagespflege als ein bedeutendes Instrument in der Zusammenarbeit von Erzieherinnen und Erziehern oder Tagespflegepersonen mit Eltern fest etabliert. Als solche sind sie in Rechtsgrundlagen und -verordnungen, vielen Bildungsplänen oder -programmen der Bundesländer beschrieben und in Konzeptionen von Trägern und Einrichtungen fest verankert. Gut durchgeführt, können sie als wichtiger Qualitätsbaustein in der Kooperation von Einrichtung und Familien gelten. Sie stellen ein bedeutendes Instrument für die Umsetzung des Bildungs- und Förderauftrages der Kindertageseinrichtung dar.

Ziel, Inhalte und Rahmenbedingungen
Ziel ist es, mit den Eltern in einen Austausch über das Kind zu kommen. Die Leitfrage dabei ist: Wie erleben wir – Eltern und pädagogische Fachkräfte – das Kind in der Kindertageseinrichtung und zu Hause? Je kleiner die Kinder sind, desto weniger können sie selbst ihren Eltern von ihrem Alltag in der Kindergruppe erzählen. Hier sind die Fachkräfte gefordert, den Eltern ein Bild davon zu vermitteln, was ihr Kind während des Tages erlebt.

Inhalte des Entwicklungsgesprächs sind die Interessen und Tätigkeiten des Kindes, die Entwicklung des Mädchens oder Jungen in den vorausgegangenen Monaten in der Einrichtung und dem Elternhaus, seine Beziehungen zu anderen Kindern und den Erwachsenen sowie seine Entwicklungsperspektiven.

Als roter Faden für das Gespräch kann der im Land jeweils gültige Bildungsplan dienen: Die einzelnen Bildungsbereiche (z. B. Sprache und Kommunikation, Bewegung, kulturelle Bildung, Kenntnisse über die Natur, mathematische Grunderfahrungen, soziale Umwelt) werden angesprochen. Eltern und Fachkräfte tauschen sich über Freundschaften und Spielpartner des Mädchens oder Jungen mit anderen Kindern aus. Ebenfalls ist Thema, je nach Alter des Kindes, wie es die Eingewöhnung oder einen Übergang in eine andere Gruppe bewältigt hat bzw. für die anstehende Einschulung gerüstet ist. In jedem Fall sollten die Fragen der Fachkräfte und der Eltern zur Sprache kommen können.

Hauptaspekte für Planung und Durchführung von Entwicklungsgesprächen

- Eltern werden im Rahmen des Dialogs für die Fortschritte und die Stärken des Kindes sensibilisiert.
- Durch ein gutes Gespräch wird die vertrauensvolle Zusammenarbeit mit den Eltern in Richtung einer Erziehungspartnerschaft gestärkt. Mit gut sind hier Aspekte gemeint wie z. B. die gegenseitige Verständigung ist gelungen, die Beteiligten konnten ihre Themen besprechen, die Stimmung im Gespräch war sachlich und entspannt, die Basis für die Kommunikation zwischen Fachkräften und Eltern wurde gestärkt.
- Entwicklungsgespräche werden mit allen Müttern und/oder Vätern der betreuten Kinder geführt.
- Entwicklungsgespräche haben einen festen Rahmen und werden nicht mal eben nebenbei, oder spontan durchgeführt oder gar am Rand von Veranstaltungen wie Feiern oder im Anschluss an Elternabende.
- Entwicklungsgespräche brauchen eine gute Vorbereitung aller Teilnehmenden.
- Entwicklungsgespräche sind zu unterscheiden von Problemgesprächen: Anlass und Inhalt des Entwicklungsgesprächs sind nicht ein bestimmter Vorfall oder ein Konflikt zwischen Kindern oder den Erwachsenen.

Tür-und-Angel-Gespräche ersetzen das Entwicklungsgespräch nicht! Auch wenn die Kommunikation mit den Eltern intensiv erscheint und der Eindruck entsteht, es sei alles schon im täglichen Kontakt gesagt, sind diese Gespräche en passant kein Ersatz für das Entwicklungsgespräch.

➔➔➔ Definition

Es handelt sich bei Entwicklungsgesprächen um regelmäßige, individuelle Gespräche zwischen pädagogischen Fachkräften und der Mutter und/oder dem Vater eines in der Einrichtung betreuten Kindes. Grundlage des Gesprächs sind die Beobachtungen, die pädagogische Fachkräfte und Eltern im alltäglichen Umgang mit dem Mädchen oder dem Jungen machen.

Ziel ist der Austausch über die Entwicklung des Kindes und seine Begleitung oder Förderung. Die pädagogischen Fachkräfte erhalten Einblicke in die familiäre Lebenswelt, die Eltern in den Alltag der Kindertageseinrichtung. Die Initiative für das Gespräch geht dabei von der Erzieherin oder dem Erzieher aus.

4.2 Einordnung von Entwicklungsgesprächen in den Rahmen der Kinder- und Jugendhilfe

Entwicklungsgespräche finden im Rahmen der Kindertageseinrichtung als einer Institution im System der Kinder- und Jugendhilfe statt. Kindertagesbetreuung gilt als öffentliche Aufgabe. Die rechtlichen Grundlagen hierfür finden sich im Achten Sozialgesetzbuch (SGB VIII), Kinder- und Jugendhilfegesetz sowie den jeweiligen Ländergesetzen und -verordnungen. Den Paragrafen 22 ff. SGB VIII liegt die Auffassung der Förderung von Kindern in Tageseinrichtungen als ein die elterliche Erziehung unterstützendes, nicht aber mit ihr konkurrierendes oder sie ersetzendes Angebot zugrunde (vgl. Wiesner, 2011, S. 251). Mit der Förderung ist kein eigenständiger, von den Eltern unabhängiger Erziehungsauftrag verbunden. Der Besuch einer Kindertageseinrichtung ist freiwillig.

Mit dem Beginn des Besuchs tritt neben die Lebenswelt Familie die Lebenswelt Kindertageseinrichtung.

In § 22 Abs. 3 SGB VIII ist Folgendes formuliert: „Der Förderungsauftrag umfasst Erziehung, Bildung und Betreuung des Kindes und bezieht sich auf die soziale, emotionale, körperliche und geistige Entwicklung des Kindes. Er schließt die Vermittlung orientierender Werte und Regeln ein" (Wiesner 2011, S. 261).

Dementsprechend wird der Kooperation mit den Eltern auch in den Bildungsprogrammen und -empfehlungen der Länder für die Kindertageseinrichtungen ein hoher Stellenwert beigemessen (zur Zusammenarbeit mit Eltern siehe z. B. das Berliner Bildungsprogramm 2004 und andere Bildungsprogramme oder -pläne).

Das Angebot und die aktive Gestaltung der Zusammenarbeit mit den Eltern von Seiten der Einrichtung lässt sich folgerichtig aus diesen Rahmenbedingungen ableiten: Vielfältige Anlässe für Kommunikation und Kontakt, hier in diesem Kapitel das Entwicklungsgespräch, schaffen für beide Seiten erst die Möglichkeit, die Lebenswelt Familie und die Lebenswelt Kindertageseinrichtung wechselseitig kennenzulernen und konstruktiv miteinander zu verbinden. Erziehung, Bildung und Betreuung junger Kinder gehen letztlich nur mit und nicht gegen die Eltern.

Aufgabe für das Selbststudium

Recherchieren Sie im Achten Sozialgesetzbuch und den in Ihrem Bundesland gültigen Ländergesetzen und Verordnungen die Aussagen zur Kooperation mit den Eltern. Nehmen Sie eine Träger- oder Einrichtungskonzeption zur Hand und vergleichen Sie die Aussagen zur Zusammenarbeit mit den Eltern mit den von Ihnen gefundenen rechtlichen Aussagen.

Wie bewerten Sie das, was in Ihnen bekannten Bildungsplänen und -programmen zur Kooperation mit Eltern zu finden ist?

4.3 Das Entwicklungsgespräch als Baustein für eine Erziehungs- und Bildungspartnerschaft

In kaum einer Einrichtungskonzeption und kaum einem Fachartikel wird versäumt, auf die Bedeutung der Bildungs- und Erziehungspartnerschaft zwischen Einrichtung und Eltern des Kindes hinzuweisen. Oft wird von einer Begegnung auf Augenhöhe gesprochen. Was hat es damit auf sich?

Indem Eltern den pädagogischen Fachkräften der Einrichtung ihr Kind anvertrauen, bringen sie ihnen zunächst einen großen Vertrauensvorschuss entgegen. Durch die alltägliche pädagogische Arbeit mit dem Kind und die Erfahrungen, die Eltern und Erzieherinnen und Erzieher miteinander machen, kann nach und nach eine tragfähige Beziehung als Voraussetzung für eine mögliche Bildungs- und Erziehungspartnerschaft entstehen, die sich aus diesem Vertrauensvorschuss entwickelt.

Schließlich eröffnet der Alltag der Kindertageseinrichtung eine Vielzahl an Möglichkeiten, Erfahrungen miteinander zu machen. Xenia Roth spricht davon, dass pädagogische Fachkräfte und Eltern zu Ko-Konstrukteuren eines gemeinsamen Bildungsgeschehens werden (vgl. Roth, 2011, S. 203 ff.). Der Kontakt zwischen Kindertageseinrichtung und Elternhaus kann sehr eng und lang andauernd sein: Bei mehreren Geschwisterkindern gehen die Mütter und Väter sogar u. U. über viele Jahre in der Kita ein und aus. Besonders im frühen Kindesalter ist der Wunsch nach Mitwirkung von Seiten der Eltern häufig ausgeprägt (vgl. DJI, 2011, S. 44 ff.).

Gut geführte Entwicklungsgespräche sind ein wichtiger Baustein für den Aufbau einer vertrauensvollen Zusammenarbeit. Fähigkeiten in der Gesprächsführung und eine dialogische Haltung sind für die Fachkräfte unverzichtbar. Wie im Kapitel 4.1 erläutert, geht es um Austausch, um Beobachtungen und Wahrnehmungen, um die gemeinsame Suche nach Wegen für eine gute Entwicklung und Lösungen für eventuelle Schwierigkeiten. Die jeweiligen Perspektiven von Fachkraft und Eltern sind verschieden, aber grundsätzlich gleich wertvoll und werden wechselseitig den Blick auf das Kind bereichern. Stellt man sich die Wahrnehmungen und Sichtweisen wie ein Puzzle vor, so ergeben erst alle Teile eine Sicht auf das Ganze: hier die Persönlichkeit des Kindes, seine Stärken, seine Beziehungen zu anderen und seine Fortschritte.

Auch wenn das Mädchen oder der Junge physisch nicht anwesend ist, zeigen sich in der Art, wie das Kind zum Thema wird, Professionalität, Respekt und Zuneigung. Eltern haben dafür sehr feine Antennen. Eine Reflexionsfrage nach Ablauf des Gesprächs kann deshalb sein: „Wäre das Kind als stiller Zuhörer anwesend gewesen – wie hätte es sich gefühlt?"

Aufgabe der Fachkräfte ist, grundsätzlich allen Eltern mit Offenheit und Wertschätzung zu begegnen und das Gespräch professionell zu gestalten. Sie laden dadurch zur Zusammenarbeit und Partnerschaft ein, und sie schaffen dafür gute Voraussetzungen. Ob die Eltern das Angebot annehmen, steht ihnen allerdings frei.

Partnerschaft lässt sich nicht einseitig herbeiführen, sondern erfordert die aktive Mitwirkung aller Beteiligten und v. a. Erfahrungen im Umgang miteinander. So können sich Respekt, Wertschätzung und Offenheit mit der Zeit entwickeln und vertiefen (siehe Prott/Hautumm, 2004, S. 10 f.). Der Wunsch nach einer Begegnung auf Augenhöhe sollte in diesem Sinn als ein Miteinander verstanden werden, bei dem keine und keiner der Beteiligten sich dem Gegenüber aus welchen Gründen auch immer überlegen fühlt: weder die Eltern, weil sie sich möglicherweise als Kunden der von ihnen mitfinanzierten Dienstleistung Kindertagesbetreuung sehen, noch die Erzieherinnen und Erzieher, weil sie aus ihrer Rolle heraus vermeintlich besser wissen, was für das Kind gut ist.

➔➔➔ **Merksatz**

Werden Entwicklungsgespräche von beiden Seiten konstruktiv erlebt, kann sich der gewährte Vertrauensvorschuss der Eltern durch diese Erfahrungen in Vertrauen umwandeln. Es entwickelt sich die Basis für eine gute Zusammenarbeit und perspektivisch für die angestrebte Bildungs- und Erziehungspartnerschaft.

Xenia Roth beschreibt es folgendermaßen: „In einer gelingenden Bildungs- und Erziehungspartnerschaft sind Kinder, Eltern und Fachkräfte sich gegenseitig ergänzende, unterstützende und bereichernde Konstrukteure kindlicher Bildungsbiografien" (Roth, 2010, S. 16–17).

Aufgabe für das Selbststudium

Finden Sie Gründe dafür, warum eine konstruktive Zusammenarbeit und eine angestrebte Erziehungspartnerschaft für die Bildungsbiografie des Kindes von Bedeutung sind.

Stolpersteine in Entwicklungsgesprächen

Wichtig ist, sich darüber klar zu sein, dass die Entwicklung von einem ersten Kontakt bis zur Partnerschaft zuweilen nicht gradlinig und ohne Umwege oder Stolpersteine verläuft. Beeinträchtigungen können z. B. entstehen, wenn …

- aufgrund unterschiedlicher kultureller Hintergründe und anderer Erfahrungen mit Bildungssystemen pädagogische Fachkräfte als Autoritätspersonen wahrgenommen werden, mit denen ein gleichberechtigtes Gespräch nicht üblich ist. In diesem Fall könnten Mütter und Väter sich im Entwicklungsgespräch sehr zurückhalten und kaum eigene Initiative ergreifen.

- aufgrund anderer kultureller Erfahrungen weibliche Pädagoginnen in ihrer Professionalität als pädagogische Fachkräfte (zunächst) nicht anerkannt werden. Beobachtungen, die im Entwicklungsgespräch zur Sprache kommen, könnten dann kritisiert und Schlussfolgerungen daraus als falsch zurückgewiesen werden.

- Eltern sich als Kunden der Einrichtung verstehen, in der die Leistung Betreuung angeboten wird und aus diesem Verständnis heraus Erzieherinnen und Erzieher vorwiegend in einer Rolle als Dienstleistende sehen, denen als verlängertem Arm der Eltern kein eigenes Urteil zusteht.

- Mütter oder Väter sich aufgrund der Tatsache, dass sie auf den Platz in Krippe und Kindergarten angewiesen sind, zurückhalten, um den Kontakt zwischen den Fachkräften und ihnen sowie ihrem Kind nicht zu beeinträchtigen. Auch in diesem Fall kann sich das Entwicklungsgespräch sehr mühsam gestalten.

- Eltern anscheinend kein Interesse an ihrem Kind und seiner Entwicklung zeigen und es regelrecht in die Einrichtung abschieben. In Bezug auf das Entwicklungsgespräch könnte sich diese Haltung so äußern, dass Eltern die Termine für ein Entwicklungsgespräch mehrfach absagen oder überhaupt nicht wahrnehmen.

- Eltern verärgert sind und sich deshalb auf Kommunikationsangebote von Seiten der Einrichtung nicht einlassen. Es ist deshalb ungünstig, bei bestehenden und akuten Konflikten ein Entwicklungsgespräch zu führen.

In diesen und anderen Fällen kann eine gute Zusammenarbeit oder gar eine Bildungs- und Erziehungspartnerschaft als ein ziemlich fernes Ziel erscheinen – das Angebot zur Zusammenarbeit an die Eltern kann aber durchaus über die Hürden und Stolpersteine hinweghelfen.

Kollegiale Beratung im Team unterstützt die Fachkräfte und hilft dabei, gemeinsam herauszufinden, wie ein befriedigender Zugang zu den Eltern möglich wird. Der Weg kann über ein gelungenes Entwicklungsgespräch verlaufen, wenn Eltern im Verlauf des Gesprächs erleben, dass ihr Kind und sie selbst im Mittelpunkt stehen, wie ihr Sohn oder ihre Tochter durch seine oder ihre Erzieherin oder ihre oder seinen Erzieher gesehen und geschätzt wird, und schließlich wie wichtig sie als Eltern für ein gut gelingendes Aufwachsen sind.

Auch ein vielleicht nur kurzes Entwicklungsgespräch, das vor allem durch die pädagogische Fachkraft gestaltet wird, kann für die Beteiligten eine positive Erfahrung darstellen, die die Beziehung zwischen den erwachsenen Personen ausbaut und stabilisiert.

Aufgabe für das Selbststudium

Recherchieren Sie, welche Rolle Eltern in Erziehungssystemen der Lebenswelten zugedacht ist, die in Ihrem Umfeld vertreten sind.

Welche Auswirkungen können sich aus dieser Rolle heraus auf die Gestaltung der Kommunikation zwischen Institution und Elternhaus ergeben? Wie können pädagogische Fachkräfte professionell auf diese Lebenswelten und Erfahrungshintergründe antworten?

Das Entwicklungsgespräch im Kontext der Kommunikationskultur in der Kindertageseinrichtung

Das Entwicklungsgespräch ist stets als ein Teil der gesamten Kommunikation in der Einrichtung zu sehen. Dazu gehören alle Arten von Gesprächen, z. B. das Aufnahmegespräch, Telefonate, Gespräche im Rahmen von Elternabenden oder bei Beschwerden sowie die schriftlichen Informationen und Dokumentationen und auch die Gespräche der Fachkräfte untereinander, bei denen Eltern zugegen sind.

Sowohl die schriftliche als auch mündliche Kommunikation gilt es sehr bewusst zu gestalten, um daraus eine konstruktive Kommunikationskultur wachsen zu lassen.

Die folgenden Fragestellungen können dabei helfen:

– Fühlen sich alle Eltern durch die Art der schriftlichen und mündlichen Kommunikation zur Partizipation und zum Mitdenken eingeladen?
– Sind Akzeptanz, Wertschätzung und Respekt als Grundvoraussetzung für Zusammenarbeit für alle Eltern und Familien spürbar?
– Was sagt die Konzeption des Trägers und der Kindertageseinrichtung zur Zusammenarbeit aus?
– Sind Gespräche erwünscht? Fällt es leicht als Mutter und Vater Fragen zu stellen und Kritik anzubringen oder vermitteln die Erzieherinnen und Erzieher, dass ihnen ein solches Verhalten eher lästig ist?
– Offene Kommunikation vermittelt sich auch über Blickkontakt, Mimik und Gestik: Sind diese einladend oder abweisend?

Entwicklungsgespräche gedeihen dort, wo das Miteinandersprechen leicht fällt, wo es auch möglich ist, Unsicherheit zu zeigen, wo Fragen erlaubt sind und die Neugierde auf die Sichtweisen und Meinungen des Gegenübers im Alltag spürbar sind. Das Bemühen um gegenseitiges Verständnis wird als Ziel greifbar. In der Elternschaft und unter den pädagogischen Fachkräften wird es sich herumsprechen, wenn Entwicklungsgespräche ein von den Beteiligten geschätztes Instrument sind.

→→→ **Merksatz**
Gut gestaltete und gelingende Entwicklungsgespräche setzen eine gute Kommunikationskultur voraus, sind ihrerseits aber wieder ein wichtiger Baustein für die Entwicklung einer solchen Kultur.

Aufgabe für das Selbststudium

Finden Sie konkrete Beispiele für eine Kommunikationskultur in einer Kita, die Möglichkeiten für eine gute Zusammenarbeit bzw. eine Bildungs- und Erziehungspartnerschaft zwischen Eltern und pädagogischen Fachkräften eröffnet.

Umgang mit eigenen Familienbildern und Werten

Erzieherinnen und Erzieher haben eigene Vorstellungen vom Familienleben und davon, was es bedeutet, eine (gute) Mutter oder ein (guter) Vater zu sein. Diese Bilder haben ihren Ursprung in ihrer Familie und der Lebenswelt, in der sie selbst groß geworden sind, und/oder in ihren Erfahrungen, die sie – vielleicht zeitgleich zu ihrer beruflichen Tätigkeit – mit eigenen Kindern machen. All diese Vorstellungen und Werte gehen mehr oder weniger reflektiert in die Arbeit mit den Kindern sowie den Kontakt mit Müttern und Vätern ein.

Und nicht nur das: Oft sind diese Wertvorstellungen mit starken Emotionen verbunden. Dadurch, dass sie nicht immer bewusst wahrgenommen werden, fühlen Pädagoginnen und Pädagogen sich jenen Müttern und Vätern näher, die Familienvorstellungen leben, die sie teilen. Sie reagieren möglicherweise mit heftigem Unverständnis oder empfinden sogar Mitleid mit einem Kind, wenn dessen Eltern ganz andere Prioritäten setzen, als sie selbst es tun oder getan haben (vgl. Walter, 2010, S. 10 f. und DJI, 2011, S. 31).

Vermeidbar sind solche Reaktionen – auch im Entwicklungsgespräch – nicht immer. Wichtig ist, sich bewusst zu werden, um welche (Wert-)Vorstellungen es sich handelt, welche Bilder von Familie und Familienleben Erzieherinnen und Erzieher haben. Wie unumstößlich sind diese? Was bedeutet es für die Fachkräfte, ein guter Vater oder eine gute Mutter zu sein? In diesem Kontext ist die Auseinandersetzung mit dem Konzept der Vorurteilsbewusstheit sehr bereichernd (siehe Wagner 2008).

METHODE/TIPP

Es lohnt sich, innerhalb des Teams einen Austausch hierzu zu initiieren. In kleinen Gruppen kann z. B. eine Collage zum eigenen Aufwachsen in der Familie oder zu den Herausforderungen heutiger Familien erstellt werden, die anschließend im Plenum diskutiert wird.

Pädagogische Fachkräfte können über ihre persönlichen Überzeugungen nachdenken, z. B. mithilfe der Frage: „Welcher Spruch oder welches Motto hängt über meiner eigenen Haustür bzw. hing über der Haustür meines Elternhauses."

Um ausreichend Zeit für die Beschäftigung mit diesen Fragen zu haben, ist es sinnvoll, sogenannte Teamtage dafür zu nutzen und eine unbeteiligte Fachkraft mit der Moderation dieser Auseinandersetzung zu beauftragen. Auf die Beschäftigung mit den eigenen Wertvorstellungen folgt ein Vergleich mit den Lebenswelten der Eltern und Familien, deren Kinder die Kindertageseinrichtung besuchen, sowie den Bedingungen im Sozialraum.

Sind die Lebenssituationen und die Sozialisationsbedingungen der Familien vollkommen anders, als die pädagogischen Fachkräfte dies aus eigener Erfahrung kennen, erfordert es Aufgeschlossenheit, Neugierde und Erfahrungen im Miteinander sowie ein hohes Maß an Selbstreflexion, um Kindern, Müttern und Vätern konsequent wertschätzend und mit Respekt zu begegnen?

Die eigenen Fähigkeiten in der Führung auch schwieriger Gespräche steigen mit zunehmender Berufserfahrung. Neben den oben dargestellten Methoden, sich im Team zu verständigen, können auch Supervision, kollegiale Beratung, Fallbesprechungen und Coaching helfen, sich des eigenen Wertesystems bewusst zu werden und den nötigen Abstand dazu zu bekommen, um professionelles Handeln aufzubauen.

Aufgabe für das Selbststudium

Denken Sie an eine Einrichtung, die Sie kennengelernt haben. Beschreiben Sie die Herkunft und die Lebenssituationen der Familien in ihrem Sozialraum.

Empfanden Sie den Umgang mit den Kindern, Müttern und Vätern als wertschätzend? Woran machen Sie dieses fest? Wie gut ist Ihnen selbst ein wertschätzender Umgang gelungen?

Arbeitsaufgabe

Nutzen Sie die Gelegenheiten, im Rahmen Ihrer Praktika an verschiedenen Gesprächen teilzunehmen. Nehmen Sie nach Absprache mit den Beteiligten eine beobachtende Rolle ein. Was können Sie zum Verlauf des Dialogs, zu den Rollen der Teilnehmenden, zur Entwicklung des Inhalts und der Ziele, zur Stimmung und Beziehung beobachten?

Werten Sie, wenn möglich, das Gespräch mit der Gesprächsleitung oder Ihrem Anleiter bzw. Ihrer Anleiterin aus.

4.4 Die Entwicklung des Kindes als zentraler Inhalt des Entwicklungsgespräches

Hauptinhalte des Entwicklungsgesprächs sind die Entwicklung des Kindes im zurückliegenden Zeitraum (meist ein Jahr) und die Perspektiven für die kommenden Wochen und Monate. Eltern wie Erzieherinnen und Erzieher bringen dabei ihre Sichtweisen ein.

Die Fachkräfte nehmen das Mädchen oder den Jungen in seiner gesamten Persönlichkeit wahr und regen auch die Eltern dazu an. Themen sind z. B. die Fortschritte in der sprachlichen Entwicklung, sein Interesse an Musik und Kunst, seine Lust und sein Mut sich zu bewegen, seine Neugierde auf Zusammenhänge in der Natur, seine Position in der Gruppe sowie Freunde und Freundinnen, die sozialen Fähigkeiten, Fortschritte in der Selbstständigkeit, seine Engagiertheit und Konzentrationsfähigkeit.

➜➜➜ **Merksatz**
Zusammengefasst geht es beim Entwicklungsgespräch also um den Zugang des Kindes zu Bildungsbereichen, um seine bevorzugten Aktivitäten, sein Sozialverhalten und seine Beziehungen zu anderen Kindern (vgl. Weber, 2006, S. 55 ff.).

Handelt es sich um das erste Entwicklungsgespräch, ist der Verlauf der Eingewöhnungsphase ein wichtiges Thema.

Zu all diesen Themen können sowohl die Eltern als auch die pädagogischen Fachkräfte etwas beitragen. In den meisten Einrichtungen gibt es Beobachtungs- und Dokumentationsverfahren für die Bildungsentwicklung des Kindes. Das können z. B. Bildungs- und Lerngeschichten, Sprachlerntagebücher, Ich-Bücher, Bildungsportfolios, oder Videoaufnahmen sein. Diese sind hervorragende Grundlagen für ein Gespräch und zeigen Eltern sehr gut nachvollziehbar, wozu ihr Kind schon fähig ist. Indem die Pädagogin (bzw. der Pädagoge) eine Videosequenz oder eine Lerngeschichte erläutert, gibt sie (bzw. er) den Eltern Einblicke und sensibilisiert sie für die Fortschritte des Kindes. Durch die Fachkräfte erhalten die Eltern ein gutes Vorbild, wie sie selbst die Entwicklung ihres Kindes beobachten können. Sie bekommen ein wichtiges

Feedback durch eine Person, die nicht Teil der Familie ist und ihr Kind mit mehr Abstand und mit professionellem Sachverstand und evtl. langer Erfahrung mit altersgleichen Kindern wahrnimmt.

Der Fokus liegt während des Entwicklungsgesprächs auf den individuellen Stärken des Kindes und seinen Ressourcen. Kommt ein Bereich zur Sprache, in dem die Entwicklung noch angeregt oder gefördert werden sollte, ist der Ansatzpunkt stets der Blick auf das, was das Kind schon kann. Davon ausgehend überlegen Eltern und pädagogische Fachkraft gemeinsam, was sie in der Einrichtung und zu Hause tun wollen und können, um das Kind zu unterstützen. Hier kommt es darauf an, konkret zu werden und gleichzeitig realistisch zu bleiben, z. B. könnten Eltern sich Folgendes vornehmen: „Wir lassen unser Kind zweimal in der Woche den Tisch für eine Mahlzeit der ganzen Familie decken." Indem das Kind durch diese Aufgabe etwas Wichtiges für die Familie tut, wird es in seinem Selbstbewusstsein gestärkt. Zudem schärft es seine Wahrnehmung, indem es überlegt oder mit seiner Mutter bzw. seinem Vater bespricht, wer beim Essen anwesend sein wird, welches Geschirr und welche Besteckteile benötigt werden, ob es tiefe oder flache Teller eindecken soll, ob Gläser und Tassen benötigt werden. Ganz nebenbei zählt das Kind die Anzahl der Gabeln, Messer und Löffel und festigt damit sein Zahlenverständnis. Diese Situation ist auch ein sehr gutes Beispiel für eine sprachliche Bildung, die ohne Aufwand in den familiären Alltag integriert werden kann.

Inhalt des Entwicklungsgesprächs ist die gesamte Entwicklung des Kindes: Hierzu gehören unbedingt auch die Bereiche, die Eltern und/oder Fachkraft Anlass zur Besorgnis bereiten. Pädagogische Fachkräfte sind gefordert, ihre Beobachtungen und Schlussfolgerungen sehr sensibel ins Gespräch einzubringen. Sie müssen damit rechnen, dass Eltern ihnen zunächst nicht zustimmen, dass sie möglicherweise sehr emotional reagieren. Wichtig ist, Zeit und Raum für diese Reaktionen zuzulassen, gut zuzuhören, aber trotzdem am Thema dran zu bleiben (evtl. in einem zweiten Gespräch), damit das Kind die notwendige Unterstützung bekommen wird. Während der Gespräche sollte die Erzieherin oder der Erzieher möglichst Ruhe und Zuversicht vermitteln. Das Kind steht dabei immer als gesamte Persönlichkeit im Vordergrund und sollte keinesfalls auf das Problem reduziert werden.

Geht es sogar darum, sich mit den Eltern darüber auszutauschen, ob ihr Kind eine Beeinträchtigung oder Behinderung (z. B. sprachliche oder seelische) aufweist, werden sicher mehrere Treffen erforderlich sein. Den Gesprächen sollte eine sehr gute Abstimmung und Einschätzung über die Beobachtungen im Team vorausgehen. Mütter und Väter benötigen Zeit und professionellen Rat (oft auch durch Dritte), um sich mit einer neuen Situation zurechtzufinden. Das Nicht-wahr-haben-Wollen oder Leugnen des Problems ist zunächst normal. Aber die Suche nach möglichen Schuldigen führt nicht weiter. Wichtig ist es dann, konsequent auf eine gute Perspektive des Kindes zu fokussieren, indem Eltern und Fachkräfte unbedingt gemeinsam überlegen, was zukünftig für das Kind und mit ihm getan werden kann.

Auf eine vertrauensvolle Kommunikation zwischen der Erzieherin (oder dem Erzieher) und den Eltern sollte Wert gelegt werden, da das Kind dann am besten unterstützt werden kann, wenn in der Einrichtung bekannt ist, ob und wenn ja, welche Hilfen und Therapien mit welchem Ziel bereits in Anspruch genommen werden.

Es lohnt sich, wenn sich einzelne Fachkräfte (oder das ganze Team) zum Thema „Zusammenarbeit mit Eltern bei drohender Behinderung des Kindes" weiterbilden, um in dieser besonderen Situation sensibel und professionell handeln zu können.

Arbeitsaufgabe

Denken Sie darüber nach, was es Ihnen leichter machen würde, mit einer kritischen Botschaft umzugehen. Tauschen Sie sich mit anderen dazu aus.

Üben Sie in einer kleinen Gruppe in einem Rollenspiel, wie Sie Müttern und Vätern Beobachtungen aus dem Alltag der Kita zu einzelnen Entwicklungsbereichen mitteilen. Suchen Sie fiktiv einen Bereich aus, in dem Sie beobachtet haben, dass die Tochter oder der Sohn in seiner Entwicklung altersgleichen Kindern gegenüber deutlich zurückliegt. Geben Sie sich in der Gruppe gegenseitig Rückmeldung zu den Gesprächen.

4.5 Rahmenbedingungen, Vorbereitung, Durchführung und Auswertung des Entwicklungsgesprächs

4.5.1 Rahmenbedingungen

Der Träger der Einrichtung und die Leitung sind verantwortlich dafür, dass das Entwicklungsgespräch als Instrument gut verankert ist:

– Es ist in der Konzeption beschrieben.
– Den pädagogischen Fachkräften steht ausreichend Zeit zur Verfügung.
– Ein ruhiger Raum wird vorbereitet und die Leitung steht den Fachkräften bei Bedarf zur Reflexion zur Verfügung.
– Sinnvoll ist es, in Abständen im Rahmen von Dienstbesprechungen Entwicklungsgespräche zum Thema zu machen.
– Neue Eltern werden schon während des Aufnahmegesprächs darauf hingewiesen, dass Entwicklungsgespräche mindestens einmal jährlich stattfinden.
– Die Entwicklung eines Flyers mit Informationen zum Elterngespräch kann außerdem nützlich sein.
– Ein erster Elternabend bietet die Möglichkeit, diese Hinweise noch einmal aufzugreifen und inhaltlich zu vertiefen. Es kann genau erklärt werden, was ein Entwicklungsgespräch ist, welche Ziele es hat, wie die Rahmenbedingungen gestaltet werden. Die Eltern können Fragen dazu stellen. Möglicherweise gibt es Mütter oder Väter, die schon Erfahrungen damit gemacht haben und davon berichten und so ein anschauliches und authentisches Bild vermitteln können.

In der Hand der Gruppen- oder Bezugserzieherin (oder dem Erzieher) liegt es, jedem einzelnen Entwicklungsgespräch einen guten Rahmen zu geben und dadurch zum Gelingen und zu einer nachhaltigen positiven Wirkung beizutragen. Die Initiative für das Entwicklungsgespräch geht von den pädagogischen Fachkräften aus.

In vielen Einrichtungen wird das Entwicklungsgespräch einmal, maximal zweimal im Jahr geführt. Ausnahmen gibt es, wenn z. B. an die Phase der Eingewöhnung ein erstes Entwicklungsgespräch angeschlossen wird, wenn Übergänge – von einer Gruppe in eine andere oder in die Grundschule anstehen – oder die Entwicklung des Kindes Anlass bieten, sich in kürzeren Abständen zu treffen.

Wie eine Kindertageseinrichtung die Entwicklungsgespräche zeitlich organisiert, ist Sache der verantwortlichen Pädagoginnen und Pädagogen: möglich ist z. B., das Entwicklungsgespräch in die Zeit um den Geburtstag des Kindes zu legen, oder einen Zeitraum von ca. 14 Tagen zu verabreden, während dessen die Entwicklungsgespräche mit den Eltern aller Kinder geführt werden, oder auch diese über das Kita-Jahr zu verteilen. Wichtig ist allein, alle Kinder (und Eltern) regelmäßig und zuverlässig zu berücksichtigen.

- Der Termin wird mit den Eltern verabredet. Als Zeitfenster steht grundsätzlich die Arbeitszeit der Fachkräfte zur Verfügung – das Entwicklungsgespräch ist Teil ihrer Aufgaben. Eine Terminierung außerhalb der Arbeitszeit kommt nur dann in Frage, wenn die Eltern aufgrund ihrer eigenen Berufstätigkeit keine anderen Möglichkeiten sehen.
- Ein Vorlauf zwischen Terminvereinbarung und dem Gespräch selbst von etwa zwei Wochen gibt den Beteiligten die Möglichkeit, sich ohne Stress auf das Entwicklungsgespräch einzustellen und eine evtl. notwendige Betreuung von Geschwisterkindern zu organisieren.
- Als Ort bietet sich die Einrichtung an. Ein ruhiger, störungsfreier Raum sollte unbedingt zur Verfügung stehen. Ein „Bitte nicht stören"-Schild an der Tür ist hilfreich. Ungeeignet sind der Gruppenraum (in dem vielleicht noch Kinder spielen), eine Bank im Garten, das Büro der Leitung oder ein Personalraum.
- Erwachsenengerechtes Mobiliar sollte vorhanden sein und eine Sitzordnung, die keine Hürden aufbaut, ist wichtig. Dazu gehört auch ein Tisch, auf dem Material und Dokumentationen bereit liegen bzw. ein Computer aufgebaut werden kann zum Ansehen von Videosequenzen.

Aufgabe für das Selbststudium

Denken Sie über eigene Erfahrungen nach, welche Rahmenbedingungen (wie Räume oder Sitzordnungen) den Verlauf eines Gesprächs beeinflusst haben und falls ja, in welcher Weise.

4.5.2 Die Teilnehmer am Entwicklungsgespräch

Immer wieder stellt sich die Frage, wer am Entwicklungsgespräch teilnimmt. Viele verschiedene Varianten sind denkbar: beide Eltern, Mutter oder Vater, die (Bezugs-)Erzieherinnen oder Erzieher, zwei Fachkräfte, Erzieher bzw. Erzieherin und die Leitung der Einrichtung, zusätzlich eine Praktikantin oder ein Praktikant, das (ältere) Kind usw.

Die pädagogische Fachkraft, die das Kind täglich hauptsächlich betreut, gilt als gesetzt – schließlich kennt sie das Kind am besten.

Schön ist, wenn beide Eltern teilnehmen können – sofern sie mit dem Kind zusammen leben. Ist dies nicht der Fall, ist Sensibilität gefragt: Gelingt es getrennten Eltern, sich ohne Probleme auf das Entwicklungsgespräch einzulassen? Ist eine alleinerziehende Mutter möglicherweise gekränkt, wenn nach dem Vater und dessen Beteiligung gefragt wird? Eine freundlich ausgesprochene Einladung lässt den Eltern des Kindes die Wahlfreiheit, die nicht bewertet werden sollte.

Ein Kind, selbst wenn es in einer entfernten Ecke spielt oder schon älter ist und still dabei sitzt, sollte nicht am Gespräch teilnehmen, da die Inhalte es verunsichern könnten und die Anwesenheit des Kindes die Erwachsenen in ihrem Gesprächsverlauf beeinflusst. Das bedeutet, dass eine Betreuung des Kindes während des Gesprächs gewährleistet sein muss. Das Kind kann durchaus wissen, dass ein Entwicklungsgespräch stattfindet. Wie man es einbezieht, dazu an anderer Stelle mehr (siehe Kapitel 4.5.4 Durchführung des Entwicklungsgesprächs).

Die Leitung der Einrichtung wird nur in Ausnahmefällen teilnehmen, z. B. dann, wenn eine mögliche Gefährdung des Kindeswohls thematisiert wird.

Praktikantinnen und Praktikanten (Studierende, die den Beruf der Erzieherin oder des Erziehers oder Kindheitspädagoge und Kindheitspädagogin erlernen) sind am Lernort Praxis, um Erfahrungen zu sammeln und um in ihre professionelle Rolle hineinzuwachsen. Entwicklungsgespräche werden Teil ihrer künftigen Aufgaben sein und die Zusammenarbeit mit den Eltern ist ein wichtiger Inhalt in der Berufsvorbereitung. Deshalb sollten sie Entwicklungsgespräche durchaus miterleben, allerdings mit Information und Zustimmung der Eltern.

Mit den Studierenden kann das Entwicklungsgespräch vor- und nachbereitet werden und es finden Verabredungen statt, ob und wie sie sich – auch abhängig vom Stand ihrer Ausbildung – einbringen können: zuhörend oder indem er oder sie z. B. die Beobachtungen des Kindes schildert und Dokumentationen erläutert.

Aufgabe für das Selbststudium

Haben Sie selbst in der Rolle eines Praktikanten oder einer Praktikantin an einem Entwicklungsgespräch oder Elterngespräch teilgenommen? Wie wurden Sie einbezogen und welche Erfahrungen konnten Sie machen? Falls nicht: Wie würden Sie sich die Teilnahme an einem Entwicklungsgespräch vorstellen bzw. wünschen?

Die folgenden Überlegungen können bei der Wahl möglicher weiterer Personen am Gespräch helfen:

- Machen Inhalt und Ziel des Gesprächs die Mitwirkung anderer Personen notwendig? Z. B. ist ein Schwerpunkt im Gespräch die Bewegungsentwicklung, dann können die Erzieherinnen und Erzieher viel beitragen, die Projekte oder Angebote mit dem Schwerpunkt motorische Entwicklung durchführen.
- Wie wirkt die Teilnahme weiterer Gesprächspersonen auf die Mütter oder Väter? Eine Mutter, die allein kommt, mag sich durch zwei Fachkräfte oder gar durch die Anwesenheit der Leitung eingeschüchtert fühlen und im Gespräch nicht frei sein. Umgekehrt kann es sein, dass eine pädagogische Fachkraft sich durch ein dominant auftretendes Elternpaar bedrängt fühlt und sich deshalb eine Kollegin oder einen Kollegen an die Seite wünscht.
- Ist die sprachliche Verständigung mit den Eltern des Kindes gut möglich? Falls nicht, kann eine Person, die dolmetscht, organisiert werden? Sehr ungünstig ist es allerdings, ältere Geschwisterkinder oder Verwandte für Übersetzungsdienste einzusetzen. Am besten eignet sich jemand, der nicht aus dem familiären Kontext stammt. In manchen Gemeinden gibt es Dolmetscherdienste, die angefragt werden können, in Berlin z. B.: den Gemeindedolmetschdienst, unter www.gemeindedolmetschdienst-berlin.de.

In jedem Fall wirkt es sich auf den Gesprächsverlauf günstig aus, wenn alle Beteiligten vorab wissen, wer am Gespräch teilnehmen wird.

4.5.3 Vorbereitung und Einladung

Das Entwicklungsgespräch zeichnet sich dadurch aus, dass die Ziele und Sichtweisen der Eltern und der Fachkräfte in gleicher Weise Raum haben sollten. Deshalb brauchen auch die Eltern die Gelegenheit, sich vorzubereiten. Ein Einladungsbrief, in dem noch einmal kurz erläutert wird, worum es gehen soll, und Mütter und Väter angeregt werden, ihre Beobachtungen aus dem häuslichen Umfeld beizutragen, erhöht die Chancen auf ein Gespräch auf gleicher Augenhöhe.

Beispiel für einen Einladungsbrief zum Entwicklungsgespräch
Bei Bedarf sollte er in mehreren Sprachen vorliegen.

Beispiel
Liebe Eltern,
(bzw. Liebe Frau ..., lieber Herr ...),

am ... möchte ich mich mit Ihnen zu einem Entwicklungsgespräch treffen, bei dem wir uns über die Entwicklung von ... austauschen werden. Um die Zeit von etwa einer Stunde gut nutzen zu können, möchte ich Sie bitten, über die folgenden Fragen nachzudenken und Ihre Gedanken und Ideen dazu im Gespräch einzubringen:

Sie erleben ... täglich zu Hause:

- *Womit beschäftigt sich ... zurzeit am liebsten?*
- *Wo zeigt ... am meisten Ausdauer?*
- *Wo hat ... in letzter Zeit Fortschritte gemacht?*
- *Was fällt Ihnen auf, wenn ... mit anderen Kindern oder ihren/seinen Geschwistern spielt?*
- *Was teilt Ihnen Ihr Kind mit? Worüber spricht es gern mit Ihnen?*
- *Bei welchen Tätigkeiten zu Hause macht ... gern mit?*
- *Was erzählt ... vom Alltag in der Kita?*
- *Was möchten Sie selbst gern aus dem Kita-Alltag erfahren?*

Ich werde Ihnen unsere Beobachtungen aus der Kita mitteilen und Ihnen Materialien und Dokumentationen zeigen. So können wir uns über die Entwicklung von ... in den letzten Monaten verständigen und darüber nachdenken, wie wir ... Bildungsprozess weiter unterstützen können.

Wenn Sie weitere Themen haben, die Sie gerne ansprechen möchten, sind diese natürlich willkommen. Sagen Sie mir bitte vorher Bescheid, dann kann ich mich darauf vorbereiten.

Ich freue mich auf das Gespräch mit Ihnen!

(siehe Welzien/Schenker, 2006)

Arbeitsaufgabe

Diskutieren Sie den Briefentwurf mit Ihren Kommilitonen oder Fachkräften im Rahmen Ihres Praktikums und verändern Sie ihn ggfs. nach Ihren Vorstellungen.

Welche Wirkung können Sie damit erzielen?

Selbstverständlich wird dieser Briefentwurf an den konkreten Bedarf und die Gepflogenheiten der jeweiligen Einrichtung angepasst. Entscheidend ist, dass den Müttern und Vätern durch eine solche Einladung die Gelegenheit einer Vorbereitung ermöglicht wird. Sie werden so als gleichberechtigte Gesprächspersonen ernst genommen, da sie die Möglichkeit erhalten, inhaltlich mitzubestimmen und nicht lediglich mit den Ideen des Gegenübers konfrontiert zu werden.

Auch die pädagogischen Fachkräfte bereiten sich vor: Liegen Mitschriften oder Verabredungen aus früheren Gesprächen vor, werden sie herangezogen und es wird überlegt, wie sich das Kind in der Zwischenzeit weiterentwickelt hat.

Weitere Schritte der Vorbereitung sind Überlegungen zu ...

- den Inhalten, die angesprochen werden sollen,
- den Zielen dieses anstehenden Gesprächs (Ziele sollten konkret, erreichbar, attraktiv und terminiert sein),
- Prioritäten (Was muss in jedem Fall zur Sprache kommen? Was könnte evtl. verschoben werden?),
- den Dokumentationen oder Materialien, die die Darstellung der Inhalte unterstützen (Kinder im Alter ab ca. vier Jahren sollten vorher gefragt werden, ob sie einverstanden sind),
- möglichen Fragen, die die Erzieherin oder der Erzieher an die Eltern stellen möchte.

Indem die pädagogische Fachkraft die Perspektive der Eltern einnimmt, kommen u. U. noch weitere Aspekte hinzu: „Was könnte für die Eltern von ... ein wichtiges Anliegen sein? Was werden sie ganz sicher mit mir besprechen wollen?"

Ein (kleiner) Leitfaden zum Gesprächsverlauf gibt Ihnen Sicherheit. Genügend Raum für spontane Änderungen sollte allerdings stets bleiben.

4.5.4 Durchführung des Entwicklungsgesprächs

Mit welcher Haltung sollte die Erzieherin bzw. der Erzieher das Gespräch führen? Welche Kompetenzen sind vor allem gefordert? Im Gespräch wird sich die pädagogische Fachkraft nicht anders verhalten als während der alltäglichen Begegnungen mit den Eltern. Zu diesem Umgang gehören Wertschätzung und Respekt. Authentizität und Empathie von ihrer Seite wirken sich positiv aus.

Arbeitsaufgabe

Überlegen Sie (in Arbeitsgruppen), wie sich Wertschätzung, Respekt, Authentizität und Empathie in Gesprächen äußern. Finden Sie beispielhaft Formulierungen, die dies ausdrücken.

Überlegen Sie aus Ihrer Erfahrung heraus, wie es sich auf den Gesprächsverlauf auswirkt, wenn die Haltung der Gesprächspersonen durch die o.g. Merkmale geprägt ist.

Das Gespräch selbst lässt sich in verschiedene Phasen gliedern:
1. Begrüßung und Eröffnung
2. Abstimmung der Inhalte und Prioritätensetzung

3. Besprechung der verabredeten Inhalte
4. Verabredungen (auch schriftlich festgehalten)
5. Reflexion, Dank und Verabschiedung

Was ist in den verschiedenen Phasen wichtig?

Die erste Phase
In der ersten Phase geht es um eine gute Kontaktaufnahme: Kontakt kommt vor Kommunikation. Es soll sich eine gesprächsfreundliche Atmosphäre entwickeln, in der die Beteiligten sich willkommen und wohl fühlen und auf die Inhalte konzentrieren können. Ein kleiner Small Talk ist dabei nützlich. Die pädagogischen Fachkräfte haben den Heimvorteil, sind also mit dem Raum vertraut. Mütter und Väter brauchen etwas Zeit, um anzukommen.

Ideen für die Anfangsphase und die Einstimmung

– Auf einem Flipchart-Bogen werden die Anfangsbuchstaben des Namens des Kindes mittig senkrecht aufgeschrieben. Gemeinsam mit den Eltern werden wie bei einem Kreuzworträtsel Eigenschaften oder Stärken des Kindes eingefügt.

– Die Erzieherin/der Erzieher beginnt eine Mindmap mit dem Namen des Kindes im Mittelpunkt. Die Äste der Mindmap bilden die Inhalte des Entwicklungsgesprächs oder auch Besonderheiten zum Kind, seine Lieblingsbeschäftigungen o. ä.

– Die Erzieherin oder der Erzieher packt in eine kleine Kiste (z. B. einen Schuhkarton) ein paar Gegenstände, die eine Verbindung zum Kind haben. Gemeinsam mit den Eltern werden die Sachen herausgenommen und besprochen.

– Drei bis vier Fotos, die das Kind in Aktion zeigen, liegen beim Ankommen von Mutter und Vater auf dem Tisch als Ausdruck bereit und werden gemeinsam kommentiert.

– Hat die Erzieherin oder der Erzieher den Eindruck, die Eltern sind angekommen, kann sie oder er zum nächsten Schritt mit einer kurzen Ankündigung überleiten.

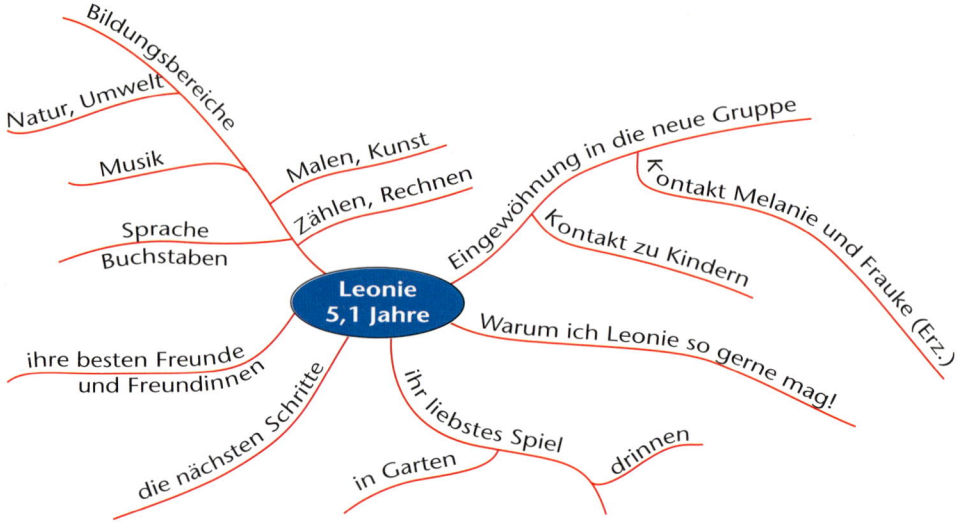

An dieser Stelle wird den Eltern versichert, dass das Gespräch vertraulich ist, Inhalte also nur nach einer gemeinsamen Verabredung an andere Personen weitergegeben werden. Sollte die pädagogische Fachkraft etwas mitschreiben wollen, ist es gut, die Eltern vorab darauf hinzuweisen und dies so offen wie möglich zu tun.

Die zweite Phase
Jetzt geht es darum, die Themen, die die Eltern und die pädagogische Fachkraft besprechen wollen, abzustimmen. Ist bereits absehbar, dass die Zeit nicht ausreichen wird, kann eine Rangliste vereinbart werden: Welches Thema ist wichtig und sollte in jedem Fall Raum haben, was könnte auch vertagt werden?

Oft wird angenommen, dass zunächst die positiven Themen zur Sprache kommen sollen, erst im Anschluss die schwierigen oder konfliktträchtigen, wenn es sie gibt. Zunächst mag es leichter erscheinen, schwierige Themen hinauszuzögern. In der Regel fällt es den Beteiligten schwer, konzentriert am Gespräch teilzunehmen und die Inhalte zu würdigen, wenn ein schwieriges Thema noch aussteht. In diesen Fällen empfiehlt es sich, nach einer guten Einführung damit zu starten und im Anschluss – vielleicht nach einer kleinen Pause – sich den leichteren Themen zuzuwenden.

Die dritte Phase
Die dritte Phase ist zentral und nimmt den größten Teil des Gesprächs ein. Die am Gespräch beteiligten Personen schildern ihre Beobachtungen, sehen sich gemeinsam die Dokumentationen an und tauschen ihre Eindrücke und Wahrnehmungen aus. Konzentriertes, zugewandtes Zuhören erleichtert der Pädagogin und dem Pädagogen das Argumentieren und baut Vertrauen auf.

Folgende Gesprächstechniken unterstützen den Gesprächsablauf und führen zu einer guten Klärung der einzelnen Punkte oder Themen:

– Verwendung von offenen Fragen, die zum Erläutern und Sprechen auffordern.

– Ich-Botschaften verorten Beobachtungen, Meinungen, Wahrnehmungen eindeutig bei der Erzieherin und dem Erzieher und es wird klar, dass es sich nicht um objektive Wahrheiten handelt (z. B. „Ich habe bei Ihrem Kind beobachtet ..." statt „Ihr Kind ist ...").

– Aktives Zuhören und Verbalisieren haben viele Vorteile: Indem die pädagogische Fachkraft sinngemäß wiederholt, was sie verstanden hat, und u. U. die Gefühle, die sie wahrgenommen hat, auch benennt, wird Verständnis sichergestellt, sowohl inhaltlich als auch emotional. Das Gespräch kann dadurch phasenweise an Tempo verlieren und oft unterstützt das einen guten Verlauf zumindest in einer Argumentationsphase.

– Wechsel der Perspektive: Auch hier geht es darum, den anderen zu verstehen. Ein weiteres Ziel ist, die eigene Argumentation am Gegenüber auszurichten: Welche Argumente brauchen die Mutter und/oder der Vater, um mir folgen zu können? Der Wechsel der Perspektive hilft dabei, die Begründungen zu finden, die für die Eltern entscheidend sind, um das Ziel zu verstehen und ihr Handeln danach auszurichten.

– Pausen sind gute Möglichkeiten für die Beteiligten nachzudenken und sollten nicht sofort überspielt und mit dem nächsten Beitrag gefüllt werden.

– Durch aufmerksame Wahrnehmung der Körpersprache kann die Erzieherin oder der Erzieher leichter erkennen, was ihr/sein Gegenüber bewegt, und entsprechend reagieren.

- Verhält sich die Pädagogin oder der Pädagoge eindeutig wertschätzend und spüren Eltern ein ernstes Interesse an ihrem Kind, ist es ihnen leichter möglich, auch schwierige Inhalte zur Sprache zu bringen.
- Mit Lob sollte vorsichtig umgegangen werden. Gelobt wird man meistens durch Autoritätspersonen und so kann sich schnell eine Hierarchie aufbauen, die für das Gespräch nicht hilfreich ist. Mütter und Väter spüren meist zudem sehr schnell, wenn eine Aussage bzw. ein Lob nicht ernst gemeint ist und lediglich einen Zweck erfüllen soll, z. B. ein schwieriges Thema zu versüßen.
- Die pädagogische Fachkraft in ihrer Rolle als Gesprächsleitung kann an geeigneten Stellen mit einer kurzen Zusammenfassung weiterhelfen, einen Aspekt abschließen und so das nächste Thema einleiten. Sie behält dabei die Zeit im Auge und macht darauf aufmerksam, wenn der Ablauf evtl. nicht eingehalten werden kann. Dabei stimmt sie sich mit den Eltern ab und entscheidet nicht alleine, wann ein Thema ausreichend erörtert worden ist.

Gemeinsame Lösungen finden und argumentieren
In Gesprächen mit Eltern kann es immer wieder zu Situationen kommen, in denen Meinungsverschiedenheiten auftreten. Dabei handelt es sich oft keineswegs bereits um Konflikte, sondern, im kommunikativen Umgang völlig normal, um unterschiedliche Sichtweisen, Wahrnehmungen, Auffassungen oder Handlungsstrategien (siehe Prott/Hautumm, 2004).

Wo Eltern und Erzieherinnen bzw. Erzieher aufeinandertreffen, wird es dennoch häufig nötig sein, eine gemeinsame Auffassung zu entwickeln oder auch (gemeinsam) etwas zu tun. Eine Situation ist nicht so, wie sie sein sollte, oder abstrakter gesagt, es liegt eine Diskrepanz zwischen dem Ist- und dem Sollzustand vor: z. B. wünschen sich Eltern mehr Flexibilität oder Unterstützung; die Pädagogin meint, das Kind könne sich besser orientieren, wenn die Mutter sich konsequenter verhalten würde.

In diesen Situationen können Fachkräfte weiterkommen, wenn sie den Zusammenhang erläutern und für ihre Meinungen oder Lösungsvorschläge gute Gründe (Argumente) finden.

Mit „gut" ist hier gemeint:

- passend zum Sachverhalt und zum Ziel, um das es geht
- nachvollziehbar durch das Gegenüber (hier: die Eltern)
- verständlich (sowohl inhaltlich als auch sprachlich)

Maßstab beim Aufbau der Argumentation sind also die Eltern als Gesprächspartner. Wenn dies berücksichtigt wird, steigen die Chancen, dass sie sich überzeugen lassen und sich der Erzieherin oder dem Erzieher anschließen.

SITUATION

Die pädagogische Fachkraft hat die Sprachentwicklung des dreieinhalbjährigen Manuel während der letzten Monate genau beobachtet und dokumentiert. Sie gewinnt den Eindruck, dass er in letzter Zeit wenige Fortschritte gemacht hat. Sie beobachtet ihn in verschiedenen Situationen während des Tages und versucht herauszufinden, in welchen Bereichen er sich sprachlich entwickelt. Sie erkennt, dass er Laute zwar korrekt ausspricht, dass sein Satzbau und sein Wortschatz dagegen noch wenig ausdifferenziert sind. In Gruppengesprächen, im Spiel mit anderen Kindern oder den Erwachsenen ist er eher still, scheint aber aufmerksam zuzuhören. Sie tauscht sich mit Kolleginnen und Kollegen hierzu aus.

Ziele für das Entwicklungsgespräch:

- den Eltern Beobachtungen und Einschätzungen vermitteln.
- Mehr erfahren über das Verhalten von Manuel zu Hause: Welche Beobachtungen machen Mutter und Vater bei ihm?
- Austausch über die Sorge der pädagogischen Fachkraft.
- Vorstellung von Manuel beim Kinderarzt innerhalb der nächsten 14 Tage durch die Eltern, um Überweisung an einen Logopäden zu klären.

Versetzt sich die Pädagogin bzw. der Pädagoge in die Situation der Eltern, die vielleicht sehr plötzlich im Rahmen des Entwicklungsgesprächs erfahren, dass mit ihrem Kind etwas nicht in Ordnung ist, so wird sie oder er damit rechnen, dass die Eltern erst einmal erschrecken, vielleicht ratlos oder auch ablehnend sind. Man braucht also Dokumentationen, die die Eltern die Einschätzung nachvollziehen lassen. Die pädagogische Fachkraft wird den Eltern Raum lassen, ihre eigenen Wahrnehmungen aus der häuslichen Umgebung zu schildern. Gezielte Fragen zu einzelnen Bereichen können dabei helfen.

Anschließend ist es wichtig, konsequent auf die Zukunft und das Ziel zu orientieren, eine gute Entwicklung für das Kind einzuleiten. Erzieherinnen und Erzieher werden die Eltern nach eigenen Ideen fragen bzw. die eigene Lösung (hier: der Besuch beim Kinderarzt) u. U. zunächst als Vorschlag formulieren, über den die Eltern nachdenken können. Die Fachkraft kann erläutern, wie die Kinderärztin und ein Logopäde dem Kind helfen können, anders, als es in der Kindertageseinrichtung möglich ist. Zeitnah wird ein nächster Gesprächstermin vereinbart.

➜➜➜ **Merksatz**
Nicht sinnvoll ist es, sich in einen Streit über Beobachtungen einzulassen, sich für Wahrnehmungen zu rechtfertigen oder auch nach Schuldigen zu suchen.

Aufgabe für das Selbststudium

Beobachten Sie in Ihrem Umfeld, wie dort Meinungen ausgetauscht und Entscheidungen getroffen werden.

Welche Gesprächstechniken kommen zum Einsatz? Ist der Verlauf konstruktiv? Werden Argumente eingesetzt und wie wird die Strategie aufgebaut? Reflektieren Sie Ihr eigenes Handeln bei Meinungsverschiedenheiten.

Die vierte Phase
In der vierten Phase gibt die pädagogische Fachkraft in kurzen Worten einen Überblick über das, was besprochen wurde. Insbesondere gilt es, Verabredungen, die erarbeitet wurden, zu benennen und evtl. zu konkretisieren, die verschiedenen Aufgaben zu verteilen, den einen oder anderen Punkt vielleicht auch schriftlich festzuhalten. Eine Kopie dieser Mitschrift könnten die Eltern erhalten, wenn diese das möchten.

Je konkreter die Absprachen sind, desto besser. Aussagen wie z. B. „Wir wollen das Kind jetzt intensiver fördern!" sind vage und deshalb schwer umsetzbar und auch nicht kontrollierbar.

An diese Stelle gehört auch eine Vereinbarung darüber, wie mit den Inhalten des vertraulichen Gesprächs umgegangen wird: Wer muss durch wen informiert werden (z. B. andere Fachkräfte, die Leitung, Dritte)? Was erfährt das Kind über die Inhalte und evtl. über die Verabredungen? Für Kinder ist es wichtig, zu erfahren, dass ihre Erzieherin sich mit Mutter und Vater versteht, um nicht in Loyalitätskonflikte zu kommen. Dass die Erwachsenen sich über das Kind austauschen, wird für den Jungen oder das Mädchen ganz normal sein, wenn kein Geheimnis daraus gemacht wird oder das Kind Verunsicherung und Ängste bei seinen Eltern spürt.

Es folgt ein Ausblick auf das nächste Gespräch und die Verabredung des ungefähren Zeitpunktes.

Die fünfte Phase
In der fünften Phase wird das Gespräch schließlich abgeschlossen. Die Erzieherin bzw. der Erzieher bedankt sich bei der Mutter (und/oder dem Vater) für ihr Kommen und ihre konstruktive Mitwirkung.

Gab es schwierige Phasen während des Ablaufs, sollte das Bemühen, nach einer guten Lösung zu suchen, gewürdigt werden.

Arbeitsaufgabe

Bereiten Sie ein Entwicklungsgespräch vor, indem Sie während einer Hospitation oder eines Praktikums ein Kind beobachten und seine Entwicklung dokumentieren.

Diskutieren Sie Ihre Entwürfe in einer Arbeitsgruppe und erproben Sie verschiedene Phasen in einem Rollenspiel, das Sie anschließend reflektieren.

4.5.5 Nachbereitung des Entwicklungsgesprächs

Nach dem Ende des Gesprächs ist es günstig, nicht sofort wieder die Alltagsroutinen aufzunehmen, sondern sich einen kurzen Moment Zeit zur Reflexion zu nehmen – 10 bis 15 Minuten reichen in der Regel schon (ein vorgefertigter Protokollbogen erleichtert diese Aufgabe). Dabei kann über die angesprochenen Inhalte nachgedacht werden sowie über die Gesprächsatmosphäre: „Was ist mir/uns gut gelungen? Wo gab es schwierige Phasen? Welches Handeln war in dieser Situation hilfreich?" Notizen zum eigenen Vorgehen oder zu Verbesserungsideen helfen bei der Vorbereitung des nächsten Gesprächs in etwa einem Jahr.

Zur Nachbereitung gehört auch festzuhalten, wer über bestimmte Aspekte des Gesprächs informiert werden muss (Kolleginnen und Kollegen, die Leitung der Einrichtung). Aus datenschutzrechtlichen Gründen bewahren Sie die Notizen zu den Entwicklungsgesprächen verschlossen auf.

Sollte es zu schwierigen Situationen im Rahmen des Entwicklungsgesprächs gekommen sein, ist es ratsam, über eine kollegiale Beratung nachzudenken oder sich zu überlegen, den Ablauf in einer Supervision zu schildern und aufzuarbeiten.

4.6 Besonderheiten und mögliche Konflikte während des Entwicklungsgesprächs

Vielfach verlaufen Entwicklungsgespräche gut bis sehr gut und die Beteiligten schätzen es, sich ohne Zeit- und Problemdruck über das Kind austauschen zu können.

Nachfolgend einige Hinweise zu einzelnen möglichen Schwierigkeiten:

– **Eltern verschieben immer wieder den Gesprächstermin oder lehnen das Gespräch ab.**

Selten hilft es weiter, wenn pädagogische Fachkräfte in diesen Fällen auf Formalien verweisen, z. B. auf Konzeption, Betreuungsverträge, o. Ä. Noch weniger nutzt ein Kommentar wie z. B. „Andere Eltern kommen aber regelmäßig ..."

Diese Eltern haben Gründe für ihre Zurückhaltung und über die gilt es nachzudenken und vielleicht auch mit Kolleginnen und Kollegen darüber ins Gespräch zu kommen.

Ideen zu möglichen Hintergründen

- Mutter oder Vater wissen nicht genau, was in dem Gespräch auf sie zukommt.
- Die Eltern haben keine oder nur wenige Deutsch-Kenntnisse.
- Die Eltern setzen andere Prioritäten: Sie haben keine Vorstellung davon, dass das Gespräch für sie und ihr Kind nützlich sein kann.
- Das Kind wird noch nicht lange betreut und die Mutter (und/oder der Vater) kennen die Zusammenarbeit mit den pädagogischen Fachkräften nicht aus eigener Erfahrung.
- Die Mutter und/oder der Vater haben schlechte Erfahrungen mit vorherigen Gesprächen gemacht.

In solchen und ähnlichen Fällen kann eine persönliche Einladung verbunden mit der freundlichen Frage nach möglichen Hinderungsgründen u. U. weiterhelfen. Stellt die Institution Kindertageseinrichtung eine Hürde für die Eltern dar? Könnten vielleicht andere Eltern, die schon gute Erfahrungen mit Entwicklungsgesprächen gemacht haben, eher als die pädagogische Fachkraft vom Nutzen des Entwicklungsgesprächs überzeugen?

Im Fall von sprachlichen oder kulturellen Barrieren: Gibt es Kolleginnen oder Kollegen oder andere Familien, die als kulturelle Vermittler angesprochen werden können? Ist es möglich, Eltern bei der zeitlichen Verabredung (Uhrzeit, Dauer) entgegenzukommen? Kann die Leiterin oder der Leiter gemeinsam mit der Erzieherin und dem Erzieher die Eltern erreichen? Im Interesse des Kindes und der wichtigen Verständigung mit den Eltern sollte das Ziel, ein Entwicklungsgespräch zu führen, nicht zu schnell aufgegeben werden. Positive Erfahrungen mit einem ersten Gespräch sprechen dann für sich!

– **Das Gespräch läuft aus dem Ruder.**

Emotionen sind im Entwicklungsgespräch normal, geht es doch für die Mütter und Väter um ihr Kind, das ihnen ganz nah ist. Freude, Stolz, Besorgnis, Angst, Wut usw., alle diese Gefühle schwingen im Gespräch mit und werden auch ausgedrückt. Genauso wie Eltern Fachkräften gegenüber oft Freude und Dankbarkeit äußern, weil ihr Kind sich wohlfühlt und gut entwickelt, kann es vorkommen, dass sie Besorgnis oder Ärger zeigen, dass sie die Erzieherin oder den Erzieher beschuldigen und in ihrer/seiner Kompetenz angreifen. Schätzt die Fachkraft die Situation so ein, dass eine konzentrierte Fortsetzung durch sie selbst oder die Eltern zunächst nicht möglich erscheint, kann sie eine Pause anbieten (alle stehen auf, gehen kurz aus dem Raum) oder auch die Vereinbarung eines zeitnahen anderen Termins.

Zwischen den Gesprächen ist dann Zeit, kollegiale Beratung in Anspruch zu nehmen. Die Fortsetzung kann mit einem kurzen Rückblick begonnen werden und eine sachliche Einschätzung aus der Perspektive der pädagogischen Fachkraft ermöglicht, deutlich auf eine Klärung des Problems und eine Lösung zu orientieren.

— **Eine junge Erzieherin, ein Berufsanfänger sitzt den Eltern gegenüber.**

Oft berichten junge pädagogische Fachkräfte, die am Anfang ihrer Berufstätigkeit stehen, dass es ihnen schwer fällt, mit älteren, lebenserfahreneren Müttern oder Vätern ins Gespräch zu kommen. Wichtig ist, sich klar zu werden, dass bei der Durchführung des Gesprächs nicht die Lebens- oder Berufserfahrung als Qualifikation im Vordergrund steht, sondern die Rolle und die Professionalität der pädagogischen Fachkraft. Hilfe bei der Vor- und Nachbereitung des Gesprächs durch eine erfahrene Kollegin oder einen Kollegen kann die ersten Gespräche aber sicherlich leichter machen. Auch eine Hospitation vor dem ersten eigenen Entwicklungsgespräch verhilft zu mehr Sicherheit.

— **Eine Gefährdung des Kindeswohls ist zu befürchten.**

Wenn pädagogische Fachkräfte Anhaltspunkte für eine gewichtige Gefährdung des Kindeswohls haben, sind sie per Gesetz (vgl. SGB VIII, § 8a, Schutzauftrag bei Kindeswohlgefährdung, Bundeskinderschutzgesetz) verpflichtet, unverzüglich tätig zu werden. Sie können also nicht ein nächstes anstehendes Entwicklungsgespräch abwarten, um ihre Sorge gegenüber den Eltern zu thematisieren.

Fachleute empfehlen hier ein außerplanmäßiges Elterngespräch, das besondere Rahmenbedingungen hat. Für das Gespräch selbst und das weitere Vorgehen bestehen Vorgaben, die befolgt werden müssen, um den gesetzlichen Anforderungen zu genügen (vgl. Maywald, 2009, S. 32–35). Bei den Trägern, den Jugendämtern oder Kommunen gibt es speziell geschulte „insoweit erfahrene Fachkräfte" (§ 8a (2) SGB VIII), die in diesen Fällen hinzuzuziehen sind.

Entsteht bei Erzieherinnen und Erziehern im Rahmen eines Entwicklungsgesprächs der Eindruck einer Kindeswohlgefährdung, so sind sie verpflichtet, entsprechend der Vorgaben des oben genannten § 8a im Achten Sozialgesetzbuch zu handeln.

Arbeitsaufgabe
Beispiel
Eine Mutter berichtet im Entwicklungsgespräch, dass sie das Kind zuhause beim Essen so hinsetzt, dass es sich nicht eigenständig vom Tisch und dem Essen weg bewegen kann, bis es das ihm Zugeteilte aufgegessen hat. Sie rät der Fachkraft, genauso zu verfahren.

Handelt es sich in diesem Fall um eine Kindeswohlgefährdung?

Recherchieren Sie, welche Handlungsleitfäden oder -vorgaben es im Bereich Ihres Jugendamtes für den Fall einer Kindeswohlgefährdung in einer Kindertageseinrichtung oder Tagespflege gibt, und diskutieren Sie diese in Ihrer Lerngruppe.

4.7 Entwicklungsgespräche in der Kindertagespflege

Ob Kindertageseinrichtung oder Kindertagespflege – Entwicklungsgespräche werden sich in ihren Rahmenbedingungen, ihrer Durchführung und Auswertung in Einzelheiten, aber nicht grundsätzlich unterscheiden: So wird eine Tagesmutter oder ein Tagesvater das Gespräch wahrscheinlich außerhalb der Betreuungszeiten führen müssen, da sonst die anderen Kinder nicht betreut wären.

Zu den Beobachtungen der Kinder können Tagespflegeeltern sich nicht so einfach austauschen, wie es in einer Kindertageseinrichtung möglich ist. Dies gilt auch für die Vor- und Nachbereitung. Im Fall, dass Tagespflegepersonen in Fachrunden oder kollegialen Beratungsrunden (beim Jugendamt, in Verbänden) organisiert sind, haben sie ein Forum, um sich fachlich – auch zu Entwicklungsgesprächen – zu verständigen. Vielleicht gibt es auch informelle Kontakte zu anderen Tagespflegeeltern, die genutzt werden können.

Auch wenn die Durchführung aufwendiger ist als in einer Kindertageseinrichtung und die täglichen Kontakte ein Entwicklungsgespräch u. U. als unnötig erscheinen lassen: Die Festigung der vertrauensvollen Zusammenarbeit und der Austausch sowie die Unterstützung der Entwicklung des Kindes sprechen dafür, Entwicklungsgespräche auch in der Kindertagespflege zu einem regelmäßigen Instrument zu machen.

Weiterführende Literatur
Bundesverband für Kindertagespflege e.V., Stresemannstraße 78, 10963 Berlin, Online verfügbar unter: www.bvktp.de [18.08.2013].

Mayr, Toni: Entwicklungsauffällige Kinder im Blick – Früherkennung und frühe Hilfen, In: kindergarten heute, 4/2010, S. 8–14.

Prott, Roger/Hautumm, Annette: 12 Prinzipien für eine erfolgreiche Zusammenarbeit von Erzieherinnen und Eltern, Berlin, 2004.

Textor, Martin: Kindergartenpädagogik – Online-Handbuch, Erziehungspartnerschaft, Online verfügbar unter: www.kindergartenpaedagogik.de [18.08.2013].

Wagner, Petra (Hrsg.): Handbuch Kinderwelten, Vielfalt als Chance – Grundlagen einer vorurteilsbewussten Bildung und Erziehung, Freiburg i. B., 2008.

Welzien, Simone/Schenker, Ina: Entwicklungsgespräch. Wo steht mein Kind? Kindergarten heute TANDEM, Freiburg i. B., 2/2006.

5 Dokumentieren mit Lerngeschichten

Hartmut Kupfer

5.1 Lernbeurteilungen im Kontext der Lernkultur

In Kindertagesstätten und an anderen Orten der Kindertagesbetreuung finden laufend verschiedenste Bildungsprozesse bei den Kindern statt. Ihre Identität als Lernende hängt nicht nur von den eigenen alltäglichen Erfahrungen ab, sondern sie wird entscheidend durch die Rückmeldungen geformt, die sie aus ihrer Umgebung über ihr Lernen erhalten. In den deutschen Bildungsprogrammen wird dem durch die Betonung von „Beobachtung und Dokumentation" als Aufgabe von Erzieherinnen und Erziehern Rechnung getragen.

Die Rede vom „Beobachten und Dokumentieren" ist weit verbreitet. Daneben spricht man auch von „Lerneinschätzungen" oder „Lernbeurteilungen", um den aktiv bewertenden Charakter dieser Aufgabe hervorzuheben, der auch im englischen Begriff „assessment" anklingt.

Das methodische Dokumentieren von Lernerfahrungen und ihre Rückmeldung an Kinder und Familien ist vielfach noch ein sehr junger Arbeitsbereich, sowohl in Bezug auf die methodischen Vorgehensweisen als auch auf die organisatorische Umsetzung. Viele Einrichtungen haben damit begonnen, Beobachtungsverfahren zu praktizieren, und müssen nun Wege finden, gute Ergebnisse mit einem vertretbaren Aufwand zu erzielen.

In diesem Kapitel geht es darum, wie Rückmeldungen über das Lernen der Kinder gegeben und Dialoge hierzu in Einrichtungen geführt werden können. Die Arbeit mit Lerngeschichten bietet dafür eine methodische Struktur an. Entscheidend für die Wirksamkeit von Rückmeldungen über das Lernen und die Herausbildung der Identitäten von Kindern als Lernende ist aber nicht nur die Anwendung einer Methode, sondern die Lernkultur der Einrichtung, in der diese praktiziert wird.

Wenn die Lernkultur eher individualistisch ausgerichtet ist und Lernen als individuelle Leistung betrachtet wird, können Kinder in ihrem Lernen sehr auf sich selbst (und ggf. auf häusliche Unterstützung) angewiesen sein. Betont die Lernkultur das gemeinsame Lernen der Kinder in der Gruppe, so sind Kinder sehr stark davon abhängig, was die Kindergruppe insgesamt erlebt, sie lernen dann überwiegend von und mit anderen Kindern. Kinder können schließlich auch in Lerngemeinschaften einbezogen sein, in der sich auch Erwachsene als Lernende verstehen.

Die Kommunikation über das Lernen der Kinder – Einschätzen, Bewerten und Rückmelden – kann in all diesen möglichen Lernkulturen sehr verschiedene Formen annehmen:

- Wenn Lernen überwiegend als individuelle Tätigkeit einzelner Kinder verstanden wird und die Aufgabe der Bezugspersonen eher darin gesehen wird, Bedingungen hierfür herzustellen, dann ist eine genaue Beobachtung der individuellen Aktivität erforderlich. Diese nimmt die Form der „systematischen Beobachtung" an, da die erwachsenen Bezugspersonen sich in einer solchen Lernkultur ja nicht als Mitglieder der Lerngemeinschaft verstehen. Die Resultate des Beobachtens und Dokumentierens sind dann selbst nicht Teil des Lernprozesses, sondern geben diesen von außen wieder. Sie sind für die unmittelbar Beteiligten – Eltern und Kinder – nur insoweit verwertbar, wie sie selbst bereit und in der Lage sind, sich selbst mit diesem Blick von außen zu betrachten und einzuschätzen.

- Wird das Lernen als gemeinsame, von außen gelenkte Aktivität der Kinder in der Gruppe verstanden, so ergibt sich die Einschätzung aus dem Vergleich der Resultate unterschiedlicher Kinder in Bezug auf die gemeinsame Aufgabe. Hier ist genaueres Beobachten einzelner Kinder nur dann sinnvoll, wenn es besondere Schwierigkeiten gibt. Die Beurteilung erfolgt auch in dieser Lernkultur von einer Position außerhalb des Lernprozesses.

- Wenn das Lernen als Zustandekommen persönlicher Erfahrungsprozesse innerhalb des Zusammenlebens von Kindern und Erwachsenen (ko-konstruktiven Lernkulturen) gesehen wird, dann kann das Dokumentieren als Bestandteil der Tätigkeit der Lerngemeinschaft angelegt werden, als dialogischer Prozess, der alle Mitglieder umfasst und deren Blickwinkel einschließt.

Das Dokumentieren mit Lerngeschichten ist in Neuseeland im Kontext von ko-konstruktiven Lernkulturen entwickelt worden. Seine Adaption in Deutschland als Bildungs- und Lerngeschichten bedeutete eine Entwicklung hin zur Anwendung in mehr individualistischen Lernkulturen. Gegenwärtig sind beide Verfahren in der Praxis vertreten.

In diesem Kapitel wird zunächst das neuseeländische Dokumentationsverfahren vorgestellt. Anschließend wird kurz auf die Besonderheiten der Bildungs- und Lerngeschichten eingegangen und zum Abschluss werden Fragen der ethischen Grundlagen von Beobachtung und Dokumentation behandelt.

Didaktische Anregungen

1. Führen Sie in Zweier- oder Dreiergruppen biografische Interviews:

Was hat mich selbst als Kind im Lernen bestärkt, und was hat mich eher am Lernen gehindert?

2. „Wie ich das Autofahren (Fahrradfahren, Klavierspielen, Hemdenbügeln o. Ä.) gelernt habe …" (Einzelreflexion)

Welche Rückmeldungen von anderen habe ich bekommen, und wie haben diese sich auf mein Lernen ausgewirkt?

Fassen Sie Ihre Gedanken stichwortartig zusammen und präsentieren Sie Ihr Ergebnis als Plakat.

5.2 Zwei Blickrichtungen: Kompetenzen und Potenziale

Dokumentiert man Lernprozesse mit dem Blick von außen, so geht es überwiegend darum, einen Entwicklungsstand festzuhalten, d. h., Kompetenzen in möglichst vergleichbaren Daten festzuhalten, die darüber Auskunft geben, was ein Kind (häufig im Vergleich zu anderen Kindern oder zu einer vorab festgelegten Normalentwicklung) zu einem gegebenen Zeitpunkt, in einem bestimmten Alter bereits beherrscht.

Dokumentiert man Lernprozesse als Beteiligter, als Mitglied der Lerngemeinschaft, in der sie stattfinden, so wird das Lernen nicht mehr ausschließlich dem einzelnen Kind zugeschrieben, es ist eine gemeinsame Angelegenheit, und das Dokumentieren ist darauf ausgerichtet, die persönlichen Erfahrungsprozesse der Kinder in ihrem Kontext darzustellen und aus unterschiedlicher Sicht zu begreifen. Die hier zu wählenden Dokumentationsmethoden müssen daher geeignet sein, die Potenziale der Lernumgebungen für das Lernen der einzelnen Menschen aufzuzeigen.

Der Psychologe L. Wygotski hat eine Grundeinsicht formuliert, die das Verhältnis von individuellem Lernen und gemeinsamer Auseinandersetzung betrifft:

- „Was ein Kind mithilfe anderer heute tun kann, das wird es morgen selbstständig bewältigen." (Wygotski, 1978, S. 87, übersetzt von Hartmut Kupfer, Autor des Kapitels)
- „Jede Funktion in der kulturellen Entwicklung des Kindes erscheint zweimal, auf zwei Ebenen. Zunächst erscheint sie auf der sozialen Ebene, und dann auf der individuellen; zunächst zwischen den Beteiligten (interpsychologisch), dann im Innern des Kindes (intrapsychologisch)." (Wygotski, 1978, S. 57, übersetzt von Hartmut Kupfer)
- Die Differenz zwischen dem, was ein Kind selbstständig bewältigt, und dem, was es in Zusammenarbeit mit bzw. unter Anleitung von anderen erreichen kann, bezeichnete Wygotski als „Zone der nächsten Entwicklung" (Wygotski, 1978, S. 84 ff., übersetzt von Hartmut Kupfer).

Um das Dokumentieren des Lernens in dieser „Zone der nächsten Entwicklung", mit unterschiedlichen Perspektiven, im Dialog zwischen Erzieherinnen und Erziehern, Kindern und Eltern in einer Lerngemeinschaft zu ermöglichen, wurden die Lerngeschichten entwickelt. Das zugrunde liegende Verständnis von Lernkulturen wird in den folgenden Sätzen deutlich. Zu beachten ist hier, dass nicht die Kindergruppe, sondern die Einrichtung insgesamt als Lerngemeinschaft definiert wird:

„Wir vertreten den Standpunkt, dass Lernen und Entwicklung nicht in erster Linie als individuelle Leistung gedeutet werden können, sondern dass sie zwischen Menschen, Orten und Dingen verteilt stattfinden. In diesem situationsorientierten oder auch sozio-kulturellen Blickwinkel in Bezug auf Lernen und Entwicklung wird die Kindertageseinrichtung oder die Klasse als ‚Lerngemeinschaft' betrachtet, wobei sich die vermittelnde Tätigkeit (das Lehren) an die Lernenden in ihren Umweltbeziehungen richtet. [...] Und dabei wird Entwicklung hauptsächlich als die Transformation (oder Weiterentwicklung) von Teilhabe in unterschiedlichen (kulturellen) Kontexten gedeutet." (Cowie/Carr, 2004, S. 95, gekürzt, übersetzt von Hartmut Kupfer)

Die folgenden Abschnitte stellen dieses Dokumentationsverfahren vor und zeigen, wie es in der Praxis verwirklicht werden kann.

Didaktische Anregungen

1. Untersuchen Sie (anonymisierte) Lernbeurteilungen aus Grundschulzeugnissen, Entwicklungsbeurteilungen o. Ä. (Gruppenarbeit). Nutzen Sie hierfür selbst gesammeltes oder vorbereitetes Material.

   Gibt es Hinweise, dass die Beurteilten oder/und die Beurteilenden als Mitglieder von Lerngemeinschaften gesehen werden?

> Sofern Sie nicht ausreichend Material im persönlichen Umfeld finden, werden Sie hier im Internet fündig, z. B. unter www.kompetenzraster.de oder bildungsserver.berlin-brandenburg.de/2831.html.

METHODE/TIPP

2. „Die Sprache der Beurteilung"

   Der Sportteil von Tageszeitungen ist montags voll von sprachlichen Beispielen für Beurteilungen. Es ist interessant zu sehen, wieweit diese individualisierend auf Kompetenzen eingehen oder auch die Kontextabhängigkeit der gezeigten Leistungen betonen.

   Sammeln Sie sprachliche Darstellungen von Kompetenzen und Entwicklungspotenzialen von Sportlerinnen und Sportlern. Finden sich darunter auch Beispiele für das, was hier mit „Entwicklung als Transformation von Teilhabe in unterschiedlichen Kontexten" bezeichnet wurde?

5.3 Was ist eine Lerngeschichte?

➔➔➔ **Definition**
Das Dokumentieren mit Lerngeschichten versucht, die Stimmen von Erzieherinnen und Erziehern, Eltern und Kindern in einem Einschätzungsprozess zusammenzuführen, der das Lernen in den Beziehungen, in denen es stattfindet, darstellt und nicht aus ihnen herauslöst.

➔➔➔ **Definition**
„Lerngeschichten machen die Lernprozesse sichtbar, die (an diesem Ort) wertgeschätzt werden, so dass die gesamte Lerngemeinschaft (Kinder, Familien, größere Gemeinschaften, in denen Kinder aufwachsen, Fachkräfte und andere) die begonnenen oder auch andere Lernwege weiter unterstützen kann." (Ministry of Education, 2004, Heft 1, S. 3; übersetzt von Hartmut Kupfer)

Ein erstes Beispiel verdeutlicht dies:

Beispiel

Wir gehen Baden

Es ist heiß, sehr heiß diesen Sommer. Im Garten steht ein super schöner großer Swimmingpool.

Alle wollen planschen gehen und sich abkühlen, nur Niko nicht!!! Was soll ich machen? Immer wieder habe ich ihn gefragt, und seine Antwort war jedes Mal: NEIN!

Also musste ich mir etwas anderes einfallen lassen. Die Idee – selber mit reingehen. Gesagt, getan. „Komm Niko, wir beide gehen uns jetzt auch abkühlen!", sagte ich, und da ist er dann mitgekommen.

Niko klammerte sich an mich und wollte mich gar nicht loslassen. Er hatte große Angst, dass er untertauchen könnte und dass ihn die anderen Kinder bespritzen würden.

Ich nahm Rücksicht, versuchte behutsam ihm die Angst zu nehmen, genau so wie die anderen Kinder auch. Als er dann Vertrauen zu mir hatte und merkte, dass ich ihn nicht untertauchen würde und auch die anderen Kinder Rücksicht nahmen, traute er sich sogar allein.

Eine Erzieherin erzählt hier in persönlicher Weise von Nikos ersten Erfahrungen im Planschbecken. Sie ist fasziniert davon, wie er es schafft, seine anfängliche Scheu zu überwinden und Vertrauen aufzubauen, dass ihm nichts passieren wird. Die Abfolge der Ereignisse wird so wiedergegeben, wie sie sich ereignet hat. Dabei beschränkt sich die Erzählerin auf das, was für ihre Geschichte erzählt werden muss. Hierzu gehört in diesem Falle nicht nur, das, was das Kind sagt und tut, sondern auch das, was es denkt und fühlt.

Es gäbe sicherlich auch andere Wege, etwas über das Lernen von Niko mitzuteilen. Dazu würde eventuell ein Foto und ein begleitender Satz genügen: *„Heute ist Niko zum ersten Mal mit im Planschbecken gewesen und er hat entdeckt, dass ihm das Spaß macht!"*

Im Vergleich hierzu gibt die Geschichte viele Informationen, die es dem Zuhörer oder Leser ermöglicht, die Situation aus der Sicht der handelnden Personen nachzuvollziehen: „Wie kam es dazu?!". Hierzu ist es wichtig, dass nicht nur Niko vorkommt, sondern auch seine Partner in dieser Lernsituation, die Erzieherin und die anderen Kinder. Im Original wird der Text ergänzt durch mehrere Fotos, die Niko während der Aktion gemeinsam mit den anderen zeigen. Diese Bilder geben für Niko selbst, aber auch für alle anderen Leser beim Anschauen des Portfolios bzw. Dokumentationsordners eine gute Orientierung.

Aber mit der Darstellung der Episode ist die Lerngeschichte noch nicht am Ende. Zwei weitere Teile folgen, die im Folgenden dargestellt werden:

Das war für mich ein tolles Erlebnis!

Zu sehen, wie Niko seine Angst überwindet und sich traut etwas Neues zu machen. Ich habe gesehen, wie viel Spaß ihm das gemacht hat, später auch mit den anderen Kindern zu baden, auch wenn sie ihn dann doch noch ein wenig bespritzt haben… Einfach großartig!

Im zweiten Teil der Lerngeschichte beschreibt die Erzieherin nochmals in ihren eigenen Worten, was aus ihrer Sicht das Bemerkenswerte an der von ihr wiedergegebenen Episode ist. Sie hebt hervor, wie er es schafft, sich mit anfänglicher Unterstützung der Erzieherin auf Neues einzulassen. Dieser einschätzende Teil wird in vielen Lerngeschichten durch eine eigene Überschrift von der Wiedergabe der Episode abgegrenzt, beispielsweise *„Was für ein Lernen findet hier statt?"* oder kurz *„Eindruck der Erzieherin"*. Er stellt sicher, dass die Lerngeschichte nicht nur als eine nette Anekdote verstanden wird, sondern dass die Aufmerksamkeit der Zuhörer oder Leser auf das Lernen des Kindes gelenkt wird. Erst hierdurch wird das Kriterium „Lernprozesse, die wertgeschätzt werden, sichtbar (zu) machen" in vollem Umfang realisiert. Dabei wird jeder Lerngemeinschaft das Recht eingeräumt, darzustellen, was an ihrem speziellen Ort als Lernen wertgeschätzt wird.

Ich kann es kaum erwarten, heute Abend seiner Mama diese Geschichte zu erzählen. Ich bin gespannt, welche Erfahrungen Niko beim Baden mit seiner Familie gemacht hat. Und ich bin sicher, dass wir in diesem Sommer zusammen noch viel Spaß mit unserem Swimmingpool haben werden.

Im dritten Teil der Lerngeschichte geht es darum, Wege aufzuzeigen oder Ideen zu haben, wie „die gesamte Lerngemeinschaft (Kinder, Familien, größere Gemeinschaften, in denen Kinder aufwachsen, Fachkräfte und andere) die begonnenen oder auch andere Lernwege weiter unterstützen kann". Hier geht es darum, die geschilderte Episode in Zusammenhänge einzuordnen, sie mit anderen Episoden zu verknüpfen und Vorstellungen über die weitere Entwicklung des Lernens festzuhalten. Wie könnte das Lernen, das hier sichtbar wird, erweitert, vertieft oder gefestigt werden? Indirekt werden die Eltern aufgefordert, über ähnliche Situationen in der Familie zu erzählen. Das kann sich auf das Baden beziehen, Anknüpfungspunkt für andere Geschichten könnte aber hier auch das angesprochene Thema „Überwinden von Ängsten" sein. Es ist gut möglich, dass Eltern sich durch diese Geschichte aufgefordert fühlen, eigene Erlebnisse mit ihrem Kind zu erzählen oder als Antwort selbst etwas aufzuschreiben. Dieser dritte Teil kann durch Überschriften wie *„Was als nächstes?" „Nächste Schritte- Ideen und Möglichkeiten"* eingeleitet werden.

METHODE/TIPP

Der Aufbau einer Lerngeschichte kann somit durch folgende Übersicht wiedergegeben werden:

1. Die Episode selbst: Wiedergabe der wesentlichen Ereignisse in ihrer zeitlichen Folge aus der Sicht der Fachkraft durch Text in Verbindung mit Bildern, Zeichnungen oder anderen Materialien.

2. Die Einschätzung der Bedeutung für das Kind in seinen Bildungsprozessen: Welches Lernen findet hier statt, was hat mich an dieser Episode so beeindruckt?

3. Die Verbindung zu anderen Ereignissen im Leben des Kindes sowie Ideen und Vorstellungen, wie der Bildungsprozess, der hier sichtbar wurde, in allen Lebensbereichen des Kindes weiter unterstützt werden könnte. Dies erfordert, dass die Stimmen des Kindes selbst von Eltern und ggf. anderen Kindern einbezogen werden sollten.

Didaktische Anregungen

1. Versuchen Sie, aus Ihrer Erinnerung heraus eine kurze Episode aufzuschreiben, in der ein Kind, das Sie kennen, ein Problem auf unerwartete Art gelöst oder eine Ihnen bis dahin unbekannte Fähigkeit gezeigt hat.

Erzählen Sie die Geschichten nacheinander in Ihrer Ausbildungsgruppe und überlegen Sie gemeinsam, welche Ressourcen der Lerngemeinschaft die Kinder in den Beispielen jeweils nutzen.

2. Möglicherweise stellen Sie fest, dass Sie das „Lernen des Kindes" und das „eigene Lernen" in Ihrer Episode nicht oder nur sehr schwer voneinander trennen können.

Überlegen Sie in diesem Fall, welche das Lernen fördernden oder auch hindernden Konsequenzen die große Nähe zwischen Ihnen und den Kindern haben kann.

Versuchen Sie, die gleiche Episode auf unterschiedliche Weisen zu schreiben: zum einen als eigene Lerngeschichte oder/und zum anderen als Lerngeschichte des Kindes.

5.3.1 Was bedeutet Lernen in der Lerngeschichte? Kompetenzen und Dispositionen

Zunächst sollen Lerngeschichten als Geschichten vom Lernen betrachtet werden:

SITUATION

„Hannah, Rena und ich gingen heute Morgen zum Riccarton Bush. Beim letzten Mal musste Hannah noch über die höher liegenden Bohlenwege getragen werden. (Der Grund dafür lag in den Lücken zwischen den Bohlen und dass sie bis zum Boden hindurch sehen konnte.)

Heute allerdings traute sie sich, über die erste Plattform zu krabbeln, nachdem sie gesehen hatte, wie Rena (7 Jahre alt) darüber lief. Sie bewegte sich sehr langsam und schaute dabei durch alle Spalten auf den darunter befindlichen Boden. Rena und ich unterstützten ihren Versuch mit viel ermutigendem Zuspruch und am Ende freuten wir uns gemeinsam über ihren Erfolg. „Ich hab's geschafft!", sagte Hannah, klatschte in die Hände und applaudierte sich selbst.

Als wir zur nächsten ähnlichen Konstruktion kamen, schien sie keine Notiz davon zu nehmen. Sie lief hinter Rena her. Rena rannte darüber, und Hannah folgte ihr und rannte einfach weiter, ohne zu stoppen. Sie sah ganz erstaunt aus (so wie ich auch), als sie am anderen Ende ankam. Als ich meine Begeisterung äußerte, was sie geschafft hatte, erklärte sie fröhlich: „Is' nicht gefährlich!"

Ich bat sie das zu wiederholen, um sie dabei zu fotografieren. Als sie wieder über die Plattform lief, lächelte sie, und wie man in diesem Buch sehen kann, lächelt Hannah normalerweise nicht auf Fotos!"

(Ministry of Education, 2004, Heft 6, S. 12; übersetzt von Hartmut Kupfer)

Was macht diese Geschichte zu einer Lern-Geschichte?

Wir erleben in der genauen Wiedergabe der Episode, wie ein Kind neue Wege findet, mit einer Herausforderung umzugehen: einem Bohlenweg mit Lücken zwischen den Brettern, durch die man das Gefühl verliert, auf sicherem Boden zu stehen. Die Tatsache, dass Hannah jetzt über einen solchen Weg laufen kann, könnte auch einfach nur mitgeteilt werden – ein Foto, eine kurze Notiz darunter, und fertig. Die Lerngeschichte gewinnt ihre Bedeutung aber nicht daraus, dass sie dies mitteilt. Sie erzählt, wie Hannahs Tätigkeit und ihr Lernen mit den Tätigkeiten der anderen Personen verknüpft waren, sie erzählt von einer Lerngemeinschaft in Aktion. Wir erfahren nicht nur, dass Hannah sich mutig auf eine neue Herausforderung eingelassen hat, wir erleben auch, wie sie sich gemeinsam über Erfolge freut und welche Bedeutung das Vorbild anderer Kinder für ihr Lernen hatte. Die Einbettung des Lernens in die Interaktion, was im oben angegebenen Zitat mit „verteilt zwischen Menschen, Orten und Dingen" bezeichnet wurde, wird hier deutlich (siehe oben, S. 122).

Lernprozesse darstellen heißt hier nicht nur auf die Frage zu antworten, welche Kompetenzen ein Kind erworben hat. Es geht nicht um individuelles Wissen und Können allein, sondern um das Zusammenwirken von unterschiedlichen Menschen bei der Erzeugung neuer Handlungsmöglichkeiten.

Margaret Carr entwickelte zur Darstellung und Analyse dieser Interaktionsqualitäten den Begriff der Lerndispositionen. Diese sind in der Situation zweifach vorhanden: zum einen psychologisch interpretiert als Potenzial, Neues zu entdecken und Gefahren zu bestehen, also Neugier, Mut, Beharrlichkeit usw. Zum anderen aber auch mikrosoziologisch gefasst als Qualitäten in der Situation, als Merkmale des Austausches zwischen den beteiligten Personen in Form von Wertschätzung, Aufmerksamkeit, affektivem Spiegeln und Ermutigung.

Margaret Carr (2001) nennt fünf Bereiche von Lerndispositionen und stellt diese als eine Folge von aufeinander aufbauenden Schritte dar:

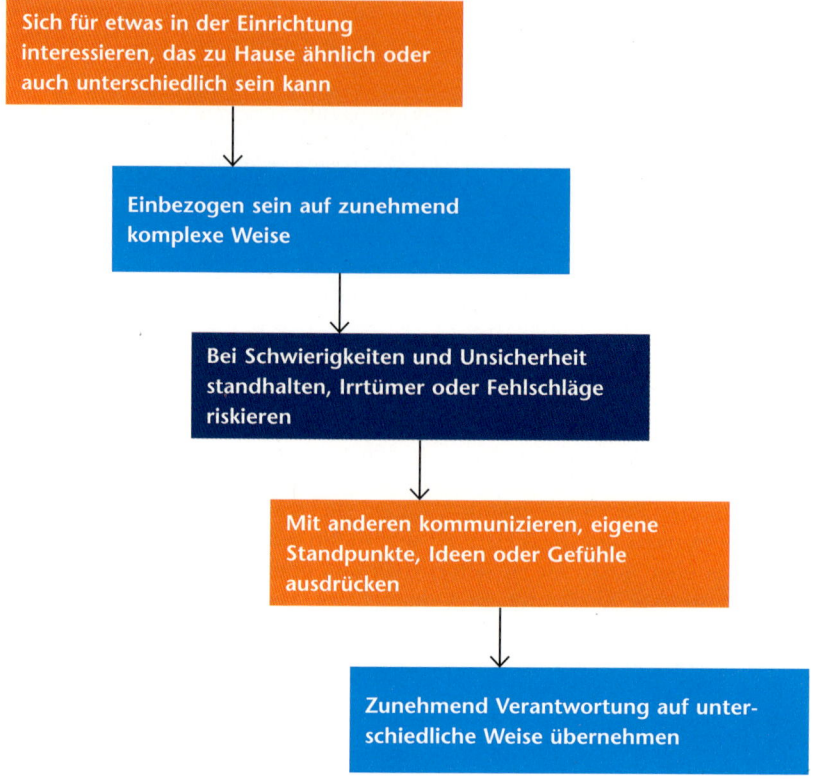

(vgl. Carr, 2001, S. 98, übersetzt von Hartmut Kupfer)

Man kann in diesen fünf Ebenen von Lerndispositionen ein gewisses Grundmuster für den Ablauf von Auseinandersetzungsprozessen sehen, die Kinder in und mit ihren Lernumgebungen führen.

Die Basis bieten die ersten zwei Lerndispositionen:

1. Kinder finden etwas, das sie interessiert und woran sie mit ihren Vorerfahrungen anknüpfen können.

2. Sie nehmen aktiv teil und beobachten nicht nur, sondern sie nehmen Handlungsmöglichkeiten wahr. Wenn diese Grundbedingungen gegeben sind (wenn Beziehungen aufgenommen, Kontakte geknüpft sind), können sich Exploration und sprachliche Kommunikation entwickeln.

3. Kinder betrachten den Gegenstand ihres Interesses von mehr als einer Seite, wollen es genauer wissen, lassen sich auf Dinge ein, die schwierig sein könnten.

4. Sie öffnen sich ihren Partnern gegenüber, teilen sich mit und treten in den Austausch – auch dies ist mit Risiken verbunden und setzt daher ein bereits gewonnenes Vertrauen in die Umwelt voraus.

5. Erst wenn diese Voraussetzungen alle geschaffen sind, können Kinder (spielerisch) Rollen übernehmen, verbinden ihre Person mit der Tätigkeit und gewinnen eine Position in der Lerngemeinschaft.

Lerngeschichten handeln nicht so sehr von dem, was Kinder bereits sicher beherrschen, sondern erzählen gerade von Ereignissen, in denen sich die Kinder auf etwas Neues einlassen, Dinge tun, die riskant sind, auf eine Weise handeln, die noch neu ist, die aber von der Einrichtung als wünschenswert betrachtet wird.

Die Lerngeschichten entfalten ihre Wirkung dadurch, dass sie erzählt werden, dass die Wertschätzung dessen, was in der Situation erreicht wurde, dem Kind selbst und der Lerngemeinschaft insgesamt zurückgemeldet wird. Dem liegt die These zugrunde, dass Menschen nicht nur aus dem handelnden Erfahren heraus lernen, sondern dass sie für die Entwicklung ihrer Identität als Lernende Rückmeldungen ihrer Bezugspersonen notwendig brauchen, sowohl Rückmeldungen in den Lernsituationen selbst als auch Rückmeldungen, die zu einem anderen Zeitpunkt wieder aktiviert werden können.

Didaktische Anregungen

1. Greifen Sie die Beispiele aus der vorangegangenen Übung auf und versuchen Sie, Bezüge zu den dargestellten Lerndispositionen herzustellen. Dabei ist keine Vollständigkeit anzustreben: Es ist möglich, dass in Ihren Geschichten nur eine oder zwei der genannten Dispositionen sichtbar werden. (Es ist auch möglich, dass Sie das Lernen in Ihrem Beispiel mit keiner der vorgestellten Lerndispositionen befriedigend interpretieren können, das wäre der interessanteste Fall.)

2. Wählen Sie nach dem Zufallsprinzip einige Kinderbücher oder -geschichten aus, betrachten Sie eine überschaubare Sequenz, in der die Heldin oder der Held ein Problem löst oder eine Aufgabe erfolgreich bewältigt.

  Versuchen Sie wiederum, in diesen Geschichten Lerndispositionen bei der Arbeit zu finden. Stellen Sie gemeinsam ein Plakat her, auf dem Sie Lerndispositionen und charakteristische Episoden aus bekannten Kinderbüchern einander zuordnen.

5.3.2 Was bedeutet Geschichte in der Lerngeschichte?

Im vorangegangenen Abschnitt wurden Lerngeschichten als „Geschichten vom Lernen" betrachtet, jetzt wenden wir uns dem anderen Aspekt zu und untersuchen sie als „Geschichten vom Lernen". Es geht darum, wie erzählende sprachliche Formate (Geschichten) zum Dokumentieren des Lernens mit dem Konzept der Lerndispositionen im Zentrum des Interesses genutzt werden können.

Wenn Lernen als Austauschprozess zwischen Person und Lernumgebung verstanden wird, dann muss die Dokumentationsmethode in der Lage sein, diese Austauschprozesse nachzuzeichnen. Sie darf nicht nur die Kompetenzen eines Lernenden einschätzen, sondern muss das Lernen der Person in der Situation, mit den Gegenständen und Partnern, die ihre Anteile am Lernprozess haben, zeigen.

Geschichten sind hierfür geeignet, denn ...

– sie können Auseinandersetzungsprozesse aus der Sicht einer handelnden Person darstellen und orientieren sich dabei an ihrem zeitlichen Ablauf.

– sie bieten Interpretationen der erzählten Episode an und stellen Verbindungen zu anderen Geschichten her.

Darstellung aus der Perspektive der handelnden Person

Lerngeschichten geben in ihrem ersten Teil in der Regel Ereignisse so wieder, wie sie das Kind erlebt hat. Der Erzählende steht nicht über der Situation, sondern versucht die Perspektive des Kindes einzunehmen. Dabei ist aber auch stets klar, dass in der Lerngeschichte nicht das Kind selbst erzählt. Die Erzieherin (im folgenden Beispiel ist es eine Tagesmutter) beschreibt die Ereignisse in ihrem Ablauf aus ihrer Wahrnehmung als Zeugin: Ich war dabei, ich habe es selbst gesehen und gehört.

Beispiel
„Leora sah, wie aufgeregt Krystal war, als diese ihren Finger in der Schublade eingeklemmt hatte. Während ich Krystal tröstete, ging Leora los und holte ein Spielzeug, um zu helfen, sie zu beruhigen. Sie gab es Krystal (die wirklich so aussah, als brauchte sie es) und lächelte sie an."
(Ministry of Education, 2007, Heft 12, S. 24; übersetzt von Hartmut Kupfer)

Diese kurze Episode ist Teil einer Lerngeschichte. Sie erzählt davon, wie Leora dazu beiträgt, ein anderes Kind zu trösten. Hier wird strikt aus Leoras Perspektive erzählt, wir erfahren nichts, was Leora nicht auch wahrnimmt. Die Darstellung gibt im Wesentlichen die äußere Handlung wieder, die Tagesmutter berichtet genau darüber, was Leora tut. Da in diesem Kontext klar ist, was Leora mit dem Spielzeug beabsichtigt, kann die Tagesmutter auch ihre Intention beschreiben: „um zu helfen, sie zu beruhigen". Was sie außerdem denkt oder fühlt, kann von der Tagesmutter nicht dargestellt werden, solange dies nicht zu sehen ist.

Anbieten von Interpretationen und Herstellen von Verbindungen zu anderen Geschichten

Mehrere Tage später dokumentiert die Tagesmutter eine ähnliche Situation:

Beispiel
„Heute Morgen waren Leora und ich schon ein ganzes Stück gegangen, da bemerkten wir, dass Hannah nicht bei uns war. Wir schauten zurück und sahen, dass sie immer noch oben auf der Treppe stand. ‚Sie braucht, glaub ich, Hilfe!', sagte Leora und rannte schnell hin zu ihr. Sie ging die Stufen hoch, nahm ihre Hand und führte sie hinunter."
(Ministry of Education, 2007, Heft 12, S. 24; übersetzt von Hartmut Kupfer)

Hier kommt zu der ersten Episode eine zweite ähnliche Geschichte hinzu. Was die Tagesmutter in den beiden Ereignissen als Gemeinsamkeit sieht, drückt sie lediglich in der Überschrift „Leora kümmert sich um andere" aus.

Dies entspricht hier in seiner Funktion dem oben erläuterten „zweiten Abschnitt" der Lerngeschichte, dem Kommentar aus der Sicht der Fachkraft. Das Lernen, das hier wertgeschätzt wird, wird an einer Gemeinsamkeit mehrerer kleiner Geschichten deutlich, an der Verbindung, die zwischen ihnen hergestellt werden kann.

Die Ähnlichkeit und Unterschiedlichkeit von Ereignissen können auch bereits in einer einzigen Geschichte eine Rolle spielen:

Beispiel
– Zahra entdeckte bereits am ersten Tag das Schaukelpferd für sich, aber die Geschichte wurde geschrieben, als sie auch an den folgenden Tagen wieder dieses Interesse zeigte.

– Hannahs Geschichte beruht darauf, dass sie in einer sich wiederholenden Situation unterschiedliche Reaktionen zeigt: Erst weigert sie sich, den Bohlenweg zu betreten, dann krabbelt sie vorsichtig darüber, schließlich rennt sie darüber hinweg, einem anderen Kind hinterher.

Häufig fallen uns Lernprozesse auf, wenn Kinder in sich wiederholenden Situationen plötzlich neue Verhaltensweisen zeigen. Dies entspricht dem anfangs in diesem Kapitel erläuterten Verständnis von Lernen als Internalisation (Wygotski) sozialer Interaktionen, vgl. Kapitel 5.2.

Die Variationen von Reaktionen in einer schwierigen Situation bilden auch den Kern vieler traditioneller Erzählungen. So sind es häufig drei Aufgaben oder Proben, die im Märchen bewältigt werden müssen, z. B. der Held, der auszieht, um das Fürchten zu erlernen, muss drei Nächte mit dem Spuk verbringen.

Der zweite Teil der Lerngeschichte ist – wie oben dargestellt – der Ort für die Interpretation der Erzieherin. Hier führt sie aus, was sie an der wiedergegebenen Episode beeindruckt und stellt den Bezug zu den Lerndispositionen in ihren Worten her. Die Interpretation ist von ihrer Kenntnis dieses Kindes geprägt. Sie zeigt auf, inwieweit das Kind in der erzählten Situation über seine bisher gezeigten Möglichkeiten hinausgegangen ist, beschreibt damit das Lernen in der „Zone der nächsten Entwicklung" und erzeugt damit eine Erwartungshaltung: Wird es öfter solche Situationen geben? Wo können wir, sei es in der Einrichtung oder zu Hause, Ähnliches noch sehen?

Für die Personen, die die eine solche Geschichte hören oder lesen, bildet diese den Anlass, über dieses Kind, über sein Lernen unter seinen Umständen näher nachzudenken, um Besonderheiten festzustellen, Entwicklungen zu sehen und Erwartungen zu bilden. Wenn wir so verfahren, dann beanspruchen unsere Analysen weniger Autorität, etwas Objektives auszusagen, aber sie tragen dazu bei, ein breites Verständnis über Entwicklungswege von Kindern in unseren Lerngemeinschaften zu schaffen und zu vertiefen. Wir stellen die Auseinandersetzungen der Kinder in ihrer Lernumgebung und unsere wertschätzende Haltung gegenüber ihren Erfahrungen nachvollziehbar dar. Was dabei nicht entsteht, ist eine Sammlung objektiver und damit vergleichbarer Daten, wir können nichts sagen, was über konkrete Situationen hinaus allgemeine Gültigkeit gewinnt.

Wer an einer Feststellung des Entwicklungsstandes eines Kindes bzw. an einer Einschätzung seiner Kompetenzen interessiert ist, wird daher diese Herangehensweise vermutlich als ungenügend empfinden. Inwieweit das Dokumentationsverfahren der Lerngeschichten im konkreten Fall durch andere Beobachtungs- und Einschätzungsverfahren ergänzt werden muss und zu welchem Zweck solche Beobachtungsdaten eingesetzt werden können, muss von den Fachkräften daher sorgfältig eingeschätzt werden.

Didaktische Anregungen

Arbeiten mit Lerngeschichten erfordert Geschick im mündlichen Erzählen. Eine Einrichtungskultur, in der viel erzählt wird und in der Erwachsene und Kinder Freude an Geschichten jeglicher Art haben, bietet eine gute Grundlage für wertschätzendes Erzählen über das Lernen. Fachkräfte können und sollten mündliches Erzählen üben.

1. „Die Geschichte meines Schlüsselbundes"

Wählen Sie aus den Gegenständen, die Sie heute bei sich tragen, einen aus. Schreiben Sie zu diesem Gegenstand eine kurze – wahre oder erfundene – Geschichte und tragen Sie diese in der Gruppe vor.

2. Lesen Sie gemeinsam die Erzählung „Die Geschichte vom Jungen, der keine Geschichten erzählen konnte" von Paul Maar (online verfügbar unter www.zeit.de/2004/45/Geschichte_Maar).

Diskutieren Sie, welche Antworten auf die Frage: „Was braucht man, um Geschichten erzählen zu können?" in dieser Geschichte stecken.

Stellen Sie die gleiche Frage Kindern und Erwachsenen aus Ihrer Umgebung. Vergleichen Sie die Antworten und gestalten Sie mit Ihren Ergebnissen gemeinsam ein Plakat.

Weiterführende Literatur
Die US-amerikanische Vorschulpädagogin Vivian Gussin Paley gibt in ihren Büchern und Vorträgen einen Einblick in ihre faszinierende, langjährige Praxis der Arbeit mit Geschichten im Elementarbereich: Jason. Der Junge, der ein Hubschrauber sein wollte. Droemersche Verlagsanstalt Knaur, München 1992, und Mitspielen verbieten ist verboten. Gegenseitige Achtung und Akzeptanz unter Kindern, Quadriga Verlag, Weinheim, 1994.

5.4 Der Dokumentationsprozess: Bemerken, Verstehen, Beantworten

Im neuseeländischen Verständnis von Lerngemeinschaften ist es alltägliche Praxis einer Fachkraft, das Lernen von Kindern wahrzunehmen (= zu bemerken), zu interpretieren (= zu verstehen) und durch eigene spontane Reaktionen zu beantworten.

Dies erfolgt im Alltag viele Male am Tag. Die Qualität der Reaktionen, das Maß, in dem sie auf das Erleben der Kinder abgestimmt sind und nicht nur auf das Handeln selbst, sondern auch auf Absichten und Gefühle der Kinder eingehen, kennzeichnen eine gute Erziehungspraxis. Hierfür bedarf es zunächst einmal noch keiner Dokumentation des Lernens der Kinder.

Der Wert der Lerngeschichten liegt nicht in der Handlungssituation selbst, sondern jenseits von ihr. Indem das Erleben der Kinder in einer Geschichte festgehalten wird, kann es jederzeit von den Kindern selbst oder auch von ihren Bezugspersonen wieder herbeigerufen und noch einmal erlebt werden: Hierdurch werden die sich entwickelnden möglichen Identitäten der Kinder als Lernende gestärkt, und es wird deutlich, was es heißen kann, zu forschen, zu entdecken, aufmerksam zu helfen oder gut zu kommunizieren.

In der Lerngeschichte spiegelt und erweitert sich das spontane Wahrnehmen, Verstehen und Beantworten. Die oben dargestellten drei Abschnitte der Lerngeschichte entsprechen genau diesen drei Schritten:

– Die Episode entspricht dem Wahrnehmen,

– die Interpretation der Fachkraft entspricht dem Verstehen und

– die Verbindung zu anderen Situationen und die Überlegungen zu nächsten Schritten entsprechen dem Beantworten.

5.4.1 Magische Momente

Um Lerngeschichten zu schreiben, ist es nicht erforderlich, eine bestimmte Vorgehensweise zu praktizieren, nach der bestimmte Fachkräfte zu bestimmten Zeiten bestimmte Kinder beobachten. Ausgangspunkt einer Lerngeschichte ist ein magischer Moment, der dadurch gekennzeichnet ist, dass die Fachkraft von etwas, was Kinder tun oder sagen, fasziniert ist, dass sie bemerkt, dass ein Kind hier über das, was es üblicherweise tut und sicher beherrscht, hinausgeht.

Beispiel
„Ich bemerkte, dass Rahmat mich aufforderte, zu ihm zur Staffelei zu kommen. Er malte auf der Rückseite, so dass ich sein Bild von meinem Platz aus nicht sehen konnte. Ich ging hinüber. ‚Wow, Schlangen!' – ‚Alle haben Zungen und Augen', sagte er. ‚Wunderschön, die Schlangen', sagte ich. ‚Gibt's in Afghanistan Schlangen?', fragte ich. ‚Ja, und in Pakistan auch.' Ich begann etwas über die Schlangen aufs Bild zu schreiben, in meiner Version.

Rahmat hörte mir respektvoll zu. Ich spürte, er war mit meinen Ideen nicht zufrieden. Er rief nach Sadia, einer Erzieherin aus Afghanistan, die auch Dari spricht, die afghanische Sprache Rahmats. Er unterhielt sich eine Weile mit ihr. Sie hörte zu. Dann schrieb sie seine Geschichte in Dari so auf, wie er sie diktierte.

Er bat sie, für mich zu übersetzen. Und so geht Rahmats Geschichte:

‚Die kleine Schlange aß ganz viel Futter und wurde größer, und dann aß sie noch viel mehr Futter und wurde noch größer, und dann aß sie noch viel viel mehr Futter und wurde riesig groß.'

Ein Glück, dass Rahmat sich an Sadia wenden kann und mir durch sie klarmachen kann, wie er denkt. Er möchte, dass ich seine Gedanken kenne. Er gibt sich nicht mit einer verwässerten Version seiner Gedanken zufrieden, und er weiß, es gibt hier bei uns einen Weg, dies zu vermeiden. Ich hatte ihn wirklich nicht verstanden. Tut mir leid, Rahmat. Aber du weißt, wie du es mir mitteilen kannst und erinnerst mich so daran, dass wir Freunde sind und dass ich dazulerne. Wir gehören zu einer Lerngemeinschaft. (Robyn, im Juni)"
(Ministry of Education, 2007, S. 13, übersetzt von Hartmut Kupfer)

In diesem Beispiel erzählt Robyn, die Erzieherin, von einem solchen magischen Moment. Sie ist davon berührt, wie Rahmat sich nicht damit abfindet, dass sie ihn nicht wirklich versteht, und wie er unter der Nutzung der Möglichkeiten der Lerngemeinschaft Mittel und Wege findet, ihr seine Geschichte zu erzählen.

Hier wird deutlich, dass es nicht um etwas geht, was das Kind auf sich allein gestellt schafft oder erreicht. Viele Lerngeschichten handeln von Situationen, in denen Kinder in Interaktion mit Partnern neue Erfahrungen machen und neue Fähigkeiten zeigen.

Negative Erfahrungen, Misserfolge oder schmerzliche Situationen ergeben für sich noch keine Lerngeschichten, da der Misserfolg selbst die Lernidentität nicht fördert. Aber solche negativen Momente können sehr wohl in Lerngeschichten enthalten und aufgehoben sein. Eine Geschichte fesselt die Zuhörer besonders dann, wenn deutlich wird, mit welchen Schwierigkeiten die handelnden Personen zu kämpfen hatten. Wenn von Anfang bis Ende alles glatt lief, dann lohnt es sich weniger, davon zu erzählen. So ist die Geschichte von

Hannah auf dem Bohlenweg nur dann interessant, wenn man weiß, dass sie sich am Anfang nicht hinauf traute.

Wo und wie lassen sich solche magischen Momente finden?

Die Antwort auf diese Frage hat viel mit dem neuseeländischen Verständnis der Erzieherin und des Erziehers als Mitglied der Lerngemeinschaft, als Beteiligte an den Prozessen, die sie bzw. er dokumentiert, zu tun. Das Dokumentieren mit Lerngeschichten ist kein Beobachtungsverfahren, in dem Daten zunächst gesammelt, dann interpretiert und schließlich verallgemeinert werden.

Ausgangspunkt des Dokumentierens ist das Staunen, die Freude oder die Begeisterung einer Fachkraft über etwas, was sie so bisher nicht gesehen hat, und das bei ihr das Bedürfnis auslöst, davon zu erzählen. Es gibt daher keine Methode, magische Momente zu suchen oder zu konstruieren, sie kommen auf die Fachkräfte zu. Wenn Fachkräfte feststellen, dass sie bei bestimmten Kindern keine Ansatzpunkte finden, Lerngeschichten zu schreiben, dann müssen sie diese Kinder nicht öfter beobachten, sondern ihre Beziehung zu ihnen überdenken und verändern.

Lerngeschichten lassen sich nach diesem Verständnis nur aus einer Beziehung zu einem Kind heraus schreiben. Hieraus folgt, dass eine weit verbreitete Übungspraxis mit Skepsis zu betrachten ist: Es ist inzwischen üblich, Videosequenzen von unbekannten Kindern als Übungsmaterial einzusetzen, um das Schreiben von Lerngeschichten auszuprobieren.

Beispiele finden sich in den Publikationen des Deutschen Jugendinstituts (DJI) unter www.dji.de/cgi-bin/projekte/output.php?projekt=320 oder bei Tom Drummond (online unter www.tomdrummond.com/learning-stories).

➔➔➔ **Merksatz**
Von dieser Verfahrensweise wird hier abgeraten, da sie eine Behandlung des Handelns der Kinder als fremdes Material eintrainiert und eine Beurteilungspraxis begünstigt, die die Beurteilungsmaßstäbe von außen bzw. von oben an das Kind heranträgt.

Lerngeschichten werden nicht in dem magischen Moment selbst geschrieben. Sie setzen auch keine detailliert aufgeschriebenen Beobachtungsprotokolle voraus. In der Situation selbst ist es allerdings erforderlich, eine kurze Notiz festzuhalten, z. B. einen Ausspruch des Kindes, der für die Geschichte wesentlich ist, eine Einzelheit etwa. Auch ein oder mehrere Fotos können als Gedächtnisstütze hilfreich sein.

Es muss allerdings der Fachkraft möglich sein, relativ kurz nach der erlebten Episode in einer ungestörte Umgebung eine kurze erste Version des ersten Teils der Lerngeschichte aufzuschreiben, um den eigenen Eindruck festzuhalten und Einzelheiten zu sichern, die später nicht mehr erinnert werden. In diesem Zusammenhang kann es notwendig werden, Unklarheiten durch Rückfragen an die Kinder zu klären.

Die Darstellung der Episode wird um den Kommentar der Fachkraft ergänzt, und die nunmehr fertige Lerngeschichte kann in das Bildungsbuch, das Portfolio des Kindes aufgenommen werden. Dies ist jedoch nicht mehr allein die Aufgabe der Fachkraft (siehe Kapitel 5.4.2).

Didaktische Anregungen

Halten Sie sich etwa 20 Minuten lang in einer Ihnen bekannten Kindergruppe auf oder in einer anderen Situation, in der Kinder, die Sie kennen, anwesend sind. Versuchen Sie in dieser Zeit sehr aufmerksam das mitzuverfolgen, was um Sie herum passiert. Gehen Sie dabei Kontakten zu Kindern nicht aus dem Weg, suchen Sie sie aber auch nicht explizit und ermuntern Sie die Kinder nicht dazu. Sie beantworten z. B. bereitwillig und freundlich eine an Sie gerichtete Frage eines Kindes, ermutigen aber nicht zur weiteren Unterhaltung. (Wenn es Situationen gibt, die Ihr Eingreifen erfordern, dann greifen Sie selbstverständlich ein.)

Nehmen Sie auch wahr, welche eigenen Gefühle und Stimmungen durch das ausgelöst wird, was die Kinder tun. Machen Sie keinerlei Notizen während der Zeit in der Gruppe und verwenden Sie auch keine weiteren Medien (Fotos, Tonaufnahmen).

Ziehen Sie sich nach dieser Zeit zurück in einen ungestörten Bereich und schreiben Sie alles auf, an das Sie sich erinnern können, Verhaltensweisen und Handlungen der Kinder sowie eigene Gefühle und Einschätzungen, die das Geschehen bei Ihnen auslöst.

Stellen Sie einen Teil dieser Aufzeichnungen anonymisiert in Ihrer Lerngruppe vor und reflektieren Sie gemeinsam Ihre Eindrücke.

5.4.2 Demokratische Momente

Lerngeschichten sind Rückmeldungen an Kinder und Familien über das Lernen. Damit das Zurückmelden als dialogischer Prozess gestaltet werden kann, muss die Lerngeschichte den Adressaten präsentiert werden, und sie muss von ihnen akzeptiert werden. Kinder können selbst entscheiden, inwiefern sie die von der Fachkraft angebotene Dokumentation in ihr Tagebuch, Bildungsbuch oder Portfolio aufnehmen möchten.

Wenn auf diese Weise eine kontinuierliche Dokumentation über Lernsituationen entsteht, werden Kinder und Familien angeregt, sich beim Wiederansehen des Buches immer wieder eigene Gedanken über Lernsituationen zu machen. So erst entfalten Lerngeschichten ihre Wirksamkeit. Es ist jedoch nicht einfach, solche Rückmeldungsprozesse als demokratische Momente zu gestalten, als prinzipiell gleichberechtigten Austausch über das Lernen.

Lerngeschichten, die den Charakter einer persönlichen Rückmeldung über eine gemeinsam erlebte Situation haben, bieten eine gute Grundlage für den gleichberechtigten Austausch. Die Autorität der Erzählerin als Beurteilende ist durch ihre Verankerung in der gemeinsamen Handlung legitimiert. Hörerinnen und Hörer der Geschichte werden aufgefordert, Bezüge zu anderen, ähnlichen oder unterschiedlichen Situationen herzustellen und sich eigene Urteile zu bilden.

Wenn die Fachkraft hingegen die Erfahrung in der Lernsituation aus der Position einer äußeren Beobachterin schildert und dazu nutzt, eher allgemeine Urteile über das Kind und sein Lernen abzugeben, bezieht sie ihre Autorität als Beurteilende nicht aus dem gemeinsamen Handeln, sondern aus ihrer herausgehobenen Stellung als Fachkraft. Hierdurch wird der dialogische Effekt eingeschränkt, anstelle des Austauschs kommt es zur einseitigen Belehrung („Wir möchten Sie heute über den Entwicklungsstand Ihres Kindes informieren") oder zu einer Auseinandersetzung um die richtige Einschätzung („Bei uns zuhause ist das aber ganz anders!").

Im Vergleich zweier Rückmeldungen über das Lernen wird dies deutlich:

Beispiel 1 (siehe Kapitel 5.4.1)
„Ein Glück, dass Rahmat sich an Sadia wenden kann und mir durch sie klarmachen kann, wie er denkt. Er möchte, dass ich seine Gedanken kenne. Er gibt sich nicht mit einer verwässerten Version seiner Gedanken zufrieden, und er weiß, es gibt hier bei uns einen Weg, dies zu vermeiden. Ich hatte ihn wirklich nicht verstanden. Tut mir leid, Rahmat. Aber du weißt, wie du es mir mitteilen kannst und erinnerst mich so daran, dass wir Freunde sind und dass ich dazulerne. Wir gehören zu einer Lerngemeinschaft."
(Ministry of education, 2007, S. 13, übersetzt von Hartmut Kupfer)

Beispiel 2
„An einem anderen Tag hatte Irma die Möglichkeit, dir im Kreativbereich zuzusehen. Du hast aus Papierstreifen eine Hexentreppe gefaltet. In manchen Momenten konnte sie erkennen, dass dir das Falten Mühe bereitet hat. Doch du hast nach einer kleinen Pause immer wieder daran weitergearbeitet, bis sie fertig war. Damit hast du Ausdauer bewiesen, und darauf kannst du sehr stolz sein!"
(Bertelsmann-Stiftung, 2007, S. 9)

➔➔➔ **Merksatz**
Werden Lernbeurteilungen auf eine eher autoritative Weise gegeben, so ähneln sie Arbeitszeugnissen. Sie dokumentieren und festigen damit ein Unterordnungsverhältnis zwischen einer Person, die beurteilt wird, und einer, die sie beurteilt.

Didaktische Anregungen

1. *Tragen Sie zusammen, welche Situationen des Austauschs über Lernbeurteilungen Sie in Ihrer Bildungskarriere (als Schüler und Schülerinnen, als Eltern) bereits kennengelernt haben.*

   Schätzen Sie ein, inwieweit es in diesen Situationen demokratische Momente gab, und ordnen Sie gemeinsam die Beispiele auf einer Skala von 1 (keine demokratischen Beziehungen realisiert) bis 6 (demokratische Beziehungen in vollem Umfang realisiert) ein.

2. *Sammeln Sie Beispiele für Selbsteinschätzungen von Lernenden (z. B. Selbsteinschätzungsbögen aus dem Grundschulbereich, entsprechende Fragen aus Portfoliogesprächen oder aus dem Berliner Sprachlerntagebuch, Fragen aus den Berliner Materialien zur internen Evaluation für Erzieherinnen in Kitas) und diskutieren Sie, inwieweit solche vorstrukturierten Selbsteinschätzungsprozesse geeignet sind, demokratische Momente herzustellen.*

3. *Überlegen Sie, welcher Rahmen den Austausch mit Kindern bzw. Eltern über eine Lerngeschichte ermöglicht und die Bereitschaft von Kindern oder Eltern, selbst Lerngeschichten zu erzählen, wecken könnte.*

5.5 Die „Bildungs- und Lerngeschichten"

Mit dem Begriff „Bildungs- und Lerngeschichten" wird die Übertragung des neuseeländischen Konzepts der Lerngeschichten („learning stories") durch eine Projektgruppe des Deutschen Jugendinstituts in die deutsche Bildungsdiskussion bezeichnet. Die Bildungs- und Lerngeschichten sind ein offenes Verfahren zur systematischen Beobachtung und Dokumentation des

Lernens der Kinder, das bestimmte Grundauffassungen über Lernen und seine positive, wertschätzende Beantwortung durch Erzieherinnen und Erzieher teilt.

Die Einbettung des Dokumentierens in den alltäglichen pädagogischen Prozess ist allerdings anders konzipiert als beim neuseeländischen Vorbild:

„Diese Abfolge von Wahrnehmen und Erkennen, was ein Kind gerade tut, und spontan darauf zu reagieren ist das ‚Alltagsgeschäft' der Fachkräfte, das im pädagogischen Alltag ständig abläuft. Mit dem Verfahren der ‚Bildungs- und Lerngeschichten' werden nun für wenige Situationen Wahrnehmen und Erkennen aus dem alltäglichen Vollzug herausgehoben und das Dokumentieren und der Austausch mit anderen dem Reagieren im Sinne der Planung nächster Schritte vorangestellt. Diese Distanzierung von eingeschliffenen Abläufen, die sorgfältige, detaillierte Wahrnehmung und ihre Aufzeichnung, das Erkennen aufgrund einer systematischen Auswertung und der Austausch mit anderen eröffnen neue Interpretations- und Handlungsräume und helfen, qualifizierter wahrzunehmen, womit sich ein Kind gerade befasst, und wie es in seinen Bildungs- und Lernprozessen am besten begleitet und unterstützt werden kann."
(Leu/Flämig/Frankenstein u. a., 2007, S. 55)

Die Einbindung des alltäglichen Lernens in die alltäglichen Interaktionen mit den Erzieherinnen und Erziehern wird hier als entwicklungshemmende Größe („eingeschliffene Abläufe") grundsätzlich skeptisch betrachtet. Beobachtung und Dokumentation müssen aus dieser Sicht betrachtet distanziert durchgeführt werden, um herauszubekommen, was Kinder eigentlich wollen.

Das Dokumentieren mit dem Konzept der Bildungs- und Lerngeschichten erfordert ein systematisches Vorgehen im Sinne von organisatorischen Festlegungen, wer wen wann wie lange beobachtet.

Bildungs- und Lerngeschichten entstehen erst aus einer intensiven Diskussion und Reflexion einer Reihe von Beobachtungen, in einem Prozess, an dem mehrere Fachkräfte beteiligt sind. Sie konzentrieren sich nicht auf eine einzelne Episode, sondern greifen Beobachtungen aus unterschiedlichen Situationen auf und führen sie in einer längeren Lernbeurteilung zusammen. Dabei werden die Lerndispositionen im psychologischen Sinne interpretiert, sie sind individuelle an die Lernsituation herangetragene Haltungen (Lerntugenden) wie Neugier, Ausdauer oder Hilfsbereitschaft.

Das Ergebnis des Beobachtens und Einschätzens der Erzieherinnen und Erzieher wird häufig in die Form eines Briefes an das Kind gebracht. Dieser soll einen Einstieg in eine dialogische Auseinandersetzung über das Lernen des Kindes ermöglichen.

In diesem Konzept ist der Dialog nicht durchgängiges Prinzip, sondern Zielpunkt und letzter Schritt der strukturierten Durchführung der Arbeitsschritte. Der Betonung der Eigenständigkeit des Kindes in seinen Lerntätigkeiten entspricht die Betonung der Eigenständigkeit der Fachkraft in ihrer professionellen Reaktion hierauf. Die Idee der Partizipation aller Beteiligten an einer übergreifenden Lerngemeinschaft ist hier nicht grundlegend.

Damit stellen die Bildungs- und Lerngeschichten einen Anschluss zum Bildungsverständnis vieler deutscher Bildungsprogramme her, die ebenfalls die Eigenständigkeit des Kindes in seinem Lernen betonen.

> *„Liebe Paulina,*
>
> *heute habe ich gesehen, wie Du Dir das rosafarbene Tuch geholt hast und damit in der Gespenstergruppe herumgelaufen bist. Beim runden Tisch bist du stehen geblieben. Da hast Du das Tuch über die Rückenlehne vom Stuhl gehängt. Danach hast Du das Tuch auf die Sitzfläche von dem Stuhl gelegt. Du hast das Tuch auch über die Armlehne gelegt. Als Du das Tuch auf den Tisch gelegt hast, hast Du Dich sehr gestreckt, damit das Tuch auf den ganzen Tisch passt. (Das Tuch ist ja ziemlich groß!) Plötzlich hattest Du eine Idee: Du hast einen Stuhl von dem runden Tisch weggezogen. Dann hast Du das Tuch auf die Sitzfläche gelegt und noch einen Stuhl geholt. Diesen zweiten Stuhl hast Du hinter den ersten gestellt. Das sah aus wie in einem Bus, denn Du hast Dich dann auf den Stuhl mit dem Tuch gesetzt! Später hast Du noch mehr Stühle geholt. Weißt Du noch, wie Du die hingestellt hast? Das hat mich an einen Zug erinnert. Bist Du schon einmal in einem Zug gewesen? Mir scheint, es war Dir wichtig, dass die eine Seite genauso aussieht wie die andere. Als Du einen Moment weggegangen bist, hat Jakob einen Stuhl aus Deiner Reihe weggezogen. Das hast Du gesehen und bist sofort hingelaufen und hast den Stuhl wieder an die richtige Stelle gerückt. Du hast auf Deine Stühle gut aufgepasst.*
>
> *Später habe ich noch gesehen, wie Du mit dem Tuch auf die Kletterbox geklettert bist. Du hast das Tuch auch geschüttelt und gegen die Wand gehalten. Wolltest Du etwas messen? Du bist dann zu dem Korb gegangen und hast das Tuch dort rein gelegt. Es war gar nicht so einfach, das Tuch glatt in den Korb hinzulegen. Du hast es mehrmals probiert und Dich dabei von den anderen Kindern nicht stören lassen. Magst Du mir etwas erzählen von Deinem Tuch? Du hattest viele Ideen, was Du damit machen kannst, und hast ganz viel ausprobiert. Das habe ich so zum ersten Mal gesehen, und ich habe sehr gestaunt.*
>
> *Deine Ulrike"*

(Leu/Flämig/Frankenstein u. a., 2007, S. 179)

Hier berichtet eine Erzieherin über eine Aktivitätssequenz des Kindes aus einer distanzierten Beobachterposition heraus, d. h., sie unternimmt in der Situation selbst keine Versuche, den Sinngehalt der Aktivitäten mit dem beobachteten Kind zu klären. Sie notiert zunächst in der Situation selbst ganz genau, was sie wahrnimmt, analysiert das Gesehene, bespricht es mit ihren Kolleginnen und formuliert daraus dann die „Bildungs- und Lerngeschichte".

Das Dokumentieren aus der Außenperspektive erfasst nur das Wie des Lernens: Man sieht, das Kind hat jetzt eine Idee, weil sich sein Handeln plötzlich anders strukturiert, man weiß aber nicht, welche. Oder man schätzt ein, wie intensiv ein Kind in sein Spiel gerade vertieft ist. Diese Wahrnehmungen sind aber nicht im Was der konkreten Sinnesgehalte des kindlichen Spiels verankert. (Dies ist an einigen Formulierungen der Erzieherin ablesbar: „Das hat mich an einen Zug erinnert ...")

Es wird deutlich, wie schwierig es ist, aus dieser beobachtenden Außenperspektive heraus eine Geschichte zu erzählen. Die Übernahme der Perspektive des Kindes gelingt hier nicht, denn dem Handeln des Kindes ist in dieser Situation der Sinn nicht anzusehen. Trotzdem gewinnt die Erzieherin hier durchaus Beobachtungsdaten, die sie im Rahmen des Konzepts der Bildungs- und Lerngeschichten weiter diskutieren und interpretieren kann. Die Fachkraft, die Lerngeschichten nach dem neuseeländischen Konzept schreibt, kann mit dieser Beobachtung hingegen nicht viel anfangen, sie müsste zunächst in der Lernsituation selbst mit Paulina kommunizieren, um zu erfahren, worum es ihr eigentlich bei ihrem Spiel geht.

Die folgende Übersicht fasst Gemeinsamkeiten und Unterschiedlichkeiten der beiden Dokumentationskonzepte zusammen:

Lerngeschichten (Neuseeland)	Bildungs- und Lerngeschichten (DJI)
– Einschätzungen zum Lernen von Kindern, nicht vorrangig zum Stand ihrer Fähigkeiten	
– dargestellt wird die Auseinandersetzung, der Lernprozess	
– Aufmerksamkeit liegt auf Stärken des Kindes, ressourcenorientierter Ansatz	
– Kind in Beziehungen zu Orten, Gegenständen und Partnern	– Kind als selbstständig lernendes Subjekt
– Erzieherin/Erzieher in der Lerngemeinschaft aktiv beteiligt	– Erzieherin/Erzieher beobachtet distanziert
– persönlicher Eindruck der Fachkraft ist zentraler Bestandteil der Lerngeschichte	– persönlicher Eindruck der Fachkraft tritt zurück, interpretationsfreies Beobachten wird angestrebt
– Narrativität und Dialogizität: Lerngeschichten verwenden erzählende Sprache und verbinden sich dialogisch mit weiteren Geschichten	– Einzelepisoden als Belege für verallgemeinernde Aussagen

Didaktische Anregungen

Betrachten Sie Ausschnitte aus der DVD zu den Bildungs- und Lerngeschichten und vergleichen Sie die dort vertretenen Positionen zum Beobachten und Dokumentieren mit dem hier vorgestellten Neuseeländer Arbeitsansatz. Ziehen Sie hierzu den Text von Hatherley/Sands (siehe unten) heran.

Eine DVD zu Bildungs-und Lerngeschichten ist hier erschienen:
Gerwig, Kurt (o. J.): Bildungs- und Lerngeschichten. Grundlagen – Praxiserfahrungen – Anregungen. Kaufungen: AV 1 Film + Multimedia.

„These: Es ist wichtig, ‚Lehren' ebenso wie ‚Lernen' zu dokumentieren
Wenn wir von der Vorstellung Wygotskis ausgehen, Lernen werde sozial konstruiert, dann ist es eine Schwierigkeit traditioneller Beobachtungsmethoden, dass sie dazu neigen, auf das Kind allein zu achten, als wenn es ein Objekt sei, das in einem Vakuum handelt. Man kann dies vielleicht damit erklären, dass solche Techniken eher aus der Psychologie als aus der Pädagogik stammen.

In Übereinstimmung mit den Prinzipien von Te Whariki, aus denen das Konzept der Lerngeschichten abgeleitet ist, wird hier betont, dass Lernen in zweiseitigen Dialogen bzw. Austauschprozessen (responsive and reciprocal nature of learning) stattfindet. Häufig, wenn auch nicht immer, erzählen uns gute Geschichten genauso viel über das ‚Lehren' des Erwachsenen wie über das ‚Lernen' des Kindes – dies dient nicht nur der Einschätzung des Lernens, sondern hat positiven Einfluss auf die Art und Weise des Lehrens.

Wir fanden, dass die Lerngeschichten den Familien einen guten Zugang zu diesem geheimnisvollen Abschnitt des Tages zwischen Bringen und Abholen ihres Kindes eröffnen – zwischen Hoffen und Bangen, dass sie hier glücklich sind. Hier wird zum ersten Mal die Verbindung zwischen den Lerngelegenheiten der Kinder und dem, was Erzieherinnen zur Unterstützung tun, sichtbar. Und bei dieser Beschreibung wird auf die

Interpretationen der Erzieherin, die ein enges, persönliches Verhältnis zu dem Kind hat, Wert gelegt. Beachten Sie, wie Karen, eine Erzieherin, ihr eigenes Handeln nachvollziehbar macht, indem sie beschreibt, wie Lys (23 Monate alt) versucht, sich auszuziehen:

> **SITUATION**
>
> Ich war gerade dabei, Lys beim Ausziehen zu helfen, aber sie reagierte mit einem ernsthaften Versuch, selbst den Pullover auszuziehen. Ohne weiter nachzudenken, wollte ich ihr helfen und hob das untere Bündchen etwas an. Lys hielt inne, schaute mich an, um sicherzugehen, dass ich auch zuhörte und sagte stolz: ‚Nein, Lys.'
>
> Natürlich hörte ich sofort auf und war wirklich beschämt, dass ich Lys' Fähigkeiten angezweifelt hatte. ‚Tut mir leid, Lys', sagte ich. [...] Sie bemühte sich ausdauernd, ihren linken Arm herauszuziehen. Ihr Ellenbogen hing in den Falten des Pullovers fest, und ihr Gesichtsausdruck war bei den angestrengten Befreiungsversuchen ganz ernst. Meine Hand zuckte, um ihr zu helfen, aber sie hatte mich gewarnt, sie konnte es selbst. Ich schaute ihr bewundernd zu, bis ihre Hartnäckigkeit schließlich belohnt war.

Karens Geschichte zeigt eine respektvolle und reflektierende Erzieherin. Unserer Auffassung nach macht sie ihre ‚gute Praxis' nicht nur der Familie deutlich, sondern sie vermittelt sie auch ihren Kolleginnen, die sich nun auch herausgefordert fühlen werden, Lys' entstehende Eigenverantwortlichkeit zu unterstützen. Bei den Eltern, die lesen, was die Erzieherin nicht für irgendein Kind, sondern für ihr Kind tut, hinterlässt solch eine Geschichte einen nachhaltigen Eindruck. Unsere Erfahrung zeigt, dass Erzieherinnen mit den Lerngeschichten eine Methode der Einschätzung des Lernens haben, die auch die Bedeutung ihres eigenen Handelns aufnimmt und wertschätzt."
(Hatherley/Sands, 2002, S. 8 ff., übersetzt von Hartmut Kupfer)

5.6 Rechtliche und ethische Fragen des Dokumentierens mit Kindern und ihren Familien

Mit der Aufnahme von „Beobachtung und Dokumentation" in die Aufgabenbeschreibungen für Erzieherinnen und Erzieher veränderte sich deren berufliche Rolle. Eine verantwortungsvolle Wahrnehmung dieser Aufgaben erfordert eine ständige Überprüfung, welche Auswirkungen das Beobachten und Dokumentieren auf die Wahrnehmung persönlicher Rechte von Kindern, Familien und auch Erzieherinnen und Erzieher haben kann.

Lerngeschichten können sicherlich nicht als „Daten" eines Kindes betrachtet werden, da sie ja Prozesse wiedergeben und nicht harte Fakten präsentieren, wie dies z. B. bei einem Fragebogen zum familiären Hintergrund eines Kindes der Fall wäre. Trotzdem enthalten sie direkt oder indirekt viele persönliche Informationen über das Kind und seine familiäre und institutionelle Umgebung. Daher sind die Dokumente und die Dokumentensammlungen unbedingt und sehr strikt als Eigentum des jeweiligen Kindes bzw. der jeweiligen Familie zu betrachten. Jede weitere Verwendung bedarf der Zustimmung des Kindes und seiner Familie. Die Einschränkungen, die für die Herstellung und Verwendung von Bildmaterial gelten, sind auch auf das Dokumentieren mit Lerngeschichten anwendbar.

Die rechtlichen Grenzen, die dem Austausch personalisierter Daten und Informationen zwischen unterschiedlichen sozialen Diensten oder Bildungs- bzw. Gesundheitseinrichtungen

gesetzt sind, gelten auch für Lerngeschichten. Kindertagesstätten und Grundschulen dürfen z. B. die Weitergabe von Dokumenten über das Lernen der Kinder, das persönliche Informationen enthält, nicht über die Köpfe der Betroffenen hinweg institutionell regeln.

Auch die Zugänglichkeit der Lerndokumentationen und Bildungsbücher der Kinder in der Einrichtung selbst muss unter diesem Gesichtspunkt betrachtet werden. Lerndokumentationen sind anderen Kindern und Erwachsenen nur zugänglich, wenn sie von Kindern oder Eltern, denen das entsprechende Dokument gehört, dazu eingeladen werden. Das öffentliche Aushängen von Lerngeschichten kann nicht automatisch erfolgen, sondern es sollte mit den Eltern grundsätzlich abgesprochen sein, und in jedem Einzelfall sollte gewährleistet sein, dass die betreffenden Kinder einverstanden sind.

Aber nicht nur die Verwendung der Dokumente, sondern auch die Beobachtungs- und Dokumentationsverfahren selbst werfen ethische Fragen auf. Beobachten und Dokumentieren können geschützte persönliche Grenzen überschreiten, sie sind geeignet, Personen in ihrer Privatsphäre einzuschränken, bloßzustellen oder anderweitig zu verletzen. Inwieweit die Einführung eines systematischen Beobachtungsverfahrens in einer Bildungseinrichtung grundsätzlich die Einwilligung jedes einzelnen Betroffenen voraussetzt, ist eine rechtlich noch nicht ausreichend geklärte Frage.

In Baden-Württemberg ist ein Einsatz jeglicher Beobachtungs- und Dokumentationsverfahren nur mit Einverständnis der Eltern möglich (siehe Broschüre zum Datenschutz in Kindertagesstätten vom Ministerium für Kultus, Jugend und Sport Baden-Württemberg, 2012, S. 12). Das Berliner Bildungsprogramm verpflichtet alle Fachkräfte zum systematischen Beobachten und Dokumentieren und fordert erst bei der Weitergabe von Daten das Einverständnis der Eltern (vgl. Senatsverwaltung für Bildung, Jugend und Sport, 2004, S. 37, Anmerkung 1).

Schließlich ist das Dokumentieren und der Austausch mit Kindern über die Lerngeschichten aber auch als ein wesentlicher Beitrag zur Umsetzung grundlegender Kinderrechte zu betrachten, bietet doch der Dialog über die eigenen Erfahrungen in der Einrichtung Kindern die Möglichkeit, eigene Meinungen und Standpunkte zu vertreten und auf die Abläufe in der Einrichtung Einfluss zu nehmen.

Grundlegende Bestimmungen zum Sozialdatenschutz finden sich in folgenden Gesetzen:
- § 35 Sozialgesetzbuch (SGB) I: Sozialgeheimnis
- § 67 ff. Sozialgesetzbuch (SGB) X: Erhebung, Verarbeitung und Weitergabe von Sozialdaten durch staatliche Stellen
- § 61 ff. Sozialgesetzbuch (SGB) VIII: Verwendung von Sozialdaten in der Jugendhilfe

Rechtliche Grenzen für das Erstellen und Verwenden pädagogischer Dokumentationen finden sich darüber hinaus ...
- in § 22 f. Kunst-Urhebergesetz (KUG): Recht am eigenen Bild
- in der Rechtsprechung des Verfassungsgerichts zum allgemeinen Persönlichkeitsrecht, z. B. Recht am gesprochenen und geschriebenen Wort; Grundrecht auf informationelle Selbstbestimmung
- in Artikel 16 der UN-Kinderrechtskonvention: Schutz der Privatsphäre

Partizipationsrechte von Kindern sind u. a. festgelegt in …
- in § 13 der UN-Kinderrechtskonvention: Meinungs- und Informationsfreiheit (siehe hierzu auch Nationaler Aktionsplan für ein kindergerechtes Deutschland, S. 54 ff., online unter www.kindergerechtes-deutschland.de/zur-initiative/nationaler-aktionsplan/)
- In §§ 8 und 9 SGB VIII: Beteiligung von Kindern und Jugendlichen, Grundrichtung der Erziehung und Gleichberechtigung von Mädchen und Jungen

Ethische Fragen betreffen auch das pädagogische Selbstverständnis der Fachkräfte im Dokumentationsprozess. Pädagogische Grundhaltungen, die vom Kind aus denken und handeln wollen, stehen in der Verpflichtung, sich die Grenzen dessen, was ein Erwachsener über ein Kind wissen kann und wissen darf, immer wieder zu verdeutlichen. Es gibt keinen gerechtfertigten Anspruch, jederzeit zu wissen, was ein Kind beschäftigt. Was in anderen Menschen vorgeht, darf nicht zum Gegenstand einer professionellen, methodisch ausgefeilten Beobachtungspraxis von Erzieherinnen und Erziehern werden.

➔➔➔ **Merksatz**

Gedanken und Gefühle von Menschen stellen den Kern ihrer Persönlichkeit dar und müssen in ihrer Privatheit respektiert werden. Das bedeutet, dass sie anderen Personen nicht unmittelbar durch Beobachtung von außen zugänglich sein dürfen. Sie werden nur nachvollziehbar, wenn ein Partner etwas mitteilt. Das betrifft Kinder nicht weniger als Jugendliche oder Erwachsene. Erzieherinnen und Erzieher sollten sich dessen stets bewusst sein, dass Lernbeurteilungen nicht vom Menschen selbst, sondern von dessen Lernen in spezifischen Kontexten handeln. Es geht nicht darum, wie jemand ist, sondern wie jemand sich in dieser oder jener Situation gezeigt hat. Das narrative Dokumentieren, das Dokumentieren in Geschichtenform, realisiert diese Grundhaltung. Indem Lerngeschichten Lernen als kommunikatives Geschehen zwischen Menschen, Orten und Dingen betrachten, bieten sie die Voraussetzungen für eine Dokumentationspraxis, die die Selbstbestimmungsrechte aller Beteiligten respektiert.

Didaktische Anregungen

1. Untersuchen Sie den Bildungsplan/das Bildungsprogramm Ihres Bundeslandes daraufhin, inwieweit Überlegungen zu Persönlichkeitsrechten von Kindern, Eltern und Erzieherinnen und Erziehern Eingang in die Ausführungen zum Beobachten und Dokumentieren gefunden haben.

2. Überlegen Sie, von wem und unter welchen Bedingungen Sie sich an Ihrem Arbeitsplatz beobachten lassen würden und welche Interessen Sie in Bezug auf Verwendung, Weitergabe und Veröffentlichung der Ergebnisse vertreten würden.

5.7 Ausblick: Lerngeschichten im Bildungsgang

Das Beurteilen von Lernprozessen und Lernsituationen ist ein durchgängiger Aufgabenbereich, der im gesamten Prozess des lebenslangen Lernens, im gesamten Bildungssystem eine Schlüsselrolle spielt. Dabei kann Durchgängigkeit nicht bedeuten, dass eine Methode in allen Bereichen angewandt werden könnte oder sollte: von der Kindertageseinrichtung über die Grundschule, außerunterrichtliche Bildungsangebote bis hin zum Sekundarbereich. Durchgängig sollten aber bestimmte leitende Prinzipien des Dokumentierens und Beurteilens von Lernprozessen und Lernsituationen sein.

In diesem Kapitel wurden Narrativität (erzählende Sprache) und Dialogizität (Beteiligung unterschiedlicher Stimmen) als Leitprinzipien des Dokumentierens mit Lerngeschichten herausgearbeitet. Welche Chancen haben diese Leitprinzipien in den folgenden Stufen des Bildungsprozesses?

➔➔➔ **Definition**
Nach einer berühmten Definition Urie Bronfenbrenners wird Entwicklung dadurch gefördert, wenn „die in Entwicklung begriffene Person sich mit jemandem, zu dem sie eine starke und dauerhafte Beziehung gebildet hat, an fortschreitend komplexeren Mustern wechselseitiger Tätigkeit beteiligt und sich das Kräfteverhältnis allmählich zu ihren Gunsten verschiebt." (Bronfenbrenner, 1989, S. 75).

Das Dokumentieren von persönlichen Lernerfahrungen kann als solch ein „fortschreitend komplexeres Muster wechselseitiger Tätigkeiten" über die verschiedenen Stationen im Lebenslauf hinweg betrachtet werden. Es ist klar, dass mit fortschreitender Entwicklung die Anteile der Kinder und der Erwachsenen sich verschieben werden, insbesondere in dem Moment, in dem Kinder die Lerngeschichten selbst lesen und eigene schriftliche Beiträge verfassen können. Das Dokumentieren mit Lerngeschichten wird in Grundschule und Hort weiterhin sinnvoll sein, aber das Schreiben von Lerngeschichten für das Kind ist es sicherlich nicht mehr.

Mittlerweile gibt es methodische Ansätze dialogischen Unterrichts in der Grund- und Sekundarschule, die hier ansetzen und den Leitgedanken des dialogischen Dokumentierens aufgreifen (vgl. z. B. Gallin/Ruf, 1998).

In den individuell geführten Lernjournalen dieser Unterrichtsmethode wird die Idee der Lerngeschichten in einer veränderten Weise weitergeführt.

Eine andere Entwicklungslinie führt von den Lerngeschichten als stellvertretend für ein Kind aufgezeichneten bedeutsamen Episoden hin zur Praxis der freien Kindertexte. Indem sie kontinuierlich in die Entstehung der Lerngeschichten einbezogen sind, erwerben Kinder die Disposition, sich in narrativer (erzählender) Form selbst auszudrücken und ihre Erlebnisse in Form von selbst geschriebenen Texten wiederzugeben. Hier wird die Stimme des Kindes nicht mehr nur einbezogen oder berücksichtigt, sondern sie gewinnt eigenständige Ausdruckskraft.

Dies wird im folgenden Text eines sechsjährigen Jungen deutlich:

„Am ersten Schultag hat uns die Lehrerin gefragt, wo wir wohnen. Straße und Name des Vaters. Ich bin aufgestanden und habe gesagt: ‚Im Himmel.' ‚Welche Nummer?' hat die Lehrerin gefragt und mich gar nicht angeschaut.

Da bin ich zornig geworden und habe gesagt: ‚Mein Vater ist tot, und im Himmel gibt es keine Nummern.'

Da haben alle gelacht.

Es ist schlimm, wenn man seinen Vater im Himmel hat ..."
(Kohl/Ritter, 2011, S. 165)

5 Dokumentieren mit Lerngeschichten

ZUSAMMENFASSUNG

Lerngeschichten sind eine Form des Dokumentierens mit Kindern und für Kinder, die den Ausgangspunkt für eine Weiterentwicklung hin zu unterschiedlichen Textformen bietet, mit denen Kinder und Erwachsene Lernprozesse begleiten und reflektieren können. Es wäre eine Verkennung ihrer Möglichkeiten, wollte man sie nur als Form professioneller Einschätzungen des Lernens von Kindern durch Fachkräfte betrachten.

Weiterführende Literatur

Bundesministerium für Familie, Senioren, Frauen und Jugend: Nationaler Aktionsplan für ein kindergerechtes Deutschland (2006), Online verfügbar unter: www.kindergerechtes-deutschland.de/zur-initiative/nationaler-aktionsplan/ [30.08.2013].

Carr, Margaret/Lee, Wendy: Learning Stories. Constructing Learner Identities in Early Education, London, 2012.

Claxton, Guy/Carr, Margaret: A Framework for Teaching Learning: The Dynamics of Disposition. In: Early Years 24 (2004), S. 87–98.

Haas, Sibylle: Das Lernen feiern, Verlag das Netz, 2012.

Kohl, Eva Maria: Spielzeug Sprache, 2. Aufl., Beltz Verlag, 2006.

Kupfer, Hartmut: Lernbeurteilungen im Elementarbereich. Das neuseeländische Konzept der learning stories und sein Schicksal in Deutschland. In: Dust, Martin/Mierendorff, Johanna (Redaktion): Jahrbuch für Pädagogik 2010. „Der vermessene Mensch". Ein kritischer Blick auf Messbarkeit, Normierung und Standardisierung. Frankfurt am Main, 2010.

Lee, Wendy: ELP: Empowering the Leadership in Professional Development Communities. In: European Early Childhood Research Journal 16 (2008), S. 95–106.

Ministerium für Kultus, Jugend und Sport Baden-Württemberg: Datenschutz in Kindertagesstätten. Broschüre, 2012, Online verfügbar unter: http://www.kultusportal-bw.de/servlet/PB/show/1385952/KM-KIGA_Datenschutz_DEUTSCH.pdf [05.03.2013].

Neuss, Norbert (Hrsg.): Bildung und Lerngeschichten im Kindergarten, Cornelsen, 2007.

Rodari, Gianni: Die Grammatik der Phantasie, Leipzig, Reclam, 1999.

Senatsverwaltung für Bildung, Jugend und Sport: Berliner Bildungsprogramm für die Bildung, Erziehung und Betreuung von Kindern in Tageseinrichtungen bis zu ihrem Schuleintritt, Weimar, Berlin, Verlag das Netz, 2004.

UNICEF: Konvention über die Rechte des Kindes, Online verfügbar unter: www.unicef.de/fileadmin/content_media/mediathek/D_0006_Kinderkonvention.pdf [30.08.2013].

Ruf, Urs/Nadja Badr Goetz: Dialogischer Unterricht als pädagogisches Versuchshandeln – Instruktion und Konstruktion in einem komplexen didaktischen Arrangement. In: Reinhard Voß (Hrsg.): Unterricht aus konstruktivistischer Sicht. Die Welt in den Köpfen der Kinder, Neuwied, 2002.

Viernickel, Susanne/Petra Völkel: Beobachten und Dokumentieren im pädagogischen Alltag, 4. Aufl., Freiburg, Herder 2009.

Learning stories im Internet:

www.elp.co.nz http://www.balance-paedagogik.de/lerngeschichten.html [30.08.2013]

6 Elternabende aktiv gestalten

Ulrike Labuhn

6.1 Kommunikation mit Eltern als zentrale Aufgabe einer Kindertagesstätte

In einer Kindertageseinrichtung steht das Kind im Mittelpunkt des Bildungsgeschehens und des erzieherischen Handelns, doch ohne eine wertschätzende Zusammenarbeit mit den Eltern kann die pädagogische Arbeit nur schwer gelingen. Eltern sind nicht einfach nur Eltern. In der Sprache des Qualitätsmanagements (siehe Bernitzke, 2004) werden sie als Kunden bezeichnet. Sie haben einen Vertrag mit dem Träger der Einrichtung abgeschlossen und bezahlen einen monatlichen Beitrag. Sie verstehen sich als Kunden, die für ihr Geld eine Leistung erwarten können. Dahinter steht in erster Linie die Erwartung, dass das Kind gut betreut wird, seine individuelle Entwicklung wahrgenommen wird sowie Stärken und Vorlieben ebenso wie Förderbedarfe beachtet werden. In allen Bildungsbereichen soll das Kind angemessen herausgefordert werden, so dass es gut vorbereitet wird für seinen weiteren Bildungsweg in Schule, Ausbildung, Studium und Beruf. Dafür möchten Eltern regelmäßig über die Entwicklung ihres Kindes informiert werden und selbst wichtige Tipps und Beratung bekommen, die sie in ihrem eigenen Erziehungsauftrag stärken und weiterbringen.

Neben vertraglichen Vereinbarungen und den daraus resultierenden Erwartungen versteht sich die Kindertagesstätte vorrangig als familienergänzende Institution, die Eltern ernst nimmt in ihrer Erziehungsaufgabe. Eltern sind also auch und ganz besonders als Partner zu verstehen im Rahmen einer gemeinsamen Bildungsaufgabe von Kindertageseinrichtung und Elternhaus. Eine solche Erziehungspartnerschaft kann sich nur auf der Basis einer guten Kommunikation verwirklichen. Träger, Leitung und Mitarbeitende tragen die gemeinsame Verantwortung für eine gelingende Kommunikation mit Eltern auf einer wertschätzenden und vertrauenswürdigen Basis, so dass sich alle gemeinsam als kompetente Bezugspersonen für das Kind verstehen, sich gegenseitig ergänzen und unterstützen.

Diese Gegenseitigkeit erfordert Gespräch und Austausch mit- und untereinander. Austausch findet auf verschiedenen Ebenen statt, denn die Kommunikationsmöglichkeiten in einer

Kindertagesstätte sind vielfältig und vielschichtig. Eltern berichten über ihre Erfahrungen mit ihrem Kind innerhalb des häuslichen Umfeldes und fragen nach seiner Entwicklung innerhalb der Einrichtung. Sie wollen einbezogen und informiert sein. Kindertageseinrichtungen suchen den Kontakt mit den Eltern, informieren, nehmen Fragen auf, geben Antworten und verstehen sich gleichzeitig auch selbst als interessiert Fragende.

Über ihre unterschiedlichen Erfahrungen und Perspektiven kommen Mitarbeitende und Eltern in folgenden Situationen ins Gespräch:

- bei der ersten Kontaktaufnahme mit der Einrichtung vor der Aufnahme des Kindes
- in Aufnahmegesprächen
- während der gemeinsamen Zeit der Eingewöhnung des Kindes
- bei der Vermittlung von Informationen (z. B. zu geplanten Aktivitäten oder Veränderungen im Tagesablauf)
- in regelmäßig stattfindenden Gesprächen zur Entwicklung des Kindes
- bei Beratungen pädagogischer und/oder persönlicher Fragen
- zwischen Tür und Angel beim Bringen oder Abholen des Kindes
- in Konfliktsituationen
- bei Planungen zu gemeinsamen Aktivitäten (z. B. Feste, Veranstaltungen, Reisen)
- im Kita-Ausschuss oder anderen Gremien
- auf Elternabenden

Die Wichtigkeit der Zusammenarbeit mit Eltern findet ihren Platz in den Bildungsplänen und -programmen, die neben den direkten und unmittelbaren Bildungsprozessen auch Prozesse der mittelbaren pädagogischen Aufgaben von Leitung und Team beschreiben. Dazu gehören u. a. Aussagen zu gelingender Kommunikation mit Eltern.

> „Zu einer gelingenden Zusammenarbeit zwischen Eltern und Erzieherinnen und Erziehern gehören der intensive und regelmäßige Austausch und die Abstimmung über Bildungs- und Erziehungsziele, somit auch über Themen, die an die Kinder herangetragen, die ihnen zugemutet werden […]. Der gemeinsame Diskurs von Eltern, Erzieherinnen und Erziehern über Ziele und Inhalte von pädagogischer Arbeit dient so der Unterstützung von Bildungsprozessen der Kinder und beinhaltet wichtige Elemente der Elternbildung."

(Senatsverwaltung für Bildung, Jugend und Sport Berlin, 2004, S. 110)

Auch innerhalb der Qualitätsdiskussion spielt die Frage nach einer professionellen Gestaltung der Elternarbeit eine zentrale Rolle.

- „Wir sprechen mit den Eltern der Kinder über ihre Wünsche und Erwartungen an die Einrichtung, um sie mit unserem Konzept und dem Machbaren zu verknüpfen."
- „Wir machen unsere Arbeit transparent. Wir informieren regelmäßig über das, was die Kinder bei uns erleben, und dokumentieren dies."
- „Wir beteiligen die Eltern in vielfältiger Form an der Gestaltung des Lebens in der Kindertageseinrichtung, an der Konzeptionsentwicklung und an wichtigen Entscheidungen."

– „Die evangelische Kindertageseinrichtung ist auch ein Ort für Erwachsene, an dem sie Möglichkeit für Kontakt und Begegnung haben, Rat und Hilfe bekommen, mit uns feiern und an Aktivitäten mit den Kindern teilnehmen."
(Verband ev. Tageseinrichtungen für Kinder, 2010, S. 3)

Aufgabe

1. Wo lagen bisher Ihre Berührungspunkte mit Eltern (z. B. im Praktikum, beim Babysitten, Eltern von Freunden)?

2. Wie sind Sie mit Eltern ins Gespräch gekommen?

3. Worum ging es in den Gesprächen?

Was sich in der Theorie so verständlich und schlüssig anhört, ist nicht immer leicht in die Praxis umzusetzen, denn die Gestaltung von Elternarbeit ist nicht zuletzt von den unterschiedlichen Persönlichkeiten der pädagogischen Fachkräfte wie der Eltern abhängig und damit verbunden mit deren Beziehung untereinander. Beziehung ist nicht planbar, allerdings kann eine gute inhaltliche und strukturelle Planung von Elternabenden helfen, das Ziel eines Elternabends nicht aus den Augen zu verlieren und zum Aufbau von gelingenden Beziehungen beizutragen.

6.2 Planung und Durchführung von Elternabenden

6.2.1 Anlässe und Ziele

SITUATION

Frau K. ist verunsichert. Ihre Tochter Sara ist drei Jahre alt und seit einem halben Jahr in der Kita. Sara hat sich gut eingelebt, sie freut sich jeden Tag auf den Kindergarten und erste Freundschaften bahnen sich an. Doch nun steht eine Kita-Reise bevor: Fünf Tage auf einem Bauernhof, ca. 1,5 Stunden vom Wohnort entfernt. Frau K. weiß nicht, wie sie sich verhalten soll. Ist Sara nicht noch viel zu klein für eine solche Reise? Wird sie Heimweh haben? Ab welchem Alter empfehlen Fachleute eine solche Reise? Haben die Erzieherinnen und Erzieher wirklich alle Kinder so im Blick, dass sie mitbekommen, wie es Sara geht? Und: wie wird es Frau K. selbst gehen, wenn sie zum ersten Mal ihre Tochter eine Woche lang nicht sieht?

Dieses sind einige der Fragen, die sich Eltern in der Kindertagesstätte stellen, wenn sie mit einer solchen Situation konfrontiert sind. Sie machen sich Sorgen, ob ihr Kind gut betreut und beachtet wird oder bestimmten Entwicklungsherausforderungen bereits gewachsen ist. Eine der zentralen Aufgaben von Leitung und Mitarbeitenden ist es, solche Fragen und Ängste verständnisvoll wahrzunehmen und aufzugreifen. Ebenso wie im persönlichen und individuellen Gespräch bietet ein Elternabend Gelegenheit, ein solches Thema von der professionellen Seite her zu betrachten und pädagogische, konzeptionelle und entwicklungspsychologische Aspekte in den Blick zu nehmen und mit Erfahrungen des Teams und anderer Eltern zu ergänzen. Dies gilt für eine Vielzahl von Fragen, die Eltern sich stellen, wenn sie ihr Kind den pädagogischen Fachkräften einer Kindertagesstätte anvertrauen (siehe Fialka, 2010).

Die folgende Abbildung stellt beispielhaft einige zentrale Elternfragen dar:

Zentrale Elternfragen
(Labuhn, 2013)

Hinter diesen persönlichen Fragen stehen pädagogische Themen, die für alle Eltern von großer Relevanz sind. So sind neben persönlichen Elterngesprächen auch Elternabende als eine zentrale Form der Elternarbeit in der Kindertageseinrichtung zu verstehen und zu nutzen, denn sie bieten die Möglichkeit, alle Eltern anzusprechen und ihre Fragen, Sorgen und Ängste auf eine fachlich-professionelle Ebene zu bringen und dafür Sorge zu tragen, dass Eltern

- sich ernst genommen und wertgeschätzt fühlen,
- neue Kenntnisse erlangen,
- fachkompetente Begleitung erfahren,
- ihre Fragen in einen pädagogischen Gesamtkontext stellen können,
- notwendige Informationen erhalten,
- sich sicher fühlen,

- von anderen Eltern und deren Erfahrungen profitieren,
- Fragen stellen können und Antworten bekommen,
- Verantwortung übernehmen und abgeben können,
- sich mit ihren Ideen einbringen können und partizipieren.

Die folgenden Qualitätsmerkmale machen die Ziele deutlich, die mit Elternabenden verbunden sind:

- „Wir nutzen Tür-und-Angel-Gespräche, Elternabende und Elterngespräche für den regelmäßigen Austausch mit den Eltern zum Wohl des Kindes."
- „Regelmäßige Elternabende werden so gestaltet, dass sie den Kontakt und den Informationsaustausch fördern."
- „Elternabende und Kita-Ausschuss werden genutzt, um die Erwartungen der Eltern zu diskutieren sowie unser pädagogisches Handeln transparent und verständlich zu machen."
- „In unserer Tageseinrichtung beteiligen wir die Eltern durch Mitsprache, Mitbestimmung und Mitwirkung. Dies geschieht in verschiedenen Gremien, wie z. B. Elternvertreterversammlung, Kita-Ausschuss (Kuratorium), Gemeindebeirat."
- „Auf Elternabenden erfragen wir die Themenwünsche der Eltern und beteiligen sie an organisatorischen und konzeptionellen Entscheidungen."

(Verband ev. Tageseinrichtungen für Kinder, 2010, S. 3)

6.2.2 Arten von Elternabenden

Elternabend ist nicht gleich Elternabend. In welcher Form und Größe, in welchem Raum und mit welchen Methoden er stattfindet, hängt in erster Linie von Inhalten und Zielen ab, die im Vorfeld zu klären sind. Im Folgenden ist eine Übersicht über verschiedene Arten von Elternabenden zusammengestellt. Die vorangestellten Begrüßungen der Eltern durch die Kitaleitung oder eine pädagogische Fachkraft sind als Beispiele zu verstehen. Sie weisen auf die Art des Elternabends hin und beinhalten wichtige Informationen zu Thema, Ablauf und Setting, Methoden, zum zeitlichem Rahmen sowie zur Form, in der Eltern an der Gestaltung des Elternabends beteiligt werden können.

6.2.2.1 Gesamt-Elternabend

Handelt es sich um Themen und Inhalte, die für alle Eltern der Kindertagestätte von zentraler Bedeutung sind, bietet sich ein Gesamt-Elternabend an, an dem eine größtmögliche Zahl von Eltern erreicht werden kann.
Dieser kann stattfinden in folgendem Rahmen:

Gesamt-Elternabend als Informationsveranstaltung zu Beginn des Kitajahres
Beispiel
„Liebe Eltern,

ich begrüße Sie alle ganz herzlich zum Beginn eines neuen Kitajahres. Ganz besonders möchte ich alle Eltern willkommen heißen, die das erste Mal hier in unserer Runde sind, und ich wünsche Ihnen, dass Sie sich wohl fühlen bei uns. Wir haben uns im Team Gedanken darüber gemacht, wer von uns in diesem Jahr welche Schwerpunktaufgaben und Themen in der Kita übernehmen wird. Deshalb werden sich zu Beginn alle Mitarbeitenden kurz vorstellen, so dass Sie alle wissen, wen sie für welches Thema ansprechen können. Danach werden wir Ihnen einen Überblick über den aktuellen

Jahresplan mit den bisher feststehenden Terminen und geplanten Aktivitäten geben. Fragen Sie bitte nach, wenn wir etwas nicht klar genug darstellen, und bringen Sie bitte auch Ihre eigenen Ideen und Wünsche mit ein, damit wir sie bei unserer weiteren Planung berücksichtigen können.

Bei uns ist es Tradition, dass an diesem Elternabend die neuen Eltern Fragen an die ‚alten' Eltern richten können. Dafür wird es später dann Gelegenheit in kleineren Gruppen geben. Zum Schluss kommen die jetzigen Elternvertreter zu Wort und stellen ihr Aufgabenfeld vor. Wir werden danach die Wahl der Elternvertreter für das kommende Kita-Jahr durchführen und um 19:00 Uhr pünktlich Schluss machen."

Besonders zu Beginn des Kita-Jahres sind sowohl Eltern wie auch Team neugierig aufeinander. Fragen des Teams an die (neuen) Eltern tauchen ebenso auf wie Fragen der (neuen) Eltern an das Team. So braucht dieser erste Elternabend sowohl einen Raum, der es dem Team ermöglicht, die Eltern mit ihren Vorstellungen wahrzunehmen, als auch eine klare Darstellung des Teams gegenüber den Eltern.

Dazu gehört nicht nur die Vorstellung der einzelnen Teammitglieder, sondern auch die Einbindung in das Gesamtkonzept der Kindertagesstätte. Je klarer bereits zu diesem Zeitpunkt das Konzept und die damit verbundenen Aktivitäten des Jahres beschrieben und Eltern mit der Struktur der Kindertageseinrichtung vertraut gemacht werden, umso mehr kann darauf vertraut werden, dass Eltern sich in diesen Strukturen gut zurechtfinden. Umfangreiche Informationen und die Einbindung in die Gesamtelternschaft ermöglichen (neuen) Eltern eine Identifizierung mit der Kindertagesstätte und deren Profil. Erst durch eine solche Identifizierung können sich Eltern aktiv entscheiden, inwieweit sie sich zukünftig beteiligen möchten.

Themenangebote für den ersten Elternabend:
– Vorstellung aller Mitarbeiterinnen und Mitarbeiter und deren Verantwortlichkeiten
– Kennenlernen der Eltern untereinander
– Vorstellung des Profils der Kindertagesstätte und ihrer pädagogischen Schwerpunkte
– Informationen über Strukturen der Kindertagesstätte
– Vorstellung der Jahresplanung
– Abfragen von Wünschen und Interessen der Eltern
– Wahl von Elternvertreterinnen und -vertretern

METHODE/TIPP

Vorstellungsspiel zum ersten Elternabend

Marktplatz: Während eine ruhige Musik läuft, bewegen sich die Eltern im Raum wie auf einem Marktplatz und schauen sich um. Das ermöglicht ein erstes ungezwungenes Ankommen. Immer wenn die Musik aufhört, wird eine Aufgabe in die Runde gegeben:

1. Nehmen Sie die anderen Eltern wahr und begrüßen Sie sie mit einem kurzen Nicken, wenn Sie an ihnen vorbeigehen.

2. Begrüßen Sie die anderen Eltern mit Handschlag oder mit einem vorsichtigen Körperkontakt (z. B. Hand auf die Schulter legen).

3. Bleiben Sie vor einer Person stehen, die Sie nicht (näher) kennen, und tauschen Sie sich aus über Ihren Namen, Ihr Kind und darüber, wie Sie zu dieser Kita gekommen sind.

4. Bleiben Sie vor einer Person stehen, die Sie nicht (näher) kennen, und tauschen Sie sich darüber aus, was Ihnen in Ihrer Erziehung besonders wichtig ist.

Nun kommen alle wieder in den Stuhlkreis zurück und berichten über ihre Erfahrungen. Knüpfen Sie inhaltlich an der 4. Aufgabe an.

Gesamt-Elternabend als thematischer Vortrag durch externe Fachkräfte
Beispiel
Seien Sie alle herzlich willkommen zu unserem Elternabend,

heute geht es um Werte in der Kindertagesstätte, ein Thema, das Sie sich in der letzten Elternbefragung mehrheitlich gewünscht haben und das wir im Team gerne aufgegriffen haben. Bei der Vorbereitung haben wir festgestellt, dass auch wir im Team Fragen dazu haben, wie wir das Vorleben und den Umgang mit Werten noch besser in unseren Tagesablauf einbinden können.

Deshalb haben wir uns entschieden, für das Thema jemanden einzuladen, der sich besonders gut damit auskennt. Frau J., wir freuen uns sehr, dass Sie heute Abend bei uns sind. Als langjährige Leiterin legen Sie in Ihrer Kita Regenbogen einen besonderen Schwerpunkt auf das Thema Werte. Durch Ihre Mitarbeit in einem bundesweiten Netzwerk haben Sie Ihre Erfahrungen mit viel Hintergrundwissen angereichert. Jetzt freuen wir uns auf Ihren spannenden Vortrag. Wie immer sind Sie, liebe Eltern, herzlich eingeladen, Fragen zu stellen und Ihre eigenen Ideen und Erfahrungen einzubringen, so dass wir miteinander in Gespräch und Austausch kommen.

Die Einladung externer Referentinnen und Referenten bietet sich in erster Linie dann an, wenn es sich um pädagogische oder entwicklungspsychologische Themen handelt, für die es eine besondere Expertise braucht, die die Mitarbeitenden nicht besitzen, und die den aktuellen Bildungsdiskurs aufgreift. In diesem Fall sind Team und Eltern gleichermaßen in der Rolle der Zuhörenden und Lernenden.

Aber auch wenn das Team selbst über ein solches Wissen verfügt, kann es sinnvoll sein, eine externe Fachkraft hinzuzuziehen, die die Mitarbeitenden und in der Regel insbesondere die Kita-Leitung entlastet. Diese kann sich bei einem Vortrag, den sie nicht selbst hält, ganz und gar auf ihre Rolle der Moderation konzentrieren und Bedürfnisse und Reaktionen der Eltern eher wahrnehmen und aufgreifen.

➜➜➜ **Merksatz**
Als jemand, der die Eltern gut kennt, kann die Kita-Leitung in der Moderationsrolle eine gute Verbindung zwischen der vortragenden Person und der Elternschaft herstellen und mit geschickten Fragen eine Diskussion anregen und anleiten.

Das Hinzuziehen einer externen Fachkraft bietet sich auch dann an, wenn es zu pädagogischen Fragen unterschiedliche Meinungen oder sogar Unstimmigkeiten zwischen Team und (einzelnen) Eltern gibt. Dazu gehört die immer wieder kontrovers diskutierte Frage nach dem Mittagsschlaf der Kinder, die Frage danach, was eine gesunde und ausgewogene Ernährung ausmacht, oder ab welchem Alter die Kinder an einer Kita-Reise teilnehmen. Eine externe Fachkraft kann hier aus einer objektiven Position heraus einen fachlichen Beitrag leisten und das Thema professionell-distanziert bearbeiten.

Falls durch externe Referentinnen und Referenten Kosten entstehen, sind diese von der Einrichtung zu tragen, um allen Eltern die Teilnahme zu ermöglichen. Zur Kostenersparnis können auch mehrere Einrichtungen in der Region miteinander kooperieren, sofern es sich um ein Thema handelt, das für alle interessant scheint. Dies fördert gleichzeitig auch die Öffnung der Kindertagesstätte hinein in das Gemeinwesen.

Anknüpfend an einen solchen Elternabend können hier weitere gemeinsame Aktivitäten entstehen wie z. B. die Einladung zum Sommerfest, ein Laternenumzug oder Kontakte zu Eltern, die ihr Kind noch nicht in einer Kindertagestätte betreuen lassen wie in Spielgruppen oder

Geburtsvorbereitungsgruppen. Auf diese Weise werden Kindertageseinrichtungen zu Nachbarschaftszentren (siehe Textor, 2009).

Gesamt-Elternabend als thematischer Vortrag durch Fachkräfte aus dem Team
Beispiel
„Liebe Eltern,

das Thema sprachliche Bildung spielt eine ganz besondere Rolle in unserer Kita. Uns ist es besonders wichtig, von Anfang an darauf zu achten, dass Ihre Kinder hier bei uns gute Sprachkenntnisse erlangen. Gleichzeitig wollen wir die Sprachvielfalt in unserer Kita für alle Kinder nutzen.

Im vergangenen Jahr haben sich daher mein Kollege und ich weiterbilden lassen und wir setzen nun das Gelernte in unseren Gruppen um. Unser Ansatz ist es, die Kinder zunächst neugierig zu machen auf Sprache. Deswegen dürfen auch Sie jetzt neugierig sein, wenn wir Ihnen einen kurzen Überblick über die Inhalte aus unserer Weiterbildung geben und dann berichten, welche tollen Erfahrungen wir schon damit gemacht haben."

Für themenorientierte Gesamt-Elternabende eignen sich pädagogische und entwicklungspsychologische Themen wie z. B.:
- Entwicklungspsychologie und neurowissenschaftliche Erkenntnisse
- Spiel und Lernen
- Sprachentwicklung und -förderung
- Musik und Bewegung
- Umgang mit Grenzen
- Bindungserfahrungen
- Werteentwicklung
- religiöse Bildung
- Partizipation
- Inklusion – Umsetzung einer Pädagogik der Vielfalt
- Umgang mit Medien
- Resilienz – Stärkung der Kinder
- Übergang Kita – Grundschule

In der Regel haben einzelne Mitarbeiter besondere Schwerpunkte in ihrer pädagogischen Arbeit. Sie sind aufgrund ihrer jeweiligen Aus-, Fort- und Weiterbildung oder ihrer besonderen Arbeitsweise Expertinnen und Experten für ein spezielles Thema und können dies auch ohne externe Unterstützung in Vortragsform vorstellen. Das hat den Vorteil, dass sie die Eltern und deren Bedürfnisse besser kennen und einschätzen können als eine externe Fachkraft und gleichzeitig die Verknüpfung zur Praxis herstellen können, indem sie Beispiele aus der eigenen Kindertagesstätte anführen.

Dieser Theorie-Praxis-Bezug in Form eines Vortrags ist ein wertvoller Beitrag für die Elternarbeit, jedoch bedeutet er für die einzelne Fachkraft einen hohen Aufwand an Vorbereitung, der in einer Kindertageseinrichtung nur selten zur Verfügung steht. Dazu kommt, dass Erzieherinnen und Erzieher trotz hoher Fachkompetenz nicht unbedingt die nötige Selbstsicherheit und Methodenkompetenz mitbringen, die es für einen gelingenden Vortrag braucht. So sind hier Aufwand und Kosten gut gegeneinander abzuwägen (vgl. Textor, Online-Handbuch).

Entscheidet sich die Kindertagesstätte für diese Art des Elternabends, so ist zu berücksichtigen, dass ein Vortrag nur dann seine Wirksamkeit erzielt, wenn er nicht als trockener Monolog gehalten wird. Eltern wollen nicht in einer passiven Rolle der Zuhörenden verbleiben, sondern aktiv mit eingebunden sein. Einbeziehende Fragen an die Eltern oder auflockernde interaktive Übungen können ebenso viel Lebendigkeit in einen Vortrag bringen wie eine humorvolle PowerPoint-Präsentation. So kann z. B. der Einsatz von Cartoons oder dokumentierten Äußerungen der Kinder ernste oder schwierige Themen auflockern. Ein solch humorvoller Perspektivwechsel kann zu einer konstruktiven Diskussion beitragen und ermöglicht neue Sichtweisen. In erster Linie ist es die vortragende Person selbst, die in einer lebendigen, ansprechenden und wertschätzenden Weise eine Beziehung zu den Eltern herstellt und ihre Aufmerksamkeit gewinnt.

Tipps für die Vorbereitung und Gestaltung eines Vortrags
- Setzen Sie sich im Vorfeld intensiv mit dem Thema auseinander, um auf eventuelle fachliche Fragen vorbereitet zu sein.
- Erbitten Sie sich Unterstützung von Kolleginnen und Kollegen, die bereits erfahren sind.
- Überlegen Sie, ob Sie den Vortrag gemeinsam mit einer Kollegin und/oder einem Kollegen durchführen wollen.
- Strukturieren Sie den Ablauf des Vortrages. Hilfreich sind kurze Notizen auf Karten, die Sie sicher durch den Vortrag führen, ohne dass Sie Angst haben müssen, Wesentliches zu vergessen.
- Üben Sie den Vortrag im Vorfeld vor dem Freundeskreis oder vor dem Spiegel. Das nimmt die Unsicherheit und gibt Ihnen einen Überblick über die benötigte Zeit.
- Sprechen Sie laut und deutlich.
- Die ersten Sekunden sind entscheidend: Bereiten Sie die ersten Sätze besonders sorgfältig vor.
- Lesen Sie nicht ab, sondern sprechen Sie frei und halten Sie den Blickkontakt zu den Eltern.
- Visualisieren Sie zentrale Aussagen in Form von PowerPoint, Karten, Flipchart oder mit geeigneten Gegenständen oder Symbolen. Achten Sie darauf, dass Sie groß und deutlich schreiben bzw. Gegenstände benutzen, die für alle Beteiligten gut lesbar und sichtbar sind.
- Stehen Sie dazu, dass Sie nicht alles wissen müssen. Sie dürfen auch Fragen in die Elternschaft zurückgeben.
- Nennen Sie Beispiele aus der Praxis und lassen Sie Eltern selbst Erfahrungen machen, z. B. mit Materialien, Literatur oder Körperübungen.
- Reagieren Sie auf Ermüdung in der Gruppe, indem Sie eine kurze Pause machen, das Fenster öffnen oder ein kurzes Bewegungsspiel anbieten.
- Bieten Sie während oder im Anschluss an den Vortrag Arbeitsgruppen an, um das Gehörte zu vertiefen. Hilfreich sind vorbereitete Fragen verbunden mit einer konkreten Aufgabenstellung.
- Lassen Sie sich von Ihrem Team und den Eltern eine Rückmeldung in mündlicher oder schriftlicher Form geben.

Während oder auch nach einem Vortrag muss Gelegenheit sein, über das Thema miteinander ins Gespräch zu kommen und mit eigenen Erfahrungen zu verknüpfen. Da bei einem Gesamt-Elternabend Eltern aufeinandertreffen, die sich noch nicht oder nur oberflächlich kennen, wird es einigen Eltern schwer fallen, sich in einer so großen Runde zu öffnen, und möglicherweise kommt eine Diskussion nur zögerlich zustande.

So bietet es sich bei sehr großen Einrichtungen an, im Anschluss an den Vortrag in Kleingruppen an dem Thema zu diskutieren oder in einen Gruppen-Elternabend überzuleiten. Die Bildung von Kleingruppen kann auf unterschiedliche Weise erfolgen:

METHODE/TIPP

Kleingruppenbildung

- Bereiten Sie im Vorfeld Karten mit (z. B. fünf) verschiedenen Farben oder Motiven vor. Geben Sie jedem Elternteil bei der Begrüßung eine dieser Karten in die Hand. Das macht zunächst neugierig, was es damit auf sich hat.

  Wenn Sie den Vortrag durch eine Kleingruppenarbeit unterbrechen wollen, finden sich die Eltern mit gleichen Farben oder Motiven zusammen und arbeiten an einem dafür vorbereiteten Ort weiter. (Alternativ können Sie auch eine kleine Süßigkeit darauf kleben oder eine konkrete Frage für die Kleingruppe formulieren.)

- Gesprächs-Duo bilden: Zu zweit lässt es sich besser über persönliche Dinge reden. Halten Sie an manchen (theoretischen) Stellen inne und lassen Sie die Eltern Beispiele für das Gehörte suchen, ohne dass diese es der gesamten Gruppe präsentieren müssen. Auch während eines Gruppen-Elternabends kann dies eine auflockernde Variante sein.

Gesamt-Elternabend als Informationsveranstaltung zu pädagogischen oder strukturellen Veränderungen

Beispiel
„Liebe Eltern,

ich begrüße Sie herzlich zu diesem außerordentlichen Elternabend. Schön, dass so viele von Ihnen gekommen sind. Das gibt uns die Möglichkeit, viele Ideen zu sammeln und miteinander darüber nachzudenken, wie wir mit der Tatsache umgehen, dass unsere Kita einen neuen Standort bekommen wird.

Es ist mir als Leitung wichtig, dass wir den Umzug und alles, was damit verbunden ist, so hinbekommen, dass Ihre Kinder dabei nicht zu kurz kommen. Und dass wir hinterher sagen können: Der neue Standort ist viel besser als der jetzige, also dass wir etwas dazugewinnen. Da braucht es eine gute Planung und an der einen oder anderen Stelle vielleicht auch Ihre Mithilfe. Zunächst aber begrüße ganz herzlich unseren Geschäftsführer, Herrn M., der uns mit den Hintergründen und Fakten vertraut machen wird, bevor wir dann in die Diskussion und Ideensammlung einsteigen."

Veränderungen rufen stets Fragen und Verunsicherungen hervor. Das Vertraute gibt Sicherheit und Eltern wünschen für ihr Kind vor allem, dass es seine Zeit in der Kindertagesstätte in Sicherheit und Geborgenheit verbringen kann. Daher erfordert jede Veränderung ein hohes Maß an Sensibilität und eine besondere Sorgfalt bei der Vorbereitung des Elternabends. Dazu gehört zunächst die intensive Auseinandersetzung mit dem Thema im Team und das Einholen aller verfügbaren Hintergrundinformationen, um den Eltern eine präzise und fundierte Darstellung über Beweggründe und Ziele der geplanten Veränderung darlegen zu können.

Meist sind solche Veränderungen auch für die Mitarbeitenden mit Unsicherheiten verbunden. Das Ernstnehmen der eigenen Gefühle ist Grundlage für die Klärung eines einheitlichen Standpunktes innerhalb des Teams. Durch ein klares und gemeinsames Auftreten des Teams gegenüber den Eltern erfahren diese die nötige Sicherheit in einem schwierigen Prozess, während das Team aufgrund seiner guten Vorbereitung in der Lage ist, feinfühlig die Gefühle der Eltern wahrzunehmen und auf mögliche kritische Fragen souverän und kompetent antworten zu können.

➔➔➔ **Merksatz**
> Wenn Eltern von Anfang an in Veränderungsprozesse einbezogen werden, hilft dies in erheblichem Maße, eine vertrauensvolle Atmosphäre zu schaffen bzw. zu bewahren.

Themen für solche Informationsveranstaltungen sind z. B.
- Umwälzende Personal-Veränderungen
- Räumliche Veränderungen (geplante Umbaumaßnahmen oder Umzug)
- Trägerwechsel
- Einführung eines neuen pädagogischen Konzeptes (z. B. Wechsel in die offene Arbeit)

Hauptverantwortlich für einen solchen Elternabend ist in der Regel die Kita-Leitung. Handelt es sich um Veränderungen, die vom Träger initiiert werden, sollte eine Vertretung des Trägers unbedingt anwesend sein und sich verantwortlich den Fragen und Sorgen der Eltern stellen. Bei Veränderungen im pädagogischen Bereich kann das Hinzuziehen von Eltern und Mitarbeitenden aus anderen Einrichtungen hilfreich sein, die einen ähnlichen Prozess bereits erlebt haben und von ihren positiven Erfahrungen damit berichten können.

Zentrale Veränderungen in der Kita, die alle Eltern betreffen, sind unbedingt auf einem Gesamt-Elternabend mitzuteilen, so dass alle Eltern frühzeitig auf dem gleichen Informationsstand sind und sich niemand ausgeschlossen oder nicht informiert fühlt. Sofern die Mitentscheidung und/oder Mitarbeit von Eltern gewünscht oder sogar notwendig ist, sind Eltern so früh wie möglich an einer Diskussion zu beteiligen.

6.2.2.2 Gruppen-Elternabend

Beispiel
„Liebe Eltern,

wie Sie wissen, haben wir ja in den vergangenen vier Wochen an dem Projekt Wasser gearbeitet. Für mich war es das erste Mal, dass ich ein solches Projekt durchgeführt habe, und manchmal war es gar nicht so einfach da mitzugehen, bei dem, was die Kinder sich ausgedacht haben. Die hatten wirklich tolle Ideen, aber manchmal war ich noch unsicher, wie viel ich die Kinder mitbestimmen lassen kann. Also, ich habe auf jeden Fall viel gelernt und es war richtig spannend und nun möchte ich Ihnen heute etwas ausführlicher davon erzählen. Ich habe einige Fotos und Highlights zusammengestellt. Schön wäre es zu wissen, wie es Ihnen ergangen ist während des Projekts, was Ihre Kinder davon zu Hause erzählt haben und ob Sie das Gefühl haben, dass sich etwas verändert hat.

Ich habe einige pädagogische Hintergründe zum Thema Projektarbeit und Partizipation zusammengestellt, die würde ich Ihnen gern vorstellen und darüber mit Ihnen diskutieren. Ja, und zum Schluss können wir gemeinsam überlegen, was das Thema des nächsten Projektes sein kann. Ich habe dafür eine Stunde eingeplant. Für den zweiten Teil des Abends haben wir im Vorfeld schon ein paar Fragen gesammelt. Gibt es noch andere Themen, die wir heute besprechen sollten?"

Ziel eines Gruppen-Elternabends ist es, über konkrete Fragen und Themen, die speziell diese Gruppe betreffen, zu informieren und mit den Eltern in einen Erfahrungsaustausch zu kommen. In der Regel kennen sich alle Eltern der Gruppe und sind teilweise auch über die Kindertagesstätte hinaus miteinander in Kontakt. Die Atmosphäre ist daher vertrauter als auf einem

Gesamt-Elternabend und es fällt leichter, sich persönlich zu äußern und emotional stärker einzubringen. Hauptverantwortlich sind hier die Gruppenerzieherinnen und Gruppenerzieher, die über die konkrete Arbeit oder pädagogische Themen informieren und Eltern zu einem Erfahrungsaustausch einladen. Auch den Fragen und Ideen der Eltern sollte ausreichend Raum gegeben werden.

Themen eines Gruppen-Elternabends können sein:
– Informationen über Projekte

– pädagogische und entwicklungspsychologische Themen

– Erkundung und Kennenlernen von Räumen und Material

– das soziale Miteinander der Kinder

– aktuelle Fragen der Eltern

– Erfahrungsaustausch und damit verbunden ein besseres Kennenlernen der einzelnen Biografien

– Planungen und Absprachen

– gemeinsame Aktivitäten

Bei Bedarf besteht auch hier die Möglichkeit eines thematischen Vortrags durch interne oder externe Fachkräfte. In der Regel wird ein Gruppen-Elternabend jedoch in Form eines Gesprächskreises stattfinden.

Gruppen-Elternabend als Gesprächskreis

Ein Gesprächskreis bietet sich bei einer kleinen und überschaubaren Gruppengrößen an. Er findet in einer Sitzordnung statt, bei der alle Beteiligten Blickkontakt haben und so leichter ins Gespräch miteinander kommen können. Dies kann an Tischen oder im offenen Stuhlkreis (auf Erwachsenenstühlen) stattfinden.

In der Regel finden die Begrüßung und die Vorstellung der Tagesordnung durch die Gruppenerzieher und -erzieherinnen statt, um die Eltern dann unmittelbar einzubinden. Die Tagesordnung wird ergänzt und aktuelle Fragen werden aufgenommen. Zu besonderen Themen und Fragestellungen sind die Gruppenerzieherinnen und Gruppenerzieher auf Antworten und Informationen vorbereitet und geben ggf. einen kurzen thematischen Einstieg in ein Thema.

Es bietet sich an, bereits im Vorfeld Themen mit den Eltern zu sammeln. Das erleichtert zum einen die eigene Vorbereitung und auch das Sich-Einbringen der Eltern. In der Regel ist bei dieser Form ein großes Interesse spürbar und durch die aktive Beteiligung sind Eltern wach und beteiligt. Erfahrungen werden ausgetauscht und es ist Zeit für die Äußerung von persönlichen Meinungen, Gefühlen oder Sorgen, so dass sich Eltern persönlich angesprochen und ernst genommen fühlen.

Es kann allerdings passieren, dass im persönlichen Gespräch auch kontroverse Ansichten in den Vordergrund treten. Die leitende Fachkraft sollte in der Lage sein, mit solchen Emotionen und entstehenden Konflikten angemessen umzugehen.

Gespräche und Erfahrungsaustausch anregen

- Als Einstieg eignen sich Karten mit verschiedenen Motiven oder Gegenstände, die auf einem Tuch in der Mitte des Stuhlkreises oder auf dem Tisch liegen. Anhand eines Gegenstandes, den sich jedes Elternteil aussucht, beschreibt es seine momentane Befindlichkeit oder die Erwartungen an den Elternabend.
- In der Mitte liegen auf einem Tuch Kärtchen, auf denen Gesichter mit unterschiedlicher Mimik dargestellt sind (zustimmend, freudig, fragend, ablehnend, ärgerlich, neugierig usw.). Die Eltern werden aufgefordert, sich eines dieser Gesichter herauszusuchen und anhand dessen ihre Meinung zum Thema zu beschreiben.
- Perspektivwechsel: Wenn Sie Eltern anregen wollen, sich in die Perspektive der Kinder zu begeben, können Sie dies erreichen, indem Sie sie mit konkreten Übungen oder Tätigkeiten konfrontieren.

  Bitten Sie die Eltern ...
   - sich auf Kinderhöhe in den Gruppenraum zu setzen und still wahrzunehmen, was aus dieser Perspektive zu sehen ist, was erreichbar (oder unerreichbar) ist. Sie könnten die Eltern auch fragen: „Was meinen Sie, wo könnte der liebste Ort Ihres Kindes sein?"
   - einige der Spielmaterialien auszuprobieren. Bei manchem Spiel werden die Eltern erstaunt sein, wie schwierig das ist.
   - sich bei einem Rollenspiel bewusst in die Rolle der Kinder zu begeben.
   - folgende Übung zum Thema Wahrnehmung durchzuführen: Auf einem Blatt Papier sind fünf Punkte gekennzeichnet, die durch Linien miteinander verbunden werden sollen.

     Eine leichte Übung, aber: während des Zeichnens schauen die Eltern nicht auf das Blatt, sondern in einen vor ihnen stehenden Spiegel. Die scheinbar einfache Übung wird nun fast unmöglich. So ähnlich mag es auch Kindern gehen, deren Wahrnehmung anders ist als die von Erwachsenen (vgl. Bree, 2006, S. 2).
   - komplizierte Quatschwörter, die die Kinder entwickelt haben, fehlerfrei auszusprechen.
   - folgende Übung zum Thema Lernen durchzuführen: Kippen Sie eine große Tüte mit zuvor gesammelten Streichhölzern (einige hundert oder mehr) auf dem Boden aus. Bitten Sie die Eltern nun zu schätzen, wie viele Streichhölzer dort liegen. Nun sollen sie nach Möglichkeiten suchen, dies herauszufinden, ohne die Streichhölzer einzeln zu zählen. Wie kreativ sind die Eltern? Welche Ideen fallen den Kindern dazu ein?
- Wünsche sammeln: Malen Sie den ungefähren Grundriss der Kindertageseinrichtung auf einen großen Papierbogen und hängen Sie ihn an eine Stellwand. Jedes Elternteil bekommt maximal drei Kärtchen mit der Aufgabe darauf zu notieren, was sie sich an welchem Ort der Kita für ihre Kinder (oder sich selbst) wünschen (Gruppenraum, Bewegungsraum, Küche, Garten usw.). Alle Kärtchen werden auf dem Grundriss angepinnt und bilden die Grundlage für eine nachfolgende Diskussion.

> – Die eigene Biografie verstehen: Zum Verständnis der einzelnen Bildungsbereiche stellen Sie jedem Elternteil einen Biografie-Bogen zur Verfügung, den zunächst jede und jeder für sich ausfüllt. In Kleingruppen tauschen sich die Eltern über ihre eigenen Kindheitserfahrungen aus und überlegen, wie sich die eigene Biografie auf ihr heutiges Verhalten gegenüber ihrem Kind auswirkt. (Entwickeln Sie vergleichbare Fragen für andere Bildungsbereiche).

Für den Bildungsbereich Musik könnte dieser Frageboden folgende Fragen beinhalten:
- Haben Sie als Kind gerne gesungen, geklatscht, getanzt?
- Wer hat Sie darin bestärkt oder behindert?
- Gab es Menschen, die Ihnen Vorbild waren?
- Welchen Stellenwert hat Musik bzw. Musizieren für Sie heute?

6.2.2.3 Thematische Elterngruppen

Beispiel
„Herzlich willkommen!

Wie schön, dass unsere Elterngruppe sich auch heute wieder wie verabredet trifft. Es ist toll, dass wir in dieser Runde so tief einsteigen können in die Bildungsbereiche. Ich finde, unsere Gespräche werden jedes Mal intensiver und persönlicher und das, was Sie als Eltern an Ideen einbringen, hilft uns Erzieherinnen und Erziehern sehr in unserer täglichen Arbeit. Dann lassen Sie uns beginnen: Karola, du wolltest heute den Einstieg machen, ich gebe mal an Dich weiter."

Werden an einem Elternabend Themen berührt, die eine intensivere Weiterarbeit erfordern oder das Interesse der Eltern geweckt haben, so kann sich daraus eine Elterngruppe entwickeln, die sich in regelmäßigen Abständen trifft, um konkret an einer Themenreihe zu arbeiten. Für die Teilnahme an einer solchen Gruppe entscheiden sich nur die Eltern, die ein tatsächliches Interesse daran haben.

Eine Ermutigung erfahren die Eltern durch die von den Mitarbeitenden vorgelebte Neugier und durch konkrete Angebote. Geht es um die vertiefte Bearbeitung eines pädagogischen oder strukturellen Themas, so bietet sich die Einführung eines mehrmals stattfindenden Gesprächskreises in einer gleichbleibenden Gruppe an. Die Anzahl der Teilnehmenden sollte nach oben hin auf max. 20 Personen beschränkt sein, um effektiv arbeiten zu können. Organisation und Moderation können an die Eltern delegiert werden und bei Bedarf können auch hier externe Fachkräfte wie Referentinnen und Referenten, Trägervertretungen oder ein SupervisorInnen hinzugezogen werden.

Anlässe für die Initiierung solcher Elterngruppen sind z. B.
- Themenzyklus mit pädagogischen Themen (siehe Kapitel 6.2, S. 153)
- Mitarbeit bei der Erarbeitung der Konzeption (siehe Kapitel 7)
- Vorbereitung eines besonderen Anlasses (Sommerfest, Reise)
- Austausch

Thematische Elterngruppen haben den Vorteil, dass eine andere Gruppendynamik entsteht als bei gewöhnlichen Elternabenden. Interesse und Engagement sind groß und durch die regelmäßig stattfindenden Treffen in einer festen Arbeitsgruppe lernen sich die Teilnehmenden besser kennen und kommen in tiefere Ebenen der Diskussion wie auch der Selbstoffenbarung. Das bedeutet, dass eigene Erziehungsziele und -vorstellungen reflektiert und Entscheidungen diskutiert und begründet werden (vgl. Textor 2009).

Aufgabe

Welche Themen würden Sie selbst mit Eltern gerne besprechen?

Überlegen Sie in der Kleingruppe, welche Art von Elternabend dafür angemessen ist, und begründen Sie Ihre Entscheidung.

6.3 Tipps für erfolgreiche Elternabende

Es ist eine große Herausforderung, Elternabende professionell zu gestalten. Das Gelingen hängt im Wesentlichen davon ab, ob es das Team schafft, eine wertschätzende Beziehung zu den Eltern herzustellen, auf ihre Interessen einzugehen sowie ihr Interesse für Neues zu wecken. Dies geschieht nicht erst auf Elternabenden, sondern bereits im Vorfeld in Einzelgesprächen, durch die tägliche pädagogische Arbeit und die allgemeine Kommunikationskultur der Einrichtung. Das Gelingen hängt auch von einer sorgfältigen Vorbereitung ab sowie von Kenntnissen und dem Einsatz eines wirkungsvollen Handwerkzeugs.

Im Folgenden sind einige Werkzeuge aufgeführt, die bei der Vorbereitung eines Elternabends hilfreich sind (siehe auch Kapitel 2). Da es sich um konkrete Vorüberlegungen handelt, die gemeinsam im Team zu bedenken sind, ist hier die direkte Anrede an das gesamte Team gewählt.

6.3.1 Vorüberlegungen

6.3.1.1 Die Frage nach Ziel und Thema

Diskutieren Sie zu Beginn des Kita-Jahres in einer Teamsitzung, welche Ziele Ihnen innerhalb der Elternarbeit wichtig sind, und berücksichtigen Sie dabei auch Wünsche und Interessen der Eltern. Es erleichtert Ihre Vorbereitung, wenn Sie den Bedarf bereits im Vorfeld ermittelt haben.

Das kann geschehen in Form von

– Meinungsbildabfragen auf einem Elternabend: Bereiten Sie im Vorfeld für jedes Elternteil drei Karten in den Farben Rot, Gelb und Grün vor. Für ein Meinungsbild, für Abfragen, Bewertungen oder Positionierungen bitten Sie die Eltern im Verlauf des Abends, ihre Karten hochzuhalten (Grün = ja/bin dafür/sehr; Rot = nein/bin dagegen/gar nicht, Gelb = Enthaltung/ich weiß nicht/geht so). Das gleiche Verfahren können Sie auch für eine Schlussauswertung nutzen.

– Umfragen über einen Wunschkasten, der an einem für alle zugänglichen Ort in der Kita angebracht ist und in den Eltern jederzeit ihre Themen und Wünsche auf einem Zettel hineinwerfen können.

– einem Aushang an einer öffentlichen Pinnwand in der Kindertagesstätte.

– einer Auflistung von Themen, die das Team gesammelt hat und die die Eltern mit Punkten je nach Wertigkeit versehen. Dies kann in Form eines Aushanges oder auf einem Elternabend geschehen.

Notieren Sie alle Themen auf Kärtchen. Sammeln Sie nun die zentralen Themen auf der Grundlage von pädagogischen, organisatorischen und strukturellen Fragestellungen, die Sie als einzelne und als Team für notwendig erachten.

Achten Sie dabei auf …

- einen Rückblick der Themen des vergangenen Jahres: Was haben wir erreicht? Was ist offen geblieben?
- die Auswahl der Themen: Jedes Teammitglied bekommt drei Kärtchen (bei sehr großen Teams weniger), auf denen je ein Thema notiert wird, das dem Mitarbeiter besonders wichtig erscheint. Die Kärtchen werden von der Leitung gesammelt und gemeinsam mit denen der Eltern auf einer Pinnwand dargestellt und zu Themenbereichen zusammengefügt.
- die Entscheidungsfindung im Team: Für welches Thema gibt es am meisten Stimmen/Bedarf? Handelt es sich um eine Fülle an Themen, können Sie auch Punkte verteilen für die Wertigkeit.
- das geplante Setting: Welche Themen eignen sich für einen Gesamt- oder Gruppen-Elternabend?

Beachten Sie dabei auch Ihre zeitlichen Ressourcen. Sie müssen nicht alle Themen in einem Kita-Jahr behandeln. Legen Sie Termine für Gesamt- und Gruppen-Elternabende fest und nehmen Sie diese in Ihre Jahresplanung auf. So geben Sie sich selbst einen zeitlichen Rahmen der Vorbereitung und können Eltern frühzeitig darüber informieren und Ihnen die Teilnahme erleichtern.

6.3.1.2 Die Frage nach Ort und Zeit

Wählen Sie den Ort je nach Anzahl der zu erwartenden Teilnehmerinnen und Teilnehmer, des Themas und der Art des Elternabends aus. Ein Elternabend kann sowohl in der Kita als auch außerhalb z. B. in einem Gemeindehaus stattfinden. (Vorteil: Hier befinden sich Erwachsenenmöbel, die oft in der Kita nicht in ausreichender Zahl vorhanden sind.)

Achten Sie bei der Planung darauf, dass der Elternabend zu einer Zeit stattfindet, an dem die Eltern teilnehmen können ohne in Konflikt mit ihrer Arbeit oder der Betreuung ihrer Kinder zu kommen. Das kann am Spätnachmittag sein und mit dem Angebot einer parallelen Betreuung der Kinder verbunden sein oder am Abend, wenn die Kinder bereits im Bett sind. Besprechen Sie dies mit den Eltern im Vorfeld, um allen eine unbeschwerte Teilnahme zu ermöglichen. Beachten Sie, dass auch Eltern einen langen Arbeitstag hinter sich haben, und planen Sie nicht mehr als max. 2,5 Stunden ein. Achten Sie darauf, dass diese Zeit auch eingehalten wird.

6.3.1.3 Die Frage nach personellen und materiellen Ressourcen

Für jeden Elternabend werden Personen benötigt, die verantwortlich die Vorbereitung, Leitung, Koordination und Moderation übernehmen.

Im Vorfeld sollte Folgendes geprüft werden:

- Steht für dieses Thema eine erfahrene Fachkraft im Team zu Verfügung, die es sich zutraut, dieses in einem Vortrag oder in einer anderen geeigneten Form zu vermitteln?
- Soll eine externe Fachkraft eingeladen werden? Wer kann bei der Suche und Auswahl behilflich sein?
- Soll der Träger beteiligt werden?
- Soll Material zum Auslegen zusammengestellt werden, z. B. Literatur, Fotos?

- Werden Unterlagen und Kopien benötigt und falls ja, in welcher Anzahl?
- Welches Moderationsmaterial (z. B. Stifte, Flipchart, Karten, Stellwand, Tücher usw.) wird benötigt?
- Müssen technische Geräte (z. B. Beamer, Laptop, Lautsprecher) bereitgestellt bzw. frühzeitig reserviert oder bestellt werden?
- Wer ist wofür verantwortlich?
- An welchen Stellen ist die Unterstützung von Eltern erwünscht?
- Ist eine Übersetzung für Eltern nötig, deren Deutschkenntnisse nicht so gut sind, dass sie alle Inhalte problemlos verstehen können?
- Mit welchen Methoden können möglichst alle Eltern erreicht werden?

6.3.1.4 Das Einladungsschreiben

Die Einladung sollte mit einigen Wochen Vorlauf an die Eltern verteilt werden und gleichzeitig deutlich sichtbar an einem zentralen Ort in der Kindertagesstätte ausgehängt werden. So ermöglichen Sie den Eltern, ihre Zeit vorausschauend zu organisieren und ggfs. eine Kinderbetreuung zu organisieren.

Gestalten Sie die Einladung kurz und ansprechend. Der Ausdruck sollte gut lesbar sein, und wenn Sie die Einladung mit einem Kinderbild oder Foto (je nach Thema) versehen, können Sie mit geringen finanziellen Mitteln sichtbar machen, dass Ihnen dieser Abend und die Anwesenheit der Eltern wichtig ist.

Das Thema sollte klar formuliert sein, so dass die Eltern zum einen wissen, was sie erwartet, und gleichzeitig neugierig bleiben. Achten Sie darauf, dass vor allem Ort, Uhrzeit und Thema auf den ersten Blick erkennbar sind. In der Gestaltung der Einladung wird Ihre Professionalität sichtbar.

Beispiel
Liebe Eltern!

Zum Jahresende möchten wir Sie herzlich zu unserem Gesamt-Elternabend am 15. November einladen. Als Hauptthema wollen wir uns der Gestaltung der Adventszeit widmen, die in diesem Jahr einmal ganz anders als sonst verlaufen soll. Wir möchten, dass Sie gemeinsam mit Ihren Kindern und uns Momente der Besinnung und Ruhe hier in der Kita erleben. Wie das gehen soll? Das erfahren und erleben Sie auf unserem Elternabend. Wir haben dazu Frau O. und Herrn M. (die Leiterin und der Elternvertreter der Kita Amselstraße) eingeladen, die dieses Konzept bereits in ihrer Kita erfolgreich umsetzen.

Stellen Sie sich auf eine Dauer von insgesamt zwei Stunden ein:

Geplanter Ablauf:

16:30 Uhr Ankommen bei einer Tasse Tee im Nachbarschaftshaus

17:00 Uhr Begrüßung und Tagesordnung

17:10 Uhr Aktuelles aus der Kita

   Information der Elternvertreter zum Stand der Kita-Reise und zu den Schließzeiten im kommenden Jahr

17:30 Uhr Der Weihnachtsweg – eine alternative Gestaltung der Adventszeit

18:45 Uhr Verschiedenes

19:00 Uhr Ende der Veranstaltung

Wir freuen uns sehr auf Ihr Kommen und versprechen Ihnen: Es wird ein spannender Abend!

20. November, ab 16:30 Uhr im Nachbarschaftshaus

Falls Sie in dieser Zeit keine Betreuung für Ihr Kind organisieren können, bietet unsere Nachbar-Kita von 16.30 bis 19.00 Uhr eine Betreuungsmöglichkeit an. Bitte geben Sie uns unbedingt Bescheid, wenn Sie dieses Angebot in Anspruch nehmen möchten.

Herzlich

Ihr Kita-Team

6.3.2 Umsetzung

6.3.2.1 Die Raumgestaltung

Der erste Eindruck des Raumes entscheidet nicht unwesentlich über den Verlauf des Elternabends. Ist der Raum liebevoll und einladend gestaltet, fühlen Eltern sich persönlich angesprochen und werden mit einer größeren Lust und Aufmerksamkeit an dem Abend mitwirken. Dazu gehört der Raumschmuck (Blumen, Tischdecken, Auslegen von Arbeiten der Kinder usw.) ebenso wie die Sitzordnung. Beides ist abhängig von der Art des Elternabends.

Haben Sie sich für einen Stuhlkreis entschieden, so bietet sich eine gestaltete Mitte an, mit einem Blumenstrauß oder Materialien, die mit dem Thema des Abends verknüpft sind. Manchmal ist es sinnvoll an Tischen zu sitzen, um das Mitzuschreiben zu ermöglichen oder Getränke bereit zu stellen (siehe dazu auch Kapitel 2 in diesem Band). Bei einem Vortrag werden Sie die Stühle eher frontal in eine Richtung aufstellen, so dass alle einen guten Blick auf die Rednerin oder den Redner haben.

Überprüfen Sie im Vorfeld das Moderationsmaterial und die technische Geräten, so dass möglichst keine Pannen passieren. Achten Sie auch darauf, dass Sie die Stühle und Tische möglichst in Erwachsenenhöhe vorhanden sind. Hilfreich sind Beistelltische oder Stellwände, auf denen die Eltern wichtige Informationen finden können, z. B. Fotos, Literatur, Arbeiten der Kinder usw.

Halten Sie Getränke und Knabbereien oder Obst bereit, die vor, während oder nach dem Elternabend verzehrt werden können.

Die Raumgestaltung sollte abgeschlossen sein, bevor die ersten Eltern kommen, um sich ganz auf deren Begrüßung konzentrieren zu können.

6.3.2.2 Die Eröffnung

Eltern fühlen sich willkommen, wenn sie durch die Verantwortlichen bereits an der Tür herzlich begrüßt werden. Ist das gesamte Team involviert, sollten alle Beteiligten vor Beginn des Elternabends anwesend sein und für erste Gespräche zwischen Tür und Angel zur Verfügung stehen. Beginnen Sie pünktlich.

Die Eröffnung erfolgt durch die Gruppenerzieher oder die Kita-Leitung (bei Gesamt-Elternabenden). Eine herzliche und authentische Begrüßung trägt wesentlich zu einem gelingenden Abend bei. Benennen Sie in kurzen Sätzen Anlass, Thema und gewünschtes Ziel sowie den geplanten Ablauf. Bemühen Sie sich frei zu sprechen und die Eltern dabei anzuschauen. Ein Merkzettel ist hilfreich, um keine wesentlichen Punkte zu vergessen.

6.3.2.3 Gesprächshaltung und Gesprächsführung

Ihre Gesprächshaltung sollte in erster Linie von Wertschätzung gegenüber den Eltern geprägt sein. Das zeigt sich zum einen darin, dass Sie selbst authentisch und echt bleiben, denn nur so wirken Sie glaubwürdig und können eine Begegnung auf Augenhöhe herstellen. Zum anderen zeigt sich Ihre Wertschätzung darin, dass Sie Äußerungen und Gefühle der Eltern genau wahr- und ernst nehmen. Richten Sie Ihren Blick darauf, was Eltern gerade beschäftigt, an welchen Stellen sie besonders interessiert sind oder wann Unruhe oder gar Unmut entsteht, um adäquat darauf reagieren zu können.

Eine kurze Pause, das Öffnen eines Fensters oder eine kleine Körperübung können angemessene Unterbrechungen sein, um danach wieder konzentriert bei der Sache zu sein. Eine gute Moderation zeichnet sich dadurch aus, dass Sie bei Bedarf von Ihrem ursprünglichen Plan abweichen, wenn es die Situation erfordert.

Laden Sie Eltern zu Gespräch und Austausch ein, indem Sie selbst eine fragende und diskussionsfreudige Haltung mitbringen. Blickkontakt, Gestik und Mimik sind dabei ebenso hilfreich wie das Gegenüberstellen verschiedener Meinungen. Stellen Sie konkrete Fragen und fragen Sie nach, wenn etwas nicht klar geworden ist, um so die Diskussion in Gang zu halten. Nehmen Sie die Beiträge der Eltern ernst und vermeiden Sie Allgemeinsätze und Wertungen. Wenn Sie Ihre eigene Meinung einbringen, so kennzeichnen Sie diese auch als solche.

Achten Sie ebenso auf eine deutliche und verständliche Sprache. Das Einbringen von Beispielen aus der Praxis oder das Erzählen einer anschaulichen Geschichte kann Sachverhalte verdeutlichen und eine neue Ebene eröffnen. Visuelles Material unterstützt die Aussage und fördert das Verständnis.

6.3.3 Nachbereitung

Fassen Sie am Ende des Elternabends die wichtigsten Inhalte kurz zusammen. Fragen Sie die Eltern, ob sie mit Thema, Inhalt und Atmosphäre zufrieden waren oder ob es Verbesserungsvorschläge gibt. Sie können dies mündlich oder schriftlich tun. Bitten Sie auch um Themenvorschläge für den nächsten Elternabend.

Beispiel für ein schriftliches Stimmungsbild

> Wir hoffen, dass Sie sich heute Abend wohlgefühlt haben, und freuen uns über eine kurze Rückmeldung.
>
> Besonders gut gefallen hat mir: --
>
> Ich habe folgende Verbesserungsvorschläge: --
>
> Zum nächsten Elternabend würde mich Folgendes interessieren: ----------------------------

Sie können auch an der Tür Zettel und Stifte bereitstellen, auf denen die Eltern ihre Rückmeldungen, Wünsche und Ideen notieren und anonym in einen bereitstehenden Korb legen können.

Sichern Sie die Ergebnisse des Elternabends, indem Sie Vereinbarungen und Absprachen unbedingt schriftlich festhalten (z. B. in einem Protokollbuch). Stellen Sie wichtige Informationen in einem Aushang für die Eltern zur Verfügung, die nicht dabei sein konnten.

Werten Sie Ihre Eindrücke im Team aus. Diese Evaluation dient gleichzeitig der Vorbereitung für den nächsten Elternabend.

Aufgabe

Wählen Sie ein Thema aus und planen Sie einen fiktiven (oder reellen) Elternabend.

Erstellen Sie dazu eine Checkliste, die die im Kapitel 6.3 beschriebenen Vorbereitungen und Umsetzungen beinhaltet.

Diskutieren Sie Ihre Ergebnisse in der Kleingruppe.

ZUSAMMENFASSUNG

Die Zusammenarbeit mit Eltern hat zum Ziel, im Rahmen einer respektvollen und wertschätzenden Bildungs- und Erziehungspartnerschaft das Kind in den Mittelpunkt des Bildungsgeschehens und des erzieherischen Handelns zu stellen. Da die Gestaltung von Elternabenden nur einen kleinen Teil der Elternarbeit abbildet, ist dieser Beitrag in Ergänzung mit anderen Formen der Elternbeteiligung zu verstehen. Bereiche wie z. B. Teamarbeit, Konflikt- und Beschwerdemanagement oder Partizipation sind vertiefende Themen, die in diesem Beitrag nur angerissen werden können.

Die Gestaltung von Elternabenden nimmt insofern einen zentralen Stellenwert innerhalb der Elternpartnerschaft ein, da hier alle Eltern der Kindertagesstätte in unterschiedlicher Art und Weise erreicht werden können. Dies ist keine leichte Aufgabe, denn Eltern sind so unterschiedlich wie ihre Kinder und erwarten einen wertschätzenden und respektvollen Umgang mit ihren ganz persönlichen Überzeugungen und Hintergründen. Diese Vielfalt wird zukünftig eine immer größere Herausforderung für pädagogische Fachkräfte darstellen, vor allem auch im Hinblick auf unterschiedliche Familienformen, die in einer Kindertagesstätte zusammentreffen. Ein gelungener Elternabend steht und fällt durch eine gute Vorbereitung und die eigene wertschätzende Haltung, die alle Eltern mit ins Boot holt. So ist insbesondere der Umgang mit Vielfalt in der Elternschaft ein zentrales Thema und wird es auch zukünftig bleiben. Auf Vielfalt in der Elternschaft sensibel und professionell zu reagieren bedeutet, sich die Unterschiedlichkeit der in unserer Gesellschaft existierenden Familienstrukturen bewusst zu machen.

In einer Kindertagesstätte treffen Eltern mit unterschiedlichen kulturellen und/oder religiösen Hintergründen aufeinander.

Desweiteren steht die traditionelle Familienform heute gleichberechtigt neben anderen Familienformen. Dazu gehört die sogenannte Patchwork-Familie ebenso wie alleinerziehende Mütter und Väter, gleichgeschlechtliche Eltern, Adoptiv- oder Pflegefamilien, sowie Großeltern oder andere Familienangehörige, die die Erziehungsverantwortung übernehmen. Sie alle wollen wahrgenommen und gehört werden.

Weiterführende Literatur
Bernitzke, Fred/Schlegel, Peter: Das Handbuch der Elternarbeit, Troisdorf, Bildungsverlag EINS, 2004.

Bostelmann, Antje: Achtung Eltern! Im Kindergarten: Typische Konflikte mit Eltern und wie man damit umgeht, Mühlheim, Verlag an der Ruhr, 2007.

Dusolt, Hans: Elternarbeit. Ein Leitfaden für den Vor- und Grundschulbereich, Weinheim/Basel, Beltz, 2001.

Fialka, Viva: Wie Sie die Zusammenarbeit mit Eltern professionell gestalten – Bildungs- und Erziehungspartnerschaft, in: Kindergarten heute, Basiswissen Kita Management, Herder, 4/2010.

Prott, Roger/Hautumm, Annette: 12 Prinzipien für eine erfolgreiche Zusammenarbeit von Erzieherinnen und Eltern, Verlag das Netz, Berlin, 2004.

Schlösser, Elke: Zusammenarbeit mit Eltern – interkulturelle Informationen und Methoden zur Kooperation mit deutschen und zugewanderten Eltern in Kindergarten, Grundschule und Familienbildung, Münster, Ökotopia, 2004.

Textor, Martin R.: Elternarbeit im Kindergarten – Ziele, Formen, Methoden, Norderstedt, Books on demand GmbH, 2009.

Textor, Martin R.: Online-Handbuch: Elternabende im Kindergarten (2006), online verfügbar unter: http://www.kindergartenpaedagogik.de/ea.html [06.11.2013].

TPS Ausgabe 4: Sich mit Eltern verständigen, Friedrich Verlag, 2010.

7 Gremienarbeit in der Kindertagesbetreuung

Juliana Schiwarov

7.1 Gremienarbeit als besondere Form der Zusammenarbeit von Eltern und Erziehern

Der Gremienarbeit von Erzieherinnen und Erziehern wurde in der kindheitspädagogischen Fachliteratur bisher wenig Aufmerksamkeit geschenkt. Demgegenüber ist festzuhalten, dass die Gremienarbeit für pädagogische Fachkräfte einerseits in der täglichen Arbeit innerhalb der Kindertageseinrichtung, andererseits in der Außendarstellung und Interessenvertretung der Einrichtung in der Trägerlandschaft und der Kommune eine Rolle spielt. So gibt es z. B. Gremien wie den Elternausschuss der Kindertageseinrichtung, die Einfluss auf die Erarbeitung oder Änderung der pädagogischen Konzeption einer Einrichtung haben können. Mitunter vertreten aber auch pädagogische Fachkräfte ihre Einrichtung oder den Träger in Gremien (Jugendhilfeausschuss oder Stadtteilkonferenzen) auf kommunaler Ebene.

Gremien in der Kita und der Kommune, die für Fachkräfte relevant sind:

Was sind Gremien?

→→→ **Definition**
Der Begriff Gremium bezeichnet die Zusammenarbeit von Personen in einer Gruppe über einen längeren Zeitraum hinweg, die sich zum Zweck der Beratung über einen speziellen Themenkomplex bzw. der Beschlussfassung und Entscheidung über diesen Themenbereich gebildet hat oder eingesetzt wurde.

Gremien können unterschiedliche Aufgaben und Funktionen wahrnehmen. Sie können beratend, entscheidend, ausführend, informierend oder kontrollierend tätig sein.

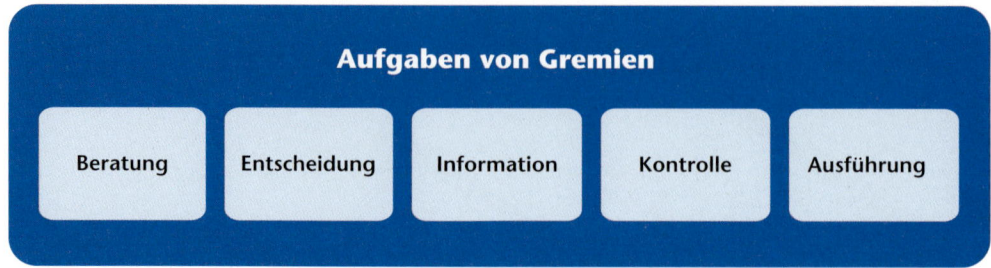

Um diese Aufgaben erfüllen zu können, werden ihnen unterschiedliche Befugnisse gewährt, z. B. können Gremien folgende Rechte und Befugnisse innehaben:

- Entscheidungsrechte
- Beteiligungsrechte (Mitbestimmung im Verfahren anderer Entscheidungsträger oder Beratergruppen)
- Anhörungsrechte (gehört zu werden im Verfahren anderer Entscheidungsträger oder Beratergruppen)
- Vetorecht (Einspruch gegen Entscheidungen anderer Gremien mit und ohne aufschiebende Wirkung)
- Prüfrechte (Recht zur Einsicht und Prüfung von Unterlagen, Berichten oder Rechnungen)
- Recht zur Bestellung oder Berufung der Mitglieder
- Recht zur Gründung von Unterarbeitsgruppen
- Budgetrecht (Befugnis zur Bewirtschaftung eines eigenen Budgets)
- Recht zur Vergabe von Aufträgen (z. B. wissenschaftlichen oder juristischen Gutachten)

Diese Liste ist nicht abschließend und selbstverständlich verfügen nicht alle Gremien über alle oben aufgeführten Befugnisse und Rechte. Je nach Funktion eines Gremiums sind einige Befugnisse zentraler als andere und je weitreichender die Befugnisse eines Gremiums sind, desto mächtiger ist es. Mitunter sind auch Aufgabenbereich und Befugnisse eines Gremiums nicht passgenau. Z. B. würde ein Kontrollgremium ohne Prüfungsrechte oder das Recht zur Akteneinsicht seiner Aufgabe nicht gerecht werden können.

Neben Rechten haben Gremien auch Pflichten, die ihnen auferlegt sind, damit sie ihre Aufgaben auch erfüllen können.

Pflichten von Gremien können sein:

- Tagungspflicht (Pflicht, innerhalb eines bestimmten Zeitraums in einer gewissen Häufigkeit zu tagen bzw. zusammenzukommen)
- Berichtspflicht (Pflicht, einem anderen Gremium oder Mitgliedern zu berichten bzw. einen schriftlichen Bericht vorzulegen)
- Wahlpflicht (Pflicht zur Wahl von einzelnen Funktionen innerhalb des Gremiums beispielsweise Vorsitzender oder Sprecherin)

7.2 Rechtliche Grundlagen des Eltern-Erzieher-Verhältnisses

Die rechtliche Grundlage für die Zusammenarbeit von Eltern und pädagogischen Fachkräften in Kindertageseinrichtungen bilden sowohl das Grundgesetz als auch das Kinder- und Jugendhilferecht, wie es im Achten Sozialgesetzbuch (SGB VIII, Kinder- und Jugendhilfegesetz) festgeschrieben ist. Dazu gehören die jeweiligen Ausführungsgesetze und Verordnungen der einzelnen Bundesländer, die das SGB VIII spezifizieren. Durch diese unterschiedlichen Landesgesetze und -verordnungen können jeweils vielfältige Schwerpunktsetzungen vorgenommen werden. Das gilt auch für die Zusammenarbeit mit Eltern und deren Beteiligung in den Kindertageseinrichtungen.

Die rechtlichen Rahmenbedingungen legen die jeweiligen Möglichkeiten und Grenzen der Tätigkeit in Einrichtungen der Kindertagesbetreuung fest und bestimmen so über das Verhältnis Kita – Familie. Grundlegend ist dabei das Grundgesetz.

Laut Artikel 6 Abs. 2 des Grundgesetzes sind Pflege und Erziehung „das natürliche Recht der Eltern" und „die zuvörderst ihnen obliegende Pflicht". Dieses Prinzip nennt sich Erziehungsvorrang der Eltern. Dieser verfassungsrechtlich garantierte Erziehungsvorrang gilt auch für das Kinder- und Jugendhilferecht und wird daher in § 1 Abs. 2 des SGB VIII wiederholt. Damit wird verdeutlicht, dass Kindertagesstätten als Teil der Kinder- und Jugendhilfe nur ein nachrangiges, abgeleitetes bzw. übertragenes Erziehungsrecht haben. Das Bildungs- und Erziehungsrecht muss Kindertageseinrichtungen somit erst von den Eltern per Vertrag übertragen werden, zugleich tragen Eltern weiterhin die Hauptverantwortung für die Erziehung.

Erzieherinnen und Erzieher haben daher den Auftrag, Elternwünsche und -vorstellungen ernst zu nehmen und in ihr pädagogisches Handeln einzubeziehen, soweit das Kindeswohl nicht verletzt wird.

7.2.1 Mitwirkungsrechte von Eltern in der Kita

Im Kinder- und Jugendhilferecht wird an unterschiedlichen Stellen Bezug auf diesen Erziehungsvorrang der Eltern genommen. So wird bekräftigt, dass die Grundrichtung der elterlichen Erziehung zu beachten, Angebote und Strukturen z. B. in der Kindertagesbetreuung an den Bedürfnissen der Familien zu orientieren und die Eltern an wesentlichen Entscheidungen zu beteiligen sind.

> **§ 22a SGB VIII: Förderung in Tageseinrichtungen**
>
> [...] (2) Die Träger der öffentlichen Jugendhilfe sollen sicherstellen, dass die Fachkräfte in ihren Einrichtungen zusammenarbeiten
> 1. mit den Erziehungsberechtigten und Tagespflegepersonen zum Wohl der Kinder und zur Sicherung der Kontinuität des Erziehungsprozesses [...].
> Die Erziehungsberechtigten sind an den Entscheidungen in wesentlichen Angelegenheiten der Erziehung, Bildung und Betreuung zu beteiligen.

Die gesetzlich vorgeschriebene Zusammenarbeit von Fachkräften in Einrichtungen und Eltern mit der Pflicht zur Beteiligung der Eltern an wesentlichen Entscheidungen lässt jedoch viel Raum für Interpretationen.

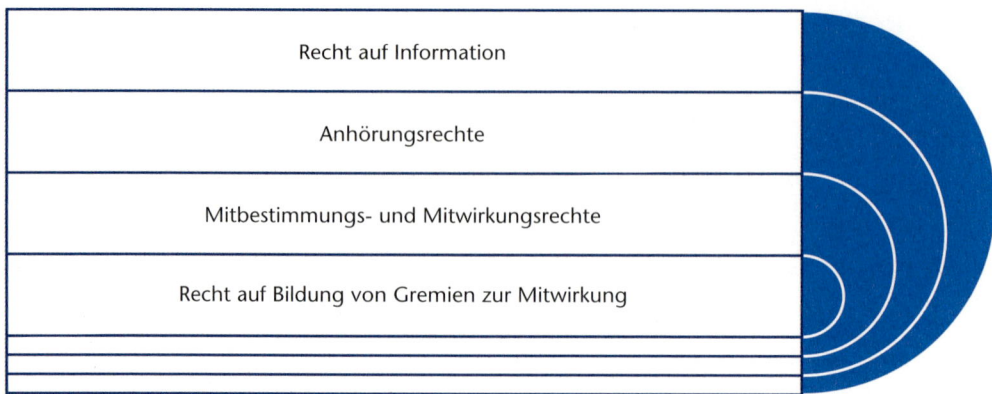

Elternrechte

Als wesentliche Angelegenheiten werden im Allgemeinen alle die Dinge verstanden, die den Betrieb einer Einrichtung bestimmen und die die Qualität der zu erbringenden Leistung beeinflussen.

Die Einbeziehung von Eltern in wesentliche Angelegenheiten meint z. B. konkret …

- die Gestaltung der Öffnungs- und Schließzeiten,
- die Kapazität der Einrichtung,
- die Gruppenstruktur,
- die konzeptionelle Arbeit (pädagogische Schwerpunktsetzung der Einrichtung), inklusive Elternbildungsangebote,
- grundsätzliche Raum- und Personalfragen,
- Gestaltung der Mahlzeitenversorgung,
- darüber hinaus werden in einigen Bundesländern finanzielle Angelegenheiten zu Lasten der Eltern als beteiligungsbedürftig und zustimmungspflichtig angesehen (zusätzliche Kosten durch Angebote in der Tagesbetreuung) (siehe Kapitel 7.6).

Hingegen bleiben die wesentlichen Entscheidungen – wie Durchführung von Baumaßnahmen, Einsatz des Personals oder Verwendung des Budgets – unbenommen in der Verantwortlichkeit des Trägers in seiner Rolle als Arbeitgeber und im Hinblick auf seine fachliche Gesamtverantwortung. Die Eltern sind daran zu beteiligen.

7.2.2 Formen von Beteiligung

Was bedeutet Beteiligung von Eltern? Beteiligungsprozesse können im Hinblick auf ihre jeweilige Form bzw. den Grad ihrer jeweiligen formalen Verankerung unterschieden werden:

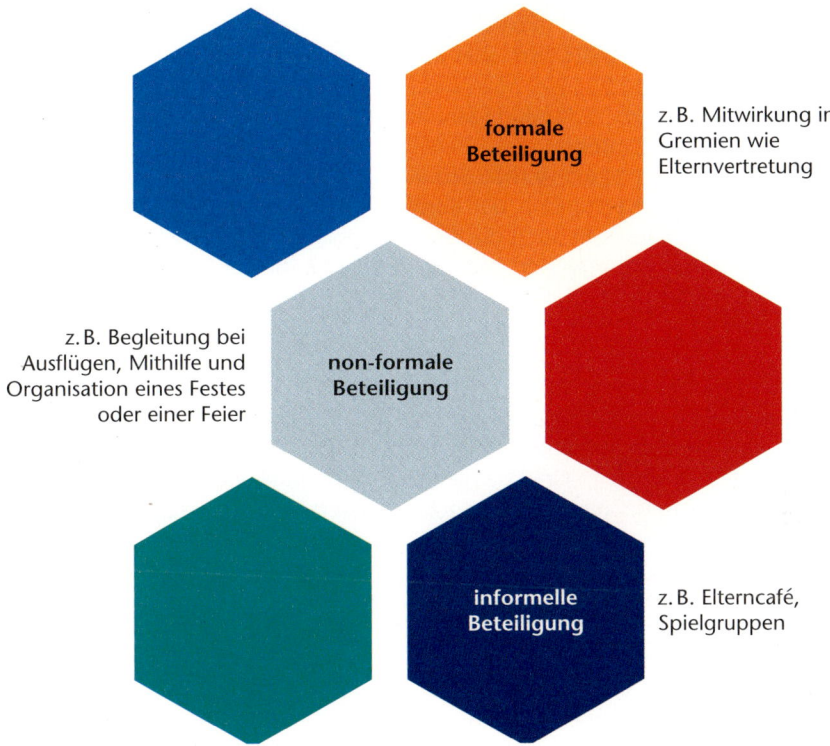

Formen der Beteiligung
(vgl. Lembeck/Pleiger, 2009)

Formen der Beteiligung

– Informelle Beteiligung, hier geht es um lose Verbindungen, nicht regelmäßige Treffen, punktuelle Aktionen.

– Non-formale Beteiligung, hier geht es um regelmäßig (oft selbst) organisierte Vorhaben, an denen sich Personen beteiligen.

– Formale Beteiligung, hier geht es um gesetzlich verankerte institutionalisierte Vertretungsformen, z. B. Mitwirkung in Gremien.

(vgl. Lembeck/Pleiger, 2009, 12 f.)

Dazu zählen in der Kindertagesbetreuung z. B.:

– Elternversammlungen

– Elternvertretungen der Kindergruppe

– Elternvertretungen der gesamten Kindertageseinrichtung

– paritätisch mit Eltern, Erziehern und Leitung besetzte Gremien in Kindertageseinrichtungen (Kuratorium, Beirat)

– kommunale Elternausschüsse für Kindertagesstätten (Bezirkselternausschuss)

– Landeselternausschüsse

Die Mitarbeit in Gremien (Gremienarbeit) stellt sich für pädagogische Fachkräfte somit als Spezialfall der Zusammenarbeit mit Eltern, aber auch der mit Kindern und externen Personen dar.

In der Regel werden Eltern in Kindertageseinrichtungen in allen oben genannten Formen beteiligt. Wie genau und intensiv diese Beteiligung erfolgt, ergibt sich aus den jeweiligen Landesausführungsgesetzen zum Achten Sozialgesetzbuch, aus den Bildungsplänen der Länder sowie aus dem Selbstverständnis der Kommunen, Träger und der einzelnen Einrichtungen. Damit sowohl die Eltern als auch die Kindertagesstätte ihre gemeinsame Verantwortung für das Wohl des Kindes wahrnehmen, wurden auf der Ebene der Bundesländer Konzepte der institutionalisierten Eltern(mit)arbeit bzw. der Elternmitwirkung entwickelt.

In allen Ausführungsgesetzen der Bundesländer zum Achten Sozialgesetzbuch (Kinder- und Jugendhilferecht) gibt es eigene Regelungen zur Elternbeteiligung. Hier ist die formale institutionalisierte Beteiligung der Eltern zumindest in groben Zügen geregelt, es werden Gremien benannt und mitunter auch Aufgaben und Funktionen umrissen. Die einzelnen Vorschriften sind dabei äußerst unterschiedlich im Grad der Regelungstiefe. In einigen Bundesländern gibt es nur einen kurzen Paragrafen, der regelt, dass es z. B. Elternvertretungen gibt. Andere Landesgesetze regeln sehr detailliert, welche Gremien sich auf welcher Ebene bilden sollen, wann und wie die Wahl zu erfolgen hat, welche Rechte oder sogar welches Budget die Vertretungen zur Verfügung haben. Im Kapitel 7.6 finden Sie Auszüge aus den Regelungen in den einzelnen Bundesländern.

Zur Verbesserung und Weiterentwicklung der Bildungsarbeit in Tageseinrichtungen für Kinder wurden in fast allen Ländern sogenannte Bildungspläne als Orientierungsrahmen erarbeitet. In den meisten Bildungsplänen der Länder wird auf die Beteiligung von Eltern und deren Mitwirkung im Erziehungsprozess der Kindertageseinrichtungen Bezug genommen, dies unterstreicht die Bedeutung der Erziehungspartnerschaft in der Praxis.

Dabei werden grundsätzlich sehr unterschiedliche Beteiligungsformen genannt:

- Information
  Die Personen werden informiert, haben jedoch strukturell keine Möglichkeit, ihre Meinung zu äußern, in Entscheidungen einbezogen zu werden oder gar mitzubestimmen.

- Mitsprache
  Die Personen werden angehört und können ihre Meinungen, Interessen und Wünsche äußern.

- Mitwirkung
  Die Personen werden in Beratungsprozesse oder Aktivitäten einbezogen, können aber nicht mitentscheiden.

- Mitbestimmung
  Die Personen werden an Entscheidungsprozessen beteiligt.

Interessanterweise spielt die formale Beteiligung von Eltern oder Kindern in den Bildungsplänen der 16 Bundesländer nur eine untergeordnete Rolle. Nur in vier Bundesländern werden sie für die Kindertagesbetreuung überhaupt angesprochen bzw. genannt. In diesen Fällen sollen die Elternvertretungen z. B. an der Weiterentwicklung des pädagogischen Konzepts der Einrichtung beteiligt werden, sollen Wünsche und Kritik äußern oder schlicht die Weitergabe von Informationen an die anderen Eltern sicherstellen.

Aufgabe

Recherchieren Sie für Ihr eignes und zwei weitere Bundesländer im jeweiligen Landesausführungsgesetz zum SGB VIII (Kinder- und Jugendhilfe) die Regelung für die Einrichtung von Elternvertretungen in Kindertageseinrichtungen.

Sie finden diese Gesetze (in Auszügen am Ende des Kapitels 7.6) im Allgemeinen auf der Internetseiten des zuständigen Landesministeriums oder unter www.bildungsserver.de.

Vergleichen Sie die drei Regelungen dahingehend, wie ausführlich und wie weitreichend die Regelungen zur Beteiligungsform von Eltern sind. Diskutieren Sie, welche der gesetzlichen Grundlagen besser geeignet ist, die Mitwirkungsrechte der Eltern zu sichern.

Diskutieren Sie die Folgen bzw. Konsequenzen der fehlenden Erwähnung von formaler Elternbeteiligung in den meisten Bildungsplänen der Länder.

7.3 Gremienarbeit und Rollenverständnis

Die Zusammenarbeit von Eltern und pädagogischen Fachkräften in Gremien stellt insofern eine Besonderheit dar, als dass die Rollen und Verantwortlichkeiten in Gremien meist rechtlich umrissen und somit definiert sind (siehe Kapitel 7.2.1.).

Beispiel
In Gremien begegnen sich z. B. nicht Frau Schulze (die Mutter von Laura) und Sonja Behrend (Erzieherin), sondern es begegnen sich die Elternvertreterin Frau Schulze und die verantwortliche Gruppenerzieherin Frau Behrend.

Als Mitglieder einer Organisation repräsentieren pädagogische Fachkräfte insbesondere in der Gremienarbeit auch die Werte, Normen und Entscheidungen der Einrichtung bzw. des Trägers, mitunter sogar des Staates. Das kann gelegentlich konfliktreich und auch aufreibend sein.

Daher erfordert die pädagogische Tätigkeit in einer Kindertageseinrichtung Fachkräfte, die u. a. in der Lage sind, sich im Kontakt mit Erwachsenen einzufühlen, sich selbst zu behaupten sowie Aushandlungs- und Vermittlungsprozesse zu organisieren. Dazu benötigen sie gute soziale und persönliche Kompetenzen und Handlungsstrategien zur Gestaltung von Gruppensituationen und sie müssen sich ihrer jeweiligen Rolle bewusst sein und diese reflektieren.

7.3.1 Rollen und Rollenerwartungen

In seinem Leben nimmt jeder Mensch verschiedene Rollen ein. Das betrifft sowohl den Beruf als auch das Privatleben. Der Begriff soziale Rolle ist dem Theaterbereich entlehnt und wird vorrangig in der Soziologie und Sozialpsychologie verwendet. Dabei stellt die soziale Rolle die Gesamtheit der einem gegebenen Status (z. B. Mutter, Vorgesetzter, Erzieherin) zugeschriebenen Erwartungen dar. Die Erwartungen betreffen bestimmte Grundhaltungen, Werte, Handlungsmuster und Verhaltensweisen sowie Tätigkeiten.

Diesen Anforderungen, den Aufgaben und Erwartungen, die diese Rolle mit sich bringen, muss sich eine Person entsprechend ihrer Position stellen. Die Rollentheorie beschreibt und erklärt einerseits die Rollenerwartungen und -festlegungen und andererseits, welche Spiel- und Handlungsfreiräume dem Individuum und sozialen Gruppen in einer Rolle offenstehen.

Sie beschäftigt sich damit, wie gesellschaftlich vorgegebene Rollen erlernt, verinnerlicht, ausgefüllt und modifiziert werden (vgl. Schäfers, 2008, S. 32 ff.).

➜➜➜ **Definition**
"Soziale Rollen bezeichnen Ansprüche der Gesellschaft an das Verhalten der Träger von Positionen (Rollenverhalten) und Ansprüche an sein Aussehen und seinen Charakter (Rollenattribute)."
(Dahrendorf, 2006, S. 37)

Eine Person kann dabei gleichzeitig in verschiedenen Rollen leben und diese ausfüllen, z. B. als …

- Tochter (oder Sohn),
- Mutter (oder Vater),
- Schwester (oder Bruder),
- Schülerin (oder Schüler),
- Freundin (oder Freund)
- Lehrerin (oder Lehrer),
- Arbeitnehmerin (oder Arbeitnehmer),
- Ärztin (oder Arzt),
- Mitglied eines Vereins,
- Politikerin (oder Politikerin),
- als Gast in einem Restaurant und
- als Gast in einer Gruppe.

Es kann zwischen formellen und informellen Rollen unterschieden werden.

➜➜➜ **Definition**
Dabei bezeichnet der Begriff formelle Rolle eine Rolle, die innerhalb einer bestimmten Position eingenommen wird (z. B. Gruppenleiterin). Als informelle Rolle bezeichnet man die Rolle, die sich durch Meinungen, Erwartungen oder Verhalten anderer entwickelt (z. B. die Lustige, der Organisator).

Wer eine Rolle übernimmt, akzeptiert damit implizit auch die Erwartungen, die andere an ihn haben. Das sind nicht Erwartungen an seine Person, sondern an ihn als derjenige, der nun gerade diese Rolle übernommen hat.

Jede Rolle ist verbunden mit

- der Erwartung, bestimmte Rollenmuster und Rollenerwartungen zu akzeptieren,
- einem bestimmten Maß an Verpflichtung und
- einem bestimmten Maß an Verhaltensregulierung.

Wer diese Erwartungen (die Aufgaben, Werte und Verhaltensweisen), die mit der Rolle verbunden sind, nicht erfüllt – wer wortwörtlich aus der Rolle fällt –, muss mit Sanktionen rechnen.
(vgl. Mogge-Grotjahn, 2007, S. 114 f.)

Rollenkonflikte

Der einzelne Mensch ist nicht auf eine Rolle festgelegt, sondern jeder hat viele, z. T. sehr unterschiedliche Rollen zu spielen. Dabei können sich die Erwartungen an eine Person in ihren Rollen widersprechen und so einen Konflikt zwischen den verschiedenen Rollen entstehen lassen. Die unterschiedlichen Rollenmuster können in Widerstreit miteinander geraten.

Beispiel
Ein Erzieher sieht sich in der Abholsituation in der Kita dem Bedürfnis eines Vaters gegenüber, ein etwas längeres Tür-und-Angel-Gespräch über das Verhalten seiner Tochter gegenüber einem anderen Kind zu führen. Er hat aber auch einer Kollegin versprochen, ihr bei der Raumvorbereitung für den Elternabend zu helfen. Zudem muss er pünktlich seine Arbeit beenden, da er mit seiner Freundin verabredet ist, die Geburtstag hat.

Ein Rollenkonflikt ist eine besondere Form eines sozialen Konflikts. Solche Konflikte entstehen dann, wenn sich die Erwartungen des Trägers der sozialen Rolle und seiner Bezugsgruppe widersprechen. Da die soziale Welt immer komplexer wird, kommt es auch häufiger zu Rollenkonflikten. Damit wird die Vielfältigkeit der sozialen Rollen zur Herausforderung. Es gilt, die verschiedenen Rollen in der je eigenen Lebensführung zu integrieren und dabei seine Identität der Person zu wahren.

Damit die verschiedenen Rollen, die jeder Mensch hat, reibungslos funktionieren und es zu möglichst geringen Komplikationen kommt, müssen einige Voraussetzungen erfüllt sein. Rollen hängen immer von den Erwartungen verschiedener Bezugsgruppen ab. Diese Erwartungen sollten klar sein oder geklärt werden und sie müssen mit den verschiedenen Rollen einer Person und mit deren persönlichen Interessen und Bedürfnissen vereinbar sein. Z. B. ist es ausgeschlossen, in einer Einrichtung zugleich Erzieherin in der Kita und Elternvertreterin zu sein.

Aufgabe
Erstellen Sie eine Übersicht der verschiedenen Rollen, die Sie persönlich innehaben, und überlegen Sie, wer welche Erwartungen in diesen Rollen an Sie hat.

Stellen Sie diese Rollen, Erwartungen und Personen grafisch dar. Wo könnte es Konflikte geben? Diskutieren Sie Ihr Ergebnis anschließend in Kleingruppen.

Umgang mit Rollenkonflikten
Rollenkonflikte sind wie viele soziale Konflikte nicht einfach aufzulösen, sondern können lediglich durch unterschiedliche Strategien umgewandelt werden.

Grundsätzlich ist zu unterscheiden, ob es sich bei dem Rollenkonflikt um einen formellen oder einen informellen Konflikt handelt. Bei einem Konflikt mit einer formellen Rolle kann z. B. die Rolle aufgegeben werden oder die Erwartungen an die Rolle könnten modifiziert werden. Möglich ist auch, sich für eine der in Konflikt geratenen Rollen zu entscheiden und dies nach außen transparent zu machen.

Beispiel
Eine Kollegin im Team ist verantwortlich für das tägliche gemeinsame Kinderfrühstück. Dafür beginnt sie ihre Arbeit bereits eine halbe Stunde vor ihren Kollegen. Da ihr Kind zwischenzeitlich schulpflichtig wurde und sie es morgens vor Arbeitsbeginn noch in die Schule bringt, schafft sie es meist nicht, rechtzeitig in der Kindertagesstätte anzukommen, um die nötigen Vorbereitungen durchzuführen. Das führt zu Stress bei den Beteiligten und Unruhe in der Ankunftssituation für die Kita-Kinder.

Die Kollegin spricht die Situation im Team an und bittet darum, diese Aufgabe abzugeben.

Alternativ könnte das Team auch die Vorbereitung des Frühstücks anders regeln: Eine weitere Kollegin sorgt bereits am Abend zuvor dafür, dass die Spülmaschine ausgeräumt und der Tisch gedeckt ist. Die Kollegin vom Frühdienst müsste sich morgens dann nur noch um die Lebensmittel kümmern, die frisch auf den Tisch kommen.

Bei Rollenkonflikten kann zwischen zwei Ebenen unterschieden werden: Intrarollenkonflikte und Interrollenkonflikte.

➔➔➔ **Definition**
Intrarollenkonflikte sind solche, bei denen sich eine Person zwischen zwei widersprüchlichen Erwartungen innerhalb einer Rolle befindet.

➔➔➔ **Definition**
Interrollenkonflikte sind solche, bei denen zwei oder mehr Rollen mit unterschiedlichen oder sich widersprechenden Erwartungen bei einer Person zusammenkommen.

Beispiel
Beispiel eines Intrarollenkonflikts

Die Leiterin einer Einrichtung soll auf Wunsch des Trägers eine weitere Kindergruppe eröffnen. Ihr ist klar, dass der vorhandene Raum bereits unter derzeitigen Bedingungen zu klein ist und Kinder wie Fachkräfte darunter leiden.

Die Leiterin hat folgende Alternativen:

- *Sie kann sich weigern, dem Wunsch des Trägers zu entsprechen, um das pädagogische Konzept der Einrichtung zu wahren und Fachkräfte wie Kinder vor Belastungen zu schützen.*

- *Sie kann dem Wunsch des Trägers entsprechen und die Fachkräfte dafür gewinnen, eine weitere Gruppe unterzubringen.*

- *Sie kann Bedingungen stellen und sich um einen Kompromiss bemühen, um sowohl den Kita-Kindern und den Erziehern als auch dem Träger zu entsprechen, mehr Kinder unterzubringen, z. B. durch eine Kooperation mit Tagesmüttern, neue Gruppenstrukturen, je nach Bedarf Vormittags- und Nachmittagsgruppen in denselben Räumen, Umbauten oder Erweiterungen zur Raumgewinnung.*

Beispiel
Beispiel eines Interrollenkonflikts

Frau K. ist Gesamtelternsprecherin und in die Planungen zur Auslagerung von Kindergruppen infolge von Baumaßnahmen einbezogen. In der Rolle als Elternvertreterin muss sie die Interessen aller Eltern und deren Kinder im Blick haben. In der Rolle als Mutter möchte sie so wenig Unruhe wie möglich für ihre eigene Situation und ihr eigenes Kind.

Frau K. hat folgende Alternativen:

- *Sie könnte ihren Konflikt transparent machen und so negative Konsequenzen vermeiden.*
- *Sie hat auch die Möglichkeit, ihre Rolle als Gesamtelternsprecherin punktuell aufzugeben oder*
- *sie kann sich von den Eltern ein Mandat für Verhandlungen aussprechen lassen, welches sie an die Entscheidung der Elternschaft bindet.*

7.3.2 Rollenverhalten in Gremien: Wer bin ich?

Personen, die in Gremien mitwirken, sind typischerweise Vertreter unterschiedlicher an der Funktion des Gremiums beteiligter Organisationen, Bereiche oder Organisationseinheiten. Diese Personen agieren dabei in ihrer jeweiligen Rolle mit einem dazugehörigen expliziten oder impliziten Auftrag.

Diese besondere Situation erfordert von den pädagogischen Fachkräften vielfach einen weiteren professionellen Rollenwechsel. Je nach Aufgabe des Gremiums kann ein Erzieher sich z. B. in der Rolle als Vertreter seiner Kindergruppe, als Vertreter der Kita-Leitung oder als Vertreter des Trägers, aber auch als Arbeitnehmervertreter wiederfinden.

In Kindertagesstätten haben gewählte Elternvertreter den Auftrag, die Interessen der Elternschaft zu vertreten, deren Anliegen und Wünsche gegenüber den pädagogischen Fachkräften oder der Kita-Leitung zu formulieren.

Beispiel
Ein Elternvertreter, Herr S., hat von den Eltern den Auftrag erhalten, sich bei den Erzieherinnen und Erziehern sowie der Leitung dafür einzusetzen, dass die Mittagsversorgung der Kinder auf Vollwertkost umgestellt wird. Seine persönliche Meinung („das Mittagessen ist gut und soll so bleiben") ist dabei nebensächlich. Herr S. wird sich in dieser Angelegenheit für eine Veränderung des Mittagessens einsetzen, weil es seiner Rolle als Elternvertreter entspricht.

Ebenso kann es den Fachkräften gehen. Sie könnten sich einer Forderung gegenübersehen, der sie aus privaten Erwägungen vielleicht folgen würden, doch als Mitarbeiter des Trägers kann es sein, dass sie diesen Wunsch ablehnen müssen.

Daher ist es unabdingbar, sich über den grundsätzlichen Auftrag und das Ziel des Gremiums, in dem man zusammenarbeitet, Klarheit zu verschaffen. Daran wiederum hängen die Erwartungen anderer Personengruppen bezüglich der Grundhaltungen, Werte, Handlungsmuster sowie Verhaltensweisen und Tätigkeiten im Gremium. Auch hilft, sich die Zusammensetzung des Gremiums zu verdeutlichen, um die eigene Rolle besser zu verstehen und das eigene Handeln zu erleichtern. Es ist ein Unterschied, ob eine pädagogische Fachkraft als Gast an einer Elternausschusssitzung teilnimmt oder gemeinsam mit Eltern in einem Kita-Kuratorium Beschlüsse fassen soll.

Jeder Mensch erfüllt seine Aufgabe und seine Rollen nicht nur in Abhängigkeit der Erwartungen anderer, sondern hat einen selbstgesetzten Anspruch an sein Handeln.

Auch diesen Anspruch gilt es zu reflektieren:
– Bin ich zufrieden damit, welche formellen und informellen Rollen ich habe und wie ich diese ausfülle?
– Wo fühle ich mich unwohl oder unsicher?
– Wo bin ich zufrieden und sicher? Schätze ich mein Verhalten und meine Außenwirkung richtig ein?

Adressatenverständnis und Situationsverständnis
In Gremien treffen Kommunikationsteilnehmer in einer Situation aufeinander, die ihre jeweilige Rolle und Position im Vorfeld bestimmen. Kommunikation beinhaltet immer auch soziales Wissen. Dafür gelten jeweils spezifische Regeln der Kommunikation, die festlegen, was gesagt werden kann, wie es gesagt werden kann und welche nicht-sprachlichen Zeichen erlaubt sind.

Dass es derartige Regeln gibt, wird deutlich, wenn eine Äußerung oder Handlung zu Peinlichkeiten führt, weil das Adressaten- oder Situationsverständnis nicht stimmt.

Adressatenverständnis
Wissen, Stimmung, Absichten des Adressaten werden falsch eingeschätzt.

Beispiel
Bei einer internen Gremiensitzung wird eine junge Elternvertreterin fälschlicherweise für eine Praktikantin gehalten und hinausgebeten.

Situationsverständnis
Der Produzent (Sender) oder der Rezipient (Empfänger) der Mitteilung schätzt die Situation falsch ein.

Beispiel
Eine Mutter bringt eine Flasche Sekt mit zur gemeinsamen Sitzung von Elternausschuss und Kita-Team, weil dies beim monatlichen Elternstammtisch so üblich war.

Für die Vermeidung von Rollenkonflikten ist es daher hilfreich, sich sowohl die Adressaten als auch die Situation der Interaktion deutlich zu machen.

7.3.3 Gelingende Gremienarbeit

Effiziente Gremienarbeit zeichnet sich grundsätzlich aus durch:

- Kontinuität
- Verlässlichkeit
- hohen fachlichen Standard

Voraussetzung dafür ist ein reflektiertes Verständnis der eigenen Rolle im Gremium. Hier gilt es, Anforderungen, Erwartungen und Zuständigkeiten zu klären. Dazu gehört für pädagogische Fachkräfte auch das Kennen und Hinterfragen von Werten und Zielen der Einrichtung bzw. des gesellschaftlichen Auftrags. Insbesondere in Kindertageseinrichtungen gibt es in der Praxis immer wieder Unsicherheiten und Unklarheiten bezüglich der inhaltlichen und formalen Mitwirkungsrechte von Eltern.

Daher ist es grundsätzlich wichtig:

- Erwartungen und Wünsche zu klären
- Rollen und Verantwortlichkeiten in den Verfahren klar zu definieren
- Entscheidungs- und Kommunikationswege festzulegen
- Stellung (Kompetenz, Weisungsbefugnis) des Gremiums festzulegen

Zugleich wird typischerweise durch die Aufgaben des Gremiums eine zusätzliche, gemeinsame Rolle definiert. Auch hier gilt es, die gemeinsame Rolle abzugrenzen und nach außen transparent darzustellen.

7.4 Elternvertretung in der Kindertageseinrichtung

Die formale Beteiligung von Eltern im Zusammenhang mit der Kindertagesbetreuung ist landesgesetzlich unterschiedlich geregelt (siehe dazu Kapitel 7.6). In allen Bundesländern jedoch finden sich Beteiligungsmöglichkeiten auf unterschiedlichen Ebenen durch Elternvertretungen. Diese werden durch Wahlen bestimmt bzw. in weitere Gremien entsandt.

7.4.1 Elternversammlung

Die Gesamtheit der Eltern einer Kindergruppe bilden bei Wahlen zu Elternvertretungen – je nach landesgesetzlicher Regelung – die Elternversammlung. In Einzelfällen kann bei kleinen Einrichtungen die gesamte Elternschaft einer Kindertagesstätte die Elternversammlung bilden. Hier wird begrifflich zu den regelmäßig stattfindenden Elternabenden mit thematischem Schwerpunkt unterschieden. Elternversammlungen sind das Beschlussgremium der Eltern auf der untersten Ebene in Kindertageseinrichtungen.

Elternversammlungen dienen insbesondere der Informationsweitergabe, der Diskussion und Beschlussfassung zu Einzelthemen und der Wahl von Vertretern. So haben Eltern das Recht, von der Tageseinrichtung über grundlegende pädagogische und konzeptionelle Fragen informiert zu werden und sich dazu zu äußern. Zudem können sie bestimmte pädagogische Maßnahmen und Bildungsangebote vorschlagen, z.B. mehr Bewegungserziehung oder das Erlernen einer Fremdsprache. Sie können an der Gestaltung der Innen- und Außenräume mitwirken und dabei ihre Ideen einbringen. In der Regel werden Elternversammlungen so gestaltet, dass darüber hinaus ein Austausch der Eltern untereinander möglich ist.

Stehen Wahlen an, ist es besonders wichtig, dass die Einladung an alle Wahlberechtigten rechtzeitig erfolgt, Wahlvorschläge erbeten werden und auch die Kandidaten und Kandidatinnen Gelegenheit hatten, sich schriftlich vorzustellen, wenn sie dies wünschen.

Wahlberechtigt sind grundsätzlich alle Eltern, wobei beide Elternteile eines Kindes häufig nur eine gemeinsame Stimme haben. Je nach landesrechtlicher, kommunaler oder Trägerregelung sind bestimmte Erziehungsberechtigte nicht wählbar, da ihre Wahl als Elternvertreter zu Interessens- und Rollenkonflikten führen könnte. Das gilt insbesondere für Angestellte eines Trägers, die als Elternvertretung in Konflikte zwischen ihrer privaten und beruflichen Rolle geraten könnten.

Pädagogische Fachkräfte in der Elternversammlung

In der Praxis finden Elternversammlungen und Elternabende jedoch häufig zusammen statt. Daher übernehmen Erzieherinnen oder Erzieher häufig die Sitzungsleitung oder werden als quasi Außenstehende um die Durchführung von Wahlen gebeten. Pädagogische Fachkräfte bereiten gemeinsam mit den gewählten Elternvertretern die Sitzungen vor und nach.

Wenn pädagogische Fachkräfte die Sitzungsleitung übernehmen, ist es wichtig, dass sie ...

- die Tagesordnung von der Elternversammlung abstimmen und diese einhalten.
- auf die Einhaltung der Spielregeln achten (pünktlicher Beginn, Fairness, Einhalten der Diskussionsregeln, Redezeitbegrenzung).
- Neutralität wahren (keine Ergebnisse vorwegnehmen oder Meinungen werten).

Bei bestimmten Themen oder Konstellationen bietet es sich an, die Sitzungsleitung punktuell abzugeben, um Konflikte zu vermeiden und klar in der eigenen beruflichen Rolle bleiben zu können.

Beispiel
Die Eltern diskutieren heftig über das Für und Wider der baulichen Nutzung des Gartenbereichs, während der Träger dazu bereits einen eindeutigen Beschluss gefasst hat.

- formal die Sitzung beenden.
- bei Wahlen zuvor das Wahlverfahren erklären und abstimmen (ggf. Stimmzettel vorbereiten) sowie ein Protokoll der Wahl (sogenannte Wahlniederschrift) anfertigen.

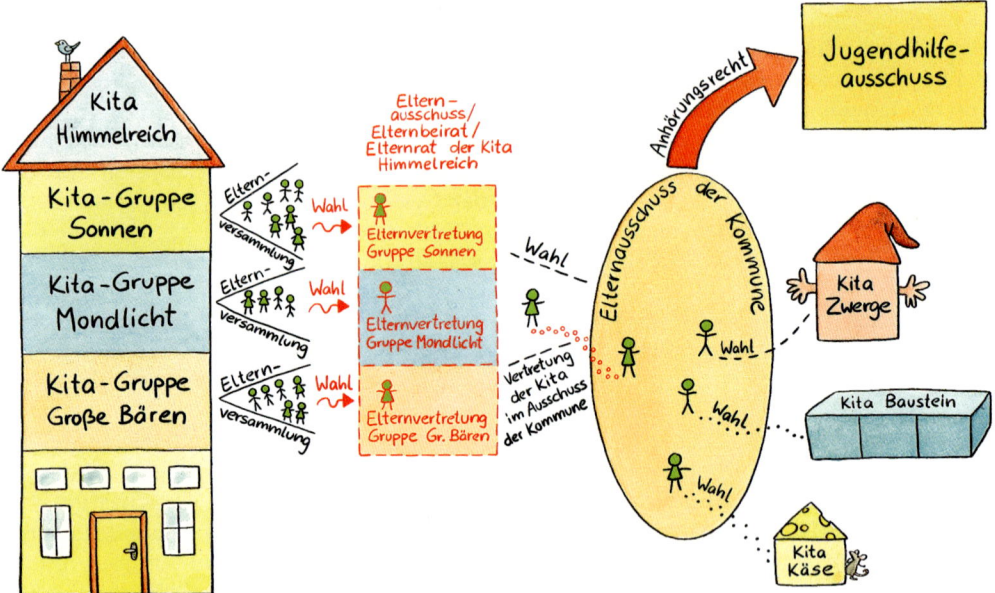

Elternvertretungen auf unterschiedlichen Ebenen

Selbstreflexion: Zusammenarbeit mit Gruppen-Elternvertretern
In vielen Tageseinrichtungen wird die Zusammenarbeit mit den Elternvertretern noch nicht offensiv genutzt. Daher ist es wichtig, sich im Vorfeld Gedanken über die Zusammenarbeit zu machen, die eigenen Ansprüche, Wünsche und Vorstellungen, aber auch Vorbehalte zu reflektieren. Grundsätzlich sind Erzieherinnen und Erzieher gefordert, positiv an die Kooperation mit Eltern heranzugehen, was eine offene und zugewandte Grundhaltung gegenüber den gewählten Elternvertretern einschließt.

Aufgabe

Reflektieren Sie Ihre Haltung in Bezug auf Zusammenarbeit mit gewählten Elternvertretern. Beantworten Sie die Fragen schriftlich in Stichworten und diskutieren Sie anschließend das Ergebnis in Kleingruppen. (Hierfür steht Ihnen jeweils eine Viertelstunde Zeit zur Verfügung.)

- *Welche eigenen Erwartungen, Wünsche, aber auch Vorbehalte habe ich an die Tätigkeiten der Elternvertreter und meine Zusammenarbeit mit ihnen?*

- *Welche Kompetenzen haben Elternvertreter in meinen Augen und bin ich bereit, diese sowie den Handlungsspielraum der Elternvertreter anzuerkennen?*

- *Was werde ich dafür tun, damit die Kommunikation mit den Elternvertretern gut funktioniert, auch wenn von dort keine Signale zur Zusammenarbeit ausgehen oder sogar Schwierigkeiten in der Zusammenarbeit auftreten?*

7.4.2 Elternvertretung auf Gruppen-Ebene und Elternausschuss in der Kita

7.4.2.1 Elternvertretung auf Gruppen-Ebene

In den Bundesländern ist unterschiedlich geregelt, wann die Wahl für die Elternvertretung zu erfolgen hat, wie viele Vertreter je Gruppe zulässig sind, für welchen Zeitraum gewählt und welche genaue Bezeichnung die dann gewählten Vertreter tragen. Die Benennung der jeweiligen Position variiert von Bundesland zu Bundesland und sorgt mitunter für mehr Verwirrung als Klarheit.

So findet sich die Bezeichnung Beirat in einem Bundesland für den Elternvertreter einer Gruppe, während diese Bezeichnung in anderen Bundesländern für die Elternvertretung auf der Ebene der gesamten Kindertageseinrichtung steht.

In der Mehrzahl der Bundesländer heißen die Elternvertreter auf Gruppen-Ebene schlicht Elternvertreter, in manchen eben Elternbeirat, Gruppensprecher oder Elternsprecher. Elternvertreter sind das Bindeglied zwischen Kindertageseinrichtung und Eltern.

Diese haben folgende Aufgaben (siehe dazu Kapitel 7.6):

- Sie halten Kontakt zur pädagogischen Gruppenleitung bzw. Bezugserzieherin der Kindergruppe.
- Sie berufen Elternversammlungen ein und leiten diese.
- Sie sorgen für die Umsetzung der Beschlüsse der Elternversammlungen.
- Sie kümmern sich um Wünsche, Anregungen und Vorschläge (von Eltern in Richtung pädagogischer Fachkräften oder umgekehrt).
- Sie vermitteln zwischen Eltern, pädagogischen Fachkräften und Leitung.
- Sie arbeiten in der Elternvertretung auf Ebene der Kindertagesstätte (Elternausschuss, Elternbeirat, Elternrat) mit, der aus allen Gruppen-Elternvertretern der Kindertagesstätte besteht.

7.4.2.2 Elternausschuss in der Kita

Die in den einzelnen Kindergruppen gewählten Elternvertretungen bilden (in den meisten Bundesländern automatisch) den Elternausschuss der Gesamteinrichtung. In den meisten Fällen wählt der Elternausschuss aus den eigenen Reihen einen Vorstand oder Sprecher.

Für dieses Gremium, das die Elternvertreter der einzelnen Kindergruppen zusammenfasst, gibt es je nach Bundesland unterschiedliche Bezeichnungen wie Elternbeirat oder Elternrat. Der leichteren Lesbarkeit halber wird hier für dieses Gremium der Elternvertretung auf Einrichtungsebene der Begriff Elternausschuss gewählt. In einigen Bundesländern gibt es zudem paritätisch durch Elternvertreter, pädagogisches Fachpersonal und Kita-Leitung besetzte Gremien, die sich Kuratorium, Rat der Kindertagesstätte oder Beirat nennen.

Die Aufgaben des Elternausschusses sind denen der einzelnen Elternvertreter grundsätzlich ähnlich und umfassen folgende Aspekte:

- Er fungiert als Bindeglied zwischen Leiterin, pädagogischem Personal und Eltern.
- Er soll Kontakte unter den Eltern anbahnen und gegenseitigen Austausch ermöglichen.
- Er soll sich bei Konflikten zwischen Eltern und Kindertageseinrichtung vermittelnd einschalten.

In allen Bundesländern hat der Elternbeirat nur eine beratende Funktion und keine Entscheidungsbefugnisse. Die beratende Funktion ist eine große Chance für die Einrichtung, denn die Elternausschüsse unterstützen die Arbeit der Einrichtung und geben den pädagogischen Fachkräften differenzierte Rückmeldungen.

Landesrechtlich sehr unterschiedlich gestaltet sind die Rechte von Elternvertretungen auf Kita-Ebene (Elternausschüsse). Allen gemeinsam sind jedoch relativ umfassende Informationsrechte gegenüber den Einrichtungen und auch dem Träger. Viele Elternausschüsse haben zudem sowohl Anhörungs- als auch Mitwirkungsrechte.

So müssen Elternausschüsse in Kindertageseinrichtungen vielerorts angehört werden, wenn ...

- ein Trägerwechsel beabsichtigt ist.
- sich einrichtungsbezogene Rahmenbedingungen (z. B. Gruppengrößen, Gruppenstrukturen, Raumstruktur) verändern.
- die Durchführung von größeren Baumaßnahmen geplant wird.
- eine Schließung der Einrichtung erwogen wird.

Zum Mitwirkungsrecht des Elternausschusses gehört in vielen Einrichtungen z. B. auch die ...

- Mitwirkung bei der Festlegung von Öffnungszeiten.
- Erarbeitung oder Änderung der pädagogischen Konzeption der Einrichtung.
- Mitwirkung bei der Wochen-, Monats- bzw. Jahresplanung.
- Organisation und Durchführung von zusätzlichen Angeboten wie regelmäßige Aktionen oder Festivitäten.
- Änderung bei der Mahlzeitenversorgung in der Einrichtung.
- Mitwirkung bei Fragen, die finanziell zu Lasten der Eltern gehen (z. B. Informationen zu Gebührenerhöhungen, Entscheidungen über zusätzliche Beiträge für Angebote oder Aktivitäten).

Dagegen hat der Elternausschuss keinen Einfluss auf ...

- die Höhe, Ausgestaltung und Verwendung von Elternbeiträgen,
- die Einstellung von bestimmtem Personal oder Berufung der Leitung durch den Träger,
- grundsätzliche pädagogische Schwerpunkte und Ausrichtung,
- die Aufnahme bestimmter Kinder in der Einrichtung.

7.4.2.3 Zusammenarbeit mit dem Elternausschuss

Viele Elternvertreter in Elternausschüssen wissen nicht, welche Rechte und Pflichten sie haben und was die Kindertageseinrichtung von ihnen erwartet. Diese Unwissenheit führt schnell zu Demotivation und Konflikten. Es ist Aufgabe der pädagogischen Fachkräfte, die Elternvertreter bereits zu Beginn ihrer Amtszeit über die Mitwirkungsrechte aufzuklären bzw. ihnen Hinweise zu geben, wo sie sich über ihre konkreten Zuständigkeiten informieren können.

Damit die Kooperation mit dem Elternausschuss gut anläuft, sollte sich das Team der pädagogischen Fachkräfte Gedanken über die Wünsche und Erwartungen machen und zu diesem Zweck sowohl eine Situations- als auch eine Bedarfsanalyse vornehmen. Sie hilft, Vorstellungen und Bedürfnisse von Eltern, Team und Träger zu ergründen und die Zusammenarbeit im Elternausschuss darauf abzustimmen.

Folgende Fragen können in der Situationsanalyse bzw. Bedarfsanalyse beantwortet werden:
– Welchen pädagogischen Schwerpunkt hat Ihre Einrichtung?
– Was wollen/wünschen wir als Einrichtung von den Eltern?
– Wie wollen wir als Einrichtung die Eltern einbeziehen?
– Welchen Bedarf nehmen wir als Team bei den Eltern wahr?
– Welche Schwerpunkte bestehen bei der Kooperation mit dem Träger?
– Welche Aktivitäten mit dem Elternausschuss ergeben sich aus den zuvor beantworteten Fragen?

Wenn diese Analyse auf Ebene des Teams erfolgt ist, sollten die Elternvertreter einbezogen werden. In diesem nächsten Schritt ist es wichtig, gemeinsam mit dem Elternausschuss Wünsche und Erwartungen und deren Rechte und Pflichten zu besprechen. Inwiefern der Elternausschuss oder einzelne Elternvertreter die Erwartungen erfüllen, hängt vom Können der jeweiligen Elternvertreter ab. Insbesondere neue Elternvertreter benötigen Zeit und Anleitung, um sich in ihre neuen Rollen einzufinden.

Förderlich für die Zusammenarbeit mit dem Elternausschuss ist die Vereinbarung konkreter Ziele verbunden mit einem realistischen Zeithorizont.
– Das können z. B. Ziele sein, zu denen sich der Elternausschuss verpflichtet, wie der Aufbau eines Elternnetzwerkes oder eines Elternstammtisches mit pädagogischem Schwerpunkt.
– Es können aber auch Ziele sein, zu denen sich das Team verpflichtet, wie die Schaffung eines naturwissenschaftlichen Angebots oder die Durchführung eines Kuscheltiertages.
– Aber auch gemeinsame Ziele sind denkbar, wie die Ausrichtung eines gemeinsamen Spielenachmittags einmal im Monat oder die Umgestaltung des Gartens.

Diese Ziele und Zwischenschritte sollten immer wieder Thema gemeinsamer Sitzungen sein. Am Ende des Kita-Jahres empfiehlt sich eine Rückschau und Reflektion des Erreichten oder der Herausforderungen, die nicht gemeistert werden konnten.

Der Elternausschuss darf keine Alibi-Funktion haben. Die Erwartungen, die pädagogische Fachkräfte dem Elternausschuss gegenüber äußern, sollten auch mit Leben gefüllt werden können und umsetzbar sein. Ihre Grundhaltung ist dabei ebenso von Bedeutung wie die klar formulierten Erwartungen. Gegenseitige Achtung, Akzeptanz und der Wille zur partnerschaftlichen Zusammenarbeit sind die Schlüsselbegriffe dieser inneren Haltung.

Verschiedene Aspekte können die effektive Zusammenarbeit zwischen Eltern und Erzieherinnen bzw. Erziehern erschweren oder gar verhindern.

Problematisch erscheinen folgende Gesichtspunkte:
- Verzicht auf den Austausch gegenseitiger Erwartungen
- Vernachlässigung einer vereinbarten Kommunikations- bzw. Kooperationsstruktur
- Ausweichen von Konflikten
- Über- bzw. Unterforderung der Elternvertreter
- Überbetonung eigener Fachkompetenz

Organisation und Kommunikation
Die beste Voraussetzung für eine fruchtbare Zusammenarbeit mit dem Elternausschuss ist eine gute Kommunikation. Denn um als Elternvertretung die entsprechenden Rechte und Pflichten wahrnehmen zu können, benötigen sie Informationen z. B. über pädagogische Schwerpunkte.

Einerseits sollten Elternvertreter daher vielfältige Einblicke in den Kita-Alltag haben, z. B. durch Hospitationen, oder sie sollten schriftlich über die Konzeption der Einrichtung informiert sein. Andererseits ist es wichtig, in der Zusammenarbeit Vereinbarungen über Entscheidungs- und Kommunikationswege zu treffen und auf deren Einhaltung zu achten. Allen Beteiligten muss klar sein, wer zu welchem Anlass wen informiert und welche Informationen in welcher Form weitergegeben werden.

Möglich wäre, dass die Kita-Leitung die Elternvertretung alle zwei Wochen durch eine E-Mail informiert. Auch könnten Kita-Leitung und Elternausschuss-Leitung vereinbaren, sich einmal im Monat zu einem Gespräch zu treffen, über dessen Ergebnisse der Elternvertreter dann in der Sitzung des Elternausschusses berichtet. Anfragen aus dem Elternausschuss könnten dann wiederum gebündelt über den Sprecher an die Kita-Leitung herangetragen werden. Die Sitzungen des Elternausschusses sollten regelmäßig (ca. sechs- oder achtwöchig) im Beisein einer Vertretung des pädagogischen Teams stattfinden.

Hier können auch Probleme wie z. B. personelle Engpässe oder Raumnot angesprochen werden. Das ist wichtig, denn nur so kann der Elternausschuss seine Funktion erfüllen. Das pädagogische Personal sollte mit gutem Beispiel vorangehen und zuhören, Transparenz zeigen und für Wünsche und Kritik offen sein. Eine vertrauensvolle Atmosphäre fördert die Zusammenarbeit.

Konflikte mit der Elternvertretung
Nicht immer funktioniert die Zusammenarbeit zwischen Elternvertretung und pädagogischem Team reibungslos. Konflikte sind Bestandteil fast jeder zwischenmenschlichen Beziehung. Sie müssen daher auch in der Beziehung zwischen pädagogischen Fachkräften und Elternvertretung als normal angesehen werden. Konstruktiv betrachtet können Konflikte zum Anlass genommen werden, in einen Dialog zu treten. Dennoch sollten Probleme zwischen Eltern und Pädagogen immer ernst genommen und vorrangig behandelt werden.

Das gilt selbstverständlich auch für Probleme mit dem Elternausschuss. Hier ist es entscheidend, zügig zu handeln, damit sich die Fronten nicht verhärten. Daher gilt es, zeitnah das Problem aufzuarbeiten.

Zwei unterschiedliche Dimensionen lassen sich feststellen, wenn es Probleme mit dem Elternausschuss gibt: zum einen Probleme innerhalb der Elternvertretung, die deren Handlungsfähigkeit blockieren, und zum anderen Konflikte zwischen Elternvertretung und pädagogischem Team.

Folgende Schritte können gegangen werden, um die Konflikte zu lösen:

1. Schritt: Ursachen erforschen

Liegt das Problem im Gremium selbst oder auf der persönlichen Ebene? Wenn Verfahren, Abläufe und Kommunikationswege nicht klar sind und der Elternvertretung möglicherweise die eigene Funktion nicht bewusst ist, dann können Überforderung, Unsicherheit und Stress entstehen und zu Konflikten führen.

2. Schritt: Problem offen ansprechen

Es ist nicht möglich, die Klärung eines Konflikts nur mit einem Mitglied oder einer Kleingruppe des Elternausschusses anzugehen. Daher ist es wichtig, alle Beteiligten an einen Tisch zu bringen und die Problematik anzusprechen, ohne sie dabei zu beurteilen oder zu bewerten.

3. Schritt: Professionell in den Dialog gehen

Im folgenden Gespräch geht es darum, zu moderieren und den Dialog zwischen Einrichtung und Elternausschuss wieder in Gang zu setzen.

4. Schritt: Emotionale Ebene transparent machen

Konflikte haben fast immer eine emotionale Dimension. Gefühle wie Enttäuschung, Angst, Schock und Kränkung können auftreten, gerade dann, wenn die Ursache des Problems auf der Stufe der Rollen angesiedelt ist. Es besteht die große Gefahr, dass Eltern sich gegenseitig angreifen oder einander die Schuld zusprechen. Dann ist wichtig, diesen Gefühlen Raum zu geben und das Gespräch professionell zu moderieren.

5. Schritt: Tragfähige Lösung aushandeln

Grundsätzlich gilt, dass am Ende des Prozesses beide Seiten zufrieden mit der Lösung sein sollten und die Schuldfrage keine Rolle (mehr) spielt. Hilfreich ist es, das gemeinsame Ziel einer fruchtbaren Kooperation zwischen der Einrichtung und dem Elternausschuss in den Mittelpunkt zu stellen. Es kann sein, dass für schwierige Konflikte, insbesondere solche zwischen Eltern und Pädagogen, eine externe Vermittlung zur Konfliktlösung notwendig ist.

ZUSAMMENFASSUNG

Für eine erfolgreiche Zusammenarbeit mit den Elternvertretern in der Kindergruppe oder im Elternausschuss erscheint es hilfreich, wenn ...

– Wünsche und Erwartungen an die gemeinsame Zusammenarbeit von Seiten der pädagogischen Fachkräfte und der Elternvertretungen ausgetauscht und geklärt werden.

– die jeweiligen Zuständigkeiten, Rollen und Verantwortlichkeiten in den Verfahren klar definiert sind.

– Vereinbarungen über Entscheidungs- und Kommunikationswege getroffen und von allen Beteiligten eingehalten werden.

– Konflikte adressiert und bestenfalls gelöst werden.

– Elternvertretungen und Fachkräfte sich wertschätzend und auf Augenhöhe begegnen.

Als pädagogische Fachkraft in einer Kindertagesstätte ist es zudem Ihre Aufgabe, Eltern auf die Mitwirkungsmöglichkeiten hinzuweisen.

Auch wenn der Gremienarbeit von Erzieherinnen und Erziehern bisher wenig Aufmerksamkeit geschenkt wurde, bietet dieses Tätigkeitsfeld großes Potenzial. Innerhalb der Einrichtungen kann effiziente Gremienarbeit unterstützend in Richtung der pädagogischen Ziele wirken, die Zusammenarbeit mit den Eltern unterstützen und Konflikte mindern. Für Eltern bietet die Mitarbeit in Kita-Gremien die Chance einer soliden strukturellen Mitwirkung in der Einrichtung, für pädagogische Fachkräfte sind die verlässlichen Kommunikationswege mit Elterngremien von nicht zu unterschätzendem Wert in der pädagogischen Arbeit. Da Gremienarbeit die pädagogische Arbeit in Kindertageseinrichtungen wesentlich beeinflussen kann, bedarf sie daher einer positiven Grundhaltung, klarer Regeln und einer verlässlichen Durchführung.

7.5 Ausblick: Gremienarbeit auf kommunaler Ebene

Wichtige, die einzelne Kindertageseinrichtung und die dortigen Mitarbeiter, Eltern und Kinder direkt betreffende Entscheidungen werden häufig auf Ebene des Trägers oder der Kommune getroffen.

Letztlich entscheidet z. B. die Kommune darüber, ob eine Einrichtung eröffnet oder geschlossen wird, wie finanzielle Mittel verteilt werden und welche Regelungen für die Inbetriebnahme gelten. Neben dem persönlichen Interesse an gute Arbeitsbedingungen haben Erzieherinnen und Erzieher als Mitarbeiter der Jugendhilfe einen gesetzlichen Auftrag, dazu beizutragen, positive Lebensbedingungen für junge Menschen und ihre Familien sowie eine kinder- und familienfreundliche Umwelt zu erhalten oder zu schaffen (§ 1 SGB VIII). Diesen gesetzlichen Auftrag erfüllen sie z. B., wenn sie durch Gremien- und Öffentlichkeitsarbeit indirekt Einfluss auf die Lebensbedingungen von Kindern und Familien nehmen.

Indem Erzieherinnen und Erzieher ihre pädagogische Arbeit, ihre Leistungen, die gestiegenen Anforderungen und die Arbeitsbedingungen bekannt machen, können sie gesellschaftliches und politisches Bewusstsein für bessere Rahmenbedingungen in der Kindertagesbetreuung erzeugen, das letztlich auch den Kindern und Familien zugutekommt. Dabei sollten pädagogische Fachkräfte auch das Engagement von Eltern nutzen, die in Verbänden, Vereinen, Bürgerinitiativen oder politischen Parteien aktiv sind. Wichtige Kontaktpersonen sind Eltern, die Mitglied im Stadt- bzw. Gemeinderat, im Landtag oder Bundestag sind. Aber auch Erzieherinnen und Erzieher selbst sollten in kommunalen oder trägerspezifischen Gremien mitarbeiten. Dort ist es wichtig, die Interessen von Kindertageseinrichtungen einzubringen, die Vernetzung mit psychosozialen Diensten voranzutreiben oder sich an der Jugendhilfeplanung zu beteiligen.

Es gibt unterschiedliche kommunale Gremien, in den auch Erzieherinnen/Erzieher aktiv werden können, z. B.:

- Jugendhilfeausschuss
- Arbeitsgemeinschaften nach § 78 SGB VIII (Kinder- und Jugendhilfegesetz)
- Stadtteilkonferenz
- Psychosoziale Arbeitsgemeinschaft (PSAG)
- Steuerungs- bzw. Netzwerkgruppen der Kommunalen Bildungslandschaften

7.5.1 Jugendhilfeausschuss

Die Aufgaben der Kinder- und Jugendhilfe werden auf kommunaler Ebene durch den Jugendhilfeausschuss und die Verwaltung des Jugendamtes wahrgenommen. Beide Teile, Kommunalpolitik und Verwaltung, bilden also gemeinsam das Jugendamt. Das Jugendamt ist also als zweigliedrige Behörde ausgestaltet. Diese Form ist bundesgesetzlich durch das Achte Sozialgesetzbuch (Kinder- und Jugendhilfegesetz) vorgegeben.

Der Jugendhilfeausschuss ist ein beschließendes Gremium. Die Verwaltung des Jugendamtes muss sich an einen Beschluss des Jugendhilfeausschusses halten und ihn ausführen. In eigener Regie darf die Jugendamtsverwaltung nur bei Geschäften der laufenden Verwaltung tätig werden. Die Geschäfte der laufenden Verwaltung umfassen jedoch überwiegend die Aufgaben der Jugendhilfe, mit denen Kinder, Jugendliche und ihre Familien in der Regel zu tun haben.

Der Jugendhilfeausschuss hat stimmberechtigte und beratende Mitglieder. Das SGB VIII gibt an, wer die stimmberechtigten Mitglieder sind, es überlässt es aber dem Landesrecht festzulegen, wer beratende Mitglieder sein sollen. Der Jugendhilfeausschuss setzt sich zusammen aus 3/5 Mitgliedern der Vertretungskörperschaft (Kommunalparlament), 2/5 anerkannten Trägern der freien Jugendhilfe und beratenden Mitgliedern. Somit ist der Jugendhilfeausschuss die institutionalisierte Form der Zusammenarbeit zwischen öffentlichen und freien Trägern.

In den Sitzungen des Jugendhilfeausschusses werden alle Angelegenheiten der Jugendhilfe und aktuelle Problemlagen junger Menschen und ihrer Familien besprochen, Anregungen und Vorschlägen für die Weiterentwicklung der Jugendhilfe diskutiert, die Jugendhilfeplanung durchgeführt und über die Förderung der freien Jugendhilfe entschieden.

In den meisten Kommunen sind die Sitzungen des Jugendhilfeausschusses öffentlich. Daher ist es möglich, als Gast an Sitzungen teilzunehmen und auf diese Weise Informationen zu erhalten oder an bestimmte Personen im Nachgang direkt heranzutreten, um Angelegenheiten direkt und persönlich zu besprechen.

Viele Jugendhilfeausschüsse haben auch sachkundige Bürger und Bürgerinnen, für diese Ämter kann man sich bewerben. Auch die stimmberechtigten Mitglieder auf Trägerseite sind oft pädagogische Fachkräfte, die in den Jugendhilfeausschuss aufgrund ihrer Expertise entsandt wurden. Diese Position erfordert neben fachlicher Kompetenz auch politisches Geschick.

7.5.2 Arbeitsgemeinschaften nach § 78 SGB VIII

Auch die Arbeitsgemeinschaften nach § 78 SGB VIII (Kinder- und Jugendhilfegesetz) sind Gremien, die die Zusammenarbeit von öffentlichen und freien Trägern in der Jugendhilfe organisieren sollen.

> **§ 78 Arbeitsgemeinschaften SGB VIII**
>
> Die Träger der öffentlichen Jugendhilfe sollen die Bildung von Arbeitsgemeinschaften anstreben, in denen neben ihnen die anerkannten Träger der freien Jugendhilfe sowie die Träger geförderter Maßnahmen vertreten sind. In den Arbeitsgemeinschaften soll darauf hingewirkt werden, dass die geplanten Maßnahmen aufeinander abgestimmt werden und sich gegenseitig ergänzen.

Nicht in jeder Kommune gibt es eine oder mehrere Arbeitsgemeinschaften (AG), denn deren Bildung hängt von der Organisation der Jugendhilfeplanung im Jugendamt und den Rahmensetzungen des Jugendhilfeausschusses ab. Formal muss die Gründung einer AG nach § 78 vom Jugendhilfeausschuss beschlossen werden. Die Arbeitsweise der AG wird in einer eigenen Geschäftsordnung grundlegend geregelt. Dort wird festgelegt, wer Mitglied, wer stimmberechtigt oder wer nur beratend tätig ist und wie Beschlüsse gefasst werden.

Dort, wo sich Arbeitsgemeinschaften gebildet haben, sind sie zumeist thematisch organisiert. Vielerorts gibt es Arbeitsgemeinschaften mit dem Schwerpunkt Kindertagesbetreuung, Familienbildung oder Hilfen zur Erziehung. Die Arbeitsgemeinschaften erarbeiten Stellungnahmen und Empfehlungen für den Jugendhilfeausschuss und fördern den Informations- und Fachaustausch zwischen den Trägern. Dabei kann sie eigene Schwerpunkte setzen. Ziel ist dabei eine fachlich ausgewogene Jugendhilfeplanung und eine strukturelle Weiterentwicklung der Kinder- und Jugendhilfe.

Die Sitzungen der Arbeitsgemeinschaften nach § 78 sind meist nicht öffentlich. Dennoch ist es möglich, an diesen Sitzungen als Gast teilzunehmen. Auch über den Träger der eigenen Kindertageseinrichtung können interessierte pädagogische Fachkräfte Zugang zu einer solchen AG erhalten. Auch die Träger beraten im Vorfeld oft in eigenen Zirkeln oder Gremien über Vorschläge und Themen, die dann in der AG-§ 78 besprochen werden sollen. Die Mitarbeit in einem solchen vorbereitenden Gremium ist je nach Träger sehr unterschiedlich organisiert, kann jedoch über die Geschäftsleitung ermöglicht werden.

7.5.3 Stadtteilkonferenz

Insbesondere größere Kommunen haben zur zielgerichteten Sozialplanung auf Stadtteilebene Stadtteilkonferenzen, Sozialkonferenzen oder Quartierskonferenzen eingerichtet, die zum Teil eigene Stadtteilbüros unterhalten. Deren Ziel ist es, soziale Unterschiede in den Kommunen auszugleichen und Probleme, die durch Armut verursacht werden, zu lösen.

→→→ **Definition**
Stadtteilkonferenzen sind oft ein demokratischer Zusammenschluss aller in einem Sozialraum auf dem Gebiet der sozialen Arbeit tätigen professionellen und ehrenamtlichen Personen. Sie umfassen damit sowohl Mitarbeiter von Einrichtungen als auch im Viertel engagierte Einzelpersonen – unabhängig von ihrer Verbandszugehörigkeit und dem Institutionstyp, in dem sie tätig sind (z. B. Kindertagesbetreuung, Jugendarbeit, Schulen, Seniorenvertreter, Begegnungsstätten, pflegerische Einrichtungen).

Die Aufgaben einer Stadtteilkonferenz können von einer Bestandserhebung (auch in Teilbereichen) bis hin zu Vorschlägen für eine bessere Koordination und Integration von Maßnahmenplänen reichen. Wichtig ist die Koordinierung der sozialen Arbeit vor Ort unter Berücksichtigung der lokalen Angebote und Rahmenbedingungen. So können Begegnungsmöglichkeiten und Beratungsangebote aufeinander abgestimmt, die Vermittlung von sozialen Diensten verbessert und finanzielle Mittel zielgenau verwendet werden. Oft verfügen Stadtteilkonferenzen über eigene Budgets.

Die Mitwirkung von Erzieherinnen und Erziehern aus Kindertagesstätten in einem solchen Gremium hängt wesentlich vom Standort der eigenen Einrichtung ab, denn die Gremien sind lokal gebunden. Da die Arbeit ehrenamtlich ist und alle interessierten Bürger mitwirken können, ist die Tätigkeit dort mit der Einrichtungsleitung und dem Träger abzustimmen, damit es nicht zu Rollenkonflikten kommt.

7.5.4 Kommunale Bildungslandschaften

Lokale oder kommunale Bildungslandschaften sind Ansätze und Konzepte, die auf eine geplante Abstimmung von Bildungsstrukturen und -organisationen zielen. Es geht darum, Übergänge zwischen den einzelnen Stufen des Bildungssystems zu erleichtern und Angebote besser aufeinander abzustimmen. Ausgangspunkt aller Aktivitäten innerhalb einer lokalen Bildungslandschaft sind die Lebenslagen und bildungsbiografischen Lebensverläufe aller Bürgerinnen und Bürger, insbesondere der Kinder und Jugendlichen. Die Bedarfe bildungsbenachteiligter Zielgruppen werden besonders berücksichtigt. Bildungslandschaften beziehen sich auf die Ebene von Stadtteilen, Städten und Gemeinden, Landkreisen oder Planungs-Regionen.

Die Steuerung des Aufbaus und der späteren Tätigkeit einer Bildungslandschaft erfolgt durch die kommunale Politik und Verwaltung. Zentrale Akteure der Bildungslandschaften, aber auch Steuerung des Aufbaus sind Jugendhilfe (und damit auch Kindertageseinrichtungen) und Schule. Weiterhin beteiligt sind Eltern als zentrale Partner und Zielgruppe sowie Personen aus Wirtschaft, Kultur und Sport und anderen relevanten Institutionen.

Die Planung, Gestaltung und Einrichtung der Bildungs- und Erziehungslandschaften findet in der Regel in Form von Steuerungsgruppen statt. Diese können sich entweder neu etabliert oder aber aus einer bestehenden Netzwerkgruppenarbeit herausgebildet haben. Ausgeprägt ist, dass die Arbeit der Steuerungsgruppen durch zahlreiche Netzwerktreffen und Arbeitsgruppen ergänzt wird, in denen Entscheidungen vorbereitet, konkrete Themen bearbeitet und Projekte umgesetzt werden.

Die Zusammensetzung der Steuerungsgruppen ist je nach Kommune sehr unterschiedlich, wird jedoch überwiegend durch die Kommune (mit-)bestimmt. Die Mitarbeit von pädagogischen Fachkräften in einem solchen Gremium kann daher über die entsprechenden kommunalen Vertreter oder Vertreterinnen organisiert werden.

7.5.5 Psychosoziale Arbeitsgemeinschaft (PSAG)

Einen Spezialfall fachlicher Gremienarbeit stellen die Psychosozialen Arbeitsgemeinschaften (PSAG) dar. Eine Psychosoziale Arbeitsgemeinschaft ist ein freiwilliger Zusammenschluss von Vertretern und Vertreterinnen aus Einrichtungen und Diensten, die sich maßgeblich an der psychiatrischen Versorgung in einer Kommune beteiligen. Die Tätigkeit der Arbeitsgemeinschaft wird meist vom kommunalen Gesundheitsamt organisiert, das auch fast immer die Leitung übernimmt.

Wesentliche Aufgabe der PSAG ist es, im Interesse der betroffenen Menschen die Zusammenarbeit der Versorgungseinrichtungen zu verstärken und konstruktive Vorschläge zur Weiterentwicklung in der örtlichen Versorgung zu erarbeiten und auf den Weg zu bringen.

Dazu arbeiten die PSAG in den Schwerpunkten:

– psychiatrische und psychosoziale Versorgung von Kindern und Jugendlichen
– psychiatrische und psychosoziale Versorgung von Erwachsenen
– psychiatrische und psychosoziale Versorgung von älteren Menschen
– Suchtkrankenhilfe

Für Kindertageseinrichtungen ist dies ein neues Feld, doch immer mehr Kinder und Eltern haben psychische Probleme oder psychosoziale Auffälligkeiten. Vor diesem Hintergrund ist eine Mitwirkung von Erzieherinnen oder Erziehern aus Kindertagesstätten an einer lokalen PASG fachlich sinnvoll.

Zugleich wird auf die besonderen Herausforderungen moderner Kindheit durch die Erweiterung von Kindertageseinrichtungen zu sogenannten Familien- oder Eltern-Kind-Zentren reagiert. Dabei spielen die Kooperation und Vernetzung mit psychosozialen Einrichtungen zum Wohl der Kinder und Familien eine zentrale Rolle.

7.6 Landesrechtliche Regelungen zur formalen Mitbestimmung von Eltern in Kindertageseinrichtungen – ein Überblick

Baden-Württemberg (Gesetz über die Betreuung und Förderung von Kindern in Kindergärten, anderen Tageseinrichtungen und der Kindertagespflege, Kindertagesbetreuungsgesetz – KiTaG)

> § 5 Elternbeirat
> (1) Bei den Einrichtungen werden Elternbeiräte gebildet. Sie unterstützen die Erziehungsarbeit und stellen den Kontakt zum Elternhaus her.
> (2) Elternbeiräte können sich örtlich und überörtlich sowie landesweit zu Gesamtelternbeiräten zusammenschließen.

7.6 Landesrechtliche Regelungen zur formalen Mitbestimmung von Eltern in Kindertageseinrichtungen

Bayern (Bayerisches Gesetz zur Bildung, Erziehung und Betreuung von Kindern in Kindergärten, anderen Kindertageseinrichtungen und in Tagespflege, BayKiBiG)

Art. 14 Zusammenarbeit der Kindertageseinrichtungen mit den Eltern
(1) Eltern und pädagogisches Personal arbeiten partnerschaftlich bei der Bildung, Erziehung und Betreuung der Kinder zusammen.
(2) 1 Die pädagogischen Fachkräfte informieren die Eltern regelmäßig über den Stand der Lern- und Entwicklungsprozesse ihres Kindes in der Tageseinrichtung. 2 Sie erörtern und beraten mit ihnen wichtige Fragen der Bildung, Erziehung und Betreuung des Kindes.
(3) 1 Zur Förderung der besseren Zusammenarbeit von Eltern, pädagogischem Personal und Träger ist in jeder Kindertageseinrichtung ein Elternbeirat einzurichten. 2 Soweit die Kindertageseinrichtung Kinder ab Vollendung des dritten Lebensjahres betreut, soll der Elternbeirat zudem die Zusammenarbeit mit der Grundschule unterstützen.
(4) 1 Der Elternbeirat wird von der Leitung der Kindertageseinrichtung und dem Träger informiert und angehört, bevor wichtige Entscheidungen getroffen werden. 2 Der Elternbeirat berät insbesondere über die Jahresplanung, den Umfang der Personalausstattung, die Planung und Gestaltung von regelmäßigen Informations- und Bildungsveranstaltungen für die Eltern, die Öffnungs- und Schließzeiten und die Festlegung der Höhe der Elternbeiträge.
(5) Die pädagogische Konzeption wird vom Träger in enger Abstimmung mit dem pädagogischen Personal und dem Elternbeirat fortgeschrieben.
(6) Ohne Zweckbestimmung vom Elternbeirat eingesammelte Spenden werden vom Träger der Kindertageseinrichtung im Einvernehmen mit dem Elternbeirat verwendet.
(7) Der Elternbeirat hat einen jährlichen Rechenschaftsbericht gegenüber den Eltern und dem Träger abzugeben.

Berlin (Gesetz zur Förderung von Kindern in Tageseinrichtungen und Kindertagespflege; Kindertagesförderungsgesetz – KitaFöG)

§ 14 Elternbeteiligung
(1) In Tageseinrichtungen ist die Zusammenarbeit des Fachpersonals mit den Eltern zu gewährleisten. Die Fachkräfte sind verpflichtet, die Eltern regelmäßig über die Entwicklung ihrer Kinder in der Tageseinrichtung zu informieren. Hospitationen von Eltern, ihre Anwesenheit während der Eingewöhnungsphase und ihre Beteiligung an gemeinsamen Unternehmungen sind zu fördern.
(2) Die Eltern sind in Fragen der Konzeption und deren organisatorischer und pädagogischer Umsetzung in der Arbeit der Tageseinrichtungen zu beteiligen. Hierzu gehören auch Maßnahmen oder Entscheidungen, die zu finanziellen Belastungen der Eltern führen. Die Fachkräfte erörtern mit den Eltern die Grundlagen, Ziele und Methoden ihrer pädagogischen Arbeit.
(3) Die Eltern der Kinder einer Tageseinrichtung im Sinne von § 3 Abs. 2 und 3, in Einrichtungen mit mehr als 45 Kindern die Eltern der jeweiligen Gruppe, bilden die Elternversammlung. Jede Elternversammlung wählt für die Dauer eines Jahres eine Elternvertretung und eine Stellvertretung. In Tageseinrichtungen mit mehr als 45 Kindern wird ein Elternausschuss gebildet, welcher sich aus den gewählten Elternvertretungen der Gruppen zusammensetzt. Bei Trägern mit mehr als einer Tageseinrichtung ist auf Wunsch der Elternversammlungen ein Elternbeirat zu bilden, für den jeder Elternausschuss, sofern ein solcher in der jeweiligen Einrichtung nicht besteht, die Elternvertretung ein Mitglied wählt.

(4) Die Elternversammlungen, die Elternvertretung und die Elternausschüsse dienen der gegenseitigen Information sowie der Beteiligung in Angelegenheiten im Sinne der Absätze 1 und 2. Sie haben die Aufgabe, die Leitung der Tageseinrichtung zu beraten. Die Elternausschüsse oder, sofern solche nicht bestehen, die jeweilige Elternvertretung können von dem Träger und dem Fachpersonal Auskunft über wesentliche, die Tageseinrichtung betreffende Angelegenheiten verlangen. Die Elternbeiräte sind vom Träger über wesentliche, die Gesamtheit der Tageseinrichtungen betreffende Angelegenheiten zu informieren und zu hören.
(5) Die Elternvertretung wählt aus ihrer Mitte eine Vertretung und eine Stellvertretung für den Bezirkselternausschuss.
(6) In Tageseinrichtungen mit mehr als 45 Kindern wird ein Kindertagesstättenausschuss gebildet, der an den wichtigen, Eltern und Beschäftigte gleichermaßen betreffenden Angelegenheiten mitzuwirken hat. Er besteht zu gleichen Teilen aus Mitgliedern, die aus dem Kreis der Beschäftigten und aus dem Kreis der Eltern gewählt werden. Ihm gehört auch ein Vertreter des Trägers an.

§ 15 Bezirks- und Landeselternausschuss
(1) In jedem Bezirk wird ein Bezirkselternausschuss gebildet, der sich aus den gewählten Eltern derjenigen Tageseinrichtungen zusammensetzt, die einen Elternausschuss gebildet haben. Der Bezirkselternausschuss ist vom Jugendamt über wesentliche, die Tagesbetreuung betreffende Fragen zu informieren und zu hören. Der Bezirkselternausschuss wählt aus seiner Mitte die Vertretung für den Landeselternausschuss.
(2) Der Landeselternausschuss setzt sich aus den gewählten Vertretungen der Bezirkselternausschüsse zusammen. Die für Jugend und Familie zuständige Senatsverwaltung hat den Landeselternausschuss über wesentliche, die Tagesbetreuung betreffende Angelegenheiten zu informieren. Der Landeselternausschuss kann im Rahmen vorhandener Haushaltsmittel oder sächlicher Ressourcen bei der Wahrnehmung seiner Aufgaben unterstützt werden.

Brandenburg (Kindertagesstättengesetz – KitaG)

§ 6 Beteiligung der Eltern
(1) Die Eltern und anderen Erziehungsberechtigten sind an der Konzeptionsentwicklung und Fragen ihrer organisatorischen Umsetzung in der Arbeit der Kindertagesstätte zu beteiligen. Hospitationen von Eltern in der Kindertagesstätte, ihre Anwesenheit während der Eingewöhnungsphase und ihre Beteiligung bei gemeinsamen Unternehmungen sind zu fördern.
(2) Die Eltern und sonstigen Erziehungsberechtigten der Kinder einer Kindertagesstätte bilden die Elternversammlung. In Einrichtungen mit mehreren Gruppen können die Elternversammlungen auf Gruppenebene stattfinden.
(3) Die Elternversammlungen dienen der gegenseitigen Information über die Situation der Kinder.
(4) Die Elternversammlung kann vom Träger und in pädagogischen Fragen von den Mitarbeitern und Mitarbeiterinnen Auskunft über alle die Einrichtung betreffenden Angelegenheiten verlangen. Die Mitarbeiter und Mitarbeiterinnen erörtern mit den Eltern die Grundlagen, Ziele und Methoden ihrer pädagogischen Arbeit und stimmen sie mit ihnen ab.

§ 7 Kindertagesstätten-Ausschuss
(1) In jeder Kindertagesstätte soll ein Kindertagesstätten-Ausschuss gebildet werden. Er besteht zu drei gleichen Teilen aus Mitgliedern, die vom Träger benannt sind, und aus Mitgliedern, die aus dem Kreis der Beschäftigten und dem Kreis der Eltern gewählt werden.
(2) Der Kindertagesstätten-Ausschuss beschließt über pädagogische und organisatorische Angelegenheiten der Kindertagesstätte, insbesondere über die pädagogische Konzeption und er berät den Träger hinsichtlich bedarfsgerechter Öffnungszeiten. Die Finanzhoheit des Trägers, seine personalrechtliche Zuständigkeit und seine Selbstständigkeit in Zielsetzung und Durchführung der Aufgaben bleiben hiervon unberührt.

Bremen (Bremisches Tageseinrichtungs- und Kindertagespflegegesetz; BremKTG)

§ 13 Zusammenarbeit mit Elterngruppen und Elterngremien
(1) Im Interesse der einheitlichen Förderung der Kinder soll die Konzeption für eine Tageseinrichtung und deren Umsetzung zwischen den Fachkräften der Tageseinrichtung und den Eltern mit dem Ziel einer gegenseitigen Verständigung erörtert werden. Die Eltern haben das Recht, vom Träger und von den Fachkräften einer Tageseinrichtung Auskunft über alle für die Betreuung und Förderung der Kinder wesentlichen Angelegenheiten der Tageseinrichtung zu verlangen. Sie sollen sich im Rahmen ihrer Möglichkeiten an der Durchführung der Aufgaben der Tageseinrichtung beteiligen.
(2) Die Eltern der Kinder einer Tageseinrichtung bilden die Elternversammlung. Die Elternversammlung wählt den Elternbeirat der Tageseinrichtung. Der gewählte Elternbeirat einer Tageseinrichtung unterstützt die Wahrnehmung der Aufgaben der Einrichtung.

Hamburg (Hamburger Kinderbetreuungsgesetz; KibeG)

§ 24 Mitwirkungsrechte von Eltern in der Tageseinrichtung
(1) Die Einrichtungen bieten den Sorgeberechtigten der Kinder Einzelgespräche mit dem pädagogischen Personal über den Entwicklungsstand des Kindes, seine besonderen Interessen und Fähigkeiten sowie geplante Maßnahmen zur gezielten Förderung des Kindes an.
(2) Die Sorgeberechtigten der Kinder sollten mindestens zweimal jährlich auf Elternabenden über die Entwicklung der Gruppe, in der ihr Kind betreut wird, informiert werden.
(3) Die Sorgeberechtigten der Kinder einer Gruppe in der Tageseinrichtung bilden eine Elternversammlung. Jede Elternversammlung wählt für die Dauer eines Jahres eine Elternvertretung und eine Stellvertretung. In Kindertageseinrichtungen mit mindestens drei Gruppen wird ein Elternausschuss gebildet. Er setzt sich aus den gewählten Elternvertretungen der Gruppen zusammen.

(4) Die Elternvertretung und der Elternausschuss dienen der Zusammenarbeit zwischen Trägern, Einrichtungen und den Sorgeberechtigten der Kinder. Sie vertreten die Interessen der Kinder und ihrer Sorgeberechtigten gegenüber ihrer Einrichtung und deren Träger. Die Elternvertretung und der Elternausschuss werden von der Einrichtung informiert und angehört, bevor wesentliche Entscheidungen getroffen werden. Dies gilt insbesondere für geplante Änderungen der pädagogischen Konzeption und ihrer Umsetzung in der Arbeit in der Tageseinrichtung, geplante Änderungen der räumlichen und sachlichen Ausstattung sowie Umfang der personellen Besetzung.
(5) Die Elternvertretungen und in Kindertageseinrichtungen mit mindestens drei Gruppen der Elternausschuss wählen aus ihrer Mitte eine Vertretung und eine Stellvertretung für den Bezirkselternausschuss.
(6) Weitere Einzelheiten der Mitwirkung der Sorgeberechtigten können im Rahmen der Qualitätsentwicklungsvereinbarungen festgelegt werden.

§ 25 Bezirks- und Landeselternausschuss
(1) In jedem Bezirk wird ein Bezirkselternausschuss gebildet, der sich aus gemäß § 24 Absatz 5 gewählten Eltern der Tageseinrichtungen zusammensetzt. Der Bezirkselternausschuss ist von dem bezirklichen Jugendamt über wesentliche, die Kindertageseinrichtungen betreffende Fragen zu informieren und zu hören. Der Bezirkselternausschuss wählt aus seiner Mitte die Vertretung für den Landeselternausschuss.
(2) Der Landeselternausschuss setzt sich aus den gewählten Vertretungen der Bezirkselternausschüsse zusammen. Die für die Jugendhilfe zuständige Behörde hat den Landeselternausschuss über wesentliche die Kindertagesstätten betreffende Angelegenheiten zu informieren und zu hören.

Hessen (Hessisches Kinder- und Jugendhilfegesetzbuch – HKJGB)

§ 27 Elternbeteiligung, Elternversammlung und Elternbeirat
(1) Die Erziehungsberechtigten der Kinder in der Tageseinrichtung sind vor Entscheidungen in wesentlichen Angelegenheiten der Bildung, Erziehung und Betreuung zu unterrichten und angemessen zu beteiligen. Die pädagogischen Fachkräfte sollen im Rahmen der Bildungs- und Erziehungspartnerschaft auf einen regelmäßigen und umfassenden Austausch mit den Erziehungsberechtigten über die Bildung, Erziehung und Betreuung der Kinder hinwirken.
(2) Die Erziehungsberechtigten bilden die Elternversammlung. Die Leitung der Tageseinrichtung soll mindestens einmal im Jahr eine Elternversammlung einberufen. Sie ist einzuberufen, wenn die Erziehungsberechtigten dies fordern.
(3) Die Elternversammlung wählt aus ihrer Mitte einen Elternbeirat. Der Elternbeirat kann von dem Träger und den in der Tageseinrichtung tätigen Fachkräften Auskunft über die Einrichtung betreffende Fragen verlangen.
(4) Das Nähere über die Einberufung der Elternversammlung, die Wahl des Elternbeirates und die Auskunftspflicht nach Abs. 3 Satz 2 regelt der Träger.

Mecklenburg-Vorpommern (Gesetz zur Förderung von Kindern in Kindertageseinrichtungen und in Kindertagespflege – Kindertagesförderungsgesetz – KiföG M-V)

§ 8 Bildungs- und Erziehungspartnerschaft
(1) Das in den Kindertageseinrichtungen tätige pädagogische Personal und die Tagespflegepersonen haben mit den Personensorgeberechtigten zum Wohl der Kinder partnerschaftlich zusammenzuarbeiten. Die Personensorgeberechtigten sind von den Fachkräften in die Bildungsplanung der Kindertageseinrichtungen und deren Umsetzung einzubeziehen und sollen über bestehende Angebote der Familienbildung und -beratung informiert werden.
(2) Die für eine Gruppe verantwortliche Fachkraft beruft mindestens zweimal jährlich eine Versammlung der Personensorgeberechtigten der Kinder der jeweiligen Gruppe (Elternversammlung) ein. Die Elternversammlung wählt aus ihren Reihen bis zu zwei Personen zur Vertretung der Gruppe für den sich nach Absatz 3 bildenden Elternrat. Die Personensorgeberechtigten der Kinder einer Gruppe haben das Recht, Elternversammlungen durchzuführen, wenn die Mehrheit das verlangt. Im Rahmen der Elternversammlungen erfolgt eine Verständigung zur Bildung, Erziehung und Betreuung der Kinder. Die Elternversammlungen sollen für Angebote zur Stärkung der Bildungs- und Erziehungskompetenz genutzt werden.
(2a) Personensorgeberechtigte mit einer Hör- oder Sprachbehinderung haben zur Wahrnehmung ihrer Rechte und Pflichten nach diesem Gesetz für die mündliche und schriftliche Kommunikation einen Anspruch auf Bereitstellung einer Dolmetscherin oder eines Dolmetschers für die Deutsche Gebärdensprache, für lautsprachbegleitende Gebärden oder andere geeignete Kommunikationshilfen. § 2 Absatz 2 sowie die §§ 3 bis 5 der Kommunikationshilfeverordnung Mecklenburg-Vorpommern gelten entsprechend.
(3) Die von den Elternversammlungen gewählten Personen zur Vertretung der Gruppen bilden den Elternrat der Kindertageseinrichtung. Die Anzahl der Mitglieder des Elternrats soll 15 nicht überschreiten. In Einrichtungen mit nur einer Gruppe bildet die Elternversammlung den Elternrat. Der Elternrat wählt aus seiner Mitte einen Vorstand, dem ein vorsitzendes Mitglied und zwei weitere Mitglieder angehören.
(4) Der Elternrat soll in wesentlichen Angelegenheiten der Kindertageseinrichtung mitwirken, insbesondere bei der Weiterentwicklung der pädagogischen Konzeption, der regelmäßigen Öffnungszeiten und der Essenversorgung der Kinder. Darüber hinaus kann er unter Berücksichtigung datenschutzrechtlicher Vorschriften Auskunft verlangen über die zweckentsprechende Verwendung der erstatteten Kostenanteile und der Beiträge der Eltern sowie über die betriebswirtschaftlichen Verhältnisse der Kindertageseinrichtung. Vertreter des Elternrates können an den Verhandlungen über die Leistung, das Entgelt und die Qualitätsentwicklung nach § 16 beratend teilnehmen. Dabei sind Betriebs- und Geschäftsgeheimnisse des Trägers der Kindertageseinrichtung zu wahren. Er wirkt darauf hin, dass die Mitwirkungsrechte der Kinder nach § 7 beachtet werden.
(5) Die Elternräte können auf Ebene der örtlichen Träger der öffentlichen Jugendhilfe und auf Landesebene Elternvertretungen bilden. In den Landkreisen und kreisfreien Städten als Träger der öffentlichen Jugendhilfe wird der Kreis- oder Stadtelternrat durch jeweils ein Mitglied der Elternräte der Kindertageseinrichtungen gebildet. Zu den Beratungen des Kreis- oder Stadtelternrats soll auch eine Vertretungsperson der Eltern, deren Kinder durch Tagespflegepersonen gefördert werden, hinzugezogen werden. Der Kreis- oder Stadtelternrat wählt aus seiner Mitte einen Vorstand, dem ein vorsitzendes Mitglied und mindestens vier weitere Mitglieder angehören. Die Elternvertretung auf Landesebene

(Landeselternrat) wird durch zwei Mitglieder jedes Kreis- oder Stadtelternrats gebildet. Zu den Beratungen des Landeselternrats soll auch eine Vertretungsperson der Eltern, deren Kinder durch Tagespflegepersonen gefördert werden, hinzugezogen werden. Der Landeselternrat wählt aus seiner Mitte einen Vorstand, dem ein vorsitzendes Mitglied und vier weitere Mitglieder angehören.

Niedersachsen: Gesetz über Tageseinrichtungen für Kinder (KiTaG)

§ 10 Elternvertretung und Beirat der Kindertagesstätten
(1) Die Erziehungsberechtigten der Kinder in einer Gruppe wählen aus ihrer Mitte eine Gruppensprecherin oder einen Gruppensprecher sowie deren Vertretung. Das Wahlverfahren regelt der Beirat. Die Gruppensprecherinnen und Gruppensprecher bilden einen Elternrat. Die erste Wahl in einer Kindertagesstätte veranstaltet der Träger.
(2) Die Elternräte in einer Gemeinde können einen gemeinsamen Elternrat bilden (Gemeinde- oder Stadtelternrat für Kindertagesstätten). Diese Elternräte und andere Zusammenschlüsse von Elternvertretungen können gebildet werden, wenn sich mindestens die Hälfte der Elternräte aus dem vertretenen Gebiet beteiligt. An Kreiselternräten müssen sich mindestens die Gemeindeelternräte aus der Hälfte der kreisangehörigen Gemeinden beteiligen. Die Gemeinden und die örtlichen Träger sollen den Elternräten vor wichtigen Entscheidungen rechtzeitig Gelegenheit zur Stellungnahme geben.
(3) Die Gruppensprecherinnen und Gruppensprecher sowie die Vertreter der Fach- und Betreuungskräfte und des Trägers, deren Zahl der Träger bestimmt, bilden den Beirat der Kindertagesstätte. Der Träger kann vorsehen, dass die Aufgaben eines Beirats von einem anderen Gremium wahrgenommen werden, wenn in diesem eine den vorstehenden Bestimmungen entsprechende Vertretung mit entscheidet.
(4) Wichtige Entscheidungen des Trägers und der Leitung erfolgen im Benehmen mit dem Beirat. Das gilt insbesondere für
1. die Aufstellung und Änderung der Konzeption für die pädagogische Arbeit,
2. die Einrichtung neuer und die Schließung bestehender Gruppen oder Betreuungsangebote,
3. die Festlegung der Gruppengrößen und Grundsätze für die Aufnahme von Kindern,
4. die Öffnungs- und Betreuungszeiten.
Der Beirat kann Vorschläge zu den in Satz 2 genannten Angelegenheiten sowie zur Verwendung der Haushaltsmittel und zur Regelung der Elternbeiträge in der Kindertagesstätte machen.

Nordrhein-Westfalen: Gesetz zur frühen Bildung und Förderung von Kindern (Kinderbildungsgesetz – KiBiz) – Viertes Gesetz zur Ausführung des Kinder- und Jugendhilfegesetzes – SGB VIII

§ 9 Zusammenarbeit mit den Eltern und Elternmitwirkung
(1) Das Personal der Kindertageseinrichtungen und Tagespflegepersonen arbeiten mit den Eltern bei der Förderung der Kinder partnerschaftlich und vertrauensvoll zusammen. Die Eltern haben einen Anspruch auf eine regelmäßige Information über den Stand des Bildungs- und Entwicklungsprozesses ihres Kindes. Dazu ist den Eltern mindestens einmal im Kindergartenjahr ein Gespräch anzubieten.

(2) In jeder Kindertageseinrichtung werden zur Förderung der Zusammenarbeit von Eltern, Personal und Träger die Elternversammlung, der Elternbeirat und der Rat der Kindertageseinrichtung gebildet. Das Verfahren über die Zusammensetzung der Gremien in der Tageseinrichtung und die Geschäftsordnung werden vom Träger im Einvernehmen mit den Eltern festgelegt. Die Mitwirkungsgremien sollen die Zusammenarbeit zwischen den Eltern, dem Träger und dem pädagogischen Personal sowie das Interesse der Eltern für die Arbeit der Einrichtung fördern.

(3) Die Eltern der die Einrichtung besuchenden Kinder bilden die Elternversammlung. Diese wird mindestens einmal im Kindergartenjahr von dem Träger der Kindertageseinrichtung bis spätestens 10. Oktober einberufen. Eine Einberufung hat außerdem zu erfolgen, wenn mindestens ein Drittel der Eltern dies verlangt. In der Elternversammlung informiert der Träger über personelle Veränderungen sowie pädagogische und konzeptionelle Angelegenheiten. Zu den Aufgaben der Elternversammlung gehört die Wahl der Mitglieder des Elternbeirates.

(4) Der Elternbeirat vertritt die Interessen der Elternschaft gegenüber dem Träger und der Leitung der Einrichtung. Dabei hat er auch die besonderen Interessen von Kindern mit Behinderungen in der Einrichtung und deren Eltern angemessen zu berücksichtigen. Der Elternbeirat ist vom Träger und der Leitung der Einrichtung rechtzeitig und umfassend über wesentliche Entscheidungen in Bezug auf die Einrichtung zu informieren und insbesondere vor Entscheidungen über das pädagogische Konzept der Einrichtung, über die personelle Besetzung, die räumliche und sächliche Ausstattung, die Hausordnung und die Öffnungszeiten sowie die Aufnahmekriterien anzuhören. Gestaltungshinweise hat der Träger angemessen zu berücksichtigen. Entscheidungen, die die Eltern in finanzieller Hinsicht berühren, bedürfen der Zustimmung durch den Elternbeirat. Hierzu zählen vor allem die Planung und Gestaltung von Veranstaltungen für Kinder und Eltern sowie die Verpflegung in der Einrichtung.

(5) Der Rat der Kindertageseinrichtung besteht aus Vertreterinnen und Vertretern des Trägers, des Personals und des Elternbeirates. Aufgaben sind insbesondere die Beratung der Grundsätze der Erziehungs- und Bildungsarbeit, die räumliche, sachliche und personelle Ausstattung sowie die Vereinbarung von Kriterien für die Aufnahme von Kindern in die Einrichtung.

(6) Die Elternbeiräte der Tageseinrichtungen für Kinder können sich auf örtlicher Ebene zu der Versammlung von Elternbeiräten zusammenschließen und ihre Interessen gegenüber den Trägern der Jugendhilfe vertreten. Absatz 4 Satz 2 gilt entsprechend. Sie werden dabei von den örtlichen und überörtlichen öffentlichen Trägern der Jugendhilfe unterstützt. Die Versammlung der Elternbeiräte wählt in der Zeit zwischen dem 11. Oktober und dem 10. November einen Jugendamtselternbeirat. Die Gültigkeit der Wahl des Jugendamtselternbeirates setzt voraus, dass sich 15 v. H. aller Elternbeiräte im Jugendamtsbezirk an der Wahl beteiligt haben. Dem Jugendamtselternbeirat ist vom Jugendamt bei wesentlichen die Kindertageseinrichtungen betreffenden Fragen die Möglichkeit der Mitwirkung zu geben.

(7) Die Jugendamtselternbeiräte können sich auf Landesebene in der Versammlung der Jugendamtselternbeiräte zusammenschließen. Die Jugendamtselternbeiräte wählen bis zum 30. November eines jeden Jahres aus ihrer Mitte den Landeselternbeirat. Die Gültigkeit der Wahl des Landeselternbeirates setzt voraus, dass sich Jugendamtselternbeiräte aus 15 v. H. aller Jugendamtsbezirke an der Wahl beteiligt haben. Dem Landeselternbeirat ist von der Obersten Landesjugendbehörde bei wesentlichen die Kindertageseinrichtungen betreffenden Fragen die Möglichkeit der Mitwirkung zu geben.

(8) Näheres zum Verfahren und über die Zusammensetzung der Gremien auf Jugendamts- und Landesebene regeln die Versammlungen der Elternbeiräte und der Jugendamtselternbeiräte in einer Geschäftsordnung. Der gewählte Landeselternrat erhält für die mit der Wahrnehmung der Aufgaben verbundenen Ausgaben bis zu 10.000 EUR jährlich. Die Ausgaben sind dem Landschaftsverband Rheinland jährlich spätestens bis zum 1. Dezember des Jahres nachzuweisen. Abschlagszahlungen sind zu verrechnen.

Rheinland-Pfalz: Kindertagesstättengesetz

§ 3 Mitwirkung der Eltern
(1) Die Eltern und sonstigen Erziehungsberechtigten der die Kindertagesstätte besuchenden Kinder wirken durch die Elternversammlung und den Elternausschuss an der Erziehungs- und Bildungsarbeit der Kindertagesstätte mit.
(2) Die Elternversammlung besteht aus den Eltern und sonstigen Erziehungsberechtigten der die Kindertagesstätte besuchenden Kinder. Sie erörtert grundsätzliche, die Kindertagesstätte betreffende Fragen und wählt den Elternausschuss.
(3) Der Elternausschuss hat die Aufgabe, den Träger und die Leitung der Kindertagesstätte zu beraten; er gibt Anregungen für die Gestaltung und Organisation der Arbeit der Kindertagesstätte. Er ist vor wesentlichen Entscheidungen zu hören.
(4) Elternausschüsse sollen sich örtlich und überörtlich sowie landesweit zusammenschließen; sie werden hierbei von den örtlichen und überörtlichen Trägern der Jugendhilfe unterstützt. [Weiteres regelt die Elternausschuss-Verordnung des Landes.]

Saarland: Saarländisches Ausführungsgesetz nach § 26 des Achten Buches Sozialgesetzbuch Saarländisches Kinderbetreuungs- und -bildungsgesetz (SKBBG)

§ 4 Beteiligung der Erziehungsberechtigten
(1) Die Erziehungsberechtigten der Kinder wirken bei der Erfüllung der Aufgaben der Kindertageseinrichtung mit. Sie sind bei Entscheidungen und in wesentlichen Angelegenheiten der Erziehung, Bildung und Betreuung zu unterrichten und angemessen zu beteiligen.
(2) Die Erziehungsberechtigten werden mindestens einmal im Jahr von dem Träger der Kindertageseinrichtung zu einer Elternversammlung einberufen. Eine Einberufung hat außerdem zu erfolgen, wenn mindestens ein Drittel der Erziehungsberechtigten dies verlangt.
(3) Die Elternversammlung wählt aus ihrer Mitte einen Ausschuss, der die Interessen der Erziehungsberechtigten und der Kinder gegenüber dem Einrichtungträger vertritt.
(4) In jedem Landkreis wird ein Kreiselternausschuss und im Regionalverband Saarbrücken ein Regionalverbandselternausschuss gebildet. Diese setzen sich aus den Vorsitzenden der Elternausschüsse der Kindertageseinrichtungen in dem betreffenden Gemeindeverband zusammen.
(5) Der Landeselternausschuss setzt sich aus den gewählten Vertretungen der Kreiselternausschüsse sowie des Regionalverbandselternausschusses zusammen und nimmt auf Landesebene und auf Bundesebene die Interessen der saarländischen Eltern von Kindern in Kindertageseinrichtungen wahr.

Sachsen: Sächsisches Gesetz zur Förderung von Kindern in Tageseinrichtungen (Gesetz über Kindertageseinrichtungen – SächsKitaG)

§ 6 Mitwirkung von Kindern und Erziehungsberechtigten
(1) Die Erziehungsberechtigten wirken durch die Elternversammlung und den Elternbeirat bei der Erfüllung der Aufgaben der Kindertageseinrichtung, die ihre Kinder besuchen, mit. Sie sind bei allen wesentlichen Entscheidungen zu beteiligen. Dies gilt insbesondere für die Fortschreibung oder Änderung der pädagogischen Konzepte und für die Kostengestaltung.
(2) Der Träger der Einrichtung trifft im Benehmen mit der Elternschaft Bestimmungen zur Organisation der Elternversammlung sowie zu Bildung und Organisation des Elternbeirates.
(3) Der Träger und die Leitung der Kindertageseinrichtung erteilen den Erziehungsberechtigten, der Elternversammlung und dem Elternbeirat die erforderlichen Auskünfte.
(4) Zur Beratung und Unterstützung der Elternbeiräte der Einrichtungen können Elternbeiräte auf der Gemeinde- und der Kreisebene gebildet werden.
(5) Die Kinder wirken entsprechend ihrem Entwicklungsstand und ihren Bedürfnissen insbesondere im schulpflichtigen Alter bei der Gestaltung ihres Alltages in den Kindertageseinrichtungen mit.

Sachsen-Anhalt: Gesetz zur Förderung und Betreuung von Kindern in Tageseinrichtungen und in Tagespflege des Landes Sachsen-Anhalt (Kinderförderungsgesetz – KiFöG)

§ 19 Elternsprecherinnen und Elternsprecher, Kuratorium und Elternbeirat
(1) Um dem Erziehungs- und Bildungsauftrag gerecht werden zu können und im Interesse der bestmöglichen Förderung und Betreuung jedes einzelnen Kindes ist eine vertrauensvolle und kontinuierliche Zusammenarbeit zwischen Eltern, Erzieherinnen und Erziehern notwendig.
(2) Sofern in einer Tageseinrichtung Gruppen gebildet werden, wird eine Elternsprecherin oder ein Elternsprecher je Gruppe für die Dauer von zwei Jahren gewählt.
(3) Die Elternschaft der Tageseinrichtung wählt wenigstens zwei Vertreterinnen oder Vertreter für das Kuratorium der Tageseinrichtung. Diese Elternvertreterinnen oder Elternvertreter, die leitende Betreuungskraft und eine Vertreterin oder ein Vertreter des Trägers bilden das Kuratorium der Tageseinrichtung.
(4) Das Kuratorium hat die Aufgabe, den Träger zu beraten, und ist von ihm vor grundsätzlichen Entscheidungen zu beteiligen. Zu seinen Aufgaben gehören insbesondere
1. die Beratung der Grundsätze für die Erziehungs- und Bildungsarbeit,
2. die Beratung der Grundsätze für die Aufnahme von Kindern in Tageseinrichtungen,
3. die Anhörung zu Festlegungen der baulichen Beschaffenheit sowie räumlichen und sächlichen Ausstattung,
4. die Unterstützung der Bemühungen des Trägers um eine ausreichende und qualifizierte personelle Besetzung,
5. die Beratung im Rahmen des Anhörungsverfahrens zu den Elternbeiträgen,
6. die Beteiligung im Verfahren zur Beantragung von Ausnahmegenehmigungen und
7. die Information der Eltern.

(5) Die Elternschaft oder die Elternsprecherinnen und Elternsprecher einer Tageseinrichtung wählen für die Dauer von zwei Jahren aus ihrer Mitte eine Vertreterin oder einen Vertreter für den Gemeinde- oder Stadtelternbeirat, wenn in der Gemeinde oder Stadt mehrere Tageseinrichtungen bestehen. Ist die Aufgabe der Tagesbetreuung im Sinne des § 3 Abs. 3 Satz 2 der Verwaltungsgemeinschaft oder einem Zusammenschluss von Gemeinden übertragen, wählen die Elternschaft oder die Elternsprecherinnen und Elternsprecher eine Vertreterin oder einen Vertreter für den Elternbeirat des Zusammenschlusses von Gemeinden oder der Verwaltungsgemeinschaft. Satz 1 ist entsprechend anwendbar. Der Stadt- oder Gemeindeelternrat ist von der Gemeinde oder der Stadt bei allen die Betreuung von Kindern betreffenden Fragen zu beteiligen.

Schleswig-Holstein: Gesetz zur Förderung von Kindern in Tageseinrichtungen und Tagespflegestellen (Kindertagesstättengesetz – KiTaG)

§ 17 Elternversammlung und Elternvertretung
(1) Die Erziehungsberechtigten der Kinder, die die Kindertageseinrichtung besuchen, sind an den Entscheidungen in wesentlichen Angelegenheiten der Kindertageseinrichtung zu beteiligen. Die Erziehungsberechtigten bilden die Elternversammlung.
(2) Bei der Wahrnehmung von Mitwirkungsrechten nach diesem Gesetz stehen den Personensorgeberechtigten mit deren Einverständnis solche Personen gleich, denen die Erziehung eines Kindes übertragen ist; das Einverständnis ist der Kindertageseinrichtung vorher schriftlich nachzuweisen.
(3) Die Elternversammlung wählt aus ihrer Mitte in der Zeit zwischen dem 1. August und dem 15. September jeden Jahres eine Elternvertretung mit mindestens einer Sprecherin oder einem Sprecher.
(4) Die Elternvertretung nimmt folgende Aufgaben wahr:
1. Sie beruft mindestens einmal jährlich im Benehmen mit dem Träger der Kindertageseinrichtung die Elternversammlung ein.
2. Sie fördert die Zusammenarbeit zwischen den Erziehungsberechtigten, den in der Einrichtung tätigen Kräften, dem Träger der Kindertageseinrichtung sowie der Standortgemeinde, den Schulen und anderen öffentlichen Einrichtungen.
3. Sie vertritt in Kindertageseinrichtungen mit zwei oder mehr Vormittagsgruppen die Interessen der Erziehungsberechtigten und ihrer Kinder im Beirat (§ 18).

§ 18 Beirat
(1) In einer Kindertageseinrichtung mit zwei oder mehr Vormittagsgruppen ist ein Beirat einzurichten. Er ist zu gleichen Teilen aus Mitgliedern der Elternvertretung, Vertreterinnen und Vertretern der pädagogischen Kräfte und des Trägers zu besetzen. Bei Kindertageseinrichtungen, die nicht von einem öffentlichen Träger betrieben werden, sind Vertreterinnen und Vertreter der Standortgemeinde hinzuzuziehen.
(2) Abweichend von Absatz 1 sollen im Beirat von Kindertageseinrichtungen, die gemeinschaftlich von Erziehungsberechtigten getragen werden, zu gleichen Teilen Erziehungsberechtigte und pädagogische Kräfte vertreten sein.

(3) Der Beirat wirkt bei wesentlichen inhaltlichen und organisatorischen Entscheidungen der Kindertageseinrichtung mit, insbesondere bei
1. der Bewirtschaftung zugewiesener Mittel,
2. der Aufstellung von Stellenplänen,
3. der Festsetzung der Öffnungszeiten,
4. der Festsetzung der Elternbeiträge und
5. der Festlegung des Aufnahmeverfahrens.
Die Stellungnahme des Beirates ist dem Träger der Kindertageseinrichtung vor dessen Entscheidung schriftlich mitzuteilen.
(4) Über die einzelne Kindertageseinrichtung hinausgehende Zusammenschlüsse von mehreren Beiräten und weitergehende Formen der Mitwirkung sind möglich. Ihre Zusammensetzung soll sich nach den Absätzen 1 und 2 richten.

Thüringen: Thüringer Gesetz über die Bildung, Erziehung und Betreuung von Kindern in Tageseinrichtungen und in Tagespflege als Ausführungsgesetz zum Achten Buch Sozialgesetzbuch – Kinder- und Jugendhilfe – Thüringer Kindertageseinrichtungsgesetz – ThürKitaG

§ 10 Elternmitwirkung
(1) Die Eltern haben das Recht, an Entscheidungen der Kindertageseinrichtung mitzuwirken und einen Elternbeirat zu bilden; über dieses Recht sind die Eltern durch den Träger der Einrichtung jährlich zu informieren. Der Elternbeirat fördert die Zusammenarbeit zwischen dem Träger der Einrichtung, den Eltern und den anderen an der Bildung, Erziehung und Betreuung der Kinder Beteiligten sowie das Interesse der Eltern für die Arbeit der Einrichtung. Dazu wählen die Eltern der Kinder einer Gruppe aus ihrer Mitte einen Elternvertreter und seinen Stellvertreter. Die gewählten Elternvertreter bilden den Elternbeirat; er wählt aus seiner Mitte einen Vorsitzenden und einen Stellvertreter.
(2) Der Elternbeirat ist vom Träger und der Leitung der Einrichtung rechtzeitig und umfassend über wesentliche Entscheidungen in Bezug auf die Kindertageseinrichtung zu informieren und insbesondere vor Entscheidungen über
– das pädagogische Konzept der Tageseinrichtung,
– die räumliche und sächliche Ausstattung,
– die personelle Besetzung,
– den Haushaltsplan der Tageseinrichtung,
– die Gruppengröße und -zusammensetzung,
– die Hausordnung und Öffnungszeiten,
– die Elternbeiträge sowie
– einen Trägerwechsel
anzuhören.
(3) Entscheidungen, die die Eltern in finanzieller Hinsicht außerhalb der regelmäßigen Elternbeiträge berühren, bedürfen der Zustimmung durch den Elternbeirat. Hierzu zählen insbesondere
die Planung und Gestaltung von Veranstaltungen für die Kinder und Eltern,
die Verpflegung in der Einrichtung sowie
die Teilnahme an Modellprojekten.

(4) Zur Wahl der Elternvertreter lädt die Leitung der Kindertageseinrichtung ein. Die Wahl hat bis zum 30. September des Jahres stattzufinden. Sie kann schriftlich und geheim durchgeführt werden. Der Elternbeirat kann sich eine Geschäftsordnung geben, die seine Arbeit regelt. Er informiert die Eltern, die Leitung und den Träger der Kindertageseinrichtung über seine Tätigkeit.

§ 10a Elternsprecher auf kommunaler, Kreis- und Landesebene
(1) Elternbeiräte der Kindertageseinrichtungen können sich jeweils auf der Ebene der Gemeinde, des Landkreises sowie landesweit zu einer Gesamtelternvertretung zusammenschließen. Die Gemeinden, der örtliche Träger der öffentlichen Jugendhilfe sowie das für Kindertageseinrichtungen zuständige Ministerium unterstützen und fördern die Arbeit der Elternvertretungen.
(2) Die landesweite Gesamtelternvertretung nach Absatz 1 entsendet ein beratendes Mitglied in den Landesjugendhilfeausschuss nach § 9 in Verbindung mit § 7 Thüringer Kinder- und Jugendhilfe-Ausführungsgesetz (ThürKJHAG).
(3) Die förderfähigen Kosten der Gesamtelternvertretungen tragen auf der Ebene des Landes das Land, auf der Ebene des Landkreises der Landkreis und auf der Ebene der Gemeinde die Gemeinde. Die einzelnen Mitwirkungsrechte der Elternvertretungen, das jeweilige Wahlverfahren und die Fördergrundsätze werden durch Rechtsverordnung des für Kindertageseinrichtungen zuständigen Ministeriums geregelt.

§ 11 Aufgabe des Trägers
(1) Der Träger ist verpflichtet, die Zusammenarbeit aller Beschäftigten sowie ihr Zusammenwirken mit den Eltern und anderen Partnern im Sozialraum zu unterstützen und anzuregen. Über wesentliche Belange der Kindertageseinrichtung sind die Eltern rechtzeitig zu informieren.
(2) Der Träger sichert die Information aller Beschäftigten zur Wahrnehmung ihrer Aufgaben in der Tageseinrichtung und die erforderliche fachliche Abstimmung zwischen seinen Tageseinrichtungen. Er trägt die Verantwortung für die inhaltliche und organisatorische Arbeit in der Tageseinrichtung.

Weiterführende Literatur
Biermann, Benno: Soziologische Grundlagen der Sozialen Arbeit. UTB FÜR WISSENSCHAFT, Stuttgart 2007.

Bostelmann, Antje (Hrsg.): Achtung Eltern! im Kindergarten. Typische Konflikte mit Eltern und wie man damit umgeht, Mühlheim a. d. Ruhr, Verlag an der Ruhr, 2007.

Kommunale Bildungslandschaften. Ein Bericht von Anika Duveneck und Einblicke in die Praxis von Sybille Volkholz, Herausgegeben von der Heinrich-Böll-Stiftung 2011.

Lothar Klein/Herbert Vogt: Eltern in der Kita. Schwierigkeiten meistern – Kommunikation entwickeln, Seelze/Velber, Kallmeyer Verlag, 2008.

Mogge-Grotjahn, Hildegard: Soziologie. Eine Einführung für soziale Berufe, Lambertus, 3. vollständig überarbeitete und aktualisierte Auflage, Freiburg, 2007.

Maykus, Stephan/Schone, Reinhold (Hrsg.): Handbuch Jugendhilfeplanung. Grundlagen, Anforderungen und Perspektiven, 3. überarbeitete Auflage, VS Verlag Wiesbaden, 2010.

8 Zusammenarbeit mit Eltern im Familienzentrum

Elke Katharina Klaudy und Sybille Stöbe-Blossey

International lässt sich ein Trend zur Erweiterung der Funktionen von Tageseinrichtungen für Kinder ausmachen (siehe Altgeld u. a., 2008): Kindertageseinrichtungen sollen zu Zentren für integrierte und niedrigschwellig zugängliche Dienstleistungen und Unterstützungssysteme für Kinder und Familien werden. Die Zusammenarbeit mit Eltern erhält damit eine neue Qualität. In diesem Kapitel geht es um die Aufgaben, die sich aus dieser neuen Qualität für das Familienzentrum und sein Team ergeben. Im ersten Teil wird beispielhaft anhand des nordrhein-westfälischen Landesprojektes zum Aufbau von Familienzentren dargestellt, welche Aufgaben ein Familienzentrum wahrnimmt und was dies für die Zusammenarbeit mit Eltern bedeutet. Der zweite Teil fokussiert die Anforderungen, die sich daraus an die Qualifizierung von Erzieherinnen und Erziehern ergeben.

8.1 Von der Kindertageseinrichtung zum Familienzentrum

Als Vorbild für die Weiterentwicklung von Kindertageseinrichtungen werden vielfach die britischen „Early Excellence Centers" (EEC) angesehen, die 1997 über ein Pilotprogramm der Regierung ins Leben gerufen wurden. Ziel der EEC ist es, mit Angeboten aus einer Hand auf die komplexen Bedürfnisse von Familien einzugehen (siehe Bertram/Pascal/Bokhari u. a., 2002). Auch in Deutschland wurden in Recherchen des Deutschen Jugendinstituts (siehe DJI, 2004 und 2005) bereits vor einigen Jahren Projekte vorgefunden, die in diese Richtung gingen. Ein erster Ansatz zur systematischen und flächendeckenden Umsetzung derartiger Konzepte findet sich seit Anfang 2006 in Nordrhein-Westfalen.

In diesem Kapitel werden zunächst die Grundlagen für die Entwicklung von Familienzentren in Nordrhein-Westfalen skizziert (8.1.1). Anschließend werden die Inhalte des für die Familienzentren geltenden Gütesiegels dargestellt (8.1.2) und im Hinblick auf ihre Bedeutung für die Zusammenarbeit mit Eltern diskutiert (8.1.3). Danach erfolgt ein Überblick über praktische Erfahrungen (8.1.4).

8.1.1 Das Landesprojekt „Familienzentrum" in Nordrhein-Westfalen

In Nordrhein-Westfalen werden seit 2006 nach und nach etwa ein Drittel der etwa 9.000 Kindertageseinrichtungen zu Familienzentren ausgebaut. Familienzentren sollen mit Familienbildung und Familienberatung kooperieren und Familien diese Angebote niedrigschwellig im Sozialraum zugänglich machen, die Vermittlung und Qualifizierung von Tagespflege unterstützen und erweiterte Angebote für die Vereinbarkeit von Familie und Beruf bereithalten.

Das Land macht Vorgaben über die Anzahl an förderbaren Familienzentren pro Jugendamtsbezirk. Die einzelnen Jugendämter wählen – in Abstimmung mit den örtlichen Trägern und auf der Grundlage von sozialraumbezogenen Überlegungen – Kindertageseinrichtungen aus, die sich zum Familienzentrum weiterentwickeln. Familienzentren erhalten eine Landesförderung, die zunächst 12.000 EUR jährlich betrug. Zum Kindergartenjahr 2011/12 wurde sie auf 13.000 EUR erhöht (und bis 14.000 EUR in sozialen Brennpunkten).

Aus diesem Budget finanzieren die Familienzentren zusätzliche Leistungen, z. B. Referentenhonorare für Bildungsveranstaltungen oder auch Sachkosten für Ausstattungsgegenstände wie Beamer oder Verbrauchsmaterialien. Ihr Angebot soll allerdings nicht vollständig aus diesem Budget finanziert werden. Vielmehr sieht das Konzept vor, dass andere Institutionen – etwa Erziehungsberatungsstellen – mit den Familienzentren kooperieren und ihre Leistungen vor Ort in deren Räumlichkeiten anbieten. Im Sinne des niedrigschwelligen Zugangs im Sozialraum sollen auf diese Weise die Hemmschwellen für die Inanspruchnahme derartiger Angebote gesenkt werden. Die Mitarbeiterinnen und Mitarbeiter der Familienzentren sollen dabei eine Lotsenfunktion wahrnehmen, das heißt, sie regen Eltern zur Nutzung der Angebote an und begleiten sie gegebenenfalls.

Um die Landesförderung zu erhalten, muss sich jede ausgewählte Einrichtung nach einer knapp einjährigen Entwicklungsphase nach dem Gütesiegel Familienzentrum NRW (siehe MGFFI, 2007 und MFKJKS, 2011) zertifizieren lassen. Das Gütesiegel ist vier Jahre lang gültig, danach steht eine Rezertifizierung an.

Das Gütesiegel gliedert sich in vier Leistungs- und vier Strukturbereiche:

Leistungsbereiche

1. Bereithalten von Beratungs- und Unterstützungsangeboten für Kinder und Familien
2. Förderung von Familienbildung und Erziehungspartnerschaft
3. Unterstützung bei der Vermittlung und Nutzung der Kindertagespflege
4. Verbesserung der Vereinbarkeit von Beruf und Familie

Strukturbereiche

1. Ausrichtung des Angebotes am Sozialraum
2. Aufbau einer verbindlichen Zusammenarbeit mit Einrichtungen und Diensten, deren Tätigkeit den Aufgabenbereich des Familienzentrums berührt
3. Bekanntmachung des Angebotes durch zielgruppenorientierte Kommunikation
4. Sicherung der Qualität des Angebotes durch Leistungsentwicklung und Selbstevaluation
   (vgl. MGFFI, 2007, S. 10/vgl. MFKJKS, 2011, S. 10)

Die Leistungsbereiche enthalten Aufgaben, die ein Familienzentrum für die Kinder und ihre Familien erfüllen soll, in den Strukturbereichen werden unterstützende Merkmale benannt (wie z. B. der Abschluss von Kooperationsvereinbarungen, die für die Aufgabenerfüllung zu einem bestimmten Thema förderlich sind). Jeder Leistungsbereich enthält acht Basis- und sieben bis acht Aufbauleistungen, jeder Strukturbereich vier Basis- und vier Aufbaustrukturen (siehe unten).

Als gütesiegelfähig wird ein Bereich definiert, in dem mindestens fünf Basisleistungen bzw. mindestens drei Basisstrukturen nachgewiesen werden können. Durch Aufbauleistungen bzw. -strukturen oder zusätzliche Basisleistungen oder -strukturen können Zusatzpunkte erzielt und Defizite teilweise ausgeglichen werden. Die hohe Anzahl der Leistungen und Strukturen verbunden mit einem im Verhältnis dazu eher niedrigen Mindeststandard ermöglicht unterschiedliche Einrichtungsprofile. Die Grenzen für diese Vielfalt liegen jedoch dort, wo bestimmte Mindeststandards nicht eingehalten werden. Aus diesem Grund ist die Vergabe des Gütesiegels auch mit einer externen Überprüfung verbunden. Im Sinne der Transparenz für Familien soll erreicht werden, dass ein Familienzentrum einen bestimmten Mindeststandard bietet. Insofern stellt das Gütesiegel-Verfahren eine Grundlage für die Zusammenarbeit mit Eltern im Familienzentrum dar: Eltern sollen in die Lage versetzt werden, selbst einzuschätzen, was sie von einem Familienzentrum erwarten können.

8.1.2 Zusammenarbeit mit Eltern: das Gütesiegel „Familienzentrum NRW"

Betrachtet man die Leistungsbereiche des Gütesiegels, so wird deutlich, dass die Zusammenarbeit mit Eltern ein Kernelement des Konzepts Familienzentrum bildet. Auf den ersten Blick zeigt sich dies beim zweiten Leistungsbereich, in dem es um die „Förderung von Familienbildung und Erziehungspartnerschaft" geht. Im Einleitungstext zu diesem Bereich wird auch die Philosophie angesprochen, die dem Gütesiegel bei der Zusammenarbeit mit Eltern zugrunde liegt:

Erstens ist das Familienzentrum „Partner der Eltern" (MFKJKS, 2011, S. 12), zweitens berücksichtigt es „die unterschiedlichen Ansprüche verschiedener Familien" (MFKJKS, 2011, S. 12) und drittens stellt es sich „dem Bedarf entsprechend auf die besonderen Kompetenzen und Bedürfnisse von Eltern mit Zuwanderungsgeschichte ein" (MFKJKS, 2011, S. 12).

Aber auch der erste Leistungsbereich ist von hoher Relevanz für die Zusammenarbeit mit Eltern; ihnen soll ein „niederschwelliges Beratungs- und Unterstützungsangebot" (MFKJKS, 2011, S. 10) gemacht werden. Der dritte Bereich (Kindertagespflege) und der vierte Bereich (Vereinbarkeit von Beruf und Familie) stehen ebenfalls in einem engen Zusammenhang mit der Kooperation mit Eltern, denn hier geht es darum, Angebote zu entwickeln, die die Eltern in ihrer jeweiligen Lebenssituation und unter Berücksichtigung ihrer beruflichen Anforderungen unterstützen, indem eine bedarfsgerechte Betreuung ihrer Kinder sichergestellt wird.

Angesichts der zentralen Bedeutung des Bereichs 2 im gegebenen Zusammenhang werden die darin enthaltenen Leistungen vollständig, die der übrigen Leistungsbereiche auszugsweise aufgelistet.

Leistungen von Familienzentren nach dem Gütesiegel „Familienzentrum NRW" (siehe MFKJKS, 2011)

Bereithalten von Beratungs- und Unterstützungsangeboten für Kinder und Familien

Basisleistungen
Das Familienzentrum
1.1 verfügt über ein aktuelles Verzeichnis von Beratungs- und Therapiemöglichkeiten und von Angeboten zur Gesundheits- und Bewegungsförderung in der Umgebung (Erziehungs-/Familienberatung, Frühförderung, Heilpädagogik, Psychotherapie, Ergotherapie, Logopädie, Beratungsstellen für spezielle Fragen wie z. B. Hochbegabung, Selbsthilfegruppen, Sportkurse usw.). [...]
1.3 organisiert Eltern-Kind-Gruppen für Familien mit unter dreijährigen Kindern (wenigstens einmal pro Woche) oder kann interessierte Eltern an ein entsprechendes Angebot (z. B. einer Familienbildungsstätte, einer Gemeinde oder einer Elterninitiative) im Einzugsgebiet verweisen.
1.4 verfügt über ein Konzept, welches sicherstellt, dass bei Bedarf die Vermittlung von Familien zur Erziehungs-/Familienberatung erfolgt und der Beratungsprozess (z. B. durch Gespräche zwischen Erzieherinnen und Erziehern und den Eltern) begleitet wird.
1.5 organisiert eine offene Sprechstunde für Erziehungs-/Familienberatung oder andere in den Alltag der Einrichtung integrierte Beratungsangebote (mindestens einmal im Monat). [...]
1.8 sorgt dafür, dass die Inanspruchnahme von U-Untersuchungen und die Zusammenarbeit mit Kinderärztinnen und Kinderärzten durch gezielte Maßnahmen gefördert werden. [...]

Aufbauleistungen
Das Familienzentrum
1.10 organisiert für Kinder der Einrichtung (ggf. auch mit ihren Eltern) spezielle Kurse oder Projekte zur zusätzlichen Sprachförderung (wobei unter „zusätzlich" gezielte Maßnahmen zu verstehen sind, die über Förderung der Sprachfähigkeiten im Alltag hinausgehen).
1.11 ermöglicht – unabhängig von einer eventuellen Sprechstunde – individuelle Erziehungsberatung/Familienberatung in seinen Räumlichkeiten, wobei eine ungestörte Beratungssituation und der Vertrauensschutz gewährleistet werden. [...]
1.14 sorgt dafür, dass eine aufsuchende Elternarbeit (soweit notwendig unter Einbeziehung mehrsprachiger Ansprechpersonen) durchgeführt wird, wobei dies nicht durch das Personal der Tageseinrichtung geschehen muss. [...]
1.16 sorgt dafür, dass mindestens eine Mitarbeiterin oder ein Mitarbeiter auf das Thema „Kinderschutz" spezialisiert ist (nachgewiesen z. B. durch Zusatzausbildung, Fortbildung, Mitgliedschaft in einem einschlägigen Arbeitskreis) und als Multiplikatorin oder Multiplikator dient.

(MFKJKS, 2011, S. 10f.)

Förderung von Familienbildung und Erziehungspartnerschaft

Basisleistungen
Das Familienzentrum
2.1 verfügt über ein aktuelles Verzeichnis von Angeboten der Eltern- und Familienbildung in der Umgebung (z. B. Kurse von Familienbildungsstätten, Volkshochschulen, freie Initiativen, Integrationsfachstellen, Vereinen zugewanderter Eltern).
2.2 organisiert Kurse zur Stärkung der Erziehungskompetenz, die mit Einrichtungen der Familienbildung durchgeführt werden sollen, mit einem Platzangebot für mindestens 20 Prozent aller Eltern der Einrichtung im Kindergartenjahr; soweit es sich um längerfristig angelegte Kurse von besonderer Qualität handelt, kann die Quote von 20 Prozent auch unterschritten werden.
2.3 organisiert in der Tageseinrichtung regelmäßig ein offenes Elterncafé, das Eltern als Treffpunkt dient (mindestens einmal im Monat).
2.4 organisiert Elternveranstaltungen (z. B. Elternfrühstück oder Elternabend mit einem bestimmten Thema) zu pädagogisch wichtigen Themen (mindestens viermal im Kindergartenjahr).
2.5 organisiert interkulturell ausgerichtete Veranstaltungen und Aktivitäten, die besonders auf die Bedürfnisse von Familien mit Zuwanderungsgeschichte zugeschnitten sind und diese dazu anregen, sich zu beteiligen (mindestens einmal pro Kindergartenjahr).
2.6 organisiert mindestens eine niedrigschwellige Aktivität für Erwachsene (einmal im Kindergartenjahr).
2.7 ermöglicht Eltern, Familienselbsthilfeorganisationen und anerkannten Elternvereinen im Familienzentrum Treffen, Beratungen oder andere Aktivitäten durchzuführen.
2.8 macht Angebote zur Gesundheits- und/oder Bewegungsförderung (Elternkurse, Eltern-Kind-Kurse) (mindestens ein Angebot pro Kindergartenhalbjahr).

Aufbauleistungen
Das Familienzentrum
2.9 organisiert Deutschkurse für Eltern mit Zuwanderungsgeschichte (mindestens ein Kurs pro Kindergartenhalbjahr).
2.10 organisiert weitere Bildungsmöglichkeiten speziell für Eltern mit Zuwanderungsgeschichte (z. B. Rucksack-Projekt) (mindestens ein Angebot pro Kindergartenhalbjahr).
2.11 macht Angebote speziell für Alleinerziehende (mindestens ein Angebot pro Kindergartenhalbjahr).
2.12 macht Angebote für Eltern in den Bereichen Haushaltsführung/Schulden und/oder Arbeitsmarkt- und Berufsorientierung (mindestens ein Angebot pro Kindergartenhalbjahr).
2.13 macht Angebote zur Stärkung der Kompetenz speziell von Vätern (mindestens ein Angebot pro Kindergartenhalbjahr).
2.14 macht Angebote zur Medienerziehung und/oder Leseförderung (Elternkurse, Eltern-Kind-Kurse) (mindestens ein Angebot pro Kindergartenhalbjahr).
2.15 macht musisch-kreative Angebote (Elternkurse, Eltern-Kind-Kurse) (mindestens ein Angebot pro Kindergartenhalbjahr).
2.16 verfügt (im Sinne der Erziehungspartnerschaft) über ein Beschwerdemanagement.

(MFKJKS, 2011, S. 12f.)

Unterstützung bei der Vermittlung und Nutzung der Kindertagespflege

Basisleistungen
Das Familienzentrum
3.1 verfügt über schriftliche Informationsmaterialien zum Thema „Kindertagespflege" und legt diese in der Einrichtung aus.
3.2 verfügt über Informationen über die Wege zur Vermittlung von Tageseltern in der Kommune (z. B. Jugendamt, Tagespflegevereine, betriebsbezogene Angebote, ...) und kann Eltern entsprechend beraten.

3.3 organisiert in jedem Kindergartenjahr Informationsveranstaltungen für Eltern zum Thema Kindertagespflege.
3.4 sorgt dafür, dass eine Mitarbeiterin oder ein Mitarbeiter auf Fragen der Eltern zur Kindertagespflege kompetent eingehen kann (nachgewiesen z. B. durch Zusatzausbildung, Fortbildung oder regelmäßige Treffen mit der Fachberatungs- und Vermittlungsstelle).
3.5 verfügt über eine schriftliche Darstellung seines Angebots zum Thema „Kindertagespflege" und legt/hängt diese an Orten aus, an denen Familien mit unter dreijährigen Kindern erreicht werden, die noch keine Einrichtung besuchen.
3.8 organisiert die Vermittlung von Kindertagespflegepersonen ggf. in Kooperation mit einer Fachberatungs- und Fachvermittlungsstelle.

Aufbauleistungen
Das Familienzentrum
3.9 ermöglicht einzelnen Tageseltern die Nutzung von Räumen der Einrichtung außerhalb der Öffnungszeiten (Randzeitenbetreuung).
3.10 ermöglicht einzelnen Tageseltern für ihre Betreuungsangebote die Nutzung von freien Räumen der Einrichtung während der Öffnungszeiten (z. B. Kleingruppen für unter Dreijährige). [...]
3.12 verfügt über Kenntnisse (ggf. in Kooperation mit einem Partner) von Tageseltern, die eine interkulturelle Kompetenz haben.

(MFKJKS, 2011, S. 14f.)

Verbesserung der Vereinbarkeit von Beruf und Familie

Basisleistungen
Das Familienzentrum
4.1 verfügt über Kenntnisse der Bedarfslage von Eltern, indem es bei der Anmeldung den zeitlichen Betreuungsbedarf von Eltern so abfragt, dass auch Bedarfe erfasst werden, die über die Öffnungszeiten der Einrichtungen hinausgehen.
4.2 verfügt über Kenntnisse der Bedarfslage von Eltern mit Kindern in der Einrichtung, indem es einmal jährlich den zeitlichen Betreuungsbedarf von Eltern so abfragt, dass auch Bedarfe erfasst werden, die über die Öffnungszeiten der Einrichtungen hinausgehen.
4.6 organisiert regelmäßig Betreuungsangebote bis mindestens 18.30 Uhr (nach dem Gesetz geförderte Gruppen, Randzeitenangebote von Mitarbeiterinnen und Mitarbeitern der Einrichtung oder durch Dritte, ...) (mindestens einmal wöchentlich).
4.7 verfügt über einen Pool von Babysittern zur Vermittlung an interessierte Eltern.
4.8 organisiert eine Notfallbetreuung für Kinder, deren Geschwister die Einrichtung besuchen.

Aufbauleistungen
Das Familienzentrum
4.9 organisiert eine Notfallbetreuung für andere Kinder aus dem Einzugsgebiet der Einrichtung.
4.10 organisiert regelmäßig Betreuungsmöglichkeiten am Wochenende (mindestens zweimal im Monat).
4.11 organisiert Betreuungsmöglichkeiten, die auf die zeitlichen Bedürfnisse von Eltern im Schichtdienst ausgerichtet sind. [...]
4.14 organisiert im Bedarfsfall (z. B. Krankheit oder Dienstreise der Eltern) eine häusliche Betreuung.

(MFKJKS, 2011, S. 16f.)

8.1.3 Dimensionen der Zusammenarbeit mit Eltern

Betrachtet man die einzelnen Kriterien, so werden sehr unterschiedliche Dimensionen der Zusammenarbeit mit Eltern deutlich.

Diese Dimensionen werden im Folgenden zusammengefasst:

Information
Familienzentren sollen eine Lotsenfunktion für Eltern wahrnehmen. Das heißt, dass sie Informationen bereithalten und der Familie bei Bedarf den Weg zu einer für ihren Bedarf passenden Institution weisen. Dieser Aspekt wird z. B. dadurch umgesetzt, dass die Familienzentren über umfassende Informationen zu örtlichen Beratungs- und Bildungsmöglichkeiten verfügen (1.1 und 2.1).

Auch viele Basisleistungen im Bereich der Tagespflege (3.1 bis 3.5) beziehen sich im Wesentlichen auf die Weitergabe von Informationen. Hier wird allerdings auch deutlich, dass die Informationsfunktion sich nicht auf eine bloße Auflistung von Adressen beschränkt. Vielmehr ist sie verknüpft mit einer Beratung. So wird z. B. in der Leistung 3.4 gefordert, dass Mitarbeiterinnen und Mitarbeiter kompetent auf Fragen der Eltern zum Thema Tagespflege eingehen können.

Individuelle Beratung
Die Lotsenfunktion spielt auch im Kontext der individuellen Beratung von Eltern eine Rolle. Es geht hier nicht nur darum, dass die Mitarbeiterinnen und Mitarbeiter des Familienzentrums Eltern beraten; vielmehr sollen sie auch Eltern die Beratung durch andere Institutionen vermitteln. Dies betrifft vor allem die Erziehungsberatung (1.4, 1.5, 1.11): Zum einen sollen die Familienzentren dafür sorgen, dass bei Bedarf die Vermittlung der Familie an eine geeignete Stelle erfolgt; zum anderen sollen sie Beraterinnen und Berater in ihr Haus holen und so dazu beitragen, dass die Hemmschwelle für die Nutzung von Beratung gesenkt wird. Ergänzt werden kann die Beratung darüber hinaus durch eine aufsuchende Elternarbeit (1.14).

Elternbildung
Im Gütesiegel ist ein breites Spektrum an Bildungsangeboten für Eltern enthalten. Die Formen sind vielfältig. Unterscheiden lassen sie sich erstens nach dem Grad der Niedrigschwelligkeit: Ein Elterncafé (2.3) stellt eine sehr niedrigschwellige Form der Elternbildung dar, indem es Eltern die Möglichkeit bietet, in lockerer Atmosphäre sowohl untereinander als auch

mit den Mitarbeiterinnen und Mitarbeitern der Einrichtung und ggf. auch mit externen Gästen ins Gespräch zu kommen – zu einem bestimmten Thema oder auch allgemein.

Andere Elternveranstaltungen, z. B. zu pädagogisch wichtigen Themen (2.4), sind stärker themenspezifisch ausgerichtet, aber immer noch eher niedrigschwellig und punktuell, also als Einzelveranstaltungen organisiert. Kurse zur Stärkung der Erziehungskompetenz (2.2) beinhalten hingegen eine längerfristige Verpflichtung der Teilnahme von Eltern an mehreren Terminen.

Ein zweites Unterscheidungsmerkmal betrifft die Frage, ob Veranstaltungen sich ausschließlich an die Erwachsenen oder an Eltern und Kinder gemeinsam richten. Ein klassisches Beispiel für die Bedeutung gemeinsamer Aktivitäten in der Familienbildung ist die Eltern-Kind-Gruppe (1.3). Es gibt aber auch Veranstaltungen, in denen die Arbeit mit Erwachsenen im Mittelpunkt steht. Dies betrifft z. B. Deutschkurse (2.9) oder Angebote zu Fragen von Haushaltsführung, Schulden usw. (2.12); des Weiteren verdeutlicht das Gütesiegel auch, dass speziell erwachsenenbezogene Angebote als Teil des Leistungsspektrums eines Familienzentrums für wünschenswert gehalten werden; mindestens ein solches Angebot soll es geben (2.6).

Bei vielen inhaltlichen Themen wird offengelassen, ob es um gemeinsame oder um erwachsenenspezifische Angebote geht. Dies liegt im Ermessen des einzelnen Familienzentrums und gilt explizit für Angebote der Gesundheits- und Bewegungserziehung (2.8), der Förderung von Lese- und Medienkompetenz (2.14) und für musisch-kreative Angebote (2.15). Auch bei interkulturellen Angeboten (2.5) sowie bei Angeboten für Alleinerziehende (2.11) und zur Stärkung der Kompetenz von Vätern (2.13) bestehen beide Möglichkeiten.

Ein drittes Unterscheidungsmerkmal wird nun bereits deutlich: Elternbildung im Familienzentrum kann sehr unterschiedliche Themen betreffen – von eindeutig erziehungsbezogenen Fragen (2.2, 2.4) über kombinierte Förder- und Freizeitangebote (2.8, 2.14, 2.15) bis hin zu Themen der allgemeinen Lebensführung (2.12).

Viertens schließlich richten sich die meisten Angebote an alle Familien; in einzelnen Fällen stehen bestimmte Zielgruppen im Mittelpunkt, z. B. Alleinerziehende und Väter (2.11, 2.13).

Leistungen zur Unterstützung der Vereinbarkeit von Familie und Beruf
Neben Informations- und Vermittlungsleistungen gibt es eine Reihe von konkreten Angeboten, die die Eltern bei der Vereinbarung von Familie und Beruf je nach Bedarf unterstützen. Die Familienzentren können z. B. Tagespflegepersonen (3.8) oder Babysitter (4.7) vermitteln, die Tagespflegepersonen bei der Bereitstellung von Betreuungsangeboten unterstützen (3.9, 3.10), Betreuungsmöglichkeiten für unterschiedliche Zeitbedarfe bereitstellen (4.6, 4.10, 4.11) oder eine Betreuung für Notfälle, z. B. für Geschwisterkinder und/oder Kinder aus dem Einzugsgebiet anbieten (4.8, 4.9, 4.14).

Partizipation von Eltern
Die Partizipation von Eltern ist bei vielen Leistungen des Gütesiegels implizit enthalten. Allein die Öffnung der Einrichtungen, die mit der Entwicklung zum Familienzentrum und den verschiedenen Angeboten für Eltern verbunden ist, bedeutet eine Erweiterung der Partizipation. Wenn Eltern sich z. B. in ein Elterncafé-Projekt oder eine interkulturelle Veranstaltung einbringen, werden sie selbst aktiv und stehen im Dialog mit Mitarbeiterinnen und Mitarbeitern der Einrichtung. Explizit wird der Aspekt der Partizipation bei der Leistung 2.7 angesprochen: Familienzentren sollen eigenständige Aktivitäten von Eltern fördern, indem sie ihnen

Ressourcen dafür zur Verfügung stellen. Wichtig sind in diesem Kontext auch die Leistungen 4.1 und 4.2: Familienzentren sollen erweiterte Abfragen vornehmen, um den Bedarf der Eltern im Hinblick auf die benötigten Betreuungszeiten kennen zu lernen.

Nicht angesprochen werden hingegen im Gütesiegel institutionelle Mitwirkungsmöglichkeiten der Eltern, z. B. über Gremien wie Elternräte. Dies ist darin begründet, dass diese Mitwirkungsmöglichkeiten allgemein für Kindertageseinrichtungen geregelt und nicht spezifisch für die Entwicklung zum Familienzentrum sind (zur Mitwirkung von Eltern in Kindertageseinrichtungen siehe die Kapitel 2, 6 und 7 in diesem Band).

Umgang mit Konflikten
Dass es in der Zusammenarbeit mit Eltern auch Konflikte geben kann, wird zum einen bei der Leistung 2.16 (Beschwerdemanagement) deutlich. Hier geht es darum, dass konstruktiv damit umgegangen wird, wenn Eltern – ob nun zu Recht oder zu Unrecht – mit der Arbeit der Einrichtung nicht zufrieden sind. Zum anderen ist in diesem Kontext das Thema Kinderschutz von Bedeutung: Wenn eine Mitarbeiterin oder ein Mitarbeiter auf das Themenfeld Kinderschutz spezialisiert sein soll (1.16), bedeutet dies, dass diese Fachkraft im Konfliktfall in der Lage sein muss, mit Eltern Probleme des Kinderschutzes anzusprechen, und nötigenfalls entsprechende Maßnahmen, z. B. die Einschaltung des Jugendamtes, in die Wege leitet.

Auch Leistung 1.8 (Förderung der Inanspruchnahme von Vorsorgeuntersuchungen) zeigt implizit, dass nicht davon ausgegangen wird, dass es zwischen Eltern und Einrichtung immer einen Konsens darüber gibt, was das Beste für das Kind ist: Wären sich alle über die Notwendigkeit der Vorsorgeuntersuchungen einig, müsste deren Inanspruchnahme nicht durch das Familienzentrum extra gefördert werden. An dieser Stelle wird deutlich, dass Zusammenarbeit mit Eltern nicht bedeutet, alle ihre Sicht- und Handlungsweisen hinzunehmen; vielmehr ist ein aktiver Umgang mit potenziellen Konfliktfeldern gefragt.

8.1.4 Erfahrungen der Familienzentren in der Zusammenarbeit mit Eltern

Das Aufgabenspektrum von Familienzentren in der Zusammenarbeit ist vielfältig: Dies haben die bisherigen Ausführungen gezeigt. Wie stellt sich die Zusammenarbeit mit Eltern nun in der Praxis dar, und wie hat sie sich mit dem Aufbau von Familienzentren entwickelt? Dieser Frage wird im Folgenden anhand von Ergebnissen der wissenschaftlichen Begleitung (siehe www.paedquis.de; Zusammenfassung siehe Stöbe-Blossey/Mierau/Tietze, 2008, sowie Stöbe-Blossey, Familienzentren, 2010a) aus der Anfangsphase des NRW-Projektes und einer Nachbefragung von 23 Einrichtungen im Jahr 2011[1] nachgegangen.

Familienzentren sollen Angebote bereithalten, die den Bedürfnissen der Familien in ihrem Sozialraum angepasst sind. Dabei stellt sich in allen Familienzentren immer wieder neu die Frage, welche Angebote den Familien gemacht werden. Hier gibt es deutliche Unterschiede je nach Sozialraum: „Alles, was mit Bildung zu tun hat, das funktioniert nicht"[2], so fasst in

---

[1] Die Befragungen wurden im Rahmen eines Lehrforschungsprojektes im Bachelor-Studiengang Politikwissenschaft von Studierenden der Universität Duisburg-Essen in Form von 23 leitfadengestützten Interviews mit Leiterinnen von unterschiedlichen, seit 2007 als Familienzentrum arbeitenden Einrichtungen durchgeführt (siehe Stöbe-Blossey, 2011).
[2] Dieses Zitat und alle folgenden Zitate stammen aus den Interviewprotokollen der Nachbefragung von 2011 (zusammenfassend siehe Stöbe-Blossey, 2011).

der Nachbefragung die Leiterin einer Einrichtung in einem sozial benachteiligten Umfeld ihre Erfahrungen zusammen, während in einem eher mittelschichtgeprägten Sozialraum auf hohe inhaltliche Anforderungen seitens der Eltern verwiesen wird. Fast überall werden regelmäßig (meistens jährlich) Elternbefragungen durchgeführt, um die Angebote bedürfnisorientiert zu entwickeln. Darüber hinaus erarbeiten viele Leitungskräfte aber auch von sich aus Konzepte, die sie für ihre Familien für sinnvoll halten, und versuchen aktiv, die Eltern zu überzeugen, die angebotenen Möglichkeiten zu nutzen.

Allgemein hat sich gezeigt, dass man die Wünsche und Bedarfe der Eltern immer wieder neu erkunden muss. Es erweist sich als nicht möglich, ein festes Angebot zu haben und dieses über Jahre hinweg laufen zu lassen: „Eltern verändern sich, die Situationen verändern sich. [...] Also man muss eigentlich alles mal immer wieder probieren."

Um ihre Angebote bekannt zu machen, verfügen alle Familienzentren über Programmflyer und Aushänge. Trotzdem sind die meisten Leitungskräfte der Meinung, dass Werbung über Flyer, Aushänge oder Presseartikel eher zweitrangig ist. Am wichtigsten sei es, Eltern persönlich anzusprechen: „Aber es kommt immer auf die persönliche Ansprache an. Also nur ein Aushang oder den Eltern einen Flyer in die Hand zu drücken, das bringt wenig." Sowohl die Entwicklung von Angeboten als auch die Schaffung von Akzeptanz bei den Eltern sind also Daueraufgaben.

Im Folgenden werden nun die Erfahrungen spezifisch für einzelne Bereiche dargestellt. Abschließend wird auf die allgemeine Beurteilung der Entwicklung zum Familienzentrum eingegangen.

Beratung und Unterstützung von Kindern und Familien
Im Bereich „Beratung und Unterstützung von Kindern und Familien", dem ersten Leistungsbereich des Gütesiegels, stellt die Kooperation mit Erziehungsberatungsstellen ein wichtiges Element dar. Vor allem im ländlichen Raum, wo die Kapazitäten von Beratungsstellen oft nicht ausreichen, um auch abgelegene, kleine Einrichtungen mit Angeboten wie Sprechstunden zu versorgen, sind teilweise qualifizierte Lotsenmodelle entstanden: So wurden in einer Kommune Erzieherinnen und Erzieher gezielt darüber informiert, in welcher Beratungsstelle welche Person für welche Problemlage angesprochen werden könnte, und mit den Beratungsstellen wurde vertraglich vereinbart, dass die jeweiligen Ansprechpersonen auf Anfrage der pädagogischen Fachkräfte zu Terminen in die Einrichtungen kommen. Auf diese Weise soll eine dezentrale Versorgung gewährleistet werden.

Was die Nutzung der offenen Sprechstunden betrifft, so zeigt sich, dass dieses Angebot vor allem dann auf Akzeptanz stößt, wenn es in geeigneter Form eingebunden wird – etwa, indem sich die Berater und Beraterinnen bei Elterncafés bekannt machen und indem Formen der Terminvereinbarung organisiert werden, die die Anonymität der Ratsuchenden gegenüber anderen Eltern gewährleisten (vgl. Meyer-Ullrich/Schilling/Stöbe-Blossey, 2008, S. 56 f.). Insgesamt wird die Kooperation mit Beratungsstellen von den Tageseinrichtungen sehr positiv bewertet, nicht nur, weil es auf diese Weise gelingt, Familien, die sonst vielleicht nicht den Weg zu einer Beratungsstelle gefunden hätten, Hilfen zu vermitteln, sondern auch deshalb, weil die pädagogischen Fachkräfte selbst von dem multiprofessionellen Austausch mit Beraterinnen und Beratern profitieren (vgl. Meyer-Ullrich/Schilling/Stöbe-Blossey, 2008, S. 52 f. und vgl. Meyer-Ullrich, 2008, S. 21 f.).

Auch aus der Sicht der Beratungsstellen stellt sich die Bilanz positiv dar: In der Online-Befragung im Frühjahr 2008 gaben 86,2 Prozent der Erziehungsberatungsstellen an, dass sich die Möglichkeiten zur präventiven Arbeit durch die Kooperation mit Familienzentren verbesserten; 81,9 Prozent sahen einen Abbau von Hürden beim Zugang der Eltern zu Beratungsleistungen und 74,6 Prozent einen erleichterten Zugang zu schwer zugänglicher Klientel (vgl. Schilling/Stöbe-Blossey, 2008, S. 32).

Die positive Bewertung der Zusammenarbeit mit Erziehungsberatungsstellen bestätigt sich in der Nachbefragung von 2011: 21 der befragten Einrichtungen bieten offene Sprechstunden an, die von den Fachkräften der Beratungsstellen in den Räumen des Familienzentrums durchgeführt werden. In sechs Familienzentren nehmen die Beratungsstellen in diesen Sprechstunden auch Aufgaben der Ehe-, Familien- und Lebensberatung wahr, in sieben Einrichtungen gibt es hierzu ein gesondertes Angebot. Zwei Einrichtungen bieten eine Säuglingssprechstunde, elf eine interkulturelle Beratung.

Mehrheitlich finden die offenen Sprechstunden einmal monatlich statt, in zwei Fällen vierzehntägig und in einer Einrichtung sogar wöchentlich. Nur in zwei der befragten Einrichtungen gab es dieses Angebot bereits vor der Entwicklung zum Familienzentrum, so dass hier offenkundig in der Tat eine neue Angebotsform entstanden ist. Der Vorteil liegt vor allem darin, dass das Beratungsangebot auf diese Weise niedrigschwellig zugänglich ist: „Wir sind ein vertrauter Ort und die [Eltern] nehmen halt eher Angebote an, die im Kindergarten stattfinden, als wenn sie zu irgendeiner Verwaltung gehen, wo sie eh Schwellenängste haben und keinen kennen." In über 80 Prozent der Fälle wurden die Mitarbeiterinnen und Mitarbeiter der Beratungseinrichtungen auch zu Elterncafés oder Elternabenden eingeladen – zur Vermittlung von allgemeinen Informationen, vor allem aber zum gegenseitigen Kennenlernen und zum Aufbau von Vertrauen. Neun Leiterinnen erzählen darüber hinaus, dass die pädagogischen Fachkräfte die Eltern auch zu einer Beratung begleiten, falls diese es wünschen: „Aber wenn es da manchmal Schwellenangst gibt, vielleicht auch ein Problem anzusprechen, sind die Kollegen, die mit den Kindern dann eben auch in einer Gruppe arbeiten, auch bereit, diese Eltern dann auch zu begleiten."

Nur in zwei Familienzentren, die beide in einem eher ländlichen Gebiet und in mittelschichtsgeprägten Sozialräumen angesiedelt sind, wird von Akzeptanzproblemen berichtet: „Also die wollen hier nicht beraten werden und hier kommt auch keiner zur Beratung." Hier handelt es sich um Ausnahmefälle; insgesamt scheint es auf breiter Basis gelungen zu sein, Hemmschwellen gegenüber Beratungsangeboten abzubauen.

Nur für eine Angebotsform scheint dies nicht zu gelten: Mittlerweile bietet keine der befragten Einrichtungen mehr regelmäßig eine Schuldnerberatung an, weil dieses Angebot nicht angenommen wurde: „Ich nehme an, die Anonymität ist nicht gegeben hier. Fensterfronten, andere Eltern sehen, wer hier rein und raus geht, und wissen auch, wann eine Schuldnerberatung zum Beispiel hier sitzt, weil die Information vorne im Flip-Chart gesehen wird."

Einzelne Einrichtungen gehen mit ihrem Angebot weit über die Familienberatung im engeren Sinne hinaus. So bietet ein Familienzentrum monatlich eine allgemeine Bürgerberatung an, bei der als Gäste auch die Polizei und das Ordnungsamt vertreten sind. „Da können dann also alle Bürger (das wird auch bei Rewe und so ausgehängt), können sich die Bürger und Familien beschweren. Auch zum Beispiel beschweren, warum wird da ständig aller Abfall hingeschmissen? Warum wird das nicht entsorgt? Als Beispiel jetzt, oder da liegen wieder Spritzen von Süchtigen. [...] Oder es kam zum Beispiel von den Eltern speziell zu dieser

Sprechstunde, dass viele Autofahrer sich nicht an die Geschwindigkeitsbegrenzung halten, die Tempo-30-Zone, da wurden dann zusätzliche Überprüfungen angedacht. […] Und das ist dann für die Leute hier im Stadtteil, die Familien, gut zu wissen, aha – wir sind dann also da auch gut aufgehoben insofern, wenn wir dann was zu bemängeln haben, dann nehmen die uns ernst."

Familienbildung und Erziehungspartnerschaft
Im Bereich „Familienbildung und Erziehungspartnerschaft" lassen sich unterschiedliche Angebotsstrukturen je nach Sozialraum identifizieren. Während in Sozialräumen mit einem hohen Anteil von bildungsbenachteiligten Zielgruppen oft Sprache und Gesundheitsförderung im Mittelpunkt stehen, gibt es in von der Mittelschicht geprägten Stadtteilen mehr kulturell-kreative Angebote. Teilweise werden solche Angebote von Fachkräften der Einrichtungen selbst durchgeführt; vielfach gibt es Kooperationsbeziehungen mit Familienbildungsstätten und anderen Bildungsanbietern.

Für die Familienzentren bedeutet es eine wichtige Entlastung, wenn sie die Durchführung von Bildungsangeboten an darauf spezialisierte Institutionen delegieren können. Die Familienbildungsstätten haben sich dieser Aufgabe gestellt und bieten ein breites Spektrum an Bildungsmöglichkeiten in und mit den Familienzentren an (siehe Schilling, 2008). Allerdings hat sich die Verständigung auf gemeinsame Ziele im Vorfeld als sehr wichtig erwiesen. Zum einen kann auf diese Weise das Angebot besser mit dem Alltag der Einrichtung verknüpft werden. Zum anderen zielt die Einbindung von Familienbildung in die Tageseinrichtung nicht zuletzt darauf ab, Zielgruppen anzusprechen, die sonst von der Familienbildung nur schwer erreicht werden. Dies wiederum ist nur dann möglich, wenn die Angebote in Form und Inhalt auf diese Zielgruppen abgestimmt sind.

Darüber hinaus stellen die Familienbildungsangebote für die Familienzentren das wichtigste Instrument für die Öffnung zum Sozialraum dar: Mit diesen Angeboten gelingt es am ehesten, Familien anzusprechen, die (noch) kein Kind in der Einrichtung haben, und damit das Spektrum der Zielgruppen im Sinne eines sozialraumorientierten Ansatzes zu erweitern und eine erste Zusammenarbeit mit Eltern von Kleinkindern aufzubauen.

Vielfach – und mit einer wachsenden Zahl von Familienzentren mit entsprechenden Angeboten in zunehmendem Maße – beklagen die Einrichtungen, dass Angebote von den Eltern nicht im gewünschten Umfang angenommen werden. Hier hat sich inzwischen gezeigt, dass in der Familienbildung „weniger" manchmal „mehr" ist. Viele Familienzentren haben ihr zunächst sehr breites Angebot konzentriert. Zunehmend wird auch eine Koordinierung mit der im Zuge des Ausbaus wachsenden Anzahl weiterer Familienzentren praktiziert, um sich, insbesondere in der unmittelbaren Nachbarschaft, nicht wechselseitig Konkurrenz zu machen.

Während die Kapazitäten der Beratungsstellen eher knapp zu sein scheinen, berichten in der Nachbefragung von 2011 einige Familienzentren darüber, dass sie von Bildungsanbietern vielfach Werbung erhalten, weil diese über die Familienzentren zusätzliche Angebote machen möchten: „Ich weiß nicht, wie die an die Adressen kommen, aber es ist so – sie werden überschüttet mit Angeboten, Reklame, Kursen, wer was ihnen alles anbietet und machen möchte für viel Geld, für wenig Geld. Das muss man schon gut sondieren, also wirklich gucken, was brauchen wir überhaupt." Zusammenarbeit mit Eltern bedeutet also in diesem Kontext, dass im Familienzentrum genau überlegt wird, welche Angebote für die Eltern im Sozialraum sinnvoll sind und akzeptiert werden.

Inhaltlich fällt auf, dass in fast allen Familienzentren, unabhängig vom Sozialraum, sehr viel Wert auf Gesundheitsthemen gelegt wird; in der Nachbefragung berichten 18 Einrichtungen von Elternveranstaltungen zu diesbezüglichen Fragen. Kochkurse (12), Erste-Hilfe-Kurse (10) oder Vorträge zu Medienerziehung (8) und Verkehrserziehung (8) werden hingegen eher von Familienzentren in mittelschichtgeprägten Gegenden angeboten. In weniger wohlhabenden Sozialräumen spielen dafür die Sprachförderung und interkulturelle Angebote eine größere Rolle – hier bestätigten die Ergebnisse der Nachbefragung die Befunde der wissenschaftlichen Begleitung aus der Anfangsphase.

Einige Familienzentren haben die Erfahrung gemacht, dass es sinnvoll ist, für die Bildungsangebote (begrenzte und an die Situation des Sozialraums angepasste) Gebühren zu erheben: „Wenn die Eltern einen kleinen Obolus entrichten, ist die Wertigkeit dieses Angebots etwas höher." Ohne Gebühren, so berichteten mehrere Leitungskräfte, komme es oft vor, dass sich viele Eltern anmelden und dann nicht kommen; es sei daher wichtig, die Verbindlichkeit durch einen Teilnahmebeitrag zu erhöhen. Darüber hinaus entlastet diese Form der Finanzierung das Budget des Familienzentrums.

Familien mit Migrationshintergrund
Der Anteil der Kinder mit nicht deutscher Muttersprache liegt bei den befragten Familienzentren zwischen 8 und 85 Prozent. Dabei finden sich sehr unterschiedliche Strukturen: „Alle Religionen, alle Schichten, alle Herkunftsländer", so umschreibt eine Leiterin ihr Klientel, während eine andere zusammenfasst: „Wir haben nur Muslime. Wir haben keine anderen Kulturen." Diese unterschiedlichen Strukturen haben Auswirkungen auf die Angebote der Familienzentren, wie die folgenden Berichte zeigen:

So gibt es z. B. in neun der befragten Familienzentren das von der RAA[3] konzipierte Rucksackprojekt. Ziele des Rucksackprojektes sind sowohl die Förderung der deutschen Sprache als auch die Stärkung der allgemeinen Entwicklung und der Sprachkompetenz in der Muttersprache (siehe www.rucksack-griffbereit.raa.de). Zudem möchte man eine interkulturelle Erziehung der Kinder fördern, indem man die Eltern involviert. Daher bearbeitet eine geschulte Elternbegleiterin mit den Eltern in ihrer Muttersprache bestimmte Themen, die die Eltern dann mit ihren Kindern zuhause – ebenfalls in der Muttersprache – vertiefen können, während diese Themen in der Kita in deutscher Sprache aufgegriffen werden. In den meisten Einrichtungen wird dieses Projekt von den Eltern – in der Regel den Müttern – sehr gut angenommen; nur in einem Fall wird berichtet, dass das Projekt sich angesichts der heterogenen Struktur als nicht durchführbar erwiesen hat: Es gab zu wenige Familien mit der gleichen Muttersprache, um Gruppen zusammenzustellen.

Insgesamt jedoch erweist sich der Ansatz, Eltern und Kinder einzubeziehen, als sinnvoll. Denn generell berichten die Leitungskräfte, dass Angebote, die sich ausschließlich an Eltern richten (wie z. B. Deutschkurse und andere Bildungsangebote), oft auf Skepsis stoßen und deutlich weniger Zuspruch finden als Eltern-Kind-Aktivitäten.

So organisieren fünf der 23 Familienzentren jährlich multikulturelle Feste oder Sommerfeste, bei denen sich die unterschiedlichen Nationalitäten der Einrichtung präsentieren. In der Regel gibt es bei solchen Festen Spiele, Tanz und kulinarische Angebote. Der Integrationscharakter solcher Feste liegt insbesondere darin, dass Eltern animiert werden, z. B. durch das Mitbringen von Speisen oder durch das Mitanpacken, eine Beziehung zum Personal der Einrichtung

---
[3] Regionale Arbeitsstelle zur Förderung von Kindern und Jugendlichen aus Zuwandererfamilien

aufzubauen. Letztlich können so positive Impulse geschaffen werden, die die Teilnahme an Beratungs- und Bildungsangeboten erleichtern (siehe dazu auch Kapitel 2 in diesem Band).

Als ein erfolgreicher Weg zur Ansprache von Eltern mit Migrationshintergrund erweisen sich auch offene Elterncafés, teils verknüpft mit individuellen Beratungsangeboten. Darüber hinaus organisieren vier Familienzentren Treffen für Eltern gleicher Herkunft in der Einrichtung (drei türkische Elterncafés und ein bulgarischer Elterntreff). Oft werden solche Treffen verknüpft mit einer Gelegenheit für die Eltern, Einzelgespräche zu führen.

Einige Familienzentren bieten außerdem Freizeitangebote für Eltern an – etwa Schwimmkurse für muslimische Mütter, die in einem geschützten Rahmen (in Abwesenheit von Männern) das Schwimmbad einmal wöchentlich nutzen können. Auch solche Angebote sehen die befragten Leiterinnen als Element des Aufbaus von Vertrauen. Die Vielfalt der Angebotsformen, die im Gütesiegel enthalten ist, wird also offenkundig von den Einrichtungen genutzt, um je nach ihren spezifischen Bedarfen und Möglichkeiten ein sehr unterschiedliches Angebotsspektrum zu entwickeln.

Kindertagespflege
Die Verbindung mit der Tagespflege stellt auch einige Jahre nach dem Beginn der Aufbauphase für die als Familienzentrum ausgewählten Einrichtungen oft Neuland dar. Hier geht es nicht vorrangig, wie nach wie vor viele angehende Familienzentren zunächst vermuten, um die Vermittlung von Tageseltern, sondern zunächst um die Weitergabe von Informationen, die Zusammenarbeit mit Tageseltern und die Beteiligung an deren Qualifizierung und Vernetzung. Familienzentren nehmen hier in vielen Fällen eine Lotsenfunktion wahr; die erforderliche Qualifikation für den Vermittlungsprozess liegt oft eher bei Kooperationspartnern.

Inzwischen hat sich vielfach gezeigt, dass sich zentrale Strukturen (z. B. qualifizierte Vermittlungsstellen für die gesamte Kommune) und dezentrale Ansätze (z. B. Informationsmöglichkeiten in Familienzentren) gut verbinden lassen. So kann z. B. ein Familienzentrum die Erstberatung von an Tagespflege interessierten Familien übernehmen und das Profil der Familie an die zentrale Vermittlungsstelle des Jugendamtes weiterleiten. In anderen Fällen bieten das Jugendamt oder Tagespflegevereine Sprechstunden im Familienzentrum an (wobei auch hier bei einer wachsenden Zahl von Familienzentren inzwischen von Kapazitätsengpässen zu hören ist). Für die Arbeit des Familienzentrums ist vor allem die Zusammenarbeit mit Tageseltern von Bedeutung: Tageseltern aus dem Umfeld werden – teils fachlich begleitete – Treffpunkte und Austauschmöglichkeiten im Familienzentrum angeboten; Qualifizierungsmöglichkeiten werden über Familienzentren organisiert; Tageseltern übernehmen in Räumen von Familienzentren die Betreuung von Kleingruppen zu Randzeiten.

Einige Familienzentren, die in eher benachteiligten Sozialräumen liegen, weisen darauf hin, dass es in ihrem Bereich keine Nachfrage nach Tagespflege gibt. Hier wird in einigen Fällen kritisiert, dass das Gütesiegel der Tagespflege einen kompletten Leistungsbereich widmet, der für einen Teil der Einrichtungen nicht relevant ist: „Man musste ja in vielen Bereichen bestimmte Punkte erreichen, um zertifiziert zu werden, und Tagespflegepunkte waren total schwierig hier. Hartz-IV-Empfänger brauchen keine Tagespflege [...] alle Familienzentren, die im Brennpunkt liegen, die sagen ‚Das ist ein Punkt, den brauchen wir gar nicht'. Wir bräuchten viel eher noch mal mehr von der Beratungsstelle hier." Auch hier zeigt sich also, dass die Formen der Zusammenarbeit mit Eltern sehr stark von den Bedingungen des Sozialraums geprägt sind.

Vereinbarkeit von Beruf und Familie
Maßnahmen zur verbesserten Vereinbarkeit von Beruf und Familie bestehen oft vor allem in erweiterten Formen der Bedarfsabfrage und der Vermittlung von ergänzender Betreuung. Eigene Angebote außerhalb der Standard-Öffnungszeiten, die Kooperation mit der Arbeitsverwaltung oder die Zusammenarbeit mit Unternehmen sind in den Familienzentren nach wie vor selten. Mitarbeiterbefragungen zeigen, dass Bestrebungen nach einer Ausweitung und Differenzierung von Betreuungszeiten auf weit weniger Akzeptanz stoßen als andere im Gütesiegel angesprochene Themen. Hier treffen Ängste im Hinblick auf die Entwicklung der eigenen Arbeitszeit zusammen mit Unsicherheiten über die pädagogische Gestaltung.

Voraussetzungen für eine Erweiterung des Angebotsspektrums sind oft Initiativen des Jugendamtes. Einige Städte organisieren im Rahmen von Projekten pro Stadtteil in einer Kindertageseinrichtung Öffnungszeiten bis 20.00 Uhr. Die Randzeiten-Betreuung – in der Regel ab ca. 17.00 Uhr – wird in Kleingruppen durch Tageseltern sichergestellt und flexibel gehandhabt: Je nach Bedarf kann die Familie entscheiden, ob die Kinder jeden Tag oder nur an bestimmten Wochentagen über die Standard-Zeiten hinaus in der Einrichtung bleiben; die Betreuung wird so gestaltet, dass die Kinder zum Ende eines langen Tages in der Einrichtung auch Ruhezeiten und ein Abendessen vorfinden.

Seit Inkrafttreten des Kinderbildungsgesetzes (KiBiz) am 1. August 2008 wird in Nordrhein-Westfalen die Betreuung von unter Dreijährigen erheblich ausgeweitet. Initiativen für erweiterte Öffnungszeiten oder eine erhöhte Flexibilität sind hingegen bislang selten zu beobachten. Dass die ursprünglich im Konzept „Familienzentrum" angelegte erweiterte Verantwortung der Familienzentren für eine verbesserte Vereinbarkeit von Beruf und Familie in der Praxis einen geringeren Stellenwert hat als andere Leistungen, hängt mit den Rahmenbedingungen zusammen. Dazu gehören Finanzierungsfragen ebenso wie die mangelnde Kenntnis der Träger über mitarbeiterorientierte Modelle der Dienstplangestaltung (siehe Klaudy, 2010), die erforderlich sind, wenn erweiterte und flexible Öffnungszeiten ohne unzumutbare Belastungen der Beschäftigten eingeführt werden sollen.

In der Nachbefragung zeigt sich, dass flexible und erweiterte Öffnungszeiten nach wie vor selten sind. Die befragten Einrichtungen öffnen größtenteils zwischen 7.00 Uhr und 7.30 Uhr, sie schließen meistens etwa um 16.30 Uhr. Sechs Einrichtungen bieten an, die Öffnungszeiten durch Tagespflege zu ergänzen. Dabei findet dieses Angebot teilweise innerhalb der Einrichtung statt, teilweise wird es vermittelt: „Viele, vor allen Dingen alleinerziehende Mütter, kommen mit den Öffnungszeiten nicht hin und brauchen eine Randzeitenbetreuung und da vermitteln wir, auch über die Caritas, an Tagespflegemütter." Einige Einrichtungen finden darüber hinaus individuelle Lösungen: „Da ich morgens immer um 6 Uhr hier bin und eine Mutter sagt zu mir [...] ‚ich muss um 7 Uhr anfangen und hab eine Stunde Weg bis dahin', dann können die Kinder, wenn die kommen, hier zusätzlich vorher betreut werden." Zweifellos wirkt sich eine solche Lösung für die Eltern im Einzelfall sehr positiv aus; jedoch darf nicht übersehen werden, dass (in diesem wie auch in vielen anderen Beispielen) die Leiterin hier durch persönliches Engagement letztlich unzureichende Rahmenbedingungen kompensiert. Auch dies ist ein Thema, das es in der Zusammenarbeit mit Eltern zu beachten gilt.

Insgesamt zeigt sich in den Interviews, dass der Ausbau der Randzeitenbetreuung, die den Eltern auch Arbeitszeiten am späten Nachmittag, am frühen Abend oder gar am Wochenende ermöglichen würde, für den überwiegenden Teil der Familienzentren (noch) kein Thema ist. Dies betrifft insbesondere sozial benachteiligte Stadtteile, wo die direkte Nachfrage nach

Leistungen zur besseren Vereinbarkeit von Beruf und Familie von Seiten der Eltern schwächer ist als in mittelschichtorientierten Sozialräumen.

Gerade aber für einkommensschwache Bevölkerungsgruppen sind bezahlbare und zeitlich auch für die oft in Randzeiten liegenden Arbeitszeiten im Einzelhandel, im Reinigungsdienst usw. passende Betreuungsangebote Voraussetzung für die Möglichkeit zur Erwerbstätigkeit. Die Nachfrage nach entsprechenden Leistungen müsste daher gerade in sozial benachteiligten Sozialräumen aktiv gestärkt werden. Besonders für gering qualifizierte Personen kann die niederschwellige Ansprache in Familienzentren zum Bau von Brücken in den Arbeitsmarkt beitragen.

Eine weitere Perspektive stellt in diesem Kontext die Vernetzung von Familienzentren mit Beratungsmöglichkeiten zur beruflichen Qualifizierung und Arbeitssuche dar. Die Verknüpfung von Dienstleistungen zur Arbeitsmarktintegration und zur passenden Kinderbetreuung kann Müttern und Vätern neue Möglichkeiten eröffnen.[4] Die Zusammenarbeit mit Eltern im Hinblick auf die Vereinbarkeit von Beruf und Familie könne also noch deutlich erweitert werden – allerdings spielen fehlende Ressourcen hier eine große Rolle.

Zwischenbilanz

Insgesamt ziehen die meisten Leitungskräfte in der Nachbefragung eine positive Bilanz des Projektes Familienzentrum. Die Bereitstellung zusätzlicher Angebote stellt offenbar für die meisten einen Gewinn dar: „Wir haben [...] mehr Angebote für die Kinder schaffen können. Wir haben unseren Blick auf die Kinder noch mal verbessert [...], dadurch, dass wir auch viele Experten [...] hinzunehmen, uns noch Unterstützung geholt haben, von außen, zum Beispiel diese Heilpädagogin, die wir jetzt mit hinzugenommen haben. Und ich glaube auch, dass wir den Eltern schon unterm Strich weitere Hilfen an die Hand geben konnten."

Auch die Resonanz bei den Eltern scheint überwiegend gut zu sein. Eine Leiterin fasst ihren Eindruck folgendermaßen zusammen: „[...] sehr, sehr positiv. Vor allem dann, wenn diese ganzen Beratungsgeschichten den Eltern geholfen haben. [...]. Diese Reaktionen sind eigentlich nur toll. [...] Dann die Kurse [...]: ‚Boah, Spitze! Das müssen wir allen erzählen.' [...]" Es gibt jedoch auch skeptische Stimmen: „Wir hatten Eltern, die am Anfang [...] gesagt haben: ‚Seitdem Ihr Familienzentrum seid, läuft es hier viel schlechter!' [...]. Es ist viel unruhiger [...]. Ständig kommen Leute hier rein." Die Skepsis, die einige Leiterinnen wahrnehmen, führen sie zum einen auf Sorgen um die Qualität der Betreuung, zum anderen auf eine gestiegene Unruhe und den Besuch von einrichtungsexternen Personen zurück.

Als problematisch stellt sich nicht das Konzept als solches dar, wohl aber die Ressourcen. Die Organisation des Familienzentrums beschreiben 19 der 23 befragten Leitungskräfte ganz klar als Aufgabe der Leitungsperson und sehen sich als Hauptverantwortliche für das Projekt. 17 der Befragten sind als Leitung freigestellt, sechs sind neben ihrer Leitungsaufgabe weiterhin im Gruppendienst tätig. Insofern beschreiben viele Leiterinnen die Leitungsaufgabe für Kita und Familienzentrum als Doppelbelastung; die neuen, auf das Familienzentrum bezogenen Aufgaben mussten in die vorhandene Arbeitszeit integriert werden, ohne dass es zu einer ergänzenden Entlastung (oder Vergütung) gekommen wäre: „Eigentlich bin ich zu 100 Prozent Kita-Leitung. Eigentlich bin ich auch 100 Prozent Familienzentrumsleitung." Dieses Problem wird in einzelnen Familienzentren dadurch entschärft, dass aus dem Zusatz-Budget für

---

[4] Derartige Möglichkeiten werden im Modellprojekt „Neue Wege NRW" erprobt, siehe www.iaq.uni-due.de/projekt/2011/neuewege.php.

einige Wochenstunden eine Bürokraft zur Entlastung der Leitung finanziert wird. Der Delegation von Aufgaben auf andere Mitarbeiterinnen und Mitarbeiter im Kita-Team sind Grenzen gesetzt: „Wenn ich das meine Kollegen machen lassen sollte, ziehe ich die wieder von der pädagogischen Arbeit ab, [...] die Arbeit am Kind fehlt dann." Dennoch betrachten gut zwei Drittel das Team als integralen Bestandteil des Familienzentrums; sein Interesse am Familienzentrum wird als fundamentale Voraussetzung für sein Funktionieren benannt: „Das Team muss es mittragen!" In jedem Falle bringt die erweiterte Zusammenarbeit mit Eltern auch zusätzliche Anforderungen an die Mitglieder des Teams mit sich – qualitativ wie quantitativ.

8.2 Familienzentren: Anforderungen an die Qualifizierung von pädagogischen Fachkräften

Die Darstellungen im ersten Teil verdeutlichen, dass sich das Angebotsspektrum der Familienzentren in erster Linie durch das Zusammenwirken verschiedener Dienstleister und Institutionen zusammensetzt, die in unterschiedlichen Bereichen die Bedürfnisse und Bedarfe von Kindern und Familien im Umfeld der Einrichtungen abdecken. Dies impliziert auch, dass die Umsetzung der Aufgaben zur Unterstützung von Eltern und Familien nicht allein durch die Mitarbeiterinnen und Mitarbeiter der Familienzentren erfolgt, sondern dass die zentrale Aufgabe darin besteht, bedarfsgerechte und niederschwellige Angebote bereitzustellen und zu vermitteln. In vielen Zusammenhängen reicht dazu die Einnahme einer Lotsenfunktion.

➔➔➔ **Merksatz**
Die Zusammenarbeit mit Eltern in Familienzentren folgt dem Anspruch der Unterstützung durch Bereitstellung von Informations-, Beratungs- und Bildungsangeboten sowie konkreter Hilfe und Begleitung.

Familienzentren sind auch weiterhin Kindertageseinrichtungen mit dem primären Auftrag der Bildung, Erziehung und Betreuung des Kindes zur eigenverantwortlichen und gemeinschaftsfähigen Persönlichkeit. Auf die Zusammenarbeit mit Eltern wird bereits im Achten Sozialgesetzbuch (KJHG) verwiesen (siehe Kapitel 1 in diesem Band), ebenso in den ausführenden Landesgesetzen für Kindertageseinrichtungen (siehe Beitrag Schiwarov in diesem Band). Die Ausrichtung der Angebote, die sich zuallererst am Wohle des Kindes zu orientieren hat, soll die jeweilige Lebenssituation der Kinder und ihrer Familien sowie die Bedingungen des Sozialraumes berücksichtigen. Damit gehören die Zusammenarbeit mit Eltern und die Vernetzung und Kooperation mit anderen (sozialen) Diensten bereits zum Aufgabenspektrum einer Tageseinrichtung für Kinder. In der erweiterten Funktion von Kindertageseinrichtungen zu Familienzentren gilt es, diese Aufgaben in besonderem Maße zu berücksichtigen.

Gerade aber in diesen Aufgabenbereichen herrschen Unsicherheiten in der Praxis. In einer Befragung zur Selbsteinschätzung ihrer Kompetenz gaben pädagogische Fachkräfte u.a. Unsicherheiten bezüglich der Kooperation mit Familien in schwierigen Erziehungssituationen sowie mit Akteuren im Sozialraum an (vgl. Beher/Walter, 2012, S. 24 ff.). Die für Familienzentren wichtigen Bereiche „Durchführung von Angeboten der Familienbildung", „Wahrnehmung von Kindeswohlgefährdungen/Zusammenarbeit mit dem Hilfssystem" und „Schaffung und Pflege von Kooperationsbeziehungen im Gemeinwesen" wurden in das untere Drittel einer Kompetenzskala eingestuft (vgl. Beher/Walter, 2012, S. 30). Die Aufgabe in der Ausbildung der Fachkräfte besteht demnach darin, die personalen Kompetenzen der angehenden

Erzieherinnen und Erzieher sowie deren Selbstverständnis als pädagogische Fachkräfte zu stärken. Im Rahmen des lebenslangen Lernens müssen die hier erworbenen Schlüsselqualifikationen durch die Fort- und Weiterbildung gestärkt und weiterentwickelt werden.

8.2.1 Professionelle Haltung als Basis für Zusammenarbeit und Vernetzung

Die professionelle Haltung der pädagogischen Fachkräfte wird als Basis für alle Handlungsfelder von Kindertageseinrichtungen und somit auch von Familienzentren zugrunde gelegt. Im fachwissenschaftlichen Diskurs besteht ein weitgehender Konsens darüber, dass die Haltung der Fachkräfte einen entscheidenden Aspekt in der Zusammenarbeit mit Eltern darstellt. Dies wird auch durch die Ergebnisse des Projektes „Stärkung der Erziehungskraft der Familie durch und über den Kindergarten" belegt (siehe Fröhlich-Gildhoff/Kraus/Rönnau, 2006).

Im Rahmen der Kompetenzdimension „Professionelle Haltung" unterstreicht die Autorengruppe Fachschulwesen (2011), dass kompetentes sozialpädagogisches Handeln in Kindertageseinrichtungen neben Fachkompetenzen ausgeprägte personale Kompetenzen voraussetzt, die in Form der Sozial- und Selbstkompetenz beschrieben werden.

Absolventinnen und Absolventen ...

– sind der Welt, sich selbst und Mitmenschen gegenüber offen, neugierig, aufmerksam und tolerant.

– haben Empathie für Kinder, ihre Familien und deren unterschiedliche Lebenslagen.

– sind in der Lage, ein pädagogisches Ethos zu entwickeln, prozessorientiert zu reflektieren und Erkenntnisse argumentativ zu vertreten.

– sind in der Lage, pädagogische Beziehungen aufzubauen und professionell zu gestalten.

– reflektieren und bewerten die Subjektivität eigener Wahrnehmungen im Spannungsfeld von Selbst- und Fremdwahrnehmung.
(vgl. Autorengruppe Fachschulwesen, 2011, S. 16)

➔➔➔ **Merksatz**
Die Haltung der Fachkräfte in Kindertageseinrichtungen und Familienzentren ist entscheidend für die Qualität der Unterstützungsmaßnahmen und bedarf der selbstkritischen Reflexion.

Die Haltung der Fachkräfte ist besonders für den Aufbau von Familienzentren wichtig, wenn die Öffnung der Kindertageseinrichtung für junge Familien im Stadtteil angestrebt wird.

Beispiel
Beim Aufbau des Kinder- und Familienzentrums Schillerstraße in Berlin erwies sich z. B. die wertschätzende Haltung im gegenseitigen Umgang von Fachkräften, Eltern und Kindern als wichtiger Bestandteil bei der Entwicklung des Kinder- und Familienzentrums (vgl. Hebenstreit-Müller/ Kühnel, 2005, S. 7 ff.).

Der Umgang mit selbstreflektierenden Fragen ist besonders für Haltungsfragen wichtig, um die Sichtweisen anderer Menschen nachvollziehen zu können. Dies erfordert eine kritische Reflexion der eigenen Erfahrungen sowie des eigenen Handelns und Denkens und ist eine Voraussetzung, um professionell handeln zu können (vgl. Roth, 2010, S. 72).

8.2 Familienzentren: Anforderungen an die Qualifizierung von pädagogischen Fachkräften

SITUATION

Eine Erzieherin reagiert zunehmend empfindlich auf eine Mutter, die sich ihrer Meinung nach unselbstständig verhält, da sie sich massiv den Regeln ihrer Familie und denen ihres Mannes unterwirft. Die Erzieherin stuft die Mutter als unselbstständig und rückständig ein. Es fällt ihr schwer, der Mutter respektvoll und wertschätzend zu begegnen.

Praxisaufgabe

Selbstreflexion als Ausgangslage zur Herstellung von professioneller Distanz

1. Formulieren Sie einen möglichen biografischen Hintergrund als Anlass für die Reaktion der Erzieherin.
2. Welche eigenen Wünsche oder Probleme könnten sich hinter dem Verhalten der Erzieherin verbergen?
3. Was würden Sie der Erzieherin raten, um die Zusammenarbeit mit den Eltern zum Wohle des Kindes zu beleben?

Eine professionelle Haltung wirkt sich förderlich im Umgang mit unterschiedlichen Erwartungen und besonders bei dem Umgang mit Konflikten aus. Zudem trägt eine zusätzlich ressourcenorientierte Haltung dazu bei, Konflikte als Möglichkeit zur Weiterentwicklung zu nutzen und daraus zu lernen.

Hier bietet sich die Reflexion eigener biografischer Erfahrungen zur Vorbereitung von Elterngesprächen an, wenn für Eltern sensible oder unangenehme Themen erörtert werden müssen.

METHODE/TIPP

In einer Teamfortbildung setzten sich die Fachkräfte mit ihren eigenen Erfahrungen auseinander, bei denen es um die Ergebnisse von Beobachtungsprozessen von Erwachsenen im Verlauf ihrer eigenen Bildungsprozesse ging. Die Erzieherinnen und Erzieher erinnerten sich an ihre eigene Schulzeit und an Bewertungssituationen, die sich besonders auf das bezogen, was sie nicht so gut konnten. Sie erinnerten sich, dass gerade mit diesen Situationen häufig ein erniedrigendes Gefühl verbunden war.

Gleichzeitig wurde auch deutlich, dass es für sie heute eine Herausforderung darstellt und der Übung bedarf, die Kinder nach ihren Stärken und Ressourcen und nicht zuallererst nach ihren Schwächen oder Defiziten zu betrachten. Auch stellten sie fest, dass es ihnen Schwierigkeiten bereitete, diese Grundhaltung im Gespräch mit den Eltern zu verfolgen. Die Arbeit mit ihren biografischen Erfahrungen verdeutlichte, dass sie immer wieder versucht sind, die Defizite der Kinder als Erstes zu sehen (vgl. Roth, 2010, S. 73).

Praxisaufgabe

Selbstreflexion zur Vorbereitung von Elterngesprächen

1. Welche Bildungsbegleitung ist aus Ihrer Sicht für die Kinder optimal?
2. Welche Bildungs- und Lebenserfahrungen begleiten Ihre pädagogischen Handlungen, die möglicherweise nicht dem Wohl des Kindes zugutekommen?

3. Welche Konsequenz erwächst unabhängig von Ihrem biografischen Hintergrund für eine optimale Bildungsbegleitung der Kinder?
4. Wie würden Sie die Zusammenarbeit mit Eltern planen, um eine für Kinder und Eltern optimale Bildungsarbeit zu gestalten?

Ein selbstreflektierter Umgang mit eigenen Erfahrungen spiegelt sich in der wertschätzenden Haltung gegenüber Eltern wider. Dies ist insbesondere für die pädagogischen Fachkräfte von Familienzentren wichtig, die in besonderer Weise über familienunterstützende Angebote informieren und beraten, diese bereitstellen und mit unterschiedlichen Bedürfnissen und Bedarfen (auch aus dem Umfeld) konfrontiert werden.

Eine professionelle Haltung einzunehmen ist besonders dann wichtig, wenn problematische Situationen und Konflikte zu bewältigen sind. Ebenso wie die Zuständigkeit über die inhaltliche Gestaltung der Zusammenarbeit mit Eltern bei den pädagogischen Fachkräften liegt, so sind diese auch für die Bearbeitung der Konflikte zuständig (vgl. Friedrichs, Expertise, 2011, S. 27). Im Gütesiegel für Familienzentren wird davon ausgegangen, dass Unterschiede und Auseinandersetzungen in Familienzentren etwas ganz Normales sind, auf das in Form eines Konzeptes zum Beschwerdemanagement zu reagieren ist.

Auf die einzelne pädagogische Fachkraft bezogen bedeutet dies, dass sie darauf vorbereitet und ermutigt wird, sich auch unangenehmen Situationen zu stellen, sich dabei auch der eigenen Gefühle bewusst zu sein und zu versuchen, die Eltern zu verstehen und sich auf den Sachverhalt zu konzentrieren. Dies wird möglich, wenn die im Zusammenhang mit Kritik auftretende mögliche Verunsicherung, Bedrohung und sogar Angst frühzeitig thematisiert wird.

SITUATION

Im Familienzentrum Königstraße kommt es immer wieder zu einem Konflikt mit einer Mutter. Sarah, ihr Kind, wird schon seit mehreren Wochen – täglich bis zu 30 Minuten – zu spät von der Mutter aus der Kindertageseinrichtung abgeholt. Es haben bereits Gespräche stattgefunden und die Mutter beteuert jedes Mal, dass sie das Kind ab jetzt pünktlich abholen werde. Aus den Erzählungen des Kindes und anderen Gesprächen mit der Mutter wissen Sie, dass es in der Familie durch die Kurzarbeit des Vaters finanzielle Probleme gibt und die Mutter eine Arbeit als geringfügig Beschäftigte angenommen hat, die zu zeitlichen Engpässen wegen der ungünstigen Arbeitszeit führt. Von einer anderen Mutter haben Sie zudem gehört, dass sich Sarahs Mutter über Sie beschwert, weil Sie sich „wegen ein paar Minuten" so anstellen.

Am kommenden Tag soll nun ein weiteres Gespräch mit der Mutter stattfinden und eine dauerhafte Lösung gefunden werden.

Aufgabe „Konflikte verstehen"

1. Stellen Sie sich bildlich die Mutter vor. Nehmen Sie sich etwas Zeit und beschauen Sie sich die Situation sorgfältig vor Ihrem geistigen Auge. Fragen Sie sich dabei, ob Sie verärgert sind, und falls ja, was Sie besonders ärgert. Warum sind Sie verärgert und nun überlegen Sie: Wie war der Kontakt vor dem Konflikt? Was kann ich tun, um zu einer dauerhaften Lösung zu gelangen?

2. Stellen Sie sich nun vor, Sie seien die Mutter. Lassen Sie sich etwas Zeit und versuchen Sie, sich in die Situation der Mutter zu versetzen. Fragen Sie nun aus Sicht der Mutter: Wie war der Kontakt vor dem Konflikt? Was kann ich tun, um zu einer dauerhaften Lösung zu gelangen?

3. Versuchen Sie sich anschließend vorzustellen, welche Lösung sich anbietet, um sowohl für die Mutter als auch für Sie (d. h. für die Kindertageseinrichtung) und nicht zuletzt für das Kind eine dauerhafte und tragfähige Lösung zu finden.

8.2.2 Bedarfsorientierung, Sozialraum und Angebotsspektrum im Familienzentrum

Der Sozialraumbezug ist ein grundlegendes Merkmal eines Familienzentrums. Besonders an Familienzentren werden vielfältige Anforderungen zur Bereitstellung von Informationen hinsichtlich des Sozialraumes gestellt.

Zum einen zählen dazu Angebote, die der Begegnung von Kindern, Eltern und Familien dienen. Zum anderen besteht das Ziel des Familienzentrums in der Bereitstellung von Angeboten zur Förderung und Unterstützung von Kindern und Familien in unterschiedlichen Lebenslagen und mit unterschiedlichen Bedürfnissen. Dazu gehört die Ermöglichung eines niedrigschwelligen Zugangs zu anderen Institutionen und unterstützenden Diensten.

Daraus ergeben sich Anforderungen an die Mitarbeiterinnen und Mitarbeiter auf unterschiedlichen Ebenen:

Wissen über Angebote zur Unterstützung von Eltern und Familien
Die Bereitstellung eines alltagstauglichen Zugangs ohne räumliche Hindernisse erfordert von den pädagogischen Fachkräften des Familienzentrums konkretes Wissen über die spezifischen Angebote und Angebotsformen, ihre Zielsetzung und Möglichkeiten sowie den Zugang zu diesen Angeboten.

Im Rahmen ihrer Fachkompetenz benötigen die Beschäftigten in Familienzentren dazu Wissen über …

– „die Diversität familiärer Lebensformen sowie spezifische familiäre Lebensformen,
– unterschiedliche Interessen von Eltern und Elterngruppen sowie über Möglichkeiten der zielgruppenspezifischen Bedarfserhebung,
– unterschiedliche Angebotsformen der Zusammenarbeit mit Eltern und deren Funktionen,
– die Erreichbarkeit unterschiedlicher Zielgruppen (z. B. Väter, Familien mit Migrationshintergrund, berufstätige Eltern),
– spezifische Unterstützungsmöglichkeiten für Familien mit besonderen Bedarfen."
(WIFF, 2011, S. 92 f.)

➔➔➔ **Merksatz**
In ihrer Funktion als Lotsen informieren Familienzentren Eltern und Familien zum örtlichen Beratungs- und Bildungsangebot für Kinder, Eltern und Familien.

Die Information, Beratung und Bildung erfolgen je nach Thema und Bedarf der Eltern individuell und in Form von Angeboten und Veranstaltungen.

Praxisaufgabe

Information, Beratung und Bildung im Familienzentrum

Bitte beantworten Sie die folgenden Fragen

1. *Was sind Merkmale niedrigschwelliger Angebote?*
2. *Was sind wichtige erziehungsbezogene Beratungsthemen für Eltern?*
3. *Was sind wichtige erziehungsbezogene Themen der Elternbildung?*
4. *Warum und für welche Bildungs- und Beratungsangebote wird zwischen individuellen und öffentlichen Angeboten unterschieden?*

Darüber hinaus benötigen pädagogische Fachkräfte in Familienzentren theoriefundierte Kenntnisse über „Strukturen und Zuständigkeiten der Angebote der frühen Hilfen und andere familienbezogene Einrichtungen der Jugendhilfe, die rechtlichen Vorgaben (z. B. SGB VIII, Vereinbarung mit dem örtlichen Träger der öffentlichen Jugendhilfe) bezüglich der Kooperation mit Einrichtungen der Jugendhilfe" (WIFF, 2011, S. 97).

Praxisaufgabe

Konkretisierung der Leistungsbereiche eines Familienzentrums

1. *Erstellen Sie eine Liste von Angebotsformen, Verfahren, Therapiemöglichkeiten, Erziehungs-, Ernährungs- und Gesundheitsberatung usw. zum Thema „Beratung und Unterstützung von Kindern und Familien". Benennen Sie dabei die jeweilige Zielsetzung der Angebotsform.*
2. *Stellen Sie eine Liste von Ansprechpartnern zum Thema „Familienbildung und Erziehungspartnerschaft" auf. Benennen Sie dabei die jeweilige Zielsetzung des Angebotes.*
3. *Welche rechtlichen Grundlagen sind für die Inanspruchnahme der Kindertagespflege zu beachten? Welche unterschiedlichen Formen der Zusammenarbeit von Familienzentrum und Kindertagespflege sind denkbar, um den unterschiedlichen sozialräumlichen Begebenheiten sowie den unterschiedlichen familiären Bedürfnissen zu entsprechen?*
4. *Erstellen Sie eine Liste von Verfahren und Programmen zur Elternbildung bzw. Steigerung der elterlichen Erziehungskompetenz.*

Sozialraumkenntnisse

Um Eltern angemessen beraten und informieren zu können, bedarf es zusätzlich konkreter Kenntnisse über den jeweiligen Sozialraum und über Wege zur Information.

➔➔➔ **Merksatz**
Familienzentren verfügen über aktuelle und qualitative Informationen über den Sozialraum im Einzugsgebiet der Einrichtung.

So sollten die Lebensbedingungen von Kindern und ihren Familien im Sozialraum dem Familienzentrum bekannt sein, damit sie als Ausgangsbasis für die bedarfsgerechte Angebotsgestaltung dienen können.

Ebenso wichtig ist Wissen über Daten zur Bevölkerungsstruktur. Durch Mitarbeit und Teilnahme in sozialräumlichen Gremien, wie z. B. der Arbeitsgemeinschaft nach § 78 KJHG (AG 78) oder Treffen der örtlichen Jugendhilfeplanung der Kommunen sowie deren meist jährlichen Veröffentlichungen, werden die erforderlichen Daten als Planungsgrundlage zur Verfügung gestellt. Mitarbeiterinnen und Mitarbeiter von Familienzentren müssen zusätzlich über Methoden zur

Sozialraumanalyse und Bedarfserhebung für das Einzugsgebiet ihres Familienzentrums verfügen und die Wege des Zugangs zu offiziellen Zahlen ihrer Kommune kennen (siehe Thiersch, 2000).

Darüber hinaus liefern Erkundungsgänge im Stadtteil mit und ohne Kinder wichtige Hintergrundinformationen über die Lebens-, Arbeits-, Freizeitsituation im Sozialraum.

Praxisaufgabe

Sozialraumdaten

- *Was sollte ein Familienzentrum über den Sozialraum bzw. über den Stadtteil wissen?*
- *Wie kann eine Sozialraumanalyse aussehen?*
- *Welche Möglichkeiten und Ansprechpartner gibt es, um zu offiziellen Daten aus dem Sozialraum/Einzugsgebiet zu kommen (z. B. Statistikamt der Kommune)?*

Kooperation und sozialraumorientierte Netzwerke

Familienzentren können ihre Leistungen mit eigenen Ressourcen und/oder in Kooperation mit anderen Partnern erbringen.

➔➔➔ **Merksatz**
Zur Gestaltung der Angebote bündeln Familienzentren die eigenen Kompetenzen und Ressourcen mit denen der lokalen Kooperationspartner und sorgen dadurch für eine kooperative Entwicklung von Angeboten und für verbindliche Regelungen von Zuständigkeiten.

Kooperationen und Vernetzung mit Unterstützungsdiensten für Eltern und Familien (z. B. Familienbildung und -beratung, Kindertagespflege, Selbsthilfeinitiativen, Vereine, Freizeiteinrichtungen usw.) sind deshalb nötig, da Familienzentren das große Angebotsspektrum nicht alleine bereitstellen können. Voraussetzung dazu ist das Wissen über den Bedarf der Eltern und Familien und über die entsprechenden Dienste und Anbieter im Sozialraum.

Um tragfähige und verlässliche Kooperationen für eine niederschwellige Angebotsgestaltung aufzubauen und zu sichern, müssen z. B. folgende Faktoren beachtet werden:

- Passen die (unterschiedlichen) Ziele und Kernaufgaben der potenziellen Kooperationspartner zum zu planenden Angebot?
- Stehen ausreichende zeitliche, personelle und strukturelle Ressourcen zur Planung der Kooperation und für die Angebotsgestaltung selbst in ausreichendem Umfang zur Verfügung?
- Gibt es Konkurrenzen?
- Hindern formale Festlegungen und interne Strukturen den Aufbau der Kooperation und/oder die neue Angebotsgestaltung?

Die Aufgabe von Familienzentren besteht demnach in der Beteiligung an sozialraumorientierten Netzwerken und auch im Aufbau eigener Netzwerke. Wissen und Techniken zum Aufbau von Netzwerken bzw. Netzwerkmanagement sind dazu nötig.

Im Sinne der Fachkompetenz sind theoriefundierte Kenntnisse zu vermitteln über …

- „Modelle der Vernetzung und Kooperation,
- systemische Zusammenhänge und Kooperationszusammenhänge,
- unterschiedliche Kooperationskonzepte,

- vertrags- und sozialrechtliche Bestimmungen,
- Qualitätsmanagementsysteme,
- Analyseformen zur Systematisierung von Kooperation (Partner, Strukturen),
- Verhandlungstechniken und -strategien."

(Wiff 2011, S. 98 f.)

Praxisaufgabe

Netzwerkaufbau

Bitte beantworten Sie die folgenden Fragen:

- *Worin bestehen die Ziele von Kooperation und Vernetzung von Familienzentren?*
- *Was ist beim Aufbau von Kooperationsbeziehungen zu beachten?*
- *Welche möglichen Stolpersteine sind bei dem Aufbau von Kooperation zu berücksichtigen?*

Informationstransfer

Das Wissen um Angebotsformen, sozialraumorientierte Anbieter von sozialen, medizinischen, therapeutischen, beratenden oder bildenden Dienstleistungen für Kinder und Familien sowie über sozialraumorientierte Netzwerke dient dazu, den Problemen und Herausforderungen, denen Eltern und Familien unterliegen, die geeigneten Unterstützungsmaßnahmen zuzuordnen. Eltern sollen in leicht verständlicher Weise über die Angebotsformen beraten werden und benötigen detaillierte Informationen, die eine Kontaktaufnahme mit (anderen) Dienstleistern ermöglichen und sie ggf. bei der Kontaktaufnahme unterstützen. Die Weitergabe dieser konkreten Informationen erfolgt in Form von Beratungsgesprächen und über Informationsmaterialien.

➔➔➔ **Merksatz**

Der Informationstransfer eines Familienzentrums wird kritisch geprüft, um Eltern vor einer Überschwemmung mit Informationen zu schützen!

Um eine anschauliche Präsentation von Flyern und Informationsbroschüren bereitzustellen, bedarf es eines kritischen Umgangs mit den Informationen, da die Vielfalt des Angebotsspektrums bereits zu einer Verwirrung in Form einer Informationsüberflutung führen kann. Die Folge ist, dass wegen Verwirrung Angebote nicht genutzt werden.

Praxisaufgabe

Die Darstellung von Informationen im Familienzentrum

Bitte bearbeiten Sie die folgenden Aufgaben:

- *Über welche Kooperationspartner muss ein Familienzentrum informieren?*
- *Erstellen Sie eine Liste über mündliche, schriftliche und elektronische Informationen zum Angebotsspektrum des Familienzentrums.*
- *Arbeiten Sie die jeweiligen Stärken, Schwächen und Grenzen dieser Informationswege heraus und listen Sie diese auf.*

Leistungen zur Unterstützung der Vereinbarkeit von Familie und Beruf

Angesichts des Anstiegs der Erwerbstätigkeit müssen Tageseinrichtungen für Kinder auf den daraus resultierenden Bedarf an Öffnungs- und Betreuungszeiten reagieren.

➔➔➔ **Merksatz**

Familienzentren unterstützen die Vereinbarkeit von Familie und Beruf durch Bereitstellung eines bedarfsgerechten Betreuungsangebots.

8.2 Familienzentren: Anforderungen an die Qualifizierung von pädagogischen Fachkräften

Die Leistungen von Familienzentren zur Vereinbarkeit von Familie und Beruf reichen über das Standardangebot einer Kindertageseinrichtung hinaus und sind auf die unterschiedlichen Bedürfnisse verschiedener Familien abgestimmt. Dabei wird Wert auf eine qualitativ hochwertige Bildung, Erziehung und Betreuung gelegt, die den altersgemäßen Bedürfnissen der Kinder entsprechen. Die Angebotsdarlegung erfolgt niedrigschwellig entweder in Form eigener Angebotsgestaltung oder durch Kooperationspartner in Lotsenfunktion.

Praxisaufgabe

Vereinbarkeit von Familie und Beruf

1. *Welche Möglichkeiten existieren zur Ermittlung verlässlicher und aktueller Informationen zum Bedarf von Eltern und Familien im Rahmen der Vereinbarkeit von Beruf und Familie?*
2. *Erstellen Sie eine Liste von Angebotsmöglichkeiten des Familienzentrums zum Thema Vereinbarkeit von Beruf und Familie.*

ZUSAMMENFASSUNG

Insbesondere in Familienzentren ist die Gestaltung der Beziehungsqualität zu Eltern eine besondere professionelle Herausforderung. Die Möglichkeit des reflexiven Umgangs mit Problemsituationen, eigenen biografischen Verknüpfungen usw. sowie der Aufbau einer wertschätzenden und anerkennenden Beziehung zu Eltern gehören zu den Grundlagen einer guten professionellen Arbeit. Insbesondere in Familienzentren ist darüber hinaus die Kooperation mit anderen Einrichtungen im Rahmen eines Netzwerks von Bedeutung, denn eine Kernaufgabe des Familienzentrums besteht darin, Eltern die Leistungen Dritter niedrigschwellig zugänglich zu machen. Die sozialraumspezifische Netzwerkkompetenz von pädagogischen Fachkräften spielt somit im Familienzentrum für die Zusammenarbeit mit Eltern eine besonders große Rolle.

Weiterführende Literatur

Altgeld, Karin/Krüger, Tim/Menke, André: Von der Kindertageseinrichtung zum Dienstleistungszentrum: ein internationaler Länderreport, Wiesbaden, VS Verlag für Sozialwiss., 2008.

Bertram, Tony/Pascal, Christine/Bokhari, Sophia/Gasper, Mike/Holtermann, Sally: Early Excellence Centre Pilot Programme, Second Evaluation Report 2000 – 2001, Research Report 361. DfES: London, 2002.

Diller, Angelika/Heitkötter, Martina/Rauschenbach, Thomas (Hrsg.): Familie im Zentrum: kinderfördernde und elternunterstützende Einrichtungen: aktuelle Entwicklungslinien und Herausforderungen, München, Verl. Dt. Jugendinstitut, 2008.

DJI (Deutsches Jugendinstitut e. V.): Recherchebericht Häuser für Kinder und Familien (erstellt vom Deutschen Jugendinstitut im Auftrag des BMFSFJ), 2004, online verfügbar unter: http://cgi.dji.de/bibs/411_Grundlagenbericht_Eltern-Kind-Zentren.pdf [06.11.2013].

DJI (Deutsches Jugendinstitut e. V.): Eltern-Kind-Zentren: Die neue Generation kinder- und familienfördernder Institutionen. Grundlagenbericht, (erstellt vom Deutschen Jugendinstitut im Auftrag des BMFSFJ) 2005, online verfügbar unter: http://cgi.dji.de/bibs/411_Grundlagenbericht_Eltern-Kind-Zentren.pdf [06.11.2013].

Friedrichs, Tina: Die Zusammenarbeit mit Eltern – Qualifikationsanforderungen an frühpädagogische Fachkräfte. In: WIFF (Weiterbildungsinitiative Frühpädagogische Fachkräfte): Zusammenarbeit mit Eltern. Grundlagen für die kompetenzorientierte Weiterbildung. WIFF Wegweiser Weiterbildung 3. München, Verl. Dt. Jugendinstitut, 2011.

Fröhlich-Gildhoff, Klaus/Kraus, Gabriele/Rönnau, Maike: Gemeinsam auf dem Weg. Eltern und ErzieherInnen gestalten Erziehungspartnerschaft. In: Kindergarten heute, Heft 10, 2006, S. 6–15.

Hensen, Gregor/Rietmann, Stephan (Hrsg.): Tagesbetreuung im Wandel: das Familienzentrum als Zukunftsmodell, Wiesbaden,: VS Verl. für Sozialwiss, 2008.

Klaudy, Elke Katharina: Organisationsentwicklung in Kindertageseinrichtungen: Das Instrument der Dienstplangestaltung. In: Stöbe-Blossey, Sybille (Hrsg.): Kindertagesbetreuung im Wandel: Perspektiven für die Organisationsentwicklung. Wiesbaden, VS, Verl. für Sozialwiss, 2010, S. 181–194.

Meyer-Ullrich, Gabriele: Qualitative Ergänzungsstudien zur Weiterentwicklung von Einrichtungen nach der Pilotphase (= Arbeitsbericht 6 der wissenschaftlichen Begleitung „Familienzentren NRW"). Berlin, PädQUIS, 2008.

MFKJKS (Ministerium für Familie, Kinder, Jugend, Kultur und Sport des Landes Nordrhein-Westfalen: Gütesiegel Familienzentrum Nordrhein-Westfalen, Düsseldorf, 2011.

MGFFI (Ministerium für Generationen, Familie, Frauen und Gesundheit des Landes Nordrhein-Westfalen): Das Gütesiegel Familienzentrum NRW. Düsseldorf, 2007.

MGFFI (Ministerium für Generationen, Familie, Frauen und Gesundheit des Landes Nordrhein-Westfalen): Wege zum Familienzentrum Nordrhein-Westfalen. Eine Handreichung, Düsseldorf, 2008.

Schilling, Gabi: Familienzentren NRW: Die Perspektive der Familienbildungsstätten (= Arbeitsbericht 4 der wissenschaftlichen Begleitung „Familienzentren NRW"), Berlin, PädQUIS, 2008.

Schulz von Thun, Friedemann: Miteinander reden 1, Störungen und Klärungen. Allgemeine Psychologie der Kommunikation, Hamburg, Rowohlt, 1997.

Stöbe-Blossey, Sybille/Mierau, Susanne/Tietze, Wolfgang: Von der Kindertageseinrichtung zum Familienzentrum – Konzeption, Entwicklungen und Erprobung des Gütesiegels „Familienzentrum NRW". In: Roßbach, Hans-Günther/Blossfeld, Hans-Peter (Hrsg.): Frühpädagogische Förderung in Institutionen. Wiesbaden, VS Verl. für Sozialwiss, Zeitschrift für Erziehungswissenschaft; Sonderheft 11/2008, S. 105–122.

Stöbe-Blossey, Sybille: Familienzentren in Nordrhein-Westfalen: neue Wege in der Erbringung und Steuerung sozialer Dienstleistungen. In: Sozialer Fortschritt 59 (4), 2010a, S. 113–118.

Stöbe-Blossey, Sybille: Zum Funktionswandel von Kindertageseinrichtungen: Das Beispiel „Familienzentrum". In: Stöbe-Blossey, Sybille (Hrsg.): Kindertagesbetreuung im Wandel: Perspektiven für die Organisationsentwicklung, Wiesbaden, VS Verl. für Sozialwiss, 2010b, S. 95–120.

Thiersch, Renate: Wie, was, wo, wann und mit wem? – Sozialraumanalyse konkret. In: Theorie und Praxis der Sozialpädagogik, Heft 5/2000, S. 10–18.

Internet-Links:

www.familienzentrum.nrw.de/: Internet-Angebot für und über die NRW-Familienzentren

www.iaq.uni-due.de/projekt/2011/neuewege.php

www.paedquis.de/index.php?option=com_content&view=article&id=86&Itemid=101: Internetangebot der PädQUIS gGmbH zum Thema „Familienzentrum", insbesondere zu den laufenden Zertifizierungsverfahren

www.paedquis-familienzentrum.de/downloads: Berichte der wissenschaftlichen Begleitung und andere Materialien als downloads

www.rucksack-griffbereit.raa.de

Literaturverzeichnis

Achtes Sozialgesetzbuch (SGB VIII).

Ainsworth, Mary D. S.: Infant development and motherinfant interaction among Ganda and American families, in: Culture and infancy: Variations in human experience, hrsg. V. P. H. Leidermann/S. R. Tulkin/A. Rosnefeld, New York, Academic Press, 1977.

Ali, Mehrunnisa Ahmad: Loss of Parenting Self-efficacy among Immigrant Parents. In: Contemporary Issues in Early Childhood 9 (2), 2008, S. 148–159, Online verfügbar unter: http://dx.doi.org/10.2304/ciec.2008.9.2.148 [06.11.2013].

Alt, Christian: Milieu oder Migration – was zählt mehr? In: Deutsches Jugendinstitut e. V. (Hrsg.): DJI Bulletin 76. Jugend und Migration, Heft 3/2006, S. 10/11.

Ardelt, Monika/Eccles, Jacqueline S: Effects of Mothers' Parental Efficacy Beliefs and Promotive Parenting Strategies on Inner-City Youth. Journal of Family Issues Vol. 22 No. 8, 2001, S. 944–972.

Autorengruppe Fachschulwesen: Qualifikationsprofil „Frühpädagogik" – Fachschule/Fachakademie, WIFF Kooperation Nr. 1. München, Verl. Dt. Jugendinstitut, 2011.

BAMF – Bundesamt für Migration und Flüchtlinge: Förderung des Bildungserfolgs von Migranten: Effekte familienorientierter Projekte, Nürnberg, 2009.

Bayerisches Staatsministerium für Arbeit und Sozialordnung, Familie und Frauen; Staatsinstitut für Frühpädagogik München (Hrsg.): Der Bayerische Bindungs- und Erziehungsplan für Kinder in Tageseinrichtungen, 5., erweiterte Auflage, Berlin, Düsseldorf, Mannheim, Cornelsen Verlag Scriptor, 2012.

Beher, Karin/Walter, Michael: Qualifikationen und Weiterbildung frühpädagogischer Fachkräfte. Bundesweite Befragung von Einrichtungsleitungen und Fachkräften in Kindertageseinrichtungen: Zehn Fragen – Zehn Antworten. Eine Studie der Weiterbildungsinitiative Frühpädagogische Fachkräfte (WiFF), München,: Verl.Dt. Jugendinstitut, 2012.

Bernhard, Judith K./Lefebvre, Marie Louise/Kilbride, Kenise Murphy/Chud, Gyda/Lange, Rika: Troubled Relationships in Early Childhood Education: Parent-Teacher Interactions in Ethnoculturally Diverse Child Care Settings. Ryerson University. Toronto (Early Childhood Education Publications and Research, 1), 1998, Online verfügbar unter: http://digitalcommons.ryerson.ca/ece/15 [18.05.2012].

Bernitzke, Fred: Methoden der Elternarbeit. Expertise für das BLK-Verbundprojekt Lernen für den GanzTag. BLK-Verbundprojekt „Lernen für den GanzTag". Münster, 2006, Online verfügbar unter: www.ganztag-blk.de/cms/upload/pdf/berlin/Bernitzke_Elternarbeit.pdf [16.07.2012].

Bertelsmann-Stiftung (Hrsg.): Sieh, was ich kann! Gütersloh, 2007, S. 9, online verfügbar unter: http://www.bertelsmann-stiftung.de/bst/de/media/xcms_bst_dms_21652__2.pdf.

Bethke, Christian/Braukhane, Katja/Knobeloch, Janina: Bindung und Eingewöhnung von Kleinkindern, hrsg. v. Susanne Viernickel; Petra Völkel, Troisdorf, Bildungsverlag EINS GmbH, 2009.

Betz, Tanja: Kompensation ungleicher Startchancen. Erwartungen an institutionalisierte Bildung, Betreuung und Erziehung für Kinder im Vorschulalter. In: Cloos/Karner (Hrsg.): Erziehung und Bildung von Kindern als gemeinsames Projekt, 2010, S. 113–134.

BMFSJ – Bundesministerium für Familie, Senioren, Frauen und Jugend: Zwölfter Kinder und Jugendbericht. Bericht über die Lebenssituation junger Menschen und die Leistungen der Kinder und Jugendhilfe in Deutschland, Berlin, 2006.

Boos-Nünning, Ursula: Migrationsfamilien als Partner von Erziehung und Bildung. Hg. v. Gesprächskreis Migration und Integration Friedrich-Ebert-Stiftung. Friedrich-Ebert-Stiftung. Bonn (WISO Diskurs – Expertisen und Dokumentationen zur Wirtschafts- und Sozialpolitik). Online verfügbar unter: www.fes.de/wiso [02.08.2013], sowie die Hauszeitschrift des DJI, die online erhältlich ist und ihre Ausgaben häufiger der frühkindlichen Pädagogik widmet bzw. Fragen von Migration und Bildung, so z. B. das Heft DJI-Bulletin 90: http://www.dji.de/bulletin/d_bull_d/bull90_d/DJIB_90.pdf [06.11.2013].

Böcher, Hartmut (Hrsg.) (2010): Erziehen, bilden und begleiten. Das Lehrbuch für Erzieherinnen und Erzieher. Bildungsverlag EINS, Köln.

Bree, Stefan: Wahrnehmungsorthopädische Übungen zur Reflexion von Lern- und Bildungsprozessen), online verfügbar unter: www.bildung-brandenburg.de/transkigs/fileadmin/user/redakteur/Veranstaltungen/ Uebergaenge_neu_ denken/stefanbree.pdf [06.11.2013].

Brock, Inés: Frühpädagogische Fachkräfte und Eltern – Psychodynamische Aspekte der Zusammenarbeit, WiFF Expertisen Nr. 25, herausgegeben durch das Deutsche Jugendinstitut e. V., München, 2012.

Bronfenbrenner, Urie: Die Ökologie der menschlichen Entwicklung. Natürliche und geplante Experimente. Frankfurt am Main, Fischer Taschenbuch Verlag, 1989.

Bronson, Po/Merryman, Ashley: 10 schockierende Wahrheiten über Erziehung. München. Destatis – Statistisches Bundesamt Deutschland (2011). Bevölkerung mit Migrationshintergrund – Ergebnisse des Mikrozensus (Fachserie 1, Reihe 2.2 – 2011). Wiesbaden, 2010.

Bundesamt für Migration und Flüchtlinge (BAMF): Förderung des Bildungserfolgs von Migranten: Effekte familienorientierter Projekte, Nürnberg, 2009.

Carr, Margaret: Assessment in Early Childhod Settings. Learning Stories, übersetzt von Hartmut Kupfer, London, 2001.

Cloos, Peter/Karner, Britta: Erziehungspartnerschaft? In: Cloos/Karner (Hrsg.): Erziehung und Bildung von Kindern als gemeinsames Projekt, Hohengehren, Schneider Verlag Hohengehren GmbH, 2010, S. 169–189.

Cowie, Bronwen/Carr, Margaret: The Consequences of Socio-cultural Assessment. In: Anning, Angela u. a. (Hrsg.): Early Childhood Education. Society and Culture, übersetzt von Hartmut Kupfer, London, Thousand Oaks, New Delhi 2004, S. 95–106.

Dahrendorf, Ralf: Homo Sociologicus: ein Versuch zur Geschichte, Bedeutung und Kritik der Kategorie der sozialen Rolle, VS Verlag für Sozialwissenschaften, 16. Auflage, Wiesbaden, 2006.

Deutsches Jugendinstitut e. V. (DJI) (Hrsg.): Zusammenarbeit mit Eltern – Grundlagen für die kompetenzorientierte Weiterbildung, WiFF Wegweiser Weiterbildung Nr. 3, Frankfurt a. M., 2011.

DJI (Hg.): WiFF Wegweiser Weiterbildung, Zusammenarbeit mit Eltern, München, 2011.

Duden das Fremdwörterbuch, 1997, S. 430.

Europa Haus Aurich/Anti-Bias Werkstatt: Methodenbox: Demokratie-Lernen und Anti-Bias-Arbeit. Aurich, 2007.

Franz, Margit: Hauptsache Wertebildung. Mit Kindern Werte erleben und entwickeln. München, 2010.

Friedrichs, Tina: Die Zusammenarbeit mit Eltern – Anforderungen an frühpädagogische Fachkräfte. WIFF Expertisen, Band 26. München, Verl. Dt. Jugendinstitut, 2011.

Gallin, Peter/Urs Ruf: Sprache und Mathematik in der Schule. Auf eigenen Wegen zur Fachkompetenz. Seelze, Kallmeyersche Verlagsbuchhandlung, 1998.

Grgic, Mariana/Rauschenbach, Thomas/Schilling, Matthias: Nachwuchs im Nachteil. In: DJI-Bulletin (90), 2010, S. 4–7.

Griebel, Wilfried/Niesel, Renate: Die Bewältigung von Übergängen zwischen Familie und Bildungseinrichtungen als Co-Konstruktion aller Beteiligten, 2005, online verfügbar unter: http://www.kindergartenpaedagogik. de/1220.html [12.01.2013].

Gutknecht, Dorothee: Bildung in der Kinderkrippe. Wege zur Professionellen Responsivität, Stuttgart, Verlag W. Kohlhammer, 2012.

Hansen, Rüdiger/Knauer, Raingard/Sturzenhecker, Benedikt: Partizipation in Kindertageseinrichtungen. So gelingt Demokratiebildung mit Kindern! Weimar, Verlag das Netz, 2011.

Hatherly, Ann/Sands, Lorraine: So what is different about Learning Stories? In: The First Years: Nga Tau Tuatahi. New Zealand Journal of Infant and Toddler Education 4, S. 8–12, übersetzt von Hartmut Kupfer, online verfügbar unter: opportunitiesexchange.org/wp-content/themes/vulcan/multimedia/media/printable_documents/so%20what%20is%20 different%20about%20learning%20stories.pdf [15.03.2013].

Hebenstreit-Müller, Sabine/Kühnel, Barbara (Hrsg.): Integrative Familienarbeit in Kitas. Individuelle Förderung von Kindern und Zusammenarbeit mit Eltern, Berlin, Dohrmann Verlag, 2005.

Hédervári-Heller, Éva/Maywald, Jörg: Von der Eingewöhnung zur Erziehungspartnerschaft, Online verfügbar unter: http://liga-kind.de/fruehe/609_hedervari-maywald.php [04.09.2013].

Herwartz-Emden, Leonie/Westphal Manuela: Konzepte mütterlicher Erziehung. In: Leonie Herwartz-Emden (Hrsg.): Einwandererfamilien: Geschlechterverhältnisse, Erziehung und Akkulturation. Osnabrück (IMISSchriften, 9), 2000, S. 99–120.

JMK/KMK: Gemeinsamen Rahmen der Länder für die frühe Bildung in Kindertageseinrichtungen, 2004, Online verfügbar unter: www.mbjs.brandenburg.de/sixcms/media.php/5527/TOP%205%20-%20Anlage.15475620. pdf [05.06.2013].

Kohl, Eva Maria/Michael Ritter (Hrsg.): Die Stimmen der Kinder. Kindertexte in Forschungsperspektiven. Baltmannsweiler, Schneider Verlag Hohengehren, 2011.

Konsortium Bildungsberichterstattung: Bildung in Deutschland. Ein indikatorengestützter Bericht mit einer Analyse zu Bildung und Migration. Im Auftrag der Ständigen Konferenz der Kultusminister der Länder in der Bundesrepublik Deutschland und des Bundesministeriums für Bildung und Forschung. Bielefeld: Bertelsmann, 2006, Online verfügbar unter: www.bildungsbericht.de/daten/gesamtbericht.pdf [06.11.2013].

Korbin, Jill F. und Spilsbury, James C: Cultural competence and child neglect. In: Dubowitz, Howard (Ed.), Neglected children,übersetzt von Sabine Jungk, der Autorin des Kapitels, Zitat übersetzt von Sabine Jungk, Autorin des Kapitels 2, 1999, S. 69–88. Thousand Oaks, CA: Sage.

Laewen, Hans-Joachim/Andres, Beate/Hédervári, Éva: Ohne Eltern geht es nicht. Die Eingewöhnung von Kindern in Krippen und Tagespflegestellen, 4., unveränd. Auflage, Berlin, Düsseldorf, Mannheim. Cornelsen Verlag Scriptor, 2007.

Laewen, Hans-Joachim/Andres, Beate/Hédervári, Éva: Ohne Die ersten Tage – ein Modell zur Eingewöhnung in Krippe und Tagespflege, 7., überarb. Auflage, Berlin, Düsseldorf, Mannheim, Cornelsen Verlag Scriptor, 2011.

Layzer, Jean I./Goodson, Barbara D./Moss, Marc: Observational Study of Early Childhood Programs. Final Report, Volume 1: Life in Preschool. Washington, D.C.: Department of Education 1993.

Lembeck, Hans-Josef/Pleiger, Doris: Bestandsaufnahme zu Bildungs- und Erziehungslandschaften in Bremen, Hamburg, Niedersachsen, Nordrhein-Westfalen und Schleswig-Holstein; Hamburg 2009.

Leu, Hans-Rudolf; Katja Flämig, Yvonne Frankenstein, Sandra Koch, Irene Pack, Kornelia Schneider, Martina Schweiger: Bildungs- und Lerngeschichten. Bildungsprozesse in früher Kindheit beobachten, dokumentieren und unterstützen, Verlag das Netz, Weimar, Berlin 2007.

Leyendecker, Birgit: Zuwanderung, Diversität und Resilienz. Eine entwicklungspsychologische Perspektive. In: Michael Matzner (Hrsg.): Handbuch Migration und Bildung, Weinheim und Basel, Beltz, 2012, S. 57–72.

Liegle, Ludwig: Bildung und Erziehung in früher Kindheit, Stuttgart, Kohlhammer, 2006.

Liegle, Ludwig: Müssen Eltern erzogen werden? In: Beckmann u. a. (Hrsg.): Neue Familiarität als Herausforderung der Jugendhilfe. Neue Praxis Sonderheft 9, 2009, S. 100–107.

Mac Naughton, Glenda: Doing Foucault in Early Childhood studies: applying poststructural ideas. New York, Routledge, 2005.

Matzner, Michael: Junge Menschen aus Einwandererfamilien im Übergang von der Schule in die Berufsausbildung. In: Michael Matzner (Hg.): Handbuch Migration und Bildung, Weinheim und Basel, Beltz, 2012, S. 252–272.

Maywald, Jörg: Mit Eltern Lösungen suchen. Elterngespräche bei Kindeswohlgefährdung, in: Kindergarten heute 1/2009, Reihe: Kinder in Krisen. Teil 7, S. 32–35.

Meyer-Ullrich, Gabriele/Schilling, Gabi/Stöbe-Blossey, Sybille: Der Weg zum Familienzentrum: eine Zwischenbilanz der wissenschaftlichen Begleitung. Forschungsbericht, Berlin: Pädagogische Qualitäts-Informationssysteme gGmbH (PädQUIS), 2008.

MFKJKS (Ministerium für Familie, Kinder, Jugend, Kultur und Sport des Landes Nordrhein-Westfalen): Gütesiegel Familienzentrum Nordrhein-Westfalen, Düsseldorf, 2011.

Ministerium für Gesundheit und Soziales Sachsen-Anhalt: Bildung: elementar – Bildung von Anfang an. Bildungsprogramm für Kindertageseinrichtungen in Sachsen-Anhalt, Magdeburg, 2009.

Ministerium für Schule, Jugend und Kinde des Landes Nordrhein-Westfalen: Bildungsvereinbarung NRW. Fundament stärken und erfolgreich starten, Düsseldorf, 2003.

Ministry of Education (Hrsg.): Kei Tua o Te Pae Assessment for Learning: Early Childhood Exemplars, übersetzt von Hartmut Kupfer, Wellington, New Zealand 2004 (Heft 1 bis 9); 2007 (Heft 11 bis 15); 2009 (Heft 16 bis 20).

Niedersächsisches Kultusministerium: Orientierungsplan für Bildung und Erziehung in Niedersachsen, Hannover, 2005.

Ostermayer, Edith: Unter drei – mit dabei. Wege zu einem qualifizierten Betreuungsangebot in der Kita. München, Don Bosco, 2007.

Otyakmaz, Berrin Özlem: Familiale Entwicklungskonzepte im Kulturvergleich, Berlin u. a., 2007.

Pape, Inge: Die Kleinsten im Blick. „Jedem Anfang wohnt ein Zauber inne". Kinder und Eltern in Übergangsprozessen, Vortrag zur Fachtagung Gott in der Krippe, 2011, Online verfügbar unter: kita.zentrumbildung-ekhn.de/fileadmin/kita/U3/Material_FT_Gott_in_der_Krippe2011/AG__UEbergaenge_gestalten-_Praesentation.pdf [12.02.2013].

Pietsch, Stefanie/Ziesemer, Sonja/Klaus Fröhlich-Gildhoff: Zusammenarbeit mit Eltern in Kindertageseinrichtungen. Internationale Perspektiven. DJI Weiterbildungsinitiative Frühpädagogische Fachkräfte (WiFF), München, 2010.

Pfaller-Rott, Monika: Migrationsspezifische Elternarbeit beim Transitionsprozess vom Elementar- zum Primarbereich. Eine explorative Studie an ausgewählten Kindertagesstätten und Grundschulen mit hohem Migrantenanteil, Berlin, 2010.

Prott, Roger/Hautumm, Annette: 12 Prinzipien für eine erfolgreiche Zusammenarbeit von Erzieherinnen und Eltern, Berlin, Verlag das Netz, 2004.

Roer-Strier, Dorit: Reducing risk for children in changing cultural contexts: recommendations for intervention and training. In: Child Abuse and Neglect (25), S. 231–248, 2001; Online verfügbar unter: http://dx.doi. org/10.1016/S0145-2134(00)00242-8 [02.08.2013].

Roth, Xenia: Handbuch Bildungs- und Erziehungspartnerschaft. Zusammenarbeit mit Eltern in der Kita,. Freiburg i. B., Verlag Herder GmbH, 2010.

Roth, Xenia: Warum mit Eltern zusammenarbeiten?, in: Kita-Management, 9/2011, S. 203–205.

Rühl, Stefan; Babka Gostomski, Christian von: Menschen mit Migrationshintergrund in Deutschland: Daten und Fakten. In: Michael Matzner (Hg.): Handbuch Migration und Bildung, Weinheim und Basel, Beltz, 2012, S. 22–37.

Sacher, Wolfgang: Elternarbeit mit Migranten. In: Michael Matzner (Hg.): Handbuch Migration und Bildung, Weinheim und Basel, Beltz, 2012, S. 301–315.

Schäfers, Bernhard: Soziales Handeln und seine Grundlagen: Normen, Werte, Sinn. In: Hermann Korte/ Bernhard Schäfers: Einführung in Hauptbegriffe der Soziologie; 7. Aufl, 2008, S. 23–44.

Schilling, Gabi/Stöbe-Blossey, Sybille: Familienzentren NRW: Die Perspektive der Erziehungsberatungsstellen. Arbeitsbericht 5 der wissenschaftlichen Begleitung. Berlin: Pädagogische Qualitäts-Informationssysteme gGmbH (PädQUIS), 2008.

Schulz, Andreas: Selbstreflexion und soziale Kompetenz. Psychodramatische Ansätze zu ihrer Förderung in der Supervision. In: Organisationsberatung, Supervision, Coaching, 2010, 17 (4), S. 361–371.

Senatsverwaltung für Bildung, Jugend und Sport Berlin (Hrsg.): Berliner Bildungsprogramm. Berlin, Verlag das Netz, 2004.

Spivak, Gayatri Chakravorty: Can the Subaltern Speak? Postkolonialität und subalterne Artikulation, Wien, Turia + Kant, 2007.

Stegmaier, Susanne: Grundlagen der Bindungstheorie, 2008, Online verfügbar unter: http://www.kindergartenpaedagogik.de/1722.html [15.02.2013].

Stöbe-Blossey, Sybille: Familienzentren in Nordrhein-Westfalen: eine Zwischenbilanz. Duisburg: Inst. Arbeit und Qualifikation. IAQ-Report, Nr. 2011–06, 2011.

Textor, Martin R.: Die Erzieherin-Kind-Beziehung aus Sicht der Forschung, 2007, Online verfügbar unter: http://www.kindergartenpaedagogik.de/1596.html [14.02.2013].

Textor, Martin R.: Erziehungspartnerschaft mit Eltern unter Dreijähriger, 2010, Online verfügbar unter: http:// www.kindergartenpaedagogik.de/2084.html [19.02.2013].

Thiersch, Renate: Familie und Kindertageseinrichtungen. In: Bauer, Petra/Brunner, Ewald Johannes (Hrsg.): Elternpädagogik. Von der Elternarbeit zur Erziehungspartnerschaft. Freiburg: Lambertus, S. 80–106, 2006.

Thompson, Audrey: Not the Color Purple. Black Feminist Lessons for Educational Caring, in: Harvard Educational Review Vol. 68, 4/1998, S. 522–554, 1998.

Thränhardt, Dietrich; Weiss, Karin: „Bildungserfolgreiche" Migrantinnen und Migranten. In: Michael Matzner (Hg.): Handbuch Migration und Bildung, Weinheim und Basel, Beltz, S. 118–128, 2012.

Tietze, Wolfgang/Becker-Stoll, Fabienne/Bensel, Joachim/Eckhardt, Andrea G./Haug-Schnabel, Gabriele/ Kalicki, Bernhard u. a. (Hrsg.): NUBBEK – Nationale Untersuchung zur Bildung, Betreuung und Erziehung in der frühen Kindheit. Fragestellungen und Ergebnisse im Überblick. Fragestellungen und Ergebnisse im Überblick. NUBBEK. Berlin, 2012, Online verfügbar unter: www.nubbek.de/media/pdf/NUBBEK%20 Broschuere.pdf [16.07.2012].

Tietze, Wolfgang/Roßbach, Hans-Günther/Grenner, Katja: Kinder von 4–8 Jahren. Zur Qualität der Erziehung und Bildung in Kindergarten, Grundschule und Familie, Weinheim und Basel, Beltz, 2005.

Tobin, Joseph/Arzubiaga, Angela/Mantovani, Susanna/The Children Crossing Boarders Project: Entering into dialogue with immigrant parents. Hg. v. Bernhard von Leer Foundation. Bernhard von Leer Foundation. The Hague (Early Childhood Matters, 108), 2007,. Online verfügbar unter: www.bernardvanleer.org/English/Home/Publications/Browse_by_series.html?ps_page=2&ps_count=0&getSeries=4 [17.07.2012].

Vandenbroek, Michel: Policy matters. De-culturalising social inclusion and re-culturalising outcomes. Hg. v. Bernhard von Leer Foundation. Bernhard von Leer Foundation. The Hague (Early Childhood Matters, 108), 2007,. Online verfügbar unter: www.bernardvanleer.org/English/Home/Publications/Browse_by_series.html?ps_page=2&ps_count=0&getSeries=4 [17.07.2012].

Verband ev. Tageseinrichtungen für Kinder, Berlin, Qualitätsempfehlungen des VETK, Stand 2010.

Vorholz, Heidi/ Mienert, Malte: Von der Elternarbeit zur Erziehungspartnerschaft. Neue Chancen für die Zusammenarbeit mit Eltern. In: Braun, Ulrich/ Mienert, Malte/ Müller, Stephaie/ Vorholz, Heidi (Hrsg.): Frühkindliche Bildung im Team gestalten und umsetzen- Konzepte, Praxisbeispiel, Materialien, (Kap. G 1.1), Berlin, Stuttgart, Raabe, 2007.

Walter, Melitta: Manches Kind hat wirklich Pech mit seinen Eltern. Erzieherinnen und ihre Vorstellungen von Müttern und Vätern, in: TPS 4/2010, S. 10–11.

Weber, Kurt: Kindergarten heute – Basiswissen Kita: Erfolgreiche Gesprächsführung in der Kita, Freiburg i. B. 2006.

Welzer, Harald: Transitionen. Zur Sozialpsychologie biographischer Wandlungsprozesse, Tübingen: edition discord, 1993.

Wiesner, Reinhard (Hrsg.): SGB VIII, Kinder- und Jugendhilfe, Kommentar, 4. Aufl., C.H. Beck, München, 2011.

WIFF (Weiterbildungsinitiative Frühpädagogische Fachkräfte): Zusammenarbeit mit Eltern. Grundlagen für die kompetenzorientierte Weiterbildung. WIFF Wegweiser Weiterbildung 3. München, Verl. Dt. Jugendinstitut, 2011.

Winner, Anna/Erndt-Doll, Elisabeth: Anfang gut? Alles besser! Ein Modell für die Eingewöhnung in Kinderkrippen und anderen Tageseinrichtungen für Kinder, Weimar, Berlin, Verlag das Netz, 2009.

Wygotski, L.S.: Mind in Society. The Development of Higher Psychological Processes., übersetzt von Hartmut Kupfer, Cambridge Mass., London 1978.

Weitere didaktisch-methodische Anregungen finden sich in dem aus den Erfahrungen von Kinderwelten hervorgegangenen Handbuch für die Fortbildung: Wagner, Petra/Hahn Stefani/Enßlin Ute (Hrsg.): Macker, 2 Zusammenarbeit mit Familien mit Migrationshintergrund Zicke, Trampeltier ... Vorurteilsbewusste Bildung und Erziehung in Kindertageseinrichtungen. Handbuch für die Fortbildung, Weimar/Berlin, 2006.

Sachwortverzeichnis

Symbols
(Wert-)Vorstellung 102

A
Abnabelungsprozess 91
Absprache 162
Akkulturalisierung 39
Aktivität 103
Akzeptanz 89
Alltagsroutine 114
Angeboten aus einer Hand 201
Ängste 88
Anpassungsleistung 73
Arbeitsteilung 18
Arbeitszeit 106
Armutsrisiko 22
asymmetrisches 24
Atmosphäre 110
auf Augenhöhe 24
Aufstiegsorientierung 43
Ausblick 114
Außerfamiliale Betreuung 82
austausch 114
Austausch 96
Austauschprozess 127
Autorität 112, 133

B
Baustein 98
Bedarf 157
bedarfsgerechte Betreuung 203
bedarfsgerechte und niederschwellige Angebote 217
Beeinträchtigung 100, 104
Begegnung auf Augenhöhe 99, 161
Belastung 67
Belehrung 133
Beller, Kuno E. 82
Beobachtung 117, 118, 119
Beobachtungsverfahren 118
Beratungs- und Unterstützungsangebot 203
Beschwerdemanagement 209
Besonderheiten 115
Beteiligung der Eltern 85

Betreuungsmix 21
bewältigen 73
bewältigt 129
Beziehung 103, 132
Beziehungsdreieck 85
Bezugsperson 67
Bildungsarmut 40
Bildungsbiografie 26, 99
Bildungsbuch 132
Bildungsdifferenzen 17
Bildungsdiskurs 149
Bildungsentwicklung 103
Bildungspolitische Perspektive 20
Bildungspolitischer Diskurs 23
Bildungs- und Lerngeschichten 134
Bindung 74
Bindungsqualität 76
Bindungstheorie 74
Bindungs- und Erkundungsverhalten 78

C
Chancengleichheit 21
Colorblindness 36
Community 39, 41

D
Demokratische Momente 133
Dialog 28
Dialogbereitschaft 90
Dialoge 118
dialogische Haltung 99
Dialogizität 137
Diaspora 44
Dienstleistung 99
Dienstleistungen 23
Differenzlinien 37
Dilemma 86
Diskriminierung 38
Dokumentieren 118

E
Early Excellence Centers 201
Early-Excellence Centers 17

Egalitäre Differenz 37
Eigenständigkeit des Kindes 135
Eigentum 138
Eingewöhntes Kind 81
Eingewöhnung 67
Eingewöhnungseltern 93
Eingewöhnungskonzept 80
Eingewöhnungsmodelle 81
Eingewöhnungsphase 103
Einladungsbrief 108
Einrichtungsunterstützende Form 32
Einstellung 73
Elternabend 145
Elternarbeit 11
Eltern-Kind-Aktivitäten 213
Elternunterstützende Form 32
Elternverantwortung 14
Entwertungs- und Diskriminierungserfahrung 43
Entwicklung 96
Entwicklung des Kindes 103
Entwicklungschance 69
Entwicklungsgespräch 96
Entwicklungswege 129
Erfahrung 99, 118
Erfahrungsaustausch 153
Erfahrungsprozess 119
Erwerbstätigkeit 22
Erzählungen 91
Erziehungsauftrag 143
Erziehungskonzept 38
Erziehungspartnerschaft 11
Erziehungsstil 28, 44
Erziehungsvorstellung 73
Erziehungsziel 28
Erziehungsziele 43
Erziehungszielen 12
ethische Fra 139
Expertenmodell 50
Exploration 126

F
Familialismus 43
Familienbildungsstätten 212
familienergänzend 69
familienergänzende Institution 143

Familienzentrum 202
feinfühlig 67, 153
Feinfühligkeit 76
Flexibilität 112
Förderauftrag 20
Förderung von Familienbildung 205
Fortschritt 103
Fremdbetreuung 86
Fremde Situation 78

G
Gefühl 115
Gelingensbedingung 92
Generationale Ordnung 19
Gesamt-Elternabend 147
geschlechtsspezifische 18
gesellschaftliche Reproduktion 41
Gesprächsanlass 90
Gesprächs-Duo 152
Gesprächsführung 99, 161
Gesprächshaltung 161
Gesprächskreis 154
Gesprächsleitfaden 91
Gesprächsleitung 112
Gesprächsverlauf 107
Gestaltungsspielraum 85
Gesundheit 74
gleichberechtigt 100, 133
Grundlage 103
Grundphase 81
Gruppendynamik 156
Gruppen-Elternabend 152
Gütesiegel-Verfahren 203

H
Haltung 70
Handlungsschritt 80
Handlungssicherheit 80
Hausfrauenehe 18
Herkunftskultur 68
Hierarchie 112
Hilfe 104
hybride Identität 39

I
Identität als Lernende 118
individualistisch 119

Individualität 88
Industriegesellschafte 17
infans 80
Initiative 100
institutionelle Begleitung 68
Interaktion 125
Interaktionsqualität 125
Interesse 112
Interpretation 127

K
Kindergruppe 96, 118
Kinderrechte 139
Kinderschutz 209
Kindertagespflege 117
Kinder- und Jugendhilfegesetz (KJHG) 14
Kindeswohlgefährdung 116
Kleinkindalter 82
Kleinkinderbewahranstalt 16
Kommunikation 126, 143
Kommunikationskultur 101
Kommunikationskultur der Einrichtung 157
kompensatorische Erziehung 21
kompetenter Säugling 82
Konflikte 115
Konkurrenz 67
Konstrukteur 99
Kontext 120
Kontrollfunktion 25
Kooperationsbündnis 11
krisenhafte Phase 82
Kulturalisierung 42
kulturelle Kompetenz 37
kulturellen Entwicklung 120
Kunden 100

L
learning stories 134
Lebenslage 68
Lebensraum Kita 69
Lebenswelt 98
Lebenswirklichkeit 68
Leistungsfähigkeit 22
Leistung von Familie 18
Lernbeurteilung 118
Lerndisposition 125
Lernen 118

Lernerfahrung 118
Lerngemeinschaft 119
Lerngeschichte 118
Lern-Geschichte des Kindes 124
Lernkultur 118
Lernprozess 119
Lernumgebung 120
Lotsenfunktion 202
Lotsenmodelle 210
Loyalitätskonflikt 69, 114
Loyalitätskonflikte 12

M
Machtposition 42
Magische Momente 131
Margaret Carr 125
Marginalisierungserfahrung 43
Mehrsprachigkeit 44
Methodenkompetenz 150
Migrationshintergrund 38
Mitarbeit 15
Mitentscheidung und/oder Mitarbeit von Eltern 153
Mitglied der Lerngemeinschaft 120
Mittelbare pädagogische Aufgabe 144
Mitwirkung 99
Münchner Eingewöhnungsmodell 80
Muslimischer Glauben 62

N
nachbereitet 107
Nachbereitung 114, 161
nachvollziehbar 103
Narrativität 137
Neuseeländisches Verständnis 130
Niedrigschwelligkeit 207
Normalentwicklung 120

O
Öffnung der Kindertagesstätte hinein in das Gemeinwesen 149

P
Pädagogischer Prozess 135

Partizipation aller Beteiligten 135
Partnerschaft 15
partnerschaftlicher Lernprozess 11
Personelle und materielle Ressourcen 158
persönliche Informationen 138
Persönlichkeit 104
Perspektive 87, 99, 128
Perspektivwechsel 151
Portfolio 132
Privatsphäre 139
Professionalität 99
professionelle Haltung 26
Puzzle 99

Q
Qualität 96
Qualitätsmanagements 143
Qualitätsmerkmal 68, 147

R
Rassismus 47
Recht 138
Rechtssubjektstatus 19
religiöse Bindung 44
Repräsentation 53
Repräsention 52
Respekt 99
Responsivität 79
Ressource 104
Ressourcen 68
Risiko 82
Rolle der Zuhörenden und Lernenden 149
Routine 67
Rückmeldung 118

S
Schlussphase 81
Schuldgefühl 67
Schwebephase 82
Selbsteinschätzung 134
Selbstständigkeit 103
Selbstwirksamkeitsüberzeugung 45

sensibilisiert 103
Sensibilität 91, 106
situationsorientiert 120
Sorgen 88
Sozialdatenschutz 139
Soziale Kompetenz 27
sozialen Ebene 120
Soziale Netzwerke 41
Soziale Ungleichheit 19
Sozialgesetzbuch 14
Sozialgesetzbuch (SGB VIII) 14
Sozialgesetzbuch (SGB VIII, § 8a) 116
Sozialisation 11
Sozialraum 202
Sozialraumbezug 221
Sozialraumorientierter Ansatz 212
Sozialverhalten 103
Spannungsfeld 11
Stabilisierungsphase 81
Stadtteilmutte 54
Stärke 104
Stolperstein 100
Stressfaktor 74

T
Tagesablauf 67
Teilhabe 121
thematischer Vortrag 149
Theorie-Praxis-Bezug 150
Toleranz 89
Transformation 120
Transitionsforschung 86
Transparenz für Familien 203
Trennung 79
Trennungsangst 67, 68
Trennungs- und Wiedervereinigungssituation 78
Trennungsversuch 81
Türöffnerfunktion 25

U
Überforderung 74
Übergang 67, 105
Übergangsprozess 73

Übergangssituation 86
Übernahme der Perspektive 136
Umgang mit Konflikten 209
Umweltbeziehung 120
Ungleichheitsdimension 40
UN-Konvention zu den Rechten des Kindes 19
Unstimmigkeiten 149
Unterstützung 112
Unterstützungssystem 82

V
Verabredung 107
Verabschiedung 90
Vereinbarkeit von Beruf und Familie 203
Vereinbarung 114, 162
vergleich 120
Verhältnis von Familie und Staat 13
Vernetzung und Kooperation mit anderen (sozialen) Diensten 217
Verständnis 101
Vertrauen 82, 98
Vielfalt in der Elternschaft 162
Vorbild 103
Vorurteilsbewusstheit 102

W
Wahlfreiheit 107
wechselseitig 99
Wertschätzung 90, 161
Wohl des Kindes 86
Wygotski 129

Z
zielgruppenspezifischen Bedarfserhebung 221
Zone der nächsten Entwicklung 120
Zurückhaltung 115
Zusammenarbeit 15
Zusammenhänge 103

Bildquellenverzeichnis

Agentur Kunterbunt, Leutkirch-Ausnang: S. 55.1, 68.1

Dilly, Nadine, Bottrop/ BV1, Köln: 143.1, 164.2, 201.1, 206.1

Fotolia Deutschland GmbH, Berlin: S. 36.1 (Kablonk Micro), 67.1 (Jörg Lantelme), 69.1 (auremar), 69.2 (Andy Dean Photography), 69.3 (William Casey), 69.4 (dubova), 75.1 (Karen), 78.1 (micromonkey), 160.1 (poplasen)

Ministerium für Familie, Kinder, Jugend, Kultur und Sport des Landes Nordrhein-Westfalen, Düsseldorf: S. 202.1

Schlüter, Christian, Essen/ BV1, Köln: S. 11.1, 96.1, 106.1, 118.1, 164.1, 206.1

Schumann, Friederike, Berlin/ BV1, Köln: 76.1, 154.1, 178.1